投资护城河

经济环境变化与企业竞争力重塑

韩龙男 著

企业管理出版社

图书在版编目（CIP）数据

投资护城河：经济环境变化与企业竞争力重塑 / 韩龙男著 . -- 北京：企业管理出版社，2022.4
　　ISBN 978-7-5164-2576-3

Ⅰ . ①投… Ⅱ . ①韩… Ⅲ . ①经济环境—影响—企业竞争—竞争力—研究 Ⅳ . ① F271.3

中国版本图书馆 CIP 数据核字（2022）第 040849 号

书　　名：	投资护城河：经济环境变化与企业竞争力重塑
书　　号：	ISBN 978-7-5164-2576-3
作　　者：	韩龙男
策　　划：	张宝珠
责任编辑：	解智龙
出版发行：	企业管理出版社
经　　销：	新华书店
地　　址：	北京市海淀区紫竹院南路17号　　邮　编：100048
网　　址：	http://www.emph.cn　　电子信箱：26814134@qq.com
电　　话：	编辑部（010）68701719　　发行部（010）68701816
印　　刷：	河北宝昌佳彩印刷有限公司
版　　次：	2022年5月第1版
印　　次：	2022年5月第1次印刷
开　　本：	710mm×1000mm　1/16
印　　张：	20印张
字　　数：	358千字
定　　价：	76.00元

版权所有　翻印必究·印装有误　负责调换

前言
preface

  企业的发展无法脱离环境。一个企业所处的环境，不仅会影响该企业的发展方式，还会影响该企业的竞争力来源和竞争力特性。例如，对于多数处在粗放式发展阶段国家的企业来说，其竞争力主要来自于规模优势和成本优势，起到重要作用的是稳定的融资渠道和低廉的资金成本。因此，对于这个阶段的企业来说，谁有更好的行政资源，谁有更强的融资渠道，谁就有机会比别人更为快速地建立竞争优势。在这个阶段，那些有新技术的企业，不一定能脱颖而出。因为这段时期的传统企业，不仅有更强的能力阻碍新技术的发展，同时也有更强的能力在新技术进入成熟期的时候，通过快速并购这些优质资产来强化自己，并击败那些在行业地位和市占率上落后于自己的竞争对手。

  不同的经济制度也会影响企业的竞争力特性。如二战之后，日本逐渐形成了以终身雇佣为特色的稳定的劳工环境。在这种劳工制度下，日本产品表现出明显的工匠精神，使得日本产品在需要高精度、高稳定性、高性能、高良品率、高寿命的领域，表现出强劲的竞争力。如果进一步分析就会发现，日本企业最为擅长的是过程创新。日本企业的技术多数不是独创的技术，但把已有的技术应用到极致，用已成熟的技术来击败其他国家却是日本的看家本领，即在已产业化的技术方面日本有明显的优势。当然，日本过于稳定的劳工环境、非绩效导向的考核制度，也不利于日本员工的独立创新，个人主义会在很大程度上受到抑制。因此，日本企业在易于标准化和易于模块化的领域、需要彰显员工个人价值的领域、小规模团队作战的领域，其竞争优势并不明显。

  跟日本企业相比，美国企业则表现出截然不同的竞争力特性。美国企业的竞争力主要表现在其强悍的发明创造能力上。美国不仅是第一次工业革命成果的应用大国，更是第二次、第三次工业革命的发起国。第一次工业革命至今，美国始终保持着卓越的研发能力和发明创造能力。众多科学现象，美国先发现；各种科学技术，美国先出现，然后逐渐普及到各个国家。美国的这种表现十分明显，即便是在普遍被认为可能引起第四次工业革命的未来技术领域，如人工智能、量子信息技术、虚拟现实、基因技术、可控核聚变、新能源以及石墨烯技术等，美国也表现出强大的优势，美国要么是领先的理论奠基者，要么是第一个发起应用的国家。分析美国强悍的科技实力和强劲的发明创造能力，与其学术自治、反垄断制度、知识产权保护等能较好地保障不同利益群体公平竞争的制度环境有很大的关系。

中国企业的发展也有其自身的特色。盲目地引进国外的想法和一味地套用国外的思路，并不一定适合中国。比如，笔者曾做过调研，不少海归人员用国外的模式和方法在中国开展业务，他们有新技术，有诱人的专利，而且在国外业务开展也有一定的成效，但是他们在中国做同样的事情时，就会遇到种种问题。如他们过度强调知识产权的重要性，政府公关能力较弱，拓展市场不接地气等，表现出明显水土不服的现象，因此不少项目最终以失败告终。又比如，中国很多企业目前在全球产业链中依然处在中低端位置，因此普遍存在上下游议价能力差，资产质量不够优质，经营现金流不足等问题。而发达国家的中小企业，虽然规模不大，但由于处于产业链的中高端，无论是资产质量还是现金流都能表现出其优质性。另一方面，由于中国金融市场不够成熟，存在路径依赖等原因，中国的中小企业普遍要面对融资渠道少、融资成本高、融资环境不稳定的问题。因此，判断中小企业竞争力优势的时候，其内部现金流的稳定性和企业家开展业务的稳健性在企业发展壮大中起到重要的作用。

其实，上述现象不局限于企业的创办和经营，投资领域也是一样。很多国外的成功案例、国外有用的投资逻辑并不一定适合中国企业。而国内投资类的书籍，普遍局限在行业分析、财务分析、案例分析和投资心态等方面，很少有书籍会分析中国市场环境的与众不同之处，也很少有书籍谈到经济发展的内在规律和不同的制度环境对企业竞争力产生的影响。到目前为止，笔者尚未看到从产业结构变化规律、科学与技术、基础研究与应用研究、公司治理、劳工环境、经济制度等因素，以及这些因素之间的内在逻辑角度来描述经济发展特性以及企业竞争力特性的书籍。

改革开放之后，伴随着市场经济体制框架的建立，中国经历了较长一段时间的"给钱就能发展"的粗放式发展。有良好政商关系的企业，有稳定的融资渠道和低廉的资金成本的企业，有特许经营权的企业，在市场上表现出十分明显的竞争优势。但进入21世纪之后，中国受国内外综合因素的影响，进入了新常态，表现出经济增长速度换挡期、结构调整阵痛期、前期刺激政策消化期的"三期叠加"的特征。在新常态下，中国面临的不仅是外部市场不稳定的问题，更是国内生产的诸多领域仍处于粗放式发展、产能过剩、产品附加值低、国内消费不足等问题。在这个节点上，如果想进一步促进经济增长，提高经济运行效率，降低经济运行风险，就必须提高国家的改良和创新、发明和创造的能力。当然，在这种趋势下，企业的成长逻辑也会变化，大量的企业不得不面对竞争力重塑这个严峻问题。在这个过程中，只有了解中国情况，了解中国市场的变化趋势，了解这个趋势中起到重要作用的因素，才能更好地筛选中国环境下的优质企业。

  本书由两个篇幅构成。

  本书的第一篇即第一章到第三章，主要讲述一些发达国家的发展脉络和发展特性。如韩国和日本都经历了模仿和引进、消化和改良、发明和创造等阶段，并在此过程中出台了出口导向、重点培养、促进科学与技术发展、对民族产业适当保护、提高政府服务功能等政策，并在政府的一系列调整和努力之下，这两个国家顺利跨越中等收入阶段成为了发达国家。

  中国在改革开放之后，逐渐确立了"出口导向"的发展方向，并在"一部分人先富起来"的理念下，快速推进了市场化和工业化进程。21世纪10年代前后开始，中国进入了"新常态"，也面临着产能过程、结构性错配问题严重、中小企业发展落后等方面的问题。为了解决以上问题，中国政府也在积极地推动各方面的改革，而这些改革的方向和改革思路跟韩国之前改革有类似之处。读者通过阅读第一篇不仅可以更好地理解产业的发展规律，也可以更好地了解不同时代带动经济发展的重要因素以及不同政策的意义，有助于提高读者对中国当前经济环境的认知，提高政策的解读能力。

  本书的第一篇除了讲述经济发展的一般规律之外，还讲述了不同经济制度环境对企业竞争力特性的影响。从长周期看，企业的竞争是产品成本、产品质量、产品技术含量的竞争，而不同的发展阶段和不同的制度环境会塑造企业不同的竞争力特性。如韩国、日本、美国都是发达国家，但这些国家在产业竞争力上有明显的不同之处。韩国的产业竞争力主要表现在较高的性价比和易于模块化的领域，而日本的产业竞争力主要表现在高性能、高精度、高稳定性等产品质量方面，跟日本和韩国不同，美国的产业竞争力主要表现在高技术含量和高创新能力上。

  当前中国正处于产业结构优化和高端化的关键时期。通过了解不同的经济制度环境对企业竞争力的影响，可以帮助读者采取更为明智的投资策略。例如，中国的国有企业和民营企业，其社会功能、增长方式、经营理念、管理模式上都存在明显的不同。这也意味着，随着产业结构优化和高端化，中国的国有企业和民营企业竞争力特性可能进一步分化。那么，这些分化会表现在哪些方面呢？关于这些问题，本书的第一篇或许能给读者提供一些思路。

本书的第二篇即第四章和第五章，主要讲述改革开放之后中国的发展、一些评估企业的思路和典型企业的成长案例。

本书的第四章主要讲述了中国过去的发展、现在的情况以及未来变化中起到重要作用的因素。通过阅读这一部分，读者可以更充分地理解中国改革开放之后发展思路和发展模式上的变化，如读者可以更好地了解中国"渐进式改革"和"增量改革"的特性，当前中国所面临的情况和未来的变化趋势等。

第五章是本书的最后一部分，主要包括一些评估框架和企业案例分析。评估框架部分，主要讲述笔者的个人经验和思考，同时也补充了中微观因素对企业发展的影响，如人口结构和人口质量的变化对经济的影响，行业周期和集中度对企业的影响，产业政策对企业的影响等。

在案例分析中，笔者重点介绍了国有企业、民营企业、互联网企业中具有典型特性的公司，以便读者可以更好地了解中国环境下不同企业的发展特性。但本书讲的案例，其目的在于帮助读者从实际问题中看到更多的宏观因素、政策因素、周期因素、竞争格局、企业经营思路等对企业的影响，因此，案例部分重点在于为读者提供思路，留下思考，而不是得出结论，更不是给出投资建议。预测未来的事情，没有一个统一的标准。投资只有形成自己的风格，才能提高预测的准确性。有人说，投资先是科学和哲学，后面慢慢地会变成艺术。笔者颇为认同这种观点。

这本书的出版，还要感谢那些在笔者的成长过程中提供了莫大帮助的人。

首先，感谢导师陈忠阳教授。

虽然毕业之后，在校期间所学的过于模型化和技术化的知识，早已还给了学校，但是导师在风控领域的哲学性思考，以及时常强调的厚积薄发理念却一直留在心里，让笔者在闲余之时，始终保持积累和充电状态。

其次，感谢刘大椿教授和许成钢教授。

因笔者的个人爱好，在校期间也旁听了不少哲学课程。其中，刘大椿教授讲的《科学技术哲学》给了笔者莫大的帮助，让笔者更好地从科学、技术、哲学的角度去思考经济发展的规律、企业竞争力的来源等问题。

另一方面，由于笔者从事投资工作的原因，一直在思考企业竞争力来源、企业竞争力的可持续性、宏观环境与企业竞争力的关系、企业竞争力变化趋势等方面的问题。机缘巧合的是，笔者有幸听到了许成钢教授关于中国宏观经济的讲座。许成钢教授在讲座中阐述了学术自治与美国发明创造的诸多联系。一语惊醒梦中人,该观点帮助笔者解决了一直思考的关键问题,使笔者终于建立起了独立而完整的逻辑框架和评估体系。

再次,要感谢周晖先生。

周晖先生是笔者投资领域的引路人,也是一位超然、随和、知识渊博、善于思考的人。

实务当中,周晖先生是给笔者留下最多问题和思考的人。周晖先生提到的诸多问题,如市盈率定价和市净率定价问题,经营一家企业和投资一家企业的区别问题,全国龙头企业和地方龙头企业的定价问题,企业的市场空间测算问题等,至今还让笔者不断地思考,并优化其中的解释。

除此之外,笔者也十分庆幸自己在财通证券就职。

笔者的投资生涯从财通证券开始。财通证券给笔者提供了良好的平台。在这个平台上,笔者调研了上千家企业,也使得笔者知识不局限于象牙塔内,而是从实务角度来思考经济学问题。

在对上千家企业的调研和跟踪,筛选与投资,以及跟这些企业的企业家、管理人员、技术人员、研发人员、营销人员沟通和探讨企业战略问题、未来市场的变化趋势问题、转型和升级问题、商业模式问题、瓶颈问题、管理问题、营销问题、技术问题,并试图跟他们一起解决企业所面临问题的过程中,笔者才开始真正了解了中国的经商环境,也更好地认识到了与这些企业有客户、供应商和竞争关系的日本、韩国、美国、德国、瑞士等国家企业的不同之处。

这本书的出版,也离不开妻子温琪的支持。妻子的支持不仅在于生活上的方方面面,妻子同时作为国际关系和国际防务领域的研究人员,在笔者对经济问题和金融问题的思考上,提供了国际关系和国际政治方面的视角。

最后,祝大家阅读愉快!这本讲述经济发展和企业竞争力的书籍,其阅读群体并不局限于投资人群。因为每个人都无法脱离特定的经济环境,多数人都是企业人之一。了解当前的经济环境,了解这些环境的变化趋势,了解企业等生产主体的状况和变化,有利于读者做出更为合理的选择。无论是企业家、管理人员、学生还是寻找工作的人员,这本书若能给读者带来帮助,至少能给读者留下那么一点思考,这对笔者来说已是莫大的慰藉。

目录
contents

第一篇　国外的经济发展与借鉴

第一章　韩国的发展与汉江奇迹 3
韩国的资源禀赋与发展概况 3

第一节　威权政府与汉江奇迹 5
战后经济状况及政权的更替 5
权威政府的建立与发展路径的选择 7
朴正熙时代发展评价 13
寻租行为对经济发展影响探讨 17

第二节　矛盾的激化与产业结构的高端化 20
环境的变化及矛盾的激化 20
政府功能的转型与公平竞争环境的构建 25
科技的重视与技术立国 30
薪酬福利的改善及中产阶级的崛起 35

第三节　金融危机与大刀阔斧的改革 38
历史遗留问题、流动性错配与金融危机 38
案例：大宇集团的兴衰 42
IMF 的援助及大刀阔斧的改革 46
华盛顿共识与 IMF 利弊 51
科技立国及发达国家的迈进 56

第二章 日本劳工制度与工匠精神 63
日本的资源禀赋与发展概况 63

第一节 终身雇佣制的形成 65
日本劳资关系的历史沿革 65
日本经营"三大神器" 69
日本劳工制度的正面影响 74

第二节 工匠精神与制造强国 86
技术强国的崛起 86
技术强国的特色 89

第三节 制造强国的动摇 95
日元升值及日本制造竞争力的下降 97
经济泡沫的破裂及工匠精神的动摇 101

第四节 新的市场、新的环境 105
劳工环境的调整和分化 105
依然是制造强国 108
日本劳工制度的评价 111

第三章 美国的发明创造 115
美国的资源禀赋与发展概况 115

第一节 诺贝尔奖大国与学术自治 118
诺贝尔奖大国 118
学术自治与科研实力 122
经济发展模式与学术自治探讨 133

第二节 知识产权保护、反垄断与美国的发明创造 138
工业革命的领头羊 138
美国的知识产权保护 141
美国的反垄断历程 145
美国的发明创造与美国文化 151

第二篇　中国的发展与企业成长案例分析

第四章　中国的发展与中等收入阶段 **157**
中国的资源禀赋与发展概况 **157**

第一节　改革与开放 **160**
商品经济的初探 **160**
市场经济体制框架的建立 **164**
入市与国际市场接轨 **173**

第二节　转型与突破 **177**
出口导向与粗放式发展 **177**
结构性矛盾与新常态 **179**
产业结构高端化的核心要素 **186**
中国的中等收入阶段 **203**

第五章　评估思路与案例分析 **209**

第一节　影响企业发展的部分因素探讨 **209**
人口结构的变化 **209**
传统企业的转型与基因重组 **218**
产业政策与新兴产业的发展 **221**
经济波动与经济周期 **226**
竞争格局与行业集中度 **230**

第二节　按摩器具行业分析 **235**
按摩器具行业分析 **235**
奥佳华、荣泰健康分析 **244**
优质企业的成长过程 **259**
潜在竞争对手进入威胁探讨 **264**

第三节　酵母行业分析 **269**
酵母行业情况分析 **269**
安琪酵母分析 **273**

  国有企业和民营企业探讨 280

  机械化、自动化、信息化、智能化 284

 第四节 付费图片行业分析 289

  付费图片行业情况分析 289

  视觉中国分析 293

  付费图片行业竞争威胁探讨 298

  新兴行业的监管与规范 300

参考文献 303

第一篇

国外的经济发展与借鉴

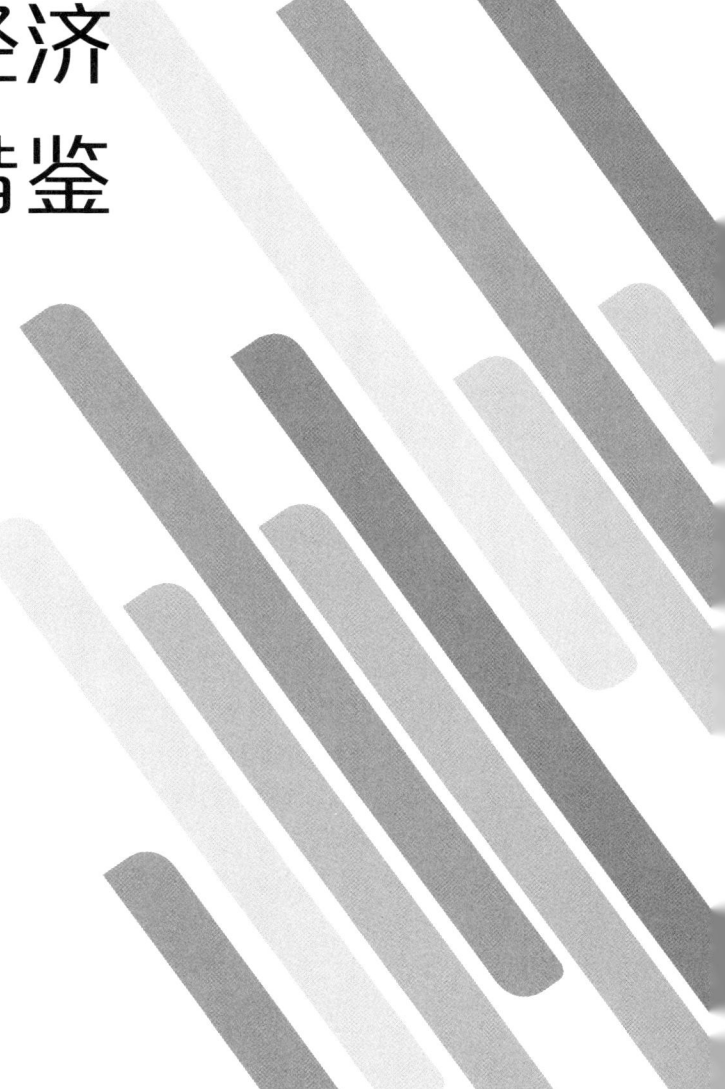

第一篇

国内政治

文化建设

第一章 韩国的发展与汉江奇迹

韩国的资源禀赋与发展概况

韩国位于亚洲东部朝鲜半岛南端,是一个国土面积狭小、自然资源贫乏的国家。

韩国山地占国土面积的70%左右,耕地占国土面积的17%左右,是世界人均耕地面积最少的国家之一。韩国不仅耕地面积少,而且耕地较为分散,因此小规模农业经济占主导地位,这跟有大量的平原资源、适合大规模耕作的澳大利亚、美国等国家无法相比。

韩国是世界第五大粮食进口国。韩国除了大米和薯类能基本自给外,其他粮食的80%左右需要进口。另外,韩国60%以上的牛肉,20%以上的水果、禽肉和奶都需要从国外进口,只有砂糖和蛋可以完全自给。对此,韩国经济学界元老宋丙洛这样形容韩国:"除了水之外,这片土地上几乎不出产任何原料。"[1]

农业是一个国家的战略资源,严重依赖进口可能会存在主权隐患,因此韩国政府对农业一直给予较大的保护和扶持,如韩国在农产品贸易上,实行许可制和高关税制,以保护本国农业发展。在较差的农业资源禀赋和严厉的政策保护下,韩国不少农产品价格比国际农产品价格高出数倍。

另一方面,由于韩国山地和丘陵多、人口密度大,导致韩国城市开发难度大,土地资源紧缺,居住环境也不好。以首尔为例,通过首尔塔俯视城市会看到,整个城市地貌高低起伏,城市中有很多的小山丘和丘陵,城市道路上上下下、高低不平,不少建筑建在斜坡和山顶上。可想而知这种城市的开发难度有多高。在这种地貌情况下,韩国不少人居住在半地下室。半地下室是指房间地平面

---

[1] (韩)宋丙洛.韩国经济的崛起[M].张胜纪,吴壮,译.北京:商务印书馆,1994:17.

低于室外地平面的高度超过1/3,且不超过1/2的房间。韩国的半地下室普遍存在阴暗潮湿、容易滋生霉菌、冬冷夏热、通风不良、排水不畅等问题。根据韩国国土交通部2018年的统计数据,有38万户家庭居住在地下、半地下以及阁楼内,占韩国家庭数量的2%左右。韩国半地下室的情况在很多韩剧和韩国电影中都能看到,如韩国电影《寄生虫》就是一个鲜明的例子。

韩国不仅农业资源禀赋差,工业资源禀赋也非常欠缺。根据韩国商务部提供的数据,韩国矿山资源较少,已发现矿物质有280多种,但其中有经济价值的仅有50多种。有开采利用价值的矿物质有铁、无烟煤、铅、锌等,但储藏量都不大。韩国由于矿产资源匮乏,主要工业原料严重依赖进口。韩国90%以上的能源消费依赖进口,如韩国是世界排名靠前的液化天然气进口国和煤炭进口国。韩国境内没有油田,几乎所有原油都需要进口。虽然韩国国土面积较小,总人口不多,但因工业化程度较高,国内没有可开采的油田等原因,是世界前五大石油净进口国之一。

第二次世界大战结束后,韩国经济带有严重的殖民地性质,国家贫困,市场狭小。20世纪60年代初,朴正熙上台的时候,韩国经济远不如朝鲜。当时朝鲜人均生产总值已超过200美元,而韩国只有80美元左右。由于该时期韩国因自然禀赋差、工业基础薄弱,被国际上认为是"最不可能成功"的国家。但这么一个自然资源匮乏、经济落后的国家,在短短的30多年里,走完了西方人耗时近200年的工业化路程,并且创造了"两次汉江奇迹"。21世纪前后韩国更是迈入了知识经济时代,被西方人称为"发展中国家经济复兴的样板"。2005年,韩国继日本和新加坡之后,成为亚洲第三个发达国家。现在韩国人均GDP超过3万美元,国际大企业林立,无论在化工、材料、通信、电子、设备制造还是文化娱乐领域都表现出较强的国际竞争力和影响力。

分析韩国的发展历程,20世纪60年代至今,韩国从一片废墟上起步,快速而完整地经历了"农业国—轻工业主导—重化工业主导—第三产业主导—知识经济主导"的产业结构高级化过程。在这个过程中,韩国培养了一批又一批的优秀企业,也在不断地淘汰那些落后产能,实现循环往复的创造性破坏。

韩国作为后发达国家的成功案例,存在诸多值得借鉴、思考的问题。如果进一步剖析韩国的发展历程,会发现无论是发展早期的"先增长,后分配"、"重点培养"模式,还是中后期的政府功能转型、知识产权保护制度的推进、社会保障制度的完善,都符合后发达国家持续发展的普遍规律。

现在的中国正处在产业结构转型优化的关键时期。同样作为后发追赶国家,韩国和中国有诸多的共同点。这也意味着,韩国发展中曾经面临的问题,中国也可能要面对,韩国发展中曾经存在的机会,中国也将会存在。了解韩国的发展历程,不仅可以更好地认知中国所面临的经济环境,更有助于预判中国未来可能发生的事情。

第一节 威权政府与汉江奇迹

战后经济状况及政权的更替

1910年—1945年,朝鲜半岛作为日本殖民地饱受迫害。二战的结束并没有给韩国带来生机。由于朝鲜半岛长期在日本殖民地经济政策下形成了"南农北工、南轻北重"的产业布局,大部分电力等能源设施和重工业均在北方,南朝鲜(现在的韩国)连最基础的发展设施都欠缺。另一方面,殖民地经济的特性使得韩国对日本存在高度依赖,90%的资本和85%的技术都依赖日本,而且随着日本战败和撤出朝鲜半岛,韩国经济几乎面临从零开始的困境。[1]

1950年朝鲜战争爆发,对韩国更是雪上加霜,把原本就弱小的韩国推入了灾难的深渊。战火纷飞,难民四逃,交通设施惨遭破坏,工业生产陷入瘫痪,农田废弃,饥荒蔓延。再加上当局军费负担重,货币发行量大,出现了恶性通货膨胀。通胀现象在战争期间尤其严重,1951年至1953年,短短2年左右,批发价格上升了17倍,零售价格上涨了14倍。

1950年—1953年,朝鲜战争使韩国共死亡100多万人,损失了大约1/3的工业、住房及其他社会公共设施。其中,被破坏的工业生产设施占42%,厂房占44%。由于厂房和生产设施遭到严重破坏,再加上生产资金和原材料严重匮乏,使许多工厂无法开工,造成了大批工人失业,广大民众的生活苦不堪言。[2]从建国到战争结束,这一期间韩国的经济发展几乎停滞甚至倒退。韩国1953年生产水平仅为1940年的1/3。[3]

---

[1] 周承焕.韩国经济的理解[M].首尔:贸易经营社,2005:24.
[2] 崔志鹰,朴昌根.当代韩国经济[M].上海:同济大学出版社,2010:2-4.
[3] 黄义珏.朝韩经济启示录[M].郭荣昌,等译.中国发展出版社,1996:59.

朝鲜战争结束后，韩国经济严重依赖美国，并直接受美国军政当局的控制和影响。20世纪50年代，韩国是亚洲最大的受援国，其中援助绝大部分来自美国。1953年到1957年，韩国将近全部固定资产投资来自于美国援助。1958年至1960年，外资比例占80%以上。1953年到1960年，约一半的韩国政府开支来自美国援助。[①]虽然美国援助在救济难民、减少韩国政府财政赤字、缓解通货膨胀、缩小贸易赤字等方面起了重要作用，但是在增加投资、恢复经济、促进经济自立等方面并未产生多大作用。[②]

表1-1　20世纪50年代韩国部分指标

年份	1954	1955	1956	1957	1958	1959	1960	1961
人均GNP（美元）[④]	70	65	66	74	80	81	79	82
通货膨胀率（%）	27.3	68.0	23.5	23.1	-3.1	4.3	8.3	8.0

资料来源：韩国统计厅、韩国银行
注：通货膨胀率为首尔的通货膨胀率。

韩国独立后上台的李承晚政府，无心把国家的中心任务放在经济建设方面。李承晚的主要政策目的是维持自身的独裁统治，并最大限度地争取来自美国的援助。李承晚在统治的十几年里，没有构思任何发展性的经济计划，也没有实施任何有意义的改革措施。虽然这一时期也有一定的经济增长，但其增长主要原因在于战后经济的正常恢复和美国的援助，李承晚政府自身并没有拿得出手的经济成就及举措。因此，该时期经济增长也全面落后于同一时期的朝鲜。

表1-2　朝鲜战争后韩国部分经济指标

年份	1954	1955	1956	1957	1958	1959	1960	1961
经济增长率（%）	5.6	4.5	-1.3	7.6	5.5	3.9	1.2	5.9
出口（百万美元）	24.2	18.0	24.6	22.2	16.5	19.8	32.8	40.9
进口（百万美元）	243.3	341.4	386.1	442.2	378.2	303.8	343.5	316.1

资料来源：韩国统计厅

---

① 尹保云.韩国为什么成功[M].北京：文津出版社，1993：48.
② 崔志鹰，朴昌根.当代韩国经济[M].上海：同济大学出版社，2010：6-7.
③ 不同国家统计生产总值的偏好有所不同。有些国家喜欢用GDP来统计，有些国家喜欢用GNP来统计。GNP和GDP的不同在于，二者计算依据的准则不同。前者是按"国民原则"计算，后者是按"国土原则"计算。GDP=GNP-本国公民在国外生产的最终产品的价值总和+外国公民在本国生产的最终产品的价值总和。韩国喜欢用GNP来统计。多数国家GDP和GNP差距不会很大，一般在5%以内。韩国多数年份GDP和GNP差距在3%以内。1993年，联合国将GNP改称为GNI，GNP数据已基本不再统计和发布。因此，GNP和GNI所表达的内容相同。

李承晚统治时期，企业只要承诺支持李承晚的统治并提供政治献金，就可以获得许多经营垄断特权。李承晚出于维护专制需要，使官僚机构改革完全背离了正确的轨道，成了控制社会、独裁统治的工具，使官员成了李承晚政治权利的侍从。李承晚需要的是官员对他的个人忠诚，而不是业务能力，"从中央到地方，从都市到乡间，从执法大员到地方小吏，几乎都为李承晚所任命"。[1]在这种环境下，各级地方官员，利用手中权力大肆进行贪污、腐败活动，治安、司法、银行、税收等方面的法律制度和规定统统为腐败侵蚀。在这种环境下，随意勒索是各级政府部门和官员的家常便饭。中小企业很难生存，大小官员都来敲诈勒索。在街区和农村，警察和地方官员随意剥削百姓。

到了20世纪60年代，依然沉醉于维持个人独裁统治与追求统一朝鲜半岛的李承晚政权已经陷入全面危机，各种示威活动和抗议运动接连不断。1961年军事政变后，朴正熙于1963年的总统选举中，当选为总统。

权威政府的建立与发展路径的选择

朴正熙执政时期较为明显的特征是，"政府主导型"的经济发展。为了加强政府对经济活动的干预，朴正熙政府摒弃了李承晚时期"自由放任"的经济增长方式，有计划地实行了重点投资政策。

一、组建强有力、高效的政府

1.建立政府主导型经济框架

在经济方面，朴正熙政府为了强化政府对经济的主导地位，大幅改组了政府的经济行政机构，将建设部的综合计划局和物质计划局、内务部的统计局、财务部的预算局合并，新成立了经济企划院。

经济企划院是朴正熙时代开始设置的制定政府经济政策的核心机构，处于支配地位。经济企划院有权监督和指导财政部、商工部、交通部、农林水利部、科学技术部等经济部门。从1963年起，由副总理兼任企划院长官，直接向总统负责。

在金融方面，朴正熙政府为了更好地控制资金渠道，首先控制了作为中央银行的韩国银行，收回了民间拥有的银行股份，通过颁布《关于金融机关的临时措施法》，把金融机构任免干部的批准权收归银行监督院院长，掌握了金融机构的

---

[1] 尹保云.韩国为什么成功[M].北京：文津出版社，1993:43.

人事权，使商业银行国有化，建立了政府主导型的金融格局。一系列操作之后，韩国政府不仅掌握了金融机构的人事权，还直接参与银行业务，如从资金分配到预算等具体业务，都可以由政府来直接控制。

通过建立经济企划院和控制金融系统，韩国基本形成了政府主导型经济框架。政府以经济企划院为中心拟定经济发展计划，并通过协调各部门来实施经济发展计划以及出台所需的配套政策。金融机构作为经济发展的血液，根据经济发展规划，利用银行体系来补贴企业，而企业为了获得政府补贴及银行机构的低利率贷款，只能在国家指定的方向上进行投资，扩大生产。

2. 注重专业人士

为了更好地保障政策的科学性和有效性，朴正熙政府大量雇佣了各领域的专业人士。据1971年对全韩203个副道（省）级以上高级官员中的176人访问调查显示，其中大学毕业的有100人，研究生毕业的有72人。经济企划院更是一个各类技术专家汇集的部门。经济企划院的人员几乎都是各领域的专家、学者，其中大多数是在西方国家接受过现代教育的留学归国人员，其中留美回来的年轻有为、具有实干精神的人员成为经济企划院的核心成员。[1]

朴正熙不仅非常重视专家和学者，更愿意让他们参与决策。在这种环境下，专家在制定政策方面享有很大的独立性与自主性，并且专家以及各界人士可以对具体的经济政策自由讨论和批评。韩国各项经济政策，都是在许多著名专家充分调查研究的基础上拟订，不以领导人的个人爱好和主观判断为依据。如第二个五年计划是由200名国内著名专家和外国专家参与调查研究和讨论，由一名美国经济学教授和获得美国经济学博士学位的韩国经济学家金满堤起草。[2]

3. 建立有效的激励机制

蓝图光靠梦想和信念无法实现，更需要千千万万个愿意执行的利益共同体的参与。政策的科学性虽然很重要，但是想要推行下去，必须要有愿意配合的大大小小的执行人员。尤其在规章制度尚不完善，工作细则尚不明确时，想要有效推进政策，执行人员的主观能动性就起到了十分重要的作用。执行人员只有充分的利益驱动，才会在推行政策的过程中主动解决问题，并进行积极的反馈。

为了确保政策的有效性，朴正熙政府对行政官员，给予了明确的业绩导向和较大的自由裁量权。

---

[1] 申东镇.韩国外向型经济研究[M].上海：上海世界图书出版公司.2013:49.
[2] 刘淼.朴正熙政权的特征、绩效与局限性分析[D].北京：中共中央党校，2001:7.

在自由裁量权方面，行政官员在推行经济开发战略的过程中拥有较多的资源分配权，如行政官员可以选择重点培育的企业，有权帮企业解决短期流动资金，给予企业各种优惠政策，如税收优惠、贷款利率优惠、各种补贴等。因此，在这种环境下，行政官员是否愿意支持企业以及如何支持企业，对企业的发展起到十分重要的作用，甚至能起到决定企业生死存亡的作用。

在业绩导向方面，朴正熙政府为了充分发挥行政官员的作用，执政初期通过改革考核制度，构建了业绩导向的行政考核体系。国家通过各种制度安排，检查、监督政府支持所取得的成果，检查政策支持是否落实到位，以便因政策本身或人员的原因政策推行出问题时可以及时作出调整。

这种有明确目的的"胡萝卜"和"大棒"制度，使得行政官员对社会变动和发展的态度非常积极。随着建立以经济政策为中心的官员制度，行政官员作为社会变革主角，发挥着国家发展引擎的作用，并逐渐具备了"发展导向的价值观"。韩国政府也逐渐认识到，社会发展并不是靠坐享其成，而是靠事先计划取得。基于这样的认识，韩国政府更加重视目标的科学性和执行的效率性，逐渐形成了由官员出面解决问题并强调追求实效性、迅速性以及领先性等价值氛围。官员也从程序导向型向绩效导向型转变，使经济官员变成了"跑步思考的行动人"。这与李承晚政府时期把官员单纯地看作执政的政治性工具，形成鲜明的对照。[①]

总体上看，朴正熙上台之后，通过一系列调整和改革，建立了政府主导型经济框架，聘用了大量的专业人员，并制定了有效的激励机制。在这种制度下，朴正熙政府保障了政策的科学性，激发了行政官员的工作积极性，也大幅提高了资源的利用效率。由于该时期政府有明显的指导性特色，业务开展有较多的准入限制等原因，虽然也产生了较多的不公平现象，但对于后发追赶国家的粗放式发展阶段来说，这种方式却可以提高效率，更好地保障经济目标的实现。

二、出口导向与重点培养

1. 出口导向的选择

朴正熙政府接管韩国之后，最先尝试的是进口替代的发展方式，并在1962年"经济开发第一个五年计划"（以下称为"原计划"）中指出："将增加各种进口替代产业的生产放在优先地位"。"原计划"以自立经济为目标，其目的在于实现民族独立，摆脱对外国产品的过度依赖，减轻国际贸易收支压力。

[①]（韩）郑德龟.超越增长与分配：韩国经济的未来设计[M]. 金华林，朴承宽，李天国，译. 北京：中国人民大学出版社，2008:28.

但想要实现进口替代式发展，不仅需要一定的生产能力，要有充足的民间资本，更是需要国民一定的消费能力。可当时韩国是一个市场狭小、基础薄弱、依附性强的国家。整个国家生产能力非常薄弱，国民基本无储蓄，绝大多数人还在贫困线上挣扎。从国情来看，该时期韩国不具备进口替代式发展的各方面条件。相比国内市场，国际市场有充足的购买力，同时考虑廉价劳动力优势，出口导向式发展的重要性逐渐显现。几经周折之后，韩国政府于1964年开始，推行出口导向的产业政策。

韩国经济开发战略从进口替代型向出口导向型的转变是从1964年"经济开发第一个五年计划"的"补充计划"开始的。"补充计划"指出："今后的出口振兴政策不仅要考虑为增强贸易业者出口欲望而实行的支援政策，而且必须从根本上考虑为扶持出口产业所需要的产业政策。"并以此为起点，制定了一系列出口导向的支援政策[①]。

2. 选择重点培养方式

在经济推动方面，朴正熙政府采取"重点培养"方式，把大部分资源向少数有条件的大企业倾斜，而那些未能顺利得到政府支持的中小企业只能在夹缝中生存。

朴正熙执政初期的韩国基础薄弱、市场狭小、政府能调用的资源十分有限。为了尽快推动经济发展，韩国政府优先把有限的资源分配给少数那些有一定规模、有一定竞争力、有较高发展潜力的企业，以便这些企业可以成为先导集团，带动韩国经济的发展。比如，在发展钢铁工业方面，只有具备一定设备的钢铁企业才能享受减免营业税、法人税等税收优惠；在造船工业、机械工业和电子工业方面，投资额达到一定规模的企业可以享受长期低息贷款等等。除此之外，为了增强企业的国际竞争能力，韩国政府积极促进企业合并、资本集中等办法，不断淘汰中小贸易公司，大力扶持大企业发展。

从有利的一面来看，在韩国政府的"重点培养"政策下成为"重点培养"对象的企业快速完成了资本积累，消化了国外先进技术。到了20世纪80年代，这些早期以购买国外设备、模仿和引进式生产为主的企业，逐渐变成具备一定改良

[①] 在出口产业方面，韩国基于其生产能力和廉价劳动力的特点，首先选择了劳动密集型的轻工业和手工业等加工产业为主要产业；在健全对出口的奖励补偿制度方面，通过出口奖励补贴、税收优惠、铁路货运费的调整、优先配车等方式来调动出口企业的积极性；在扩大与改善贸易金融方面，重新调整现行贸易金融的利率，新设不以信用状为依据的货物集散金融制度等方式，改善企业的资金短缺和流动资金问题；在加强外交方面，通过加强常驻国外官员和商务官员的活动，扩大商务协定国家数量，沟通谈判减少国外贸易壁垒等方式，为出口型企业创造更有利于出口的环境。

和创新能力的企业；从不利的一面来看，在"重点培养"政策下，少数企业以特殊优势快速发展并逐渐变得过度庞大，在各行业中都出现了较为明显的垄断现象，更是出现了少数企业能很大程度影响韩国经济的情况，以至于韩国后续发展中不得不面对"大马不死"问题和进一步改革出现层层阻力等问题。

3. 轻工业到重工业的产业政策

出口导向政策确定之后，朴正熙政府首先选择推进轻工业为主的行业，并在"第一个五年计划（1962年—1966年）"和"第二个五年计划（1967年—1971年）"期间对这些行业给予税收、金融、补贴等方面的支持。如1965年7月韩国选择生丝类、棉织品、陶制品、橡胶制品、收音机和电气机械、鱼虾类及蘑菇罐头、毛织品、胶合板、服装、皮革制品、工艺品和杂货等产品给予重点扶持。

该政策符合当时韩国国情的定位以及相应的政策支持，有力地促进了韩国的出口，推动了韩国经济的发展。从表1-3中可以看到，1953年—1961年间韩国出口一直在1000万美元至4000万美元之间波动，但到了1971年韩国出口总额为10.68亿美元，为1961年的26倍有余。

表 1-3　韩国 10 大主要商品出口情况

顺序	1961			1971		
	项目	金额(百万无)	比重(%)	项目	金额(百万元)	比重(%)
1	铁矿	5.3	13.0	胶合板	124.3	11.6
2	钨矿	5.1	2.6	毛衣	97.8	9.2
3	生丝	2.7	6.7	假发	74.8	7.0
4	焦炭	2.4	5.8	棉织品	72.0	6.7
5	鱿鱼	2.3	5.6	电子产品	68.5	6.4
6	活鱼	1.9	4.5	金枪鱼	55.1	5.2
7	石墨	1.7	4.2	生丝	39.3	3.7
8	胶合板	1.4	3.3	鞋	37.4	3.5
9	粮食	1.4	3.3	印染	34.1	3.2
10	猪毛	1.2	3.0	钢铁材	33.4	3.1
—	总出口	40.9	100	总出口	1067.6	100

资料来源：韩国统计厅

跟轻工业不同，重化工业不仅有明显的资本密集型特性，还存在较高的技术壁垒。想要发展重工业，不仅需要购买昂贵的设备，进行大量的投资，还要具备相应的管理人才和技术人才。韩国经过20世纪60年代的发展，国力增强了，民间积累了资本，国家和企业也培养了不少人才，开始慢慢具备了重化工业发展的多方面条件。另外，进入20世纪70年代之后，受石油危机冲击、国际贸易环境恶化、朝鲜半岛局势紧张等外部影响，韩国也有较大的动力调整产业结构，发展跟石油相关的产业部门以及耗能较大的重工业部门（如石油化工、冶金工业、造船业等）。

1973年初，朴正熙发表了"重化学工业化宣言"，要把国民经济发展的重点由轻工业转向重工业和化学工业。在"第三个五年计划（1972年—1976年）"和"第四个五年计划（1977年—1981年）"期间，韩国政府选择了钢铁、石化、有色金属、机械、造船、电子仪器等六大产业作为战略产业。

为了顺利发展该时期战略性行业，韩国政府进一步增强了对重化工业的支持力度。仅从金融支持上看，该时期绝大部分低利率贷款都流向了重化工业企业。韩国政府对重化工业的投资超过财政投资的2/3，在1977年至1980年期间其比重超过80%。[1]

在政策的大力支持之下，韩国的重化工业得到了良好发展，使得钢铁、石油化学、机械、汽车、造船及国防产业初具成型。除此之外，重化工业的发展也降低了韩国对国外原材料和中间产品的依赖。20世纪60年代，绝大多数韩国企业不仅要购买国外设备，还要购买大量的基础材料和中间产品，用国内市场廉价劳动力来进行加工和组装，然后再出口到国外的方式来赚钱。但重化工业的发展扭转了进口大量中间产品和原材料的情况，不少原材料和中间产品逐渐具备国内供给能力。

重化工业的顺利发展，让韩国的生产方式发生了变化，产业结构得到了优化，出口结构也从早期轻工业为主顺利转向重化工业为主，不仅提高了韩国企业在国际市场上的竞争力，更是让韩国从一个弱后的农业国家顺利转型为一个具备较为完整的工业基础和一定的自我生产能力的工业国家。

表1-4 韩国制造业结构变化　　　　　　　　　　（单位：%）

年份	1970	1975	1980	1985	1990
轻工业	60.8	52.1	46.4	41.5	34.1
重化学工业	39.2	47.9	53.6	58.5	65.9
合计	100.0	100.0	100.0	100.0	100.0

资料来源：韩国银行

---

[1] 崔志鹰，朴昌根. 当代韩国经济[M]. 上海：同济大学出版社，2010:100.

朴正熙时代发展评价

20世纪60年代初韩国是一个贫穷落后的农业国，原本就自然资源贫乏，再加上受到南北战争的冲击以及李承晚政府的蹂躏，国家满目疮痍，不要说工业发展的基本条件，社会稳定还要靠美国的援助来维持。1962年韩国的GNP只有30亿美元左右，人均GNP只有120美元，比朝鲜和菲律宾都要落后很多。但短短18年之后，1980年韩国的GNP突破了700亿美元，人均GNP达到1860美元，实现了20多倍的增长，被后人称为"汉江奇迹"。

表1-5　朴正熙时期韩国经济增长　　　　　　　（单位：%）

五年计划	时间	年均经济增长率	年均出口增长率
"一五"计划	1962年—1966年	7.8	43.7
"二五"计划	1967年—1971年	9.5	35.2
"三五"计划	1972年—1976年	9.1	47.1
"四五"计划	1977年—1981年	5.7	21.6

资料来源：赵淳.韩国经济的发展[M].李桐莲，译.北京：中国发展出版社，1997：30-53.

朴正熙执政时期的韩国不仅在经济上得到了显著的增长，更是让一个落后的农业国脱胎换骨进入了工业文明，并为后续的进一步发展壮大打下了基础。分析朴正熙时代韩国的发展历程，韩国的成功主要归功于以下几点：

第一，在发展方向的选择上，选择了出口导向为主的发展方式。

韩国选择出口导向为主的发展方式，不仅打开了广阔的市场，也让韩国的廉价劳动力[①]有了用武之地。更为重要的是，出口导向的选择发挥了鲶鱼效应，参与竞争的企业想要在国际竞争中获得优势，就必须不断地自我成长。

其实，出口导向式发展和进口替代式发展除了面对的市场不同，还有一个重要的不同，那就是参与竞争企业心态的不同。在进口替代模式下，那些有条件享有较丰富的政府资源的企业，在经营中会把更多的精力放在维护政商关系和阻挠新竞争者进入等方面，而不会把精力放在产品改良和创新上，因为在没有国际竞争对手参与的情况下，这些企业只要在国内得到较多的政策支持就可以把不少竞争对手踢出局外。

[①] 出口导向的发展，让贫穷落后的韩国迅速在世界市场上找到了成本优势方面的竞争力，即使到1976年，韩国工人每小时的工资为0.47美元，而此时美国每小时的工资为5.19美元，日本为3.56美元，分别是韩国的11倍和7.6倍。

不少国家选择进口替代式发展的初衷可能在于，通过国内生产原先依赖进口的工业品，以实现工业化和经济增长。看起来进口替代的发展方式存在较为合理的理由，一是可以保护民族工业；二是可以减少国际依赖；三是可以降低国际环境变化带来的风险等等。但是，在实践过程中，进口替代式发展由于市场封闭、过度保护等原因，企业往往会失去创新动力，市场容易形成垄断。而且，当进口替代模式进行一段时间之后，多半会出现少数企业和官僚群体凝聚成一股力量，美其名曰保护国内工业，其实狼狈为奸地享受垄断利润和超额收益的情况。这也是为什么选择进口替代式发展的国家不在少数，但至今没有一个国家在封闭市场模式下成为发达国家的原因。

第二，在产业的支持上，韩国政府出台的产业政策符合产业文明进程的一般规律。

产业政策上，韩国实行的是轻工业到重工业的发展战略。这种符合产业文明发展规律的战略，夯实了韩国经济发展的基础，减少了发展的不确定性，缩短了经济发展的历程。

轻工业主要是与日常生活息息相关的行业，如食品、烟酒、家电、家具、五金、玩具、纺织、造纸、印刷、生活用品等等都属于轻工业。重工业是为国民经济各部门提供技术装备、动力和原材料的行业，包括钢铁、冶金、机械、能源（电力、石油、煤炭、天然气等）、化工等等领域。某种程度上，重工业的发展能代表一个国家工业化程度的高低，能反映一个国家的军事力量和国防力量的强弱。

在没有外界干扰的情况下，一个经济体的产业一般会按照农业、轻工业、重工业、服务业的顺序来发展。前面一个产业的发展会成为下一个产业发展的基础。如农业的发展，首先带动的是轻工业的发展。早期轻工业原材料大部分来自农业，如食品加工、纺织用品、皮革用品、纸张等原材料均来自农业。因此，如果一个国家农业发展健康，随着资本的积累可以为早期轻工业的发展奠定基础。不少欧洲国家走的就是这一条路径。

轻工业的发展顺利，能为重工业发展奠定基础。相比轻工业，重工业的发展以较多的资本积累和技术积累为前提，即重工业相比轻工业有更为明显的资金密集型、技术密集型特性。不难想象，投建钢铁厂所需要的资金门槛和技术门槛要比投建纺织厂所需要的资金门槛和技术门槛高很多。

一个国家在发展轻工业的过程中，不仅会积累资本，也会培养工业化需要的人才。当民间积累了一定的资本，培养了较多的产业工人后，随之而来的是重工业的发展。在轻工业发展良好的情况下，推进重工业的发展，有利于轻工业和重工业的有机结合。如早期的轻工业主要原材料来自农业，但随着重工业的发展顺利，轻工业发展所需的原材料、动力能源、机械设备跟重工业的关系会越来越密切，比如自行车、手表、家电、汽车的生产需要重工业为基础。

一个国家的轻工业和重工业发展顺利，能生产的生活用品总量和类型达到一定程度之后，开始加速的是以服务业为主的第三产业的发展。第三产业主要包括交通运输、仓储和邮政业，计算机服务和软件业，批发和零售业，金融业，房地产业，卫生、社会保障和社会福利业，文化、体育和娱乐业等等行业。第三产业的主要特性表现在第一产业（农业）和第二产业（轻工业和重工业）的再分配。第三产业的快速发展，能大幅提高居民的生活质量，让该国国民从生存为主的阶段逐渐转向生活为主的阶段。一个国家第三产业快速发展的时期，常常也是该国国民对产品附加值要求快速提升的时期。

经济的发展是循环渐进的过程，一个农业国家变成一个工业国家的过程中，每一个阶段都为下一个阶段打下基础。如果在不打好基础的情况下，冒然地选择跳跃式发展，可能会带来经济结构失衡、经济效率降低等问题。比如，重工业的发展需要大量资本的支持，如果一个轻工业都没有发展良好的国家优先发展重工业，那么很可能因缺乏资本积累、缺乏内部造血能力、缺乏技术积累等方面的原因，较难推进重工业的多样化和持续性发展。当然，这种发展方式也不利于经济健康持续的发展。在这方面，苏联的发展模式及中国改革开放之前重工业优先的发展阶段都是可参考的例子。

从韩国的情况来看，朴正熙掌管韩国之后，韩国和朝鲜关系仍然处于微妙的紧张状态，因此该时期的韩国始终存在发展重工业的压力和动力。但20世纪60年代韩国最终还是选择了轻工业优先的战略。具体时间是，第一次和第二次经济开发计划主要发展轻工业，到20世纪70年代之后第三次和第四次经济开发计划开始才大力发展重工业。更为重要的是，韩国发展重工业的主要目的是推动出口和促进经济发展，而没有把最主要的精力放在提升军事实力上。朴正熙时期韩国的这种发展方式，给国民经济提供了喘息和复苏的机会，没有出现苏联那样面包和生活用品都不够，还得生产钢铁、制造武器的局面。

虽然很难复原朴正熙政府当时面对政治、军事、经济、国际关系等方面的压力以及执政者面对这些压力时的心态，但可以确定的是韩国政府推动的轻工业到重工业的发展路线，不仅夯实了韩国经济的基础，创造了内部造血的环境，更是减少了经济发展的不确定性，让韩国少走了不必要的弯路。

第三，韩国政府采取了"重点培养"为主的发展方式。

20世纪60年代，韩国不仅民间缺少资本积累，国家也贫穷，政府推动经济发展的资金有不少来自海外借款。在这种资金有限、资源有限的环境下，韩国把有限的资金和资源作"倾斜式"分配，重点扶持大型企业的方式，不仅提高了资源利用效率，也缩短了企业发展时间，加快了经济发展速度。

虽然公平的竞争环境有利于不同企业发挥各自的特色，形成多元化和多层次的竞争体系，但这种发展方式存在其发展较慢和资源浪费的特点。

在粗放式发展阶段和公平竞争的环境下，不少企业会用购买相同设备、生产类似产品的方式来参与市场竞争。经过残酷的竞争之后，留下来的企业固然是规模效益明显、管理制度优越、有一定特色的企业，但这个过程一般是一个漫长的过程，要经历恶性竞争、大批企业的破产倒闭、大量企业的兼并重组阶段，因此想要通过这种方式提升生产效率，少则也要度过多个经济周期。但对于后发追赶国家来说，早期发展只要确保模仿和引进渠道的畅通就能快速地提高生产力，因此可以绕开这种发展方式。韩国的"重点培养"方式，恰好起到了这种作用。

20世纪60~70年代的韩国，尚处于粗放式发展阶段，在国际市场上的竞争力主要来自低廉的价格，而不是产品的较高附加值。因此"重点培养"可以有效地提高资源利用效率。由于这段时期产品的技术含量低、雷同性高、容易模仿和复制、管理模式简单、无需过多地自行研发等原因，政府只要能给企业低廉的资金成本、足够的政策支持，那么企业可以更快速地脱颖而出。因此，在这个阶段，政府用有限的资源支持少数企业的发展，可以帮助企业有充足的资金购买更好的设备，生产更高性价比的产品，也有助于企业快速地形成规模效益。而且"重点培养"的方式，可以让一个企业快速地发展壮大，有更好的条件跟跨国公司进行竞争。

对于后发追赶国家来说，"重点培养"方式除了有利于提高资源利用效率以外，还有利于监管和引导。当企业运营出问题或企业所做的事情不符合国家支持的方向时，国家可以快速地调整，让这些企业在国家所希望的方向上努力。

从韩国的发展历程看，朴正熙时期的"重点培养"方式，虽然也带来了竞争环境的不公平、中小企业缺少发展机会、"大马不死"等一系列问题，但不可否认的是，这种"重点培养"式的发展，在韩国的工业文明早期，在民间缺少资本积累、政府资金有限的情况下，提高了资金的使用效率，推动了经济的高速发展，让韩国快速建立了工业文明。

寻租行为对经济发展影响探讨

寻租行为一般是指，人们凭借政府保护而进行的寻求财富转移的活动。在法治环境不健全的情况下，有政府干预的地方必然会发生寻租行为，如特许经营权、关税与进出口配额、政府采购等等领域都是容易产生寻租行为的地方。

很多学者把经济停滞不前、贫富差距扩大的原因归结为寻租行为，认为寻租行为是导致经济停滞不前、贫富差距扩大的罪魁祸首。确实，寻租行为会影响社会的公平，加大社会的紊乱。但仅从经济增长的角度看，寻租行为并不一定是阻碍经济发展最为重要的因素。韩国的案例也在否定这个结论。在朴正熙时代韩国的典型特性是，较高的经济增长率和普遍的寻租行为。20世纪60、70年代，韩国在有限准入制和重点培养政策之下，以贿金换取政策支持是普遍的潜规则。银行贷款和外资贷款的分配、进口许可证的发放以及出口导向政策都滋生了大量的腐败现象。如在整个20世纪60年代，贷款额度的10%-20%被当做佣金是普遍现象。[1] 如果一家企业不按官僚集团的要求提供足额租金，那么企业可能要承担后续贷款和其他优惠政策都无法享受的后果。

寻租行为是生产力和生产关系的一种反映，具有明显的时代特性。不要说日本和韩国，老牌资本主义国家在工业文明早期都经历了类似阶段，即便是一直崇尚自由市场和坚持公平竞争的美国也是如此。

19世纪80年代到20世纪30年代被认为是美国寻租行为最为严重的时期。从时代背景看，这段时期正好是第二次工业革命之后，能源利用效率大幅提高，钢铁、冶金等资金密集型行业快速发展的时期。这段时间美国不仅产生了大量的官商共舞现象，财团和银行、证券、保险业之间也产生了普遍的寻租行为。这些企业贿赂下至官员，上至议员，影响政策的出台，以便更好地保障自己的垄断优势和垄断地位。需要特许经营的领域，腐败现象更是严重。财富巨头们凭借手中的金钱，疯狂"收购"公职人员持有的政治权力。在金钱的利诱下，行政人员也十分愿意沦为那些慷慨行贿者的"俘虏"。

从生产阶段看，寻租行为普遍产生于劳动密集型、资本密集型为主的生产阶段。其原因在于这个阶段主要是简单重复的劳动，企业生产的产品也有较多的雷同性，因此多数企业的竞争优势来自融资渠道优势和行政资源优势。在这种环境下，低廉的资金成本和良好的政商渠道，成了竞争中获胜的关键因素。不难想

---

[1]（美）康灿雄.裙带资本主义：韩国和菲律宾的腐败与发展[M]. 李巍，石岩，王寅，译. 上海：上海人民出版社，2017:98.

象，在这个阶段，企业为了保证竞争优势，会表现出更强的寻租动力，也较难避免普遍的官商共舞现象。

那么为什么有些国家腐败严重，但其经济依然能得到较好的发展，而有些国家普遍的寻租行为会明显抑制经济的进一步发展呢？寻租行为是否已成为阻碍经济发展的核心原因，关键还要看该国家所处的经济阶段和当前的寻租环境是否对技术进步有明显的抑制作用。

从结论上看，对于后发追赶国家来说，在粗放式发展阶段，普遍的寻租行为不一定是抑制经济增长的核心因素，但是到了集约式发展阶段，普遍的寻租行为对经济发展的抑制作用就会越来越明显。

在粗放式发展阶段，即使一个经济体有严重的寻租问题，但这种寻租现象对技术进步并没有明显的抑制作用，那么该经济体的经济依然有可能得到较好的发展。相反，如果一个经济体的寻租行为，对该经济体的技术进步有明显的抑制作用，那么该经济体在这样的寻租环境下，较难得到进一步发展。

20世纪60~70年代的韩国虽然有严重的寻租问题，但是普遍的寻租现象并没有明显抑制韩国技术的进步。当时韩国企业不仅没有技术，也缺少信息来源。相比弱小的企业，政府在这一方面有明显的优势。该时期韩国政府掌握的技术方面的知识和信息比企业多得多。当时，以经济企划院为中心有大量的学者和专业人士可以为韩国企业指导方向，提供咨询服务。不仅在知识和信息方面，而且在研发投入方面，韩国政府相比弱小的企业也有明显的优势。该时期的韩国政府通过研发投入、反向工程等方式帮企业消化了不少民营企业不敢自己投入的技术。在这种环境下，行政官员除了传达政策、提供政策优惠以外，在一定程度上起到了传播知识信息，对接政府研发力量走向企业的作用。因此，虽然韩国在20世纪60、70年代，存在普遍的官商共舞现象，但是这种寻租环境并没有严重抑制技术的进步，反而在一定程度上促进了信息的传达、技术的消化和进步。

菲律宾、阿根廷、巴西等国家却是相反的例子。跟韩国不同，这些国家的寻租行为不仅妨碍了公平竞争，更是降低了企业乃至整个社会的创新动力。在这些国家，官商共舞的原因更多在于享受垄断利润，排斥新兴力量的发展。可想而知，在这种寻租环境下，这些国家的经济缺少创新动力，甚至导致阶层固化，失去进一步发展的能力。

虽然在粗放式发展早期，普遍的寻租行为不一定是阻碍经济发展的最核心因素，但到了集约式发展阶段，普遍的寻租行为对经济发展的抑制作用会越来越明显。

除了少数发明和创造来带动经济发展的国家（如美国、欧洲的部分国家）以外，多数国家从粗放式发展到集约式发展过程中大致会经历模仿和引进、消化和改良、发明和创造等三个阶段。

在粗放式发展阶段，也就是在模仿和引进、消化和改良阶段，普遍的寻租行为不一定是阻碍经济发展的核心因素。这段时期只要能确保技术引进渠道的畅通，经济依然可以得到较好的发展。但是到了集约式发展阶段，经济的发展需要发明和创造来带动的时候，普遍的寻租行为就会成为妨碍经济增长的重要因素。因为模仿和引进、消化和改良充满确定性，只要保证技术引进渠道的畅通和资金的支持，就能让这些国家快速消化发达国家的技术，而发明和创造却充满不确定性，若想要以发明和创造来带动经济发展，那么只有创造公平的竞争环境才能提高发明和创造出现的概率。关于"发明和创造存在较大的不确定性"的原因，本书在第三章中会有进一步的讲解。

当经济发展到一定程度，一个国家模仿和引进、消化和改良成本不断加大，生产力的进一步提高需要发明和创造来带动的时候，不利于公平竞争的寻租环境对经济发展的阻碍作用就会逐渐放大。也就是说，当一个经济体进入发明和创造来带动经济发展的阶段时，政府不作为或既得利益群体过于强大等原因，未能有效解决寻租问题，那么会明显阻碍经济的发展，甚至会导致该经济体陷入中等收入陷阱而无法跳出。

表1-6 寻租现象对经济增长影响分析

发展阶段	企业的主要竞争力	后发追赶国家经济增长的主要动力	寻租行为对经济的影响
粗放式发展阶段	廉价的劳动力 行政资源 低廉的资金成本	模仿和引进、消化和改良发达国家技术	寻租行为对经济发展的影响主要看对技术进步是否产生阻碍作用
集约式发展阶段	人力资本 产品附加值	较强的发明和创造能力	寻租行为对经济的发展会产生明显的阻碍作用

第二节 矛盾的激化与产业结构的高端化

环境的变化及矛盾的激化

20世纪60年代开始,韩国在"先增长,后分配""出口导向"以及"重点培养"政策之下,经济虽然得到了飞跃式发展,但随着经济规模的扩大和产业结构的复杂化,政府主导型模式开始出现各种问题。

一、经济结构失衡矛盾叠加,经济运行风险加大

在"重点培养"政策之下,韩国少数企业快速发展壮大,开始影响韩国经济的命脉。1974年—1984年间,韩国前10大企业占全国GNP比重从15.1%提升至67.4%,集中度提高了不止3倍。1987年,韩国30家最大的企业集团所经营的商品品目增加到1499种,其中市场占有率居于前三位的有941种,约占总数的63%。在制造业领域,前30家大企业集团从金属、化工等重工业到纺织、食品工业等广泛领域具有20%以上的市场占有率。这些企业集团的生产活动偏重于垄断、寡头垄断品目,不仅以强大的市场支配力排除自由竞争,而且尽量回避不同企业集团之间的竞争。[1]

在工业化早期,受到重点照顾的韩国企业,以其明显的规模效益得到了良好的发展,并起到了韩国经济发展火车头的作用。但随着大型企业集团在国民经济中的权重加大以及垄断地位的确立,逐渐放大了出口与内需、企业与企业之间、区与区域间、社会各阶层间的不平衡问题。

1. 垄断加剧了经济结构的失衡

随着大型企业集团在行业内地位的确立,这些企业集团为了保持自身的垄断优势,不仅阻碍新竞争者的进入,还排斥与外部的合作,这使得韩国中小企业举

---

[1](韩)崔志鹰,朴昌根.当代韩国经济[M].上海:同济大学出版社,2010:178-179.

步艰难。在"重点培养"政策下,韩国中小企业一直处于落后、弱小、零碎的状态。其设备陈旧,技术落后,产品附加值低。获得政府支持的企业和其他企业之间的不公平竞争,在政府支持下形成的财阀对一些产业的垄断,发达产业与其他产业之间的不配套,诸如此类的问题逐渐开始成为韩国培育健全市场、增强经济活力的巨大障碍。

2. 大型企业只求规模不求盈利能力的现象越发严重

跟多数中小企业缺少发展资金和发展机会不同,韩国"重点培养"下的大企业面对的是广阔的市场。一方面,有许多空白产业等待进入开发;另一方面,不断形成的新兴产业也带来了新的增量空间。那些先前一步发展的企业,凭借自己的资金和规模优势,以及在早期竞争中起到成败关键的多年建立的政商关系,可以快速进入新行业。这些企业只要跟着政府的思路,动用已建立的政商关系,任何行业都可以进入。以三星公司为例,"三星物产"最初是一家以商业贸易为主的公司,但随着发展,不断涉足制糖、毛纺、化肥、电子、石化、造船、航空、光学、半导体、医疗、金融、保险等数十个不同的行业,甚至还对娱乐业进行过大笔投资。大宇集团也是典型的例子。大宇集团不惜从金融机构借入大量资金投资化工、造船、汽车、商社、金融等诸多领域。大宇集团董事长金宇中还公开宣称:"为了扩大事业要勇往直前,不怕借钱。"

表 1-7　1972 年—1997 年韩国部分家族性财阀子公司数量情况

年份	1972	1979	1985
三星	16	33	39
现代	6	31	43
大宇	2	34	29
鲜京	5	14	14

资料来源:刘洪钟,曲文轶.公司治理、代理问题与东南亚家族企业:以韩国财阀为例[J].世界经济,2003(2):40-50.

更为严重的是,在"重点培养"的大背景下,韩国大企业集团一直信奉"大马不死"的神话。韩国财阀在政府扶植下发展壮大,政府给这些企业关税保护、出口补贴、低成本贷款,直至让他们成为韩国经济的命脉。因此财阀们认为,只要企业规模足够大,便不可能倒闭,政府总会伸出援手。在这种风气下,企业经营产生了严重的道德风险,利润率不再是企业考虑的主要因素。多数企业认为,随着企业规模的增大，企业会得到更多的贷款，那么政府保护或担保企业的可能性也会增大，即使出现问题政府也会出面解决。

实际情况也是如此。大型企业集团的倒闭或陷入财务危机可能造成银行破产和整个国家的混乱。无论从社会稳定还是经济发展角度，韩国都不希望大型企业集团出现危机。因此，当大型企业集团出现问题时，政府多半会进一步提供金融和财政支持，让这些企业尽可能保持活力。在这种背景下，韩国大型企业集团几乎不受控制地盲目扩张，追求规模而非效益，最终产生了韩国大型企业集团绑架银行，绑架政府，也绑架韩国民生的局面。到1997年底，亚洲金融危机席卷韩国时，韩国大企业资产负债率平均水平达500%，有的企业甚至超过1000%。

3. 劳工运动频繁，影响社会稳定

20世纪60~70年代，韩国劳动者的地位十分低下，大部分企业职工每日实际劳动时间为10~20小时。许多韩国人认为，他们在六七十年代每天劳动14小时左右。该时期劳动者不仅劳动时间长，所得到的回报也十分微薄。不少劳动者的收入连基本生计都无法保障。在1984年的一次抽样调查中，认为工资收入无法维持基本生活的职工多达11%以上，认为只能勉强维持生计的达60%。[1] 根据1984年韩国"基督教社会问题研究所"的统计来看，韩国大约11%的男工和59%的女工，其工作所得竟然达不到城市最低生活维持线。许多工人无法承担住宿和医疗开销。

更为残酷的是，这些劳动者不仅收入低、劳动时间长，工作中还要面对健康和生命安全的威胁。从20世纪60年代到80年代中期，韩国工业事故频发。在1978年—1980年间，每年发生12.63万起事故，涉及12.76万名工人，有1402名工人死于工伤事故。1976年韩国工伤事故发生率为美国和英国的5倍，为日本的15倍。韩国企业在工厂安全措施方面的投资少得不能再少。1975年由高丽大学一个研究小组进行的一项工作条件调查发现，蔚山41家制造业工厂的250个项目中，53.6%没有达到最低限度的安全标准。

除了普遍的安全隐患外，恶劣的工作环境更是对工人健康造成了严重的长期损害，如该时期很大比例的工人因工厂的噪声、粉尘、酷热、瓦斯等原因患了各种职业病。17-24岁应该是人生最为健康的年龄，然而有不少劳动者出现了胸痛、消化系统问题、听觉差、视力模糊、冻伤和皮肤等健康问题。他们在苛酷和危险的条件下筋疲力尽地工作几年后，很快造成了他们身体的耗竭和毁坏。到他们离

---

[1]（韩）崔志鹰，朴昌根. 当代韩国经济[M]. 上海：同济大学出版社，2010:108-109.

开工厂时,青春年华早已消逝,留下的是过早衰弱的身体,身上还带有很多因工厂工作而患上的恼人的疾病。①

表1-8 韩国1970年—1990年工伤事故发生统计

年份	受伤人数(万人)	死亡人数(万人)	事故数量(万次)
1970	3.74	0.06	3.54
1975	8.06	0.10	7.98
1980	11.34	0.13	11.21
1985	14.18	0.17	14.02
1990	13.29	0.22	12.69

资料来源:韩国统计厅

在长期微薄的收入、恶劣的劳动环境、身心方面的迫害之下,劳工阶层的意识开始觉醒,反抗力度逐渐加强,自20世纪80年代开始劳资争议频发,罢工事件频起。在1963年—1971年的9年期间,韩国年均劳资争议仅为102起,其中1969年最少,为70起,最多年份也不过126起②。但到20世纪80年代劳资争议数量开始上升。尤其1987年,卢泰愚发表"民主化宣言"后三个月,共发生2800多起罢工事件,仅1987年7月就有600多起,超过了1985年和1986年两年的总和。③更为严重的是,20世纪80年代的韩国,不仅罢工频率大幅增加,罢工性质也有所改变。工业化早期的劳工运动,更多地表现为情绪化的暴力性、无组织性和短期性特点,但随着劳工群体数量的增加,专业性和聚集性的提高,逐渐开始表现出较高的组织性和长期斗争性的特征。

表1-9 1965年—1995年间劳资纠纷和劳工力量变化情况

年份	纠纷	工会	工会人员(千人)
1965	113	2255	302
1970	90	3063	473
1975	133	3585	750
1980	407	2618	948

---

① (韩)具海根.韩国工人:阶级形成的文化与政治[M].梁光严,译.北京:社会科学文献出版社,2004:68-72.
② 20世纪60~70年代,劳工运动不频繁,也跟朴正熙执政时期对劳工运动持较多的否定态度、严厉压制和打压劳工运动有较大的关系。
③ 张振华.劳工阶级与韩国民主化[J].当代韩国,2005(4):13-20.

续表

年份	纠纷	工会	工会人员（千人）
1985	265	2534	1004
1987	3749	4086	1267
1988	1813	6412	1707
1990	322	7698	1887
1995	88	6606	1615

资料来源：（韩）具海根.韩国工人：阶级形成的文化与政治[M].梁光严，译.北京：社会科学文献出版社，2004:200.

二、民间力量得到增强，政府指导作用逐渐弱化

朴正熙执政时期，韩国企业不仅没有资本，没有技术，也缺少信息来源。相比弱小的企业，韩国政府在这一方面有明显的优势。建立政府主导型经济框架之后，韩国政府不仅具备了调用金融机构的能力，在技术研发能力和国际市场信息获取能力方面也有明显的优势。在这一时期，以经济企划院为中心，有大量的学者和专业人士可以为韩国的企业指导方向，提供咨询服务。此外，韩国政府还可以通过设立政府研究开发机构等方式来保障经济增长所需要的科学技术的供应。可以想象，该时期对于多数资本积累少、研发能力弱、信息来源不充分的企业来说，韩国政府不仅有燃料和动力，更是有强大的头脑。在这种环境下，企业对政府自然会表现出较强的依附心理。

但是，这种现象从20世纪80年代开始出现了变化。历经20多年的发展，到80年代时，不少韩国企业已经取得了较好的发展。这些企业所需资金逐渐不再仅局限于政府，可以通过内部造血、民间融资、海外融资等多种方式来得到解决。从1986年—1990年的数据来看，企业资金中内部资金比重上升至37.7%，外部资金中直接金融资金比重增加至42%。[①]这表明，这时的韩国企业事实上已经具备了独立的融资能力。韩国企业内部造血能力和非政府银行渠道融资能力的提高，逐渐降低了企业对政府的依赖性。

在知识提供和研发能力等方面，政府作用也在不断弱化。20世纪60、70年代是韩国政府研究开发机构最为辉煌的时期，无论是在工业非专利技术开发项目

---

① （韩）郑德龟.超越增长与分配：韩国经济的未来设计[M].金华林，朴承宪，李天国，译.北京：中国人民大学出版社，2008:53.

方面，还是在高精尖项目方面，政府所属研究开发机构都是无可匹敌的主力军。但到了20世纪80年代之后，韩国经济总量已有大幅增加，民间积累了资本，企业提高了管理水平，消化了技术，培养了人才，对未来市场的把握、整体运营和抗风险能力都得到了大幅提高。而且韩国此时已经培养了较多的高等教育人才，民间企业的自主研发能力也有很大提升，不少企业开始向技术革新状况决定事业成败的尖端产业进军。进入20世纪80年代之后，虽然韩国政府也在快速加大研发支出，但越来越无法满足不断细分化和专业化的企业研究需求。从表1-10中可以看到，20世纪60、70年代，政府的研究与开发费用远高于私营部门，但到了20世纪80年代开始，私营部门的研究与开发费用快速增加，尤其到了20世纪80年代中后期之后，私营部门的研究与开发费用已远超过政府的研究与开发费用。

表1-10 韩国研究与开发费用 （单位：10亿韩元）

年代	1965	1970	1975	1980	1985	1990	1994
总研发费用	2.1	10.5	42.7	282.5	1237.1	3349.9	7894.7
政府	1.9	9.2	30.3	180.0	306.8	651.0	1257.1
私营部门	0.2	1.3	12.3	102.5	930.3	2698.9	6634.5
政府与私营部门之比	90：10	88：12	71：29	64：36	25：75	19：81	16：84

资料来源：金麟洙.从模仿到创新：韩国技术学习的动力[M].刘小梅，刘鸿基，译.北京：新华出版社，1999:62.

除此之外，到了20世纪80年代之后，国际经济环境也在快速变化。在经济全球化趋势之下，世界经济逐渐形成以自由、开放为原则的国际贸易新秩序，韩国传统的"有限准入"政策和"重点培养"政策开始遇到较多的阻力。尤其到了20世纪80年代末，乌拉圭谈判的序幕被拉开，世界经济开始确立新的国际贸易秩序，韩国加入了取代GATT的WTO，因此韩国不得不选择进一步开放市场，出台的政策也不得不考虑更多的公平性。

政府功能的转型与公平竞争环境的构建

韩国历经20多年的高速发展之后，经济发展的主要矛盾开始变化，如经济结构失衡矛盾突起；企业盈利能力下降，经济运行风险加大；劳资矛盾不断台面化；民间力量崛起降低了对政府的依赖；产业结构的高端化和复杂化导致政府指导性作用被削弱等等。进入20世纪80年代之后，韩国经济的主要矛盾，从原先的贫困落后需要解决发展的问题，逐渐进入需要效率但也要兼顾公平的阶段。

在种种矛盾的激化之下，从20世纪80年代开始，韩国的政府主导型发展模式开始松动，经济发展逐渐开始向市场化靠拢。1983年，韩国经济企划院发表"80年代产业政策的任务与支援措施的改善方向"，提出了以"自主、开放、竞争"为基调的20世纪880年代产业政策的基本方向。其基本内容为：改正以往基于政府介入的产业培育政策，要通过民间自主竞争推进产业的发展；将产业支援方式从选择性的直接支援方式转变为功能性的间接支援方式。[①]从具体措施来看，20世纪80年代开始的韩国政府，逐渐取消各种限制企业发展的政策法规，逐步减少对少数企业的特殊关照，以及通过推进金融自由化、进出口贸易自由化和资本自由化[②]等方式来不断创造有利于公平竞争的环境。

一、推进金融自由化

韩国的金融自由化内容主要包括，银行私有化、业务经营自由化、取消利率管制、减少政府控制等方面。

进入20世纪80年代之后，韩国政府有意放松对银行体系的管制，开始实施资本、利率等方面的改革。

首先，韩国政府为了提高银行的独立性，修订《银行法》，逐渐放弃商业银行的所有权，并将所有地方性都市银行转为私营，促进了全国性商业银行的民营化。同时，简化和取消了许多银行内部管理和业务经营限制，给予银行在人事、预算、组织等方面更多的自主权。

其次，允许金融机构扩大业务范围，如1982年和1983年，银行新增了信用卡业务、商业票据贴现业务、销售政府公债回购协议、经济业务、信托业务等等业务。

除此之外，为了更好地保证市场主体之间的公平竞争，提高要素的生产效率，韩国政府大力推动了利率的市场化。20世纪60~70年代韩国在出口导向政策下出口贷款利率非常低，不仅远低于存款利率，如果考虑通货膨胀因素，不少年份出口贷款利率甚至是负数。但随着利率市场化的推进，20世纪80年代中后期开始，韩国出口贷款利率逐渐向一般贷款利率看齐。

[①] （韩）崔志鹰，朴昌根.当代韩国经济[M].上海：同济大学出版社，2010:124-125.
[②] 此处的进出口贸易自由化可以理解为经常项目可兑换，资本自由化可以理解为资本项目可兑换。该部分内容后面会有进一步讲述。

表 1-11　韩国的利率趋势　　　　　　　（单位：%）

年份	存款利率（1年）	一般贷款利率	出口贷款利率
1970	22.8	24.0	6.0
1975	15.0	15.5	9.0
1980	19.5	20.0	15.0
1985	10.0	11.5	10.0
1990	10.0	12.5	10.0

资料来源：韩国银行

在一系列改革之下，韩国的金融自由化取得了阶段性进展，如银行的自主能力大幅增加，其经营模式也逐渐趋向市场化，融资市场也更加公平等等。但该时期的改革也产生了诸多不如意的地方，甚至出现了一些问题反而加重的情况，如加速暴露了金融机构的风险，部分企业负债率的快速提高等等。出现这类现象的主要原因可归结如下：

第一，历史遗留问题严重，短期内金融改革较难摆脱路径依赖[1]。

韩国大型企业在政府的"重点培养"下发展壮大，这些企业中不少企业缺少独立经营能力，缺少抗风险能力，因此到了环境变化较大的20世纪80年代，许多企业出现了盈利能力下降的情况。如果政府不对这些企业进行特殊照顾，那么这些企业的经营很可能就会快速走向下坡路，甚至已经出现部分"重点培养"企业破产倒闭的情况。此时，为了确保稳定的经济环境和社会环境，韩国政府不得不出面协调银行和企业的关系，这使得金融机构的独立性受到影响，导致金融机构的自由化无法有效推进。

第二，金融机构的自主风险能力缺失，加大了道德风险。

随着金融改革的推进，金融机构得到了较大的自主权。但常年在"官治金融"下的金融机构缺少完善的管理体系和自主风险评估能力，因此改革过程中出现了一些不和谐的地方。在面对开放、监管弱化的大背景下，大型企业集团和银行的非正常互动不减反增，大型企业集团依然可以通过长期的政商关系和稳固的利益勾结手段向银行获取大量资金。此时银行已具有今非昔比的自主能力，但由于缺少自主承担风险的意识（认为政府会兜底）、缺少风险防范制度以及相应细则，导

---

[1] 路径依赖是指人类社会中的技术演进或制度变迁均有类似于物理学中的惯性，即一个经济体一旦选择了某种制度，那么这种制度较容易出现自我强化，不容易被淘汰。路径依赖的原因不难理解。一个制度推行之后，自然会产生受益于该制度的群体，而这些群体会持续推动和发展该制度，以至于不被淘汰。

致已然把大量资金借给盈利能力差、风险较高的企业。

第三，改革初期政府未能建立有效的监管制度。

20世纪80年代，韩国政府虽然推行了金融自由化政策，但相应的监管体系和风险防范体系并没有建立起来。或者说健全监管体系是一个漫长过程，监管体系的完善需要时间和案例来慢慢积累。一个国家经历过诸多风险，不断地修改和完善风控机制和工作细则之后，才能逐渐建立较为有效、符合当下国情的监管体系。从这一角度看，20世纪80年代韩国在不具备完善的监管体系下，较为冒进地推进了金融机构的自由化。

虽然20世纪80年代的金融改革，有不少不达预期的地方，也出现了不少问题，但总体来看依然具有十分重要的意义。其意义在于，经过一系列的金融改革，韩国削弱了政府对银行的控制，打破了"官治金融"体系，促进了金融市场的公平，为银行作为独立个体承担风险、提高经营效率建立了制度环境基础。

二、推进进出口贸易自由化

韩国早期的工业化具有明显的贸易保护主义色彩。在出口导向政策下，韩国通过出口补贴、优惠贷款、直接扶植等方式来促进出口产业的发展。该时期，韩国政府除了对出口产业进行各方面支持和保护以外，对进口产业还进行了各方面的限制。如韩国政府一直通过进口公告来控制进口等等，其目的在于减少国内收支失衡，减少外部产品对本国产业的冲击。但进入20世纪80年代之后，在环境变化和矛盾激化之下，韩国逐渐取消了进出口各方面的限制，鼓励企业在更加公平的条件下进行竞争。

随着进出口贸易自由化的推进，韩国平均关税率开始快速下降，综合进口自由化率逐渐提升。具体数据上看，1982年到1996年，平均关税率从23.7%下降到7.9%，进口自由化率从76.6%上升到99.3%。贸易自由化政策的推进，促进了民间企业自主经营和竞争能力的提升，也为中小企业发展提供了良好的市场环境。

表1-12 进口自由化率和平均关税率变化　　　（单位：%）

年份	1982	1984	1986	1988	1990	1992	1994	1996
进口自由化率	76.6	84.8	91.5	95.3	96.3	97.7	98.6	99.3
平均关税率	23.7	21.9	19.9	18.1	11.4	10.1	7.9	7.9

资料来源：韩国贸易协会

三、推进资本自由化

资本自由化是全面对外开放的最后一道关口。资本自由化目的在于消除各国之间资本移动的各种障碍,为外国投资提供同本国投资相同的机会和便利。

资本自由化有有利的一面,也有不利的一面。从有利的一面看,资本自由化可以实现资源的优化配置,有助于形成更加透明有效的市场;从不利的一面看,资本自由化会弱化货币政策的作用,影响国内经济发展的独立性,也更容易受到跨国资本的冲击。

对于后发追赶国家来说,在工业化早期,由于金融市场不完善、抗风险能力弱,民族企业弱小[①]、缺乏国际竞争能力,因此,过早地推进资本自由化,有可能削弱国内金融市场的稳定性,挤压民族企业的生存空间。相反,在这个阶段进行适当的管制,提供适当的保护,有利于国民经济的稳健发展,可以缓解国际资本对国内市场的冲击和国际巨头公司对国内企业的摧残。

考虑到国内资本市场尚不发达和金融体系不健全的情况,韩国采取了阶段性开放国内资本市场的策略。

韩国在1988年作为遵守IMF第8条条款[②]的国家,基本实现了经常项目下的外汇自由交易。但是该时期,韩国的资本市场一直处于限制状态,政府对股票市场、债券市场和资本交易进行严格管制,限制外资的随意进入。

韩国对资本项目逐步实施开放是从20世纪90年代开始,尤其1997年金融危机后,在国际货币基金组织(IMF)的压力下,才完成了向全面开放型体制的过渡。以投资为例,在20世纪80年代之前,海外企业想要投资韩国企业,会受到各方面条件的严格限制。但从20世纪80年代中期开始,韩国对海外企业的投资实施了选择性开放政策,允许部分行业,如炼油行业、石油化学等引进外商投资。进入20世纪90年代之后,韩国加快了投资自由化步伐,在1997年之后进入了完全投资自由化阶段。

总体来看,进入20世纪80年代之后,韩国政府在内外矛盾激化的情况下,选择了"自主、开放、竞争"的方向,并逐步减少或淡化了对企业的限制、干涉和直接指导,如对银行业务的开展、投资项目的选择、外资引进的规模、产品价

[①] 这种弱小并不一定跟规模有关。规模大的企业也可能是弱小的企业,不一定能竞争过比自己规模小的企业。这里弱小主要是指企业产品附加值低、管理落后、盈利能力差、缺少上下游议价能力和风险转嫁能力。

[②] 按照国际货币基金组织(IMF)的定义,一国若能实现经常账户下的货币自由兑换,该国货币就被列入可兑换货币。由于自由兑换的条款集中出现在基金组织协定的第8条,所以货币自由兑换的国家又被称为"第8条款国"。其主要内容有:1)对国际经常往来的付款和资金转移不得施加限制;2)不施行歧视性货币措施或多种货币汇率;3)在另一成员国要求下,随时有义务换回对方在经常往来中所结存的本国货币。

值、出口比例等，逐渐放手让企业自行决定。不仅如此，为了更好地推进市场化，政府角色也从原来的指导型角色慢慢转型为引导型、支持型、监督型角色。伴随着改革，韩国政府在公共建设和福利政策领域，如有关公害防治、环境保护、医疗保健、人力开发、教育设施、国土开发等较难依靠市场机制来发展的领域由政府来负责，而在其他领域逐渐放大市场的作用。虽然改革也带来了一系列意料之外的风险，如大企业集团对经济的影响能力进一步加大，金融风险加剧等问题，但是从总的趋势看，政府角色的改变、公平竞争环境的推进、市场化改革逐渐促进了民间企业自主性的提高，为中小企业发展腾出了空间，为韩国经济下一步发展建立了制度环境基础。

科技的重视与技术立国[1]

对于后发追赶国家来说，早期发展无需太多的自我创新，模仿、引进和消化足以让其生产力快速提高。由于后发追赶国家在粗放式发展时期跟发达国家的技术差距较大，发达国家濒临淘汰的技术都可以快速提高该国家的生产力，促进该国家的经济发展。但是这种发展方式进行到一定阶段之后，就会遇到各方面问题。比如，随着生产力的提高和技术的进步，与发达国家的技术差距缩小，想要进一步引进发达国家技术，其成本就会增加；又比如，粗放式发展模式的持续，会拉大贫富差距，容易激化社会矛盾等等。

韩国的情况就是如此。经过20多年的发展，韩国虽然已经完成了初步的工业化，但在粗放式发展模式下，经济结构失衡问题突出，贫富差距扩大，劳资矛盾也日益严重。而且，进入20世纪80年代之后，世界经济增长趋势减缓，贸易保护主义抬头，不仅加大了韩国出口市场的压力，也加大了韩国引进国外技术的阻力。此外，20世纪80年代开始韩国的劳动力成本上升和中国、泰国等新兴国家的发展，也在不断削弱韩国原先赖以生存的优势。

为了解决经济增长问题和社会问题，韩国政府一方面推进市场自由化，改变政府和市场的关系，另一方面通过出台科技政策，培养高端人才，加强知识产权保护等方式来提高企业的技术水平，旨在推动韩国产业结构的高端化。

---

[1] 技术立国和科技立国是两个不同的概念，对于后发追赶国家来说常常也是不同的两个阶段。韩国在20世纪80年代到90年代初，虽然也重视科学，但其目的更多在于用已有的科学来带动技术的发展，而不是同时促进科学和技术的发展。80年代到90年代初韩国仍处在快速追赶阶段，因此主要重视科学技术的应用，对基础研究等涉及科学本身的部分重视度不高。到了20世纪90年代之后，韩国才逐渐把目光放到科学和技术发展两个层面。这也是为什么本书把韩国的发展分为"技术立国"和"科技立国"两个阶段来描述的原因。

一、技术的重视与政策的出台

由于20世纪60~70年代韩国生产力落后，跟发达国家差距较大，因此引进国外技术是较为容易的事情。当时韩国不仅可以低廉的成本购买发达国家的技术，还可以通过非正式渠道、反向工程等方式来引进和消化国外技术。在这种背景下，政府对科学和技术的认识不强，也没有太大的动力出台有利于本国自行研究与开发的政策。

但到了20世纪80年代之后，在经济结构失衡矛盾突出、模仿和引进渠道受阻、经济发展驱动因素变化的背景下，韩国政府才开始把更多的精力集中到本国的研究与开发活动。

为了更好地发挥技术对经济发展的促进作用，1982年新一届韩国总统亲自主持科学技术振兴扩大会议，提高了韩国科学技术院、大德研究园区等研究单位的地位，而且开始实施"科技发展五年计划"，强调开展面向未来的、长远的、大规模的研究和发展项目。1985年底，韩国政府还制定了"2000年科技发展长期实施计划"。此后，为了对高新技术产业进行有效管理，韩国政府成立"尖端技术产业发展审议会"，在聘用大量专家调查研究、分析论证的基础上，进一步确定了韩国高新技术产业的总体发展战略及各产业的具体范围和发展对策。[1]

除了提高技术部门的地位，出台多项有利于技术发展的重磅计划之外，为了调动企业对研究与开发活动的积极性，韩国政府还通过优惠贷款、税收激励、直接研发等方式来鼓励企业进行研发活动。例如在20世纪80年代，研究与开发优惠贷款成为资助私人研究与开发活动最重要的手段。

在对科技的重视和相应政策的推动下，韩国企业自主研发的热情高涨，纷纷设立研究开发机构，以便在变化的环境中提高自身的竞争能力。从表1-13中可以看到，1980年韩国只有54家企业有研究开发实验室，但1990年已经达到了966家，1994年更是达到了近2000家左右。研究与开发费用GNP占比也是一个国家研发实力增强的很好证明。1980年韩国研究与开发费用GNP占比不到0.8%，但这一数字在1985年超过了1.50%，到1994年达到2.61%，该比例已超过了不少同期的发达国家，这在世界范围内也居于很高的水平。

---

[1] 闵京基,潜伟.1960年以来韩国科学技术政策的发展历程[J].科学学研究.2021,(6):603-610.

表 1-13　韩国研究与开发部分统计

年份	1965	1970	1975	1980	1985	1990	1994
研究与开发费用占 GNP 比重（%）	0.26	0.38	0.42	0.77	1.58	1.95	2.61
公司研究与开发中心数	0	1（1971年）	12	54	183	966	1980

资料来源：（韩）金麟洙. 从模仿到创新：韩国技术学习的动力 [M]. 刘小梅，刘鸿基，译. 北京：新华出版社，1999:62.

二、教育的普及和人才的培养

对于后发追赶国家来说，粗放式发展时期所需要的技术多半是对设备的理解和应用，最多也就通过分解研究和反向工程等方式吸收和消化国外技术，并在此基础上进行一定的调整和改良。在这个阶段，工作人员无需对生产制造原理有系统性、专业性的理解，只要能熟练运用生产设备，当生产环节出现问题时可以解决就能很好地胜任该工作。正因为如此，在这个阶段，绝大多数工作人员可以通过师徒制来培养，并且在工作的过程中学习，这足以满足企业生产发展的需求。可是，随着工业化的推进，这种发展模式会遇到各种问题，如经济结构失衡、贫富差距扩大、劳资矛盾加大等方面问题。想要缓解这种矛盾，想进一步促进经济的发展，那么提高生产制造的科技含量、增加产品的附加值、促进产业结构的高端化是一个最好的出路。

但是，想要提高生产制造的技术含量、促进产业结构的高端化，仅靠熟练工人很难实现。学徒制和企业内部培训，或许可以培养出优秀的技术人员，却很难培养出优秀的科技人员。而且通过学徒制和企业内部培训来培养的技术人员，或许是解决问题的熟手，但未必懂得其原理，也较难以科学为基础进行技术改良和技术创新。因此，企业想要进一步发展，不得不引进那些受过良好教育的专业人才。简而言之，一个经济体从模仿和引进，转型为改良和创新时对高等教育人才的需求会快速增加。

高等教育是指，在完成基础教育（小学、初中、高中）的前提下，以培养高级专门人才为目的的教育。高等教育跟基础教育不同之处在于，高等教育有明显的专业性。接受高等教育的群体，不仅要学习特定专业的基础理论，更要学习系统的专业知识及相应的技能。除此之外，该群体多半会掌握一门外语，具备阅读外文资料的能力。

由于受过高等教育的群体不仅具备理论知识，更具有系统的专业知识，因此有更高的概率从科学层面来指导技术的发展，并运用于生产制造。

不少读者可能不大了解科学和技术的区别，认为这两个词汇所表达的意思相差不大。其实，科学和技术所表达的内容有很大的不同，这两个词汇表达的是不同层面的事情。

科学是自然规律和社会规律方面的系统知识，了解的是一个事物的本质和原理。科学最大的特点在于，可预测性和可检验性。由于科学符合本质，且有系统的理论，因此不仅可以根据假设进行预测，还能对预测结果进行重现。跟科学不同，技术是指解决问题的方法。相比科学，技术更侧重于实践技巧。举一个简单点的例子，在不懂得科学原理的情况下，想要对一项技术进行改进，其成本会比较高。由于不懂得其中原理，改进缺少方向性，只能通过不断的试错来提高其技术含量。当然，这种方式也较难预测改进后的结果。但是，了解该技术的科学原理后，就可以快速通过关键因素和核心变量来对该技术进行改良和升级。由于懂得原理，还可以确定改进的方向，预测改进中可能出现的问题和改进后可能出现的结果。这无疑会大大提高技术进步的速度。

从历史沿革上看，在第一次工业革命之前，科学和技术的关系并不密切，技术提高更多来自反复的实践和偶然的尝试，并非来自对原理的理解。第二次工业革命之后，科学和技术的关系越来越密切，科学对技术的指导作用越来越明显，技术发展更多依赖对科学原理的理解和应用。可以想象，只有了解本质，懂得原理，具备理论时，技术进步才会表现出明显的方向性和高频性。而受过高等教育的群体，由于具备系统的理论知识和专业知识，因此能为科学和技术搭建桥梁，让技术进步表现出更强的科学性。

进入20世纪80年代后，韩国对高等教育的重视以及科技人才的培养，为韩国经济发展方式（即从廉价劳动力驱动转向技术驱动，乃至后续的科技驱动）的转型，起到了重要的作用。从表1-14中可以看到，1980年韩国高等教育毛入学率[①]仅为14.7%，还处在只有少数人才能受到高等教育的阶段，但到了1995年韩国高等教育毛入学率已经超过50%，进入了高等教育普及化阶段，到2000年该数字接近80%，实现了绝大多数人都能享受高等教育的目标。

---

① 高等教育毛入学率是指高等教育在学人数与适龄人口之比。适龄人口是指18岁~22岁年龄段的人口数。国际上通常认为，高等教育毛入学率在15%以下时属于精英教育阶段，15%~50%为高等教育大众化阶段，50%以上为高等教育普及化阶段。

表 1-14　1965 年—2000 年韩国高等教育毛入学率　　（单位：%）

年份	1965	1980	1995	2000
毛入学率	6.7	14.7	52	78

资料来源：联合国教科文组织统计研究所（UIS）

三、知识产权保护制度的加强

跟模仿和引进、消化和改良不同，新技术的开发和研究不仅需要投入大量时间和资金，还要承担研发失败的风险。只有在一个能确保研发和创新成果不易被窃取的环境下，才会有更多的主体有动力参与研发创新活动。因此，一个经济体想要从模仿和引进、消化和改良阶段转型为创新和创造阶段时，知识产权保护制度的重要性会逐渐显现。

到了 20 世纪 80 年代中后期，在政府对科技的重视和人才的培养下，韩国企业消化和改良国外先进技术的能力大幅提高，不少企业在独立创新方面也开始崭露头角。而且，随着跟发达国家技术差距的缩小，韩国向国外引进技术的成本也在快速提高。在这样的背景下，韩国逐渐开始重视知识产权保护制度。1986 年，韩国修改《专利法》，提高了专利保护水平，引起了国际社会的广泛关注；1994 年颁布《发明促进法》，有意加强社会的发明创造动力；1996 年修改《版权法》，加强版权保护；从 1997 年起，韩国先后 16 次修改《专利法》，成为世界上修改《专利法》最频繁的国家。经过一系列的调整和改革，到了 20 世纪 90 年代中后期，韩国已经建立了较为完善的知识产权保护体系。1999 年，韩国知识产权局被世界知识产权组织（WIPO）指定为专利合作条约国际检索单位和初步审查单位，韩文也成为国际专利申请的可用语言之一。这大大提高了韩国在知识产权领域的国际地位。

表 1-15　韩国产业结构高端化过程中部分要素的情况

年代	技术特性	人才特性	知识产权保护
20 世纪 60 年代	对科技认识不足	缺少技术人才	弱知识产权保护
20 世纪 70 年代	引进海外技术为主，根据生产需求有适当的改良	应用型人才为主	弱知识产权保护
20 世纪 80 年代	消化和改良为主，创新和创造为辅 应用研究为主，基础研究较弱	开发型人才、研究型人才快速增加	知识产权保护开始加强

续表

年代	技术特性	人才特性	知识产权保护
20世纪90年代	改良和创新能力大幅提高 基础研究能力开始加强	开发型人才、研究型人才比例大幅提高	强知识产权保护
21世纪初	进入知识经济时代	人力资源强国	知识产权强国

薪酬福利的改善及中产阶级的崛起

一般情况下，一个经济体中政策的出台会更多地照顾掌握了较多资源的群体。农耕文明时期，地主等土地所有者掌握着大部分社会财富和资源，因此多数政策更有利于该群体。工业文明前期，资本家掌握着大多数社会财富和资源。劳工阶层较为分散，从事的是简单重复、可替代性较强的工作。因此无论从财富地位、可替代性还是斗争能力上劳工阶层都属于弱势群体。所以，该时期的政策会更倾向于资本家。为了保障资本家的利益，还会出台压迫或迫害劳工群体的政策。随着工业文明的发展和城市化的推进，劳工群体的聚集性、组织性也会提高，工作中的技术含量也会提高，劳工群体逐渐开始具备跟资本家谈判的筹码。该时期政府的选择相当重要。由于这段时期保守势力依旧很强大，如果政府对保守势力过多地妥协，打压新生力量的发展，那么很可能的结果是，该经济体贫富差距进一步扩大，技术进步缓慢，长期无法跳出中等收入陷阱。如果该时期新生力量得到政策支持，发展顺利，那么该经济体的产业结构就有可能得到优化，生产方式也有可能从原先非技术劳动为主的阶段，逐渐转型为专业劳动为主的阶段。而且，随着技术劳动者和脑力劳动者比例的增加，财富和资源逐渐会向这些群体聚集。慢慢地，有一定专业技能的中产阶级可能会成为该经济体中掌握较多财富和资源的阶级。

中产阶级普遍认为是，受过良好教育，从事脑力劳动或者技术为基础的体力劳动，主要靠工资及薪金谋生，追求生活质量，有一定的闲暇时间，有较高消费能力的群体。中产阶级的崛起不仅可以拉动内需，缩小贫富差距，更是能带动消费升级，促进产业结构的多样化和精细化。富裕阶层毕竟占少数，而且对价格的敏感度较低，一般会购买国际性品牌，因此对国内经济的贡献有限。贫困阶层还在生存问题上挣扎，缺少提高生活品质的能力，想要带动国内消费，心有余而力不足。相比贫困阶层，中产阶级不仅有一定的可支配资金和闲暇，更具有较好的产品辨别能力。由于中产阶级普遍受过较好的教育，有更好的能力分辨产品和产品之间的差异，可以用有限的资金来提高自己的生活品质。中产阶级的这种特性，有益于促进产品的差异化和专业化，进而带动产业结构的多样化和精细化。而且，中产阶级为主的社会，多数人具备较强的消费能力，因此可以拉动内需，进而能缓冲经济周期和国内外因素对经济的冲击。

虽然中产阶级的崛起，有利于产业结构的转型和优化，有利于提高社会和经济的稳定性，有利于提高经济体的抗风险能力，但中产阶级的过度强大也会带来一些问题。随着中产阶级在生产关系中的重要性增加和掌握的财富和资源的增加，中产阶级的谈判地位会进一步提高，政策的出台也会更多地考虑中产阶级的利益。这可能会导致一个国家的过度福利化。从经济发展角度看，过度福利化不一定是一件好事。一个国家过度福利化，可能会降低该国家企业的盈利能力，带来较大的财政负担，进而削弱国际竞争力，提高该经济体的债务风险。一个国家的福利制度，只有能保持或促进产业竞争力的时候才会长久，也能真正地缓解社会矛盾和经济矛盾。

从韩国的情况来看，20世纪60~70年代，韩国政策主要受益者是资产阶级。在"先增长，后分配"的理念下，该时期的政策很少考虑劳工阶层的利益，甚至为了经济发展，出台压迫劳工阶层的政策是个常态。比如，韩国1971年颁布《国家安全保卫特殊法》，不允许工人罢工，工人争取提高工资的活动受到极大的限制。到了20世纪80年代前后，粗放式发展带来的各种矛盾不断激化，韩国迎来了转型的重要阶段。庆幸的是，韩国政府并没有过多地向资产阶级妥协。面对保守力量已然很强大，新生力量不足的局面，韩国政府没有以极端的形式打压新生力量的发展，反而逐渐创造出有利于新生力量生存的环境。如20世纪80年代初，韩国开始制定相关法律，在国民权利和义务中增加了适当工资请求权、社会福利权，劳动阶层为了保障生活和改善工作环境等所开展的运动也开始得到更多的包容。在这种环境下，韩国劳工群体的谈判力量快速增强，企业在咄咄逼人的工会面前不断妥协。

工资的变化是劳动阶层力量变强的最好证明。20世纪60年代到70年代，多数年份韩国的经济增长率超过9%，但工资增长率却在3%到5%左右，工资增长速度远低于经济增长速度。但进入20世纪80年代后，尤其1985年后这种现象有明显改变。1980年韩国职工人均月工资为18.61万韩元，1992年则上升到86.92万韩元[①]，增长幅度达到4.67倍，年均增长达到13.70%，远超过20世纪80年代8%左

---

① （韩）崔志鹰、朴昌根.当代韩国经济[M].上海：同济大学出版社，2010:116.

右的经济增长速度,而且到了1985年之后,不少企业薪酬年均增长率超过了20%。

随着劳动群体收入的提高,社会财富第一次分配中[①],居民占比也在快速提高,韩国的贫富差距开始缩小,收入结构也从早期的金字塔型,逐渐转变成橄榄型收入结构。从表1-16中可以看到,20世纪70年代居民第一次分配占比较小,分配比例不到企业的60%,但到了20世纪90年代居民第一次分配占比跟企业占比相当,之后居民逐渐成为最大分配比例的群体。

表1-16 韩国1970年—2010年第一次分配格局 (单位:%)

年份	1970	1975	1980	1985	1990	1995	2000	2005	2010
政府占比	9.8	10.0	11.9	11.3	10.8	10.8	11.7	11.2	12.1
企业占比	57.0	58.2	49.1	49.1	44.7	42.6	45.4	43.0	43.9
居民占比	33.6	31.8	39.0	39.6	42.6	46.6	42.9	45.8	44.9

资料来源:韩国统计厅

进入20世纪80年代之后,韩国政府除了包容和鼓励劳工阶层维护权利的行为外,还有力地推进了社会保障制度。20世纪80年代韩国落实了全民医疗保险、国民年金、最低工资制等三项措施。1973年颁布的《国民福利养老金法》到1988年开始全面实施。1989年通过《地方自治法》,地方也成立议会,把区域福利问题提到日程。除此之外,进入20世纪80年代之后,韩国对老年群体、妇女、儿童、残疾人等弱势群体的关心也在不断增加。

幸运的是,劳工成本的提高,福利条件的改善,并没有让韩国在国际市场上失去竞争优势[②]。韩国反而以此为契机,优化了产业结构,顺利地从原先廉价劳动力驱动的国家转型为科学和技术驱动的国家。

无疑,韩国的这种幸运中起到重要作用的是国家对技术的重视和教育的普及。进入20世纪80年代后,韩国政府不仅提高了科学技术的战略地位,也培养了大量的高等教育人才。在这种环境下,那些技术劳动者和管理劳动者,逐渐成为韩国产业结构高端化的中坚力量。

更为有趣的是,韩国大多数企业在20世纪80年代早期对劳工运动极度反感,并以各种方式阻挠劳动成本的提高,但到了20世纪80年代中后期,随着技术和

---

① 第一次分配是指由市场按照效率原则进行的分配;第二次分配是指由政府按照兼顾公平和效率的原则,通过税收、社会保障支出等方式进行的再分配。分配当中,生产方式和生产关系决定着第一次分配,政府起到作用的更多是第二次分配。因此,最能直接反映生产方式和生产关系的是第一次分配。一次分配中企业占比高,说明生产关系中企业强势,相反,一次分配中居民占比高,说明生产关系中劳动群体强势。

② 分配制度的改善也有可能对该国经济产生严重的冲击。尤其对于廉价劳动力优势为主的国家,劳动成本的提高有可能会大幅削弱该国的竞争力,进而影响经济发展和社会稳定。

脑力劳动者对企业的重要性增加,不少企业开始主动提高劳动者的福利待遇。在生活福利方面,这些企业开始为员工提供住房补贴、上下班班车、医疗保险、孩子学费补助、丧葬费和其他与家庭有关的补助;在文化娱乐方面,不少企业也开始投入相当的资金,用于实施教育计划、休闲俱乐部和其他团体活动,如歌咏比赛、休养等等,以便提高劳动阶层的归属感和凝聚力。在薪酬福利的提高和对劳动者理念的变化下,韩国进入20世纪90年代后,罢工数量和各方面纠纷大幅减少,甚至大部分人(67%)开始赞同"雇主和雇员同属于一个大家庭"的文化。[1]

在这种背景下,韩国劳动力结构也在快速改变,从早期廉价劳动力为主的社会逐渐蜕变成中产阶级为主的社会。因不同的研究对中产阶级的定义有所差别,导致对中产阶级的统计有一定的出入,但普遍认为,20世纪90年代韩国已进入中产阶级为主的社会。

表1-17　韩国中产阶级占社会总人口比重　　　（单位：%）

年份	1960	1970	1980	1990
比重	19.6	29.0	38.5	45.7

资料来源:张振华.中产阶级的兴起与韩国民主化[J].当代韩国,2007(2):51.

中产阶级的崛起,不仅让韩国从早先廉价劳动力驱动的国家转型为科学和技术驱动的国家成为可能,更优化了社会分配结构,降低了出口依赖的风险,提高了经济的内部稳定性和抗风险能力。也正因为韩国在20世纪80、90年代实现了产业结构高端化,培养了大量的中产阶级,夯实了韩国经济的基础,才能在东南亚金融危机不久又开启了新一轮的快速增长。

第三节　金融危机与大刀阔斧的改革

历史遗留问题、流动性错配与金融危机

1997年对于韩国来说是非同寻常的一年。在东南亚金融危机的波及下,原本

---

[1] 王晓玲.韩国劳资关系:从对抗走向协商[J].当代亚太,2009(4):138-160,137.

看上去相当繁荣的韩国经济进入了崩溃边缘,大量企业倒闭、汇率和股价指数狂跌、信贷利率陡升、银行信誉下降、外债支付能力枯竭……

韩国从1995年前后开始,受国内外环境变化影响,连续出现了大企业因举债过多导致无力偿还进而倒闭的事件,如韩宝钢铁经营不善宣布破产、酿酒商真露面临破产、起亚集团面临破产等等。在大型企业集团接连倒闭、政府的优柔寡断和对一些问题处理不当的情况下[①],1997年11月国际信用评价机构降低了韩国主权信用等级。国外资本出于安全考虑,纷纷抽逃资金。银行系统也加紧收回贷款,并停止新的贷款。进入11月之后,那些负债率高、盈利能力差、得不到新的贷款的企业纷纷开始倒闭。1997年,韩国前30大企业集团中有8家破产倒闭,其中起亚集团的负债率达519%;汉拿集团的负债率达2056%;韩宝集团的负债率达1900%;真露集团的负债率达3073%。[②]

大型企业集团接连倒闭,给韩国金融系统带来了沉重的打击。韩国各大银行背负着数额巨大的呆账、坏账艰难地运行。金融系统紊乱和经济下跌,国际对韩国信用评级进一步下调,这些使得韩国在国际金融市场上几乎得不到短期周转贷款。虽然韩国政府当时出台了一系列稳定金融市场的综合政策,但未能奏效。并且,韩国通过政府发行国债、企业发行公司债券,向美、日等国央行借款以暂时渡过难关的尝试也遭失败。

在数周竭力抵抗未产生明显效果的情况下,韩国正式向国际货币基金组织(IMF)提出了援助申请。为此,韩国总统金泳三在电视上进行了公开致歉。随后一个月内,韩国股票交易市场崩溃,韩元大幅贬值。韩元兑美元的汇率在1997年初是850:1左右,但到了12月底已跌成2000:1左右,首尔综合指数1997年初在640点附近,到12月底被拦腰斩断。在国家破产危机的情况下,1997年12月韩国政府向IMF申请流动性调节资金支援,并接受各方面苛刻的条件。

分析韩国未能避免金融危机的原因,不仅有国际环境变化的因素,也有国内经济本身存在的问题。其中韩国经济本身的问题,如路径依赖问题未能得到有效解决、过度依靠外债来发展等是韩国未能抵挡金融危机的核心原因,而国际环境变化导致的流动性错配问题是韩国发生金融危机的直接原因。

---

① 1997年,起亚集团遇到资不抵债问题时,韩国政府变得优柔寡断,导致债务问题蔓延至其他公司。而且,韩国政府最终表示决定以"尊重市场原则"为理由,不对起亚集团给予紧急援救,令舆论大哗。韩国对陷入困境的企业袖手旁观,让国内外对韩国政府的信心严重动摇,穆迪、标准普尔等国际信用评级机构和高盛、摩根大通等跨国大银行纷纷调低韩国主权信用评级。

② 曲凤杰.韩国金融开放的经验和教训[J].新金融,2006(8):24-27.

一、历史遗留问题严重，不少企业未能瘦身强体

20世纪90年代韩国虽然已培养了人才、提高了技术、改善了社会福利，总体上大幅提高了生产效率、优化了产业结构，但一些历史遗留问题并没有得到有效解决。其中"重点培养"时期遗留下来的生产效率低下的大型企业的改革就是典型。这些企业作为粗放式发展时期的中流砥柱，在发展壮大过程中建立了牢固的政商关系，培养了大量的既得利益者，外加对韩国经济的较大影响力，一直有能力、有条件采取规模扩张为主的发展模式，并把风险转嫁给政府和银行。从政府层面上看，进入20世纪80年代之后，在矛盾的激化下，进行了不少改革，也取得了较好的成果，但这种改革更多地表现出增量改革的特点，对于存量部分的改革，尤其对于大企业的垄断问题和效率低下问题的改革，表现出较大的妥协、被动、流于形式和一再延误的特征。

进入20世纪90年代后，韩国受美元升值[①]、日本泡沫经济破灭、新兴国家崛起等多方面影响，出口竞争力开始下降。这对于盈利能力本身就差的企业来说是雪上加霜，不少企业开始资不抵债。韩国为了社会稳定和促进经济增长，进一步为那些盈利能力不佳的企业注入资金，希望这些企业能死灰复燃。但这种措施不仅没能提高企业盈利能力，还给银行带来了沉重负担，以至于20世纪90年代后，不少企业盈利能力大幅下降，其负债率却进一步提升。到1996年，前30家大型企业平均负债率达到了400%，远远超过了国际警戒线230%的标准。

二、外债结构失衡，流动性错配问题加剧

较高的外债总额、不足的外汇储备、不合理的外债结构导致的流动性错配问题是韩国未能抵挡金融危机的最直接原因。

一般情况下，企业的资产端流动性较差，会表现出长期的特性，而企业的负债端对流动性要求较高，会表现出短期的特性。企业的资产，如土地、厂房、设备等作为生产资料，长期为企业的生产经营服务，其生产制造过程中不易变现，但是企业的负债，如借款、应收账款等往往对流动性要求较高。以银行贷款为例，企业用筹集的资金购买土地、厂房、设备等生产资料后，企业的贷款已变成流动性较差、不易变现的资产。如果企业的贷款（负债）期限较短，那么贷款到

[①] 韩国较长时间都在实行盯住美元的汇率制度。进入20世纪90年代后，随着美国经济的复苏和IT产业的发展，美元持续升值，韩元汇率跟随美元不断走高，削弱了韩国出口商品的国际竞争力，出口增长速度大幅下降，经常项目赤字不断扩大，外汇储备减少。1997年12月，韩国政府被迫退出盯住美元的汇率制度，并开始对韩国的金融体系进行大规模改革。

期时，企业不一定具备足够的流动资金来偿还贷款。如果企业的贷款得不到续贷，那么企业为了保障运营所需资金，可能要通过贱卖资产、民间借贷等方式来缓解运营资金压力。这会破坏企业原本有序的经营状态，引起企业的经营紊乱，严重的则可能会让企业经营陷入瘫痪。由于这种资产的长期特性和负债的短期特性，即便是一家经营正常的企业一旦融资持续性出现问题也可能导致破产。

进入20世纪90年代后，受国内外环境变化的影响，韩国不少企业盈利能力下降，甚至出现资不抵债的情况，外加国际对韩国信用评级下调以及东南亚金融危机的冲击，大量外资开始撤离。在这种环境下，国内金融机构、民间以及其他资本即使手握现金，但考虑到安全问题，也不会进行借款和投资。这就导致整个产业都极度缺少现金，且很难通过正常融资渠道（银行贷款、发债和发行股份等）得到缓解。面对企业运营资金不足，持续经营存在较大不确定的情况下，不仅出口受到了很大影响，国民消费也在快速收缩。随之而来的就是生产下降、供应链紊乱、产品滞销、失业增加、企业破产倒闭、社会经济陷入瘫痪、混乱和倒退。而导致这些结果最直接的因素，则要归功于20世纪90年代开始的外债规模扩大和不合理的外债结构。

韩国进入20世纪90年代后，其外债规模在快速增加，从表1-18中可以看到，1990年韩国总外债为317亿美元，到1996年达到1047亿美元，短短6年，外债总额增加3倍多，其增速远高于经济增长速度。相比外债而言，韩国外汇储备却要少很多，1996年末，韩国外汇储备只有332.4亿美元，其中可用外汇储备不到300亿美元[1]，不到总外债的30%、短期外债的50%。较少的外汇储备意味着，当大量资金撤离韩国时，货币当局缺少稳定本国汇率的能力，而汇率的大幅波动会传导给实体经济，从而引起生产经营的紊乱。

除了外债总额快速增加外，不合理的外债结构更是韩国未能避免金融危机的最直接原因。进入20世纪90年代后，商业银行和金融企业从国外大量借入短期外汇资金，并用来为企业提供贷款，为市场提供流动性。在韩国金融机构这种业务拓展方式下，韩国的短期外债快速增加。从表1-18中可以看到，韩国在20世纪80年代短期外债占比多数年份普遍不到30%，但是到了20世纪90年代后短期外债比例快速增加，1996年短期外债占总外债比例已达到58.2%。

---

[1] 崔志鹰，朴昌根. 当代韩国经济[M]. 上海：同济大学出版社，2010:207.

表 1-18　韩国历年外债结构[①]

年份	1980	1985	1990	1992	1994	1996
总外债（亿美元）	271.7	467.09	317	428.2	568.5	1047
中长期外债（亿美元）	177.9	359.77	173.6	243.1	264.6	437.2
中长期外债占比（%）	65.5	77.0	54.8	56.8	46.5	41.8
短期外债（亿美元）	93.8	107.32	143.4	185.1	303.9	609.8
短期外债占比（%）	34.5	23.0	45.2	43.2	53.5	58.2

资料来源：石柱鲜.外债对韩国金融危机的影响及中国的外债偿还能力[J].世界经济，2002，25（8）：46-52.

短期外债是很难确保持续性的外债。这也意味着韩国进入20世纪90年代后短期外债占比快速上升，大幅提高了金融的不稳定性和脆弱性。在这种外债结构下，一旦国际市场出现风吹草动，短期借款无法得到续借，在韩国当时的资产负债结构下，自然无法避免流动性错配导致的经济紊乱问题。

案例：大宇集团的兴衰

大宇集团于1967年由金宇中创建，一度是韩国前五大企业集团之一，业务涉及外贸、造船、重型装备、汽车、电子、通信、建筑、化工、金融等诸多领域。1998年大宇集团总资产高达640亿美元，营业额占韩国GDP的5%，是仅次于现代集团的韩国第二大企业。但到了1999年新闻界正式宣布，大宇集团董事长金宇中以及14名下属公司的总经理决定辞职，以表示"对大宇的债务危机负责，并为推行结构调整创造条件"。从此，大宇集团走向了解体之路。

在一代人的心目中，金宇中及其大宇集团是韩国人的骄傲，也是韩国的象征。1936年12月，金宇中出生于韩国大邱市一个书香门第。金宇中的父亲是位中学校长，曾兼任大学教授。金宇中的母亲也受过高等教育。朝鲜战争的爆发摧毁了这个原本平静的小康之家。父亲在战乱中死去，养家糊口的重担落在了14岁的金宇中身上。小时候金宇中卖过自制冷饮、萝卜，后来又找到一份报童的工

[①] 韩国的外债规模，以外债增加额为标准，可大致分为三个阶段。第一阶段是1962年—1980年。这一时期，韩国在国家贫穷、缺少资本积累的背景下，大量借债来发展经济，外债增加额持续上升。第二阶段是1981年—1989年。该时期随着韩国经济的增长、资本的积累，韩国开始缩减外债比例，外债增加额逐年减少。第三阶段是1990年—1997年。该时期在国内外环境变化和监管不足的背景下，不仅外债绝对额快速增加，外债结构也在失衡。

作。20岁那年,金宇中遇到了生命中的贵人。邻居金容顺是汉城实业株式会社社长。他看好金宇中的才华。在金容顺的资助下,金宇中从延世大学商经学院经济系毕业,然后顺理成章地进入汉城实业株式会社工作,并到东南亚国家深造。在这里金宇中积累了知识,开阔了眼界。1967年,金宇中与朋友合伙创办了"大宇实业株式会社"。起初,公司仅有5个职员。

金宇中国内事业的另一个重要转折点来自朴正熙。朴正熙曾是金宇中父亲的学生。1976年,朴正熙把一个连续亏损37年的国有重工业企业交给了金宇中。金宇中确实是个勤奋且有才华的人。在金宇中没日没夜地工作和一系列调整下,常年亏损的企业很快扭亏为盈,转眼成了盈利大户。

渡过最艰难的时期后,大宇集团后面的发展顺风顺水,政府的优惠贷款以及各种政策支持,帮助大宇集团快速发展壮大。"兼并"是大宇集团快速发展的秘诀之一。20世纪70~80年代,金宇中利用自己容易取得贷款的优势收购了大批经营不善的企业,并用先进的生产设备、低廉的资金成本、廉价的劳动力以及积累下来的有效的管理方式来扭亏为盈。不到20年,金宇中创办的企业从当初一个规模不大的纺织厂发展为横跨贸易、建筑、造船、汽车、机器人、电信及家电等行业韩国最大的企业集团之一。进入20世纪90年代后,大宇集团用章鱼式扩展方式来进一步加快了扩张速度。1994年以来,大宇集团以汽车产业为中心扩大海外投资。其中,与汽车有关的海外投资项目134个,投资额为50亿美元。其他投资项目292个,投资额为30亿美元。[①] 伴随着快速扩张,随之而来的就是负债率的迅速提高。在金融危机前的1996年,大宇集团的负债率已达到400%。金融危机期间该指标进一步恶化,负债率接近600%。

遇到金融危机后,大宇集团的汽车、外贸、金融等部门出现巨大亏损,最终资金链断裂。1999年10月,金宇中借一次商业访问机会离开韩国,开始流亡生涯。一个月后,他发给员工一封告别书,宣布辞职。2000年12月,大宇汽车亦宣告破产。

大宇集团超速发展的背后,背负了高额债务。陷入危难时期,金宇中曾期望能够得到政府的援助。像其他财阀董事会主席一样,他深知如何在自己国家的政治体制下操作。他曾以2亿美金贿赂前总统卢泰愚。这位总统的巨额政治贿赂丑行在20世纪90年代败露,金宇中和其他8位商业领袖也被判行贿罪。通过上诉后,他和几位CEO最终被判无罪,法院认定企业领导人为了公司利益而采取的行

---

① 孙贞兰,陈晨.韩国大宇集团解体的深层原因[J].环渤海经济瞭望,2003(1):51-53.

为不应由他们个人承担责任。

回顾大宇集团的衰败过程，成本优势下降、过度多元化、缺少优质资产以及过高的负债率成为大宇事业败北的主要原因，而金融危机仅仅是加快暴露大宇集团问题的诱发因素。大宇集团虽然也有盈利能力较好的资产，如大宇重工业等，但多数资产盈利能力差，在国际市场上竞争力不足。以汽车业务来说，大宇汽车是大宇集团的主力企业，但相对于竞争对手而言，大宇汽车缺少明显的竞争优势。大宇汽车在技术、质量和生产效率等方面都落后于竞争对手；在发动机、自动变速机等核心技术上依赖进口；汽车性能方面的主要指标也处于较低水平；在新车开发能力方面也落后于现代和起亚。[①]

表1-19 大宇集团财务状况

年代	1996年	1997年	1998年
总资产（亿韩元）	342056	477900	767399
净资产（亿韩元）	78224	91702	114000
总负债（亿韩元）	263832	386198	653399
销售额（亿韩元）	382472	481280	617204
财务费用（亿韩元）	19618	27119	59235
纯利润（亿韩元）	3561	4424	-5537
负债比率（%）	337.2	421.1	573.0
财务费用负担率（%）	5.1	5.6	9.6
总资产利润率（%）	1.0	0.9	-0.7
销售利润率（%）	0.93	0.92	-0.90

资料来源：孙贞兰、陈晨.韩国大宇集团解体的深层原因[J].环渤海经济瞭望，2003（1）：51-53.

从表1-19中可以看到，金融危机尚未发生的1996年，大宇集团销售净利率都不到1%，这意味着大宇集团卖出100元的产品，都赚不了1元钱。如果公司的运营成本稍微上升，就可能要面对亏损。比如，公司1996年有26万亿左右的负债，如果资金成本提高1.5%左右，公司就会亏损。虽然1996年大宇集团还在疯狂地扩张版图，但此时大宇集团已经是一个盈利能力非常差，负债率过高，任何提高公司运营成本的风险都能给公司带来重大打击的脆弱的企业。

---

① 孙贞兰，陈晨.韩国大宇集团解体的深层原因[J].环渤海经济瞭望，2003（1）：51-53.

大宇集团的解体,不仅是金宇中个人故事的完结,更是韩国政府主导型体系崩溃的缩影。朴正熙时代,像大宇集团这类被国家重点培养的企业能够获得足够的低成本资金,因此多数此类企业敢于武断地进入一些新兴市场,敢于大胆地采取一些冒险策略。但到了20世纪80~90年代,面对竞争方式和经济结构的变化,这种发展方式逐渐失去竞争能力。如同通用汽车国际事业部总裁楼·哈格斯对大宇集团的评价一样:"大宇其实是个力量很分散的企业,但是为了开拓市场,他们什么都会干。"

其实,大宇集团的案例是多数发展中国家普遍存在的情况。粗放式发展时期,不少企业可以通过政商资源以及低廉的资金成本快速发展壮大。但随着经济结构的转型,成本优势的下降,这些企业的竞争优势也会慢慢地被弱化。面对经济环境变化,他们一般采取两种策略,一种是调整产品结构,提高产品的技术含量等方式来进军更加专业化和细分化的市场;另一种是通过上下游兼并或拓展协同领域来提高协同效率,降低生产成本。一般情况下,在粗放式发展转型为集约式发展的阶段,不少企业会倾向于选择第二种方式。因为第一种方式需要进行自我革命,且面对较大的风险,而第二种方式,则可以通过政商资源和行业地位来快速实现。

对于一个企业来说,转型升级是一件艰难且充满风险的事情。因为转型升级不仅要面对巨大的研发成本和研发的不确定性,还涉及组织架构和管理模式、生产方式和生产结构、销售模式和销售渠道等方面的变化。而且,在这些变化中,企业不仅要面对来自于外部环境和竞争对手的压力,更要面对来自于内部的压力和风险。不难想象,如果企业进行大规模改革,那些被调整和淘汰的部门及员工不大可能坐以待毙。因此,多数企业即使感觉到了市场和趋势的变化,但是在可能要面对的风险面前,不一定能有较强的动力和魄力。

韩国不少大型企业集团的情况也是如此。面对趋势的变化,作为韩国经济的主导群体,多数企业多少感觉到了改革的必要性,但是不少群体面对趋势的变化,依然选择了通过兼并提高协同效率、通过规模降低生产成本等方式来缓解竞争压力。毕竟,有稳固的政商关系,在能充分得到国家重视的情况下,拓展协同业务、上下游兼并等发展方式比转型升级所承担的风险要小很多。遗憾的是,这种方式或许在一段时间内可以缓解企业的竞争压力,但较难长期持续。如果一个经济体的产业结构高端化趋势已经形成,那么人力成本上升、生产结构专业化和细分化是必然的事情,而且在这个趋势下,那些"什么都干"的企业不仅会失去竞争优势,还会失去转型升级的时间窗口。因此,那些平日里看起来经营正常的企业，一旦遇到意想不到的冲击，如汇率冲击、金融危机、贸易摩擦、输入型通胀、劳动成本陡升等等，可能会因其过高的杠杆率、较低的产品附加值、较弱的下游议价能力[①]等原因加速其被市场淘汰的过程。

IMF 的援助及大刀阔斧的改革

面对韩国的求救，国际货币基金组织（IMF）对韩国进行援助的同时，提出了一系列要求。这些要求主要包括，取消国外投资者进入障碍、强行关闭一些大型银行、提高国内市场利率、改革劳动力市场、实施财政紧缩政策等等。除此之外，IMF代表跟韩国政府谈判期间，不断地向韩国施加压力，逼迫韩国政府同意在与美国尚未解决的许多贸易争端问题上做出重大让步。虽然IMF的援助带着一些十分苛刻甚至过分的条件，但韩国在走投无路的情况下只好全盘接受，同意对金融机构、企业经营、财政开支、劳动力市场等多方面进行大力整顿。

一、金融改革

金融危机爆发后，韩国政府面临最紧迫的任务是恢复投资者对金融体系的信心。为此，新上任的金大中政府，把改革重点放在了整顿瘫痪的金融机构、追究金融官员的责任、解决其不良债务、提高其资产质量和盈利能力等方面，并采取了责令关闭、解散、政府注资、购并、债务转移、外资参股等手段。这段时间虽然有不少金融机构得到了支持，但也有不少盈利能力和财务状况不达标的金融机构被迫关闭和参与兼并重组。到2004年6月，韩国银行由33家减为19家，淘汰了40%还要多。非银行金融机构（证券、信托、保险等）也从2068家减为1491家，大幅缩减。财团金融公司更是从30家减为3家。[②]除了采取汰弱扶强手段外，金大中政府还通过修改会计核算和重大信息披露机制，加强了股东的经营参与权与监督职能，改善了金融机构的治理环境。

通过一系列的重磅操作后，韩国留下来的金融机构不仅资产状况和盈利能力明显提高，其独立性、规范性、透明性等方面也有了显著改善。如在金融危机期间，韩国银行的不良贷款比例超过10%，但到了2002年下降到2.5%左右，而且银行业的自有资本金比率也从1997年的7.04%上升到2003年的11.2%。不良债

[①] 企业的议价能力可分为上游议价能力和下游议价能力。其中，上游议价能力跟企业的规模有关，下游议价能力跟企业产品的附加值有关。有较强上游议价能力的企业可以表现出较强的成本优势。有较强下游议价能力的企业，当成本上升时可以把风险转嫁给客户。该部分内容后面会有进一步的讲解。

[②] 赵瑛.亚洲金融危机前后的韩国金融改革[J].生产力研究，2010(3):34-37.

权比率的减少和银行自有资本金比率的上升,大幅提高了金融机构的健康性。在盈利能力方面也是如此。在金融危机期间,银行的总资产收益率为负数,但到了2001年已上升到0.76%,净资产收益率更是从1997年的-14.18%上升到2001年的15.88%。[①]

更为重要的是,此次金融改革不仅解决了金融紊乱问题,优化了金融机构的财务结构,提高了金融机构的盈利能力,更是顺利地推进了诸多历年改革未能有效推进的难点问题。

韩国从20世纪80年代开始推进了金融自由化改革(银行私有化、业务经营自由化、取消利率管制、减少政府控制等),但由于时代局限性,依然留下了不少问题,如银行未能表现出较好的独立性,政府和银行之间存在放松—再管制—再放松的反复;金融监管制度落后[②]且因监管的多元化和重叠化[③]导致监管混乱、漏洞多、效率低;银行对企业贷款审查和事后管理能力不足;金融机构业务开展较为野蛮,创新业务不受监管等等。而且,在监管不完善、风控机制不健全的情况下,银行弄虚作假、谎报数据的情况也十分普遍。虽然从20世纪90年代前后开始,随着问题逐渐变得严重,韩国政府出台了一系列改革措施,可由于政府和金融部门的意见不一致,以及多方利益的阻挠等原因,其中不少改革没有实质性进展。

但在金融危机影响下和IMF的督促下,韩国进行金融体系改革的阻力大幅减小,较好地推进了金融体系各方面的改革,解决了较多历任政府未能有效解决的问题。比如,韩国以金融危机为契机,推行了金融监管一体化,建立了更为有效透明的监管体系;提高了金融机构的独立性和治理能力,大幅削弱了官治金融问题;关闭了问题严重的银行,淘汰了盈利能力不足、管理能力差的金融机构,不仅消除了风险隐患,还大大减轻了政府负担等等。

二、企业结构改革

进入20世纪80年代后,韩国大型企业集团的改革逐渐成为韩国经济改革中最难解决的疑难杂症。这些企业在20世纪60~70年代的重点培养政策下发展壮大,逐渐开始掌控韩国大部分经济,其影响力之大,各届政府都未能对这些企

---

① 王艳霞.韩国金融改革及对中国的启示[J].黑龙江对外经贸,2006(6):27-28.
② 由于时代局限性,在当时金融开放的背景下,韩国中央银行对产生的汇率风险、流动性风险、衍生品交易风险、外债风险等,存在监管上的落后和不足。
③ 该时期金融监管权分散在财政经济院、韩国银行、银行监督院、证券监督院、保险监督院、信用管理基金等机构,未能形成系统的监管,导致监管功能方面的非效率性。

进行深度改革。韩国大型企业集团的改革难点不仅在于其对经济的影响，更在于盘根错节的政商关系和不受行政体制控制的特性。由于韩国大型企业绝大多数都是民营企业，政府无法直接对其进行改革，只能出台一定的政策来解决问题。但政府出台的政策若不利于企业，这些企业总是有办法避开或绕开。

金融危机的爆发，给韩国带来了改革大型企业集团的绝佳机会。金融危机虽然引起了金融系统的紊乱、经济的瘫痪以及倒退，但也大幅削弱了韩国大型企业集团的地位。随着金融危机的蔓延，大型企业集团普遍陷入危机而无法自拔，企业想要维持经营必须依靠政府的支持。企业别无选择的绝境反而大幅减轻了改革的阻力。金大中政府以金融危机为契机，较为顺利地对臃肿的大型企业集团进行改革，削弱了大型企业集团对韩国的影响力，促进了大型企业集团的专业化经营。

首先，金大中政府以金融危机为契机，主要救济了有较好的盈利能力、财务负担较轻的企业，而对盈利能力差、缺少竞争优势、财务负担重的企业采取了放弃和不予支持的策略。

对于大型企业集团，韩国政府通过与企业集团协商，促使其下属不良企业退出，对于有发展前景的企业则给予财政和金融方面的支援。从数据上看，到1999年6月，韩国前30家财团总共剥离了484家企业。以现代集团和三星集团为例，现代集团剥离了重工业、建筑、汽车、电子、金融等资产以外的大部分资产，到1999年底，子公司数量从1998年底的57家减少到26家。三星集团也是如此。三星集团指定电子、金融服务以及贸易服务业为其核心业务，处理掉了石油化工、发电站、船用发动机以及汽车等业务领域的子公司。

对于中小企业，韩国政府成立了"中小企业特别对策小组"，对2.22万个中小企业进行分类排队，按照"优先支援企业""有条件地支援企业"和"其他企业"的顺序，给予了不同程度的信贷支持，淘汰了差、弱企业，扶持了有较强盈利能力和竞争力的企业。

其次，韩国政府跟大型企业集团谈判，结束了大型企业集团"八爪鱼式"的扩张方式，开启了专业化经营路线。比如，在半导体领域，通过现代电子和LG半导体合并组成单一法人，提高了其专业化程度和市场地位；又比如，通过三星集团与大宇集团在汽车与电子领域进行大规模的产业交换，即确立各自的核心产业，放弃弱势产业，并按优势互补的原则交换旗下企业，进行相互兼并等等。

除此之外，韩国政府借此机会，通过修改会计准则、完善信息披露制度、取消各子公司之间的相互担保、限制财阀集团的产业资本对金融体系进行渗透等方式，改善了公司治理结构，提高了企业经营的透明度，也更好地保障了金融行业的完整性和独立性。

表1-20　金融危机后企业集团经营模式变化

	金融危机前	金融危机后
经营目标	追求规模	追求盈利能力
决策单位	集团	企业个体
产业布局	多元化、重视规模	专业化经营、注重投资效率

经过一系列调整后，韩国企业的各方面指标快速好转。1997年底，韩国制造业负债率为396.3%，远超过国际警戒线，但到了2001年底已变成182.2%，到2002年上半年又下降到135.6%。除了债务比例降低、债务风险减少以外，企业的盈利能力也有大幅提高。1998年上半年，韩国制造业的销售净利润还是负数，为-0.4%，但到了2002年上半年已增加至7.3%，利息补偿比率也从1998年的68.6%，上升到2002年的257%。[1]

三、行政、劳动市场等方面的改革

在IMF的督促下，金大中政府除了推进金融改革和企业结构改革外，还进行了行政、劳动力市场等多方面的改革。

在行政改革方面，金大中政府缩减了政府部门、精简人员，还对大量的规章制度进行了修改、调整和废除，较好地推进了金泳三政府未能实现的精简机构问题。截至2002年，金大中政府仅中央公务员就削减了4.8万人，公务员人数减少20%，使韩国公务员与人口比例在OECD国家中处于最低水平，实现了公务员规模方面的"小政府"。[2]

在劳动力市场改革方面，金大中政府逐步推行"自由雇佣制度"。为了提高劳动力市场的弹性，劳资政委会修订了《劳动基准法》，调整了雇佣条件和程度，立刻执行雇佣调整制，并且制定了《关于保护派遣员工等的规定》。同时劳资政委会还积极活动，使劳资双方都意识到应创造一种注重"参与、合作"的新型劳资关系，避免过去那种极端的劳资对立和暴力的解决方式。

除此之外，金大中政府还进行了一系列其他方面的改革，如大力发展教育，扶持科技研发，为中小企业提供融资服务和政策优惠，改革社会保障、医疗保障

---

[1] 崔志鹰，朴昌根.当代韩国经济[M].上海：同济大学出版社，2010:218-222.
[2] 李秀峰.韩国金大中政府行政改革的成效及特点分析[J].太平洋学报.2006(8):38-47.

体系等等。这些改革都为韩国经济的再一次腾飞夯实了基础。

总体来看，韩国政府在金融危机期间不仅成功解决了金融系统的紊乱问题，更是顺利地推进了金融系统改革和企业结构改革，也较好地实现了金泳三时期未能实现的行政改革。

在金融危机期间，虽然有一批企业破产，但在IMF援助和金大中政府的改革下，多数企业还是活了下来，并改善了财务结构和提高了盈利能力。逐渐地，韩国企业的流动资金问题得到缓解，韩国在国际上的信誉开始提升，国外债权人对韩国的催款态度也开始缓和，韩元对美元汇率也逐渐恢复。1998年9月，韩国出台了新的一揽子刺激国内消费和投资的经济计划，从韩国发展银行和美国进出口银行分别获得3700亿韩元和20亿美元贷款，用以帮助企业发展生产。在多重利好之下，从1999年开始，韩国经济走出低谷，开始逐步复苏。1999年，韩国贸易顺差达411.6亿美元，外汇储备也增加到500亿美元以上。更加出人意料的是，1999年4月7日，韩国不仅偿还了刚刚到期的38亿美元外债，还提前偿还了2000年到期的债务。这令国际市场对韩国经济的信心大大增强。[①]以IMF援助为起点，韩国仅用3年多时间，于2001年8月全部付清了债务，并开启了新一轮的增长。

回顾韩国的发展历程，金融危机虽然引起了韩国金融系统的紊乱，导致了大量企业的倒闭（最高峰每月平均3000家企业倒闭），大量人员的失业以及整个经济的瘫痪和倒退（如1998年负增长6.9%）。然而，对于韩国的长远发展来说，此次金融危机的爆发并非一件坏事。也正因为金融危机，新上任的金大中政府以IMF援助为前提，以各方势力被削弱为契机，较为顺利地解决了诸多历史留下来的改革难点。

尤其是金融危机期间推进的企业结构改革对韩国的未来发展意义重大。跟贸易改革、金融改革、行政改革不同，由于韩国大型企业不受政府直接控制的原因，很难通过渐进式改革来解决问题。而1997年的金融危机给了韩国恰好的改革机会，正当大型企业集团虚弱不堪时，让韩国顺利解决了多年未能解决的病痛所在，基本结束了"大马不死"的时代，为韩国经济的健康发展腾出了空间。

---

① 苑全玺.IMF援助效果的国际经济政治学分析[D].北京：中共中央党校，2014:126-127.

华盛顿共识与 IMF 利弊

国际货币基金组织（IMF）成立于1945年12月，与世界银行（WB）并列为世界两大金融机构，其主要职责为监察汇率和各国贸易情况，提供技术和资金协助，确保全球金融制度的正常运作。

IMF作为国际性权威金融合作组织，对危难国家援助并不是有求必应，而是有自己的指导思想和理论模型。而进入20世纪90年代后，"华盛顿共识"逐渐成为IMF对陷入困境的国家进行援助的理论基础。

"华盛顿共识"是国际金融机构在20世纪80年代解决拉美国家经济问题时，所得出的一些经验总结，后来又增添了处理苏东地区相关问题的经验，逐渐变成IMF援助方案的意识形态背景。"华盛顿共识"的核心思想来自自由主义理论，要求放松政府干预、保障产权、降低税率，其目的在于推动自由化、私有化和市场化。因此，基于"华盛顿共识"的IMF援助方案，基本都会提出开源节流和进一步开放市场的要求，其条件一般包括，在货币政策上要求提高利率，紧缩银根；在财政政策上要求缩减政府开支，增加国内税收，减少直接和间接政府补贴；在市场化推进上，要求开放国内金融市场和外汇市场，不再对外资企业设立限制等等。

虽然IMF进行援助的目的在于对陷入危难国家提供紧急资金融通，以便更好地稳定国际市场秩序，并帮助这些国家建立更加透明有序的市场制度，但对于多数国家来说，IMF援助是一把双刃剑，如果利用不当，不仅会削弱货币政策的施展空间，还可能削弱民族企业的竞争力。

在这方面，阿根廷就是典型的例子。

阿根廷作为拉美国家，有十分优越的自然资源。19世纪70年代至第一次世界大战爆发前夕，农产品出口带动了阿根廷经济的快速增长。当时，阿根廷在出口玉米、小麦、亚麻籽、冷冻牛肉、腌肉等农牧产品方面，均居世界前列，其中玉米、亚麻籽、小麦等出口可以挤进世界前三，而且食品加工产业和肉加工产业以及相关产业相当发达，因此一度赢得了"世界的粮仓和肉库"的美誉。这时候的阿根廷人均收入也非常高，仅次于美国、澳大利亚、加拿大等少数国家，高于多数西欧国家。

1929年世界经济大萧条对阿根廷经济造成了严重影响。大萧条导致阿根廷初级产品出口价格大幅下降，1932年比1928年出口收入减少1/3。在经济动荡，出口不达预期的情况下，阿根廷逐步开始选择进口替代的发展路线。

在当时的环境下，进口替代的选择确实缓解了外部矛盾，加快了阿根廷的工业化进程，但阿根廷政府对民族工业的过度保护，逐渐让更多企业转向以寻租方式享受超额收益，而不是把精力放在进行技术革新和提高生产效率等方面。

在较长时间的进口替代和过度保护下，阿根廷错过了产业结构高端化和多样化机会，逐渐导致产业结构失衡和垄断加剧，并渐渐削弱了阿根廷经济的抗风险能力。到了20世纪80年代前后，在能源价格上升和外部金融危机的冲击下，阿根廷陷入严重的外债危机，不得不向IMF申请贷款援助。经过漫长的谈判后，为了获取贷款，阿根廷按照IMF要求，打开国门，并推行市场化、自由化、私有化政策。如阿根廷根据IMF要求，降低进口关税，取消大部分政府补贴和各种进口配额限制，放开金融管制，推行资本市场的自由化。

IMF的有力援助和阿根廷的市场化、自由化、私有化改革，确实给阿根廷带来不少正面影响，让阿根廷顺利渡过了危机和难关。如国有企业私有化后，盈利能力得到了明显地提高，使得不少亏损的国有企业通过精简机构、裁减冗员、节约开支、增加投资、更新设备、改进技术、加强管理、改进服务等方式扭亏为盈。而且私有化产生的300亿美元收入使得阿根廷政府财政状况大为改观，帮助阿根廷渡过了危机。此外，市场化、自由化和私有化吸引了大量海外资本，使阿根廷获得了充裕的资金，在一定程度上促进了经济的增长。通过IMF援助和一系列改革，阿根廷不仅抑制了危机期间严重的通货膨胀，还刺激了国内需求，吸引了大量外资，使得阿根廷经济在20世纪90年代初呈现出繁荣现象。IMF主导的结构改革方案取得了良好成绩，许多自由派经济学家认为阿根廷堪称这一时期新自由主义改革的典范，甚至将其称为"阿根廷奇迹"。[①]

但是，这种在条件不成熟的情况下进行的过于激进的市场化、自由化、私有化改革为阿根廷后续的发展埋下了不少隐患。在IMF的督促下，阿根廷在短期内取消了大部分贸易壁垒，开放了资本市场，进行了大范围的国有资产私有化。虽然这些改革目的在于增加国家财政收入，剥离亏损的国有企业，削减公共财政赤字和外债，提高企业经营效率以及刺激市场竞争，但是，在民族企业脆弱、国家监管体系不健全状态下的国门大开，让阿根廷失去了控制宏观经济的能力，更失去了民族工业发展壮大的机会。

改革期间，阿根廷几乎把所有的联邦政府所属企业和其他对私人投资者有吸引力的公用设施纳入私有化范围，这些资产包括公路、城市铁路和地铁、港口、

---

① 宋卫刚.货币区问题研究[M].北京：中国财政经济出版社，2009:129.

电力设施、地方供水系统、邮政服务、货币印制、钢铁制造、飞机组装及各种与国防有关的工业。值得注意的是，在市场化和私有化进程中，阿根廷原有的国有企业最终购买者不是民族资本，而是国外资本，特别是一批大型国有企业和有公共部门属性的资产大部分都落入了跨国公司手中。经过一系列改革后，阿根廷国内销售额排名前100的大企业中，超过一半是外资企业。同时，90.4%的出口和63.3%的进口被跨国企业控制。[1]

除了制造业推进市场化和自由化以外，阿根廷还开放了金融领域。于是，外资快速控制了阿根廷的金融。1992年，阿根廷控制的银行资产占82%，外资银行仅占12%。到了1997年，外资银行资产上升到52%。到2001年，外国银行资产大大超过阿根廷银行资产，达到67%。[2]

按照IMF的要求，经过一系列改革后，阿根廷经济虽然渡过了危机，但阿根廷经济被跨国公司控制，其资本可以随意流动。这种改革大幅削弱了阿根廷对国内经济的掌控能力，让阿根廷失去了国内经济长期健康发展的根基。

首先，激进的市场化和私有化大幅削弱了阿根廷民族工业，堵住了民族企业发展壮大之路。

跨国公司不仅有充足的资本，更是有先进的技术和管理。对于多数后发追赶国家来说，在没有采取一定保护措施的情况下，让民族工业跟资本、技术、管理、营销等多方面具有明显优势的跨国企业竞争，无疑是让小孩跟大人打架，民族企业很可能在强大的竞争对手面前毫无还手之力。阿根廷的情况也是如此。虽然IMF的援助一时恢复了阿根廷经济发展的各项指标，但在强大的跨国公司及进口商品的竞争压力下，阿根廷民族企业大量倒闭或转产。除依靠良好自然资源禀赋的农产品加工业外，阿根廷的工业制造业不断萎缩，其在国内生产总值中占比日益缩小。

其次，激进的市场化和私有化大幅削弱了阿根廷对国内经济的掌控力，让阿根廷成为跨国公司和游资的天堂。

在市场化和自由化改革后，阿根廷获得了充足的投资，也得到了较好的发展，但这些资金都属于海外资金，不受阿根廷政府的控制。因此当这些资金认为阿根廷经济回报率不足或风险加大时，会毫不犹豫地抽走资本，这大大增加了阿根廷经济的不稳定性。

---

[1] 沈安.阿根廷的危机回顾与思考[M].北京：世界知识出版社，2009:521-522.
[2] 杨斌.阿根廷的金融开放与金融危机[J].财经问题研究，2003(12):15-20.

实际情况也是如此。阿根廷经济好转是暂时的，在失去对国内经济的控制能力、缺少民族工业的支撑下，阿根廷经济脆弱不堪，任何国际市场的风吹草动都能给阿根廷带来巨大冲击。

1994年底，墨西哥金融危机爆发后，阿根廷金融市场随即产生剧烈动荡，短期资本大量外逃，国内发生挤兑风潮，国际储备显著减少，银行信贷能力和信誉明显下降。随之而来的是大量企业破产，国内消费萎缩，失业率提高和经济增速下滑。阿根廷政府在这种情况下自然又向IMF申请援助。IMF为了维持阿根廷作为正面典型的示范作用，依旧愿意提供支持。在巨额资金的支持下，阿根廷维持了汇率市场稳定。经过几个月努力后，阿根廷较为顺利地渡过了此次危机。

虽然IMF援助再次帮助阿根廷渡过危机，但并没有解决阿根廷经济抗风险能力弱的问题，因此1997年的亚洲金融危机又把阿根廷推向了深渊。在1997年东亚金融危机、1998年俄罗斯金融危机和1999年初巴西金融震荡的冲击下，外资开始对阿根廷经济持谨慎态度，从2000年前后开始加快撤离阿根廷市场。阿根廷再次出现金融紊乱、企业倒闭、失业人群增加的浪潮。而且跟1994年墨西哥金融危机冲击不同，此次危机带来了严重的经济衰退。

危机期间，阿根廷经济增速大幅下滑，GDP从1998年最高点2989.5亿美元直线下降到2002年的977.2亿美元，4年时间经济总量下降近2/3。经济增速的大幅下滑伴随的是失业率的提高和贫富差距的快速扩大。随着金融紊乱和经济衰退，阿根廷失业率陡升到惊人的1/4，贫困人口也快速增加。据阿根廷官方公布的统计数据，从2001年10月至2002年3月，大约150万阿根廷人加入贫困大军，贫困人口上升到人口总数的42.6%。到2002年10月，社会贫困人口比重已上升至57%。[1]在金融瘫痪、经济衰退、失业率陡增的情况下，阿根廷金融危机逐渐蔓延成社会危机，成千上万的民众走上街头游行抗议，进一步引起阿根廷政局的动荡和不安。在严重的经济危机和社会危机下，阿根廷不得不再次向IMF伸手求援。

为了解决危机，新一届政府开始正视过度市场化和自由化带来的问题，改变政策思路，逐步加大政府对经济的干预力度，如采取扩张性财政政策、推动再工业化、强化国家在经济发展中的主导地位等等，并在IMF再次援助和2002年前后开始的大众商品价格上升的市场利好之下，从2003年开始阿根廷经济逐渐恢复，在2007年基本恢复到了1998年的水平。

---

[1] 杨斌.阿根廷的金融开放与金融危机[J].财经问题研究，2003(2):15-20.

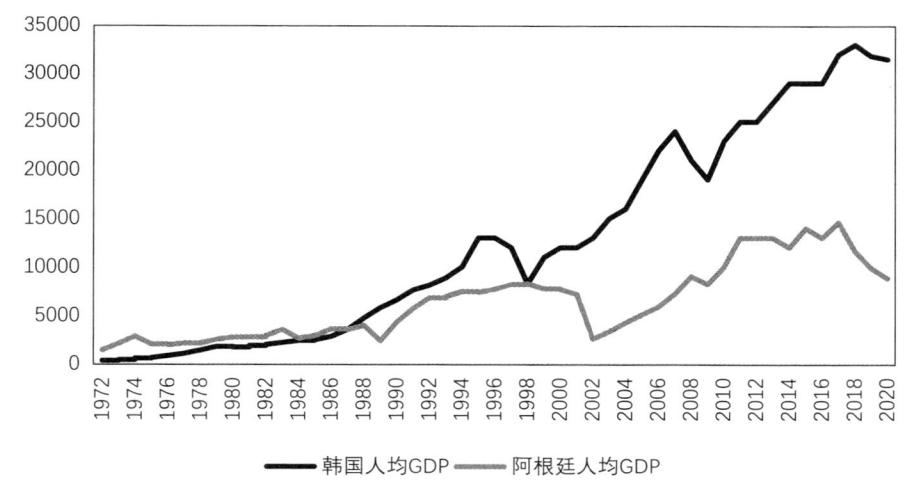

图1-1　韩国、阿根廷历年人均GDP比较（单位：美元）

资料来源：世界银行

危机之后，经过十几年的调整和改革，现在阿根廷经济已经得到了较好的发展，人均GDP也超过了20世纪90年代繁荣时期的8000美元，已上升到1.2万美元以上。但阿根廷过度依赖农产品和初级产品出口，产业结构失衡严重，民族企业竞争力不足，举债式发展和对国外市场和资本的高度依赖问题并没有得到较好的解决。即使到2020年，阿根廷农产品出口占出口总额比重依然超过60%。

其实，阿根廷的情况并不是个例。多数发展中国家受IMF援助之后，虽然解决了短期出现的金融紊乱问题，但多少都出现了民族企业倒退，国家对经济的掌控能力下降的情况。在这方面，除了阿根廷之外，亚洲的泰国、印尼、菲律宾，非洲的埃及都是可供参考的例子。

与之相反，韩国是少有的接受IMF大部分条款后国力大幅增强，并顺利迈进发达国家行列的国家。与多数后发追赶国家一样，在金融危机和IMF督促下，韩国也快速推进了市场化、自由化和私有化进程，不仅取消了各种行政壁垒，推进了国有企业私有化，开放金融市场，更是实现了资本自由化。但韩国民族企业并没有因实现市场化和自由化而被削弱，反而借此机会进一步提高了国际市场的竞争力，更是顺利迈进了发达国家行列。

从韩国发展历程看，韩国经过20多年的粗放式发展后，从20世纪80年代开始转型，逐渐从原来的贸易驱动转型为技术驱动。到20世纪90年代，韩国已经普及高等教育，培养了大量的技术人员，生产方式也从早期的模仿和引进为主，顺利转型为改良和创新为主。因此，在金融危机发生时，韩国不少企业已具备了跟跨国企业竞争的实力。

产业结构的高端化和民族企业的崛起是韩国完全打开国门后其经济实力并没有被削弱，反而进一步提高的根本原因。而那些"华盛顿共识"下打开国门的多数国家，由于民族企业弱小无法跟跨国企业竞争，外加监管不健全和国家实力不足，导致推行市场化和自由化后国内经济被跨国公司和跨国资本蹂躏。阿根廷就是活生生的例子。仅从研发投入占国内生产总值比重看，阿根廷在IMF督促下开放国门时，科研投入占国内生产总值比重仅在0.5%左右。同样，韩国接受IMF援助的时候，科研投入占国内生产总值比重已达到2.5%左右，是阿根廷的5倍，基本达到了美国（2.6%左右）、日本（3.0%左右）、德国（2.3%左右）等国家的水平。科研人员数量也能很好地说明当时情况。按照发达国家的标准，像阿根廷这样有3700万人口的国家，至少应有7万名科研人员，而实际只有5000人左右，每万人中科研人员比例仅为1.35，而韩国已达到28，美国为37，日本更是达到了50左右，均为阿根廷的数十倍。对此，阿根廷科学家侯赛尼评价道："我们是一个在科技方面过分贫穷的国家。"[1]

科技立国及发达国家的迈进

经过金大中政府改革后，韩国已经较好地解决了大部分历史遗留问题，不仅大力夯实了经济发展的基础，更是大幅提高了韩国风控能力和监管能力。随后各届政府的改革，即卢武铉、李明博、朴槿惠、文在寅的改革，在这一新体制的基础上，持续推动了韩国经济朝着知识经济的方向前进。

一、进一步提高科学技术战略地位

随着知识经济时代的来临，从金大中政府开始，把科学和技术的作用提高到了更高的台阶。金大中政府上台后，提出"头脑强国""头脑兴国"的口号，大幅提高了科学技术的战略地位。为了更好的发挥科学与技术对经济的推动作用，金大中政府进一步改组了经济企划院[2]。20世纪60年代到90年代早期，经济企划院都是韩国"五年计划"和产业政策的核心。金大中执政后，把经济企划院改组为财政经济部，不再由副总理兼任部长，结束了经济企划院制定中长期经济开发

---

[1] 沈安.阿根廷经济发展模式的演变与分析[J].中国会议，2007:57.
[2] 韩国政府在1994年将财政部与经济企划院合并改组为财政经济院。金大中时期，即1998年，进一步改组为财政经济部，不再由副总理兼任部长，结束了由经济企划院制定的中长期经济开发计划和产业政策的时代。

计划和产业政策的时代,将"科学技术处(副部级)"升级为"科学技术部",并在原"科学技术委员会"的基础上建立"国家科学技术委员会",委员长由总统担任,副委员长由科技部部长担任。[①]

2003年卢武铉就任韩国总统后,提出"第二次科技立国"的口号,并提出今后10年进入"世界科技8强"和"世界经济10强"的目标。为进一步理顺和强化国家的研究开发体制,卢武铉政府明确了科技部的核心地位,于2004年将其提升为副总理级,统领国家科技政策及研发体制。[②]2010年,李明博政府公布了《大韩民国的梦想与挑战:科学技术未来愿景与战略》,对韩国国家科技发展前景进行了顶层设计,提出到2040年使韩国跻身于全球5大科技强国的科技发展长期愿景与目标。2014年,韩国国家科技审议会通过了《支持中小企业技术革新中的中长期规划(2014—2018)》,希望借此使韩国中小企业技术竞争力达到世界最高水平企业技术竞争力的90%。[③]

研发投入占GDP的比重就是国家对科技重视的有力证明。20世纪60~70年代,韩国研发投入占GDP比例在0.5%~1%,到20世纪80~90年代该比例达到了1.5%~2.5%,2000年之后该比例进一步快速提升,到2016年已达到4.24%,韩国研发投入占GDP比例已超过美国(2.74%)、日本(3.14%)等发达国家,与以色列(4.25%)并列成为全球研发投入强度最高的国家。

表1-21　2016年主要国家总研发支出情况　　(单位:百万美元·%)

	研发(R&D)经费 (按现行购买力平价计价)	研发(R&D)强度 (R&D经费/GDP)
美国	511089	2.74
中国	452201	2.11
日本	168645	3.14
德国	118159	2.93
韩国	79354	4.24
法国	62163	2.25
英国	47245	1.69

---

① 李丹.韩国科技创新体制机制的发展与启示[J].世界科技研究与发展,2018(4):399-413.
② 崔松虎,金福子.韩国经济与科技政策[J].生产力研究,2008(6):98-100.
③ 罗梓超,吕志坚,张兴隆.韩国科技与产业创新政策浅析[J].全球科技经济瞭望,2015(4):28-35.

续表

	研发（R&D）经费 （按现行购买力平价计价）	研发（R&D）强度 （R&D 经费 /GDP）
瑞士	17788	3.37
以色列	13536	4.25

资料来源：经济合作与发展组织（OECD）

二、进一步培养高端人才

人才是推动科技发展的基石。在人才培养方面，进入21世纪之后，随着受高等教育人群的增加，韩国把更多的精力放在提高教学质量，改善大学治理，加大硕士、博士研究生培养力度等方面，旨在重点培养尖端科技领域的核心人才和学术后续人才。在人才的重视及大力培养之下，进入21世纪之后，韩国的高等教育毛入学率突破了90%（2017年为93.8%），更高端的人才硕士、博士研究生数量也快速增长。除此之外，韩国还通过大力推进企业、大学和公共研究机构三者之间的协同合作，以便更好地发挥企业的资金优势、大学的技术优势以及研发机构的实验装备和人才优势，形成优势互补。

三、进一步完善知识产权保护制度

韩国在几十年的发展过程中，顺利度过模仿和引进时代，到了20世纪90年代之后已具备较强的改良和创新能力。进入改良和创新时代之后，想要进一步提高经济创新创造活力，起到重要作用的就是知识产权保护制度。进入21世纪之后，随着韩国发明创造能力的进一步增强，在知识产权标准方面努力向美国看齐。2005年，韩国投资220亿韩元建设第二代电子化系统（KIPO.net）。新的系统可以全年每天24小时处理有关知识产权的各项业务。专利申请的全过程，包括审核、批准和异议处理均可在网上完成，通过手机短信等灵活的渠道提供广泛的个性化服务。通过一系列调整和改进，KIPO的专利平均审查周期从1996年的36.9个月缩短到2006年的9.8个月。[①]2009年，韩国政府颁布了《知识产权强国实现战略》正式将知识产权战略提高到国家战略层面。在一系列的促进政策之

---

① 黎运智，孟奇勋.经验与启示：韩国知识产权政策的运行绩效[J].中国科技论坛，2008，24（8）:140-144.

下，2018年韩国通过《专利合作条约》（PCT）[1]向海外各国申请的专利数量达1.70万件，相比2000年初的2000件左右有大幅增加，成为继美、中、日、德之后第5大专利大国。

表1-22 2018年世界主要国家PCT专利情况

排名	国家	专利数量（PCT）	人口数量(百万)	每100万人（PCT）专利数量
1	美国	56142	327	171.69
2	中国	53345	1395	38.24
3	日本	49702	126	394.46
4	德国	19883	83	239.55
5	韩国	17014	51	333.61
6	法国	7914	65	121.75
7	英国	5641	66	85.47
8	瑞士	4568	9	507.56
9	瑞典	4162	10	416.20
10	荷兰	4138	17	243.41

资料来源：世界知识产权组织（WIPO）

四、进一步提高政府服务效率

韩国政府从20世纪80年代开始转型，以及经历20世纪90年代改革，已较好地从指导型政府转型为服务型、支持型、监督型政府。尤其，金大中政府在金融危机期间的一系列改革之后，韩国基本结束了政府直接干预企业的时代。

因此进入21世纪之后，韩国各届政府行政改革的着力点更多地放在进一步提高服务质量、提高行政效率、提高行政透明性和公正性等方面，如进入21世纪之后，韩国进一步完善了行政人员绩效管理体系，提高了内部审计独立性，引入服务标准系统，建立统一政府诉求中心，建立在线门户系统，扩大行政信息披露，

---

[1] 专利合作条约（PCT）是继保护工业产权巴黎公约之后，专利领域最重要的国际条约，是表明国际市场中知识经济竞争力的重要指标。在没有加入PCT条约以前，专利申请人要想同一个发明在不同国家得到保护，需要分别提交数个申请文件，手续十分繁琐，各国专利局的审查负担也十分繁重。加入PCT条约之后，申请人仅需向PCT受理单位提交即可。换言之，加入PCT条约之后，仅用一份申请、统一格式即可完成几个甚至几十个国家的申请手续。

引入政策质量管理系统,改善公职人员资产登记系统等等。

伴随着科技的重视及公平竞争环境的建造,韩国顺利适应知识经济时代,生产方式也从20世纪80~90年代的技术驱动顺利转型为科技驱动,这不仅推动了产业结构的进一步高端化,也推动了经济的快速发展。

我们从韩国主要出口产品的变化中可以很好地了解韩国产业结构变化的过程。20世纪60~70年代韩国的主要出口产品为基础加工产品。到20世纪80~90年代其主要出口产品中已有不少较高技术含量的产品,如人造纤维、机械、船舶、汽车、半导体等等。进入21世纪之后,主要出口产品基本都变成了半导体、船舶、通信产品、石油制品、汽车等知识密集型产品。

表1-23　20世纪60年代以来韩国主要出口产品结构变化

年份	主要出口产品
1960	铁矿石、生丝、无烟煤、活鱼、米谷
1970	纤维类、假发、铁矿石、电子产品、金属制品
1980	衣服类、钢板、鞋、船舶、人造纤维纺织品
1990	衣服类、半导体、鞋、影像机器、船舶、钢板
1995	半导体、汽车、船舶、人造纤维、影像机器
2005	汽车、半导体、无线通信机器、计算机、船舶
2010	半导体、船舶、通信产品、石油制品、汽车

资料来源:韩国贸易协会

回顾韩国的发展历程,出口导向的选择、重点培养、科技的重视与公平竞争环境的创造,是韩国从一个贫困落后国家顺利迈进发达国家的过程中起到重要作用的因素。

朴正熙时期,出口导向的选择打开了广阔的海外市场,不仅避免了国内市场狭小问题,更是让韩国的廉价劳动力有了用武之地,为韩国的进一步发展积累了原始资本。除此之外,20世纪60~70年代"重点培养"政策,虽然在后续发展中带来不少问题,但在韩国缺少资本积累、生产力十分落后的情况下,提高了资金使用效率,发挥了规模经济效益,更是培养了跟跨国公司抗衡的大型企业集团。

进入20世纪80年代之后,韩国政府逐渐开始重视科学和技术,政府功能也开始转型,从一个指导型角色逐渐转变为引导型、支持型、监督型、服务型角色。一般情况下，多数后发追赶国家进入工业文明后通过模仿和引进发达国家的技术都可以实现一定程度的发展。但是，想要进一步提高生产力，跳出中等收入阶段，那么科学和技术的重视与公平竞争环境的创造是不可或缺的因素。不管是来自战略眼光也好，还是来自矛盾激化下的压力也好，韩国政府从20世纪80年代开始对科技的重视和政府功能的转型，成为跳出中等收入阶段，迈向发达国家之路的关键因素。

进入21世纪之后，韩国已稳固了经济基础，且通过进一步重视科学与技术，加强知识产权保护等方式顺利进入知识经济时代，不仅成为发达国家，更是成为世界强国。2017年，韩国人均GDP首次超过3万美元，比2000年的1.2万美元增长了近3倍，现已成为半导体、汽车、船舶、文化、核电、化妆品等知识密集型产业在全球拥有较强的竞争力，更是拥有三星、SK、现代、LG等国际性大企业林立的国家。

表1-24 韩国发展脉络梳理

时期	政策特性	发展方式的选择	所属环境	利弊和存在过的问题
20世纪60年代	计划主导重点扶持	出口导向轻工业出口为主	缺少资本积累 缺少技术 缺少有效内需 外需充足，有大量的廉价劳动力	利：有利于快速追赶 弊：竞争环境不公平 弊：贫富差距拉大
70年代	计划主导重点扶持	出口导向重点发展重化工业	有一定资本积累 缺少有效内需 外需充足，有大量的廉价劳动力	利：有利于快速追赶 弊：竞争环境不公平 弊：贫富差距拉大
80年代	计划和市场并行	出口导向关注内需重视技术	有一定资本积累 有一定技术、人才储备 劳动力成本上升 与发达国家技术差距缩小	利：有利于产业结构多样化 利：有利于提高技术 问题：劳资矛盾快速激化
90年代	市场和计划并行	出口导向提振内需重视科技	有资本积累、有人才储备 部分领域达到发达国家水平	利：有利于创新创造 利：有利于中小企业发展 利：有利于缓解分配矛盾 问题：容易受国际市场冲击

续表

时期	政策特性	发展方式的选择	所属环境	利弊和存在过的问题
21世纪	市场主导	头脑强国 科学立国 出口和内需协调发展	硕士、博士人才大幅增加 2005年成为发达国家 电子、通信、机械、文化等多个领域国际领先	利：有利于创新创造 利：有利于中小企业发展 利：有利于形成人力资源强国 问题：容易受国际市场冲击、需要完善监管体系

第二章 日本劳工制度与工匠精神

日本的资源禀赋与发展概况

跟韩国颇为类似，日本也是国土面积狭小，人口众多，自然资源十分匮乏的国家。而且，日本位于环太平洋火山地震带，地震、火山活动频繁，有"地震之国"之称，全球有1/10的火山位于日本，1/5的地震发生在日本。

在农业资源方面，日本可耕地面积只占国土面积的12%左右，占世界的0.3%，而人口占世界的1.8%左右，因此日本人地关系十分紧张。日本除了大米、鸡蛋、常用蔬菜等少数产品可以自给自足以外，大多数生活中必要的肉类、豆类、牛奶、蔬菜、水果都严重依赖进口。为了本国农业不受国际市场冲击，日本对农业进行严格保护。除此之外，为了确保维持不测事态下粮食的供应链，日本较好地实现了粮食进口来源地的多元化，如日本与许多国家签订了长期进口粮食的协议。

在矿产资源方面，日本虽然有较多的矿产种类，但由于国土面积狭小，地质构成较年轻，地形错综复杂，地壳变动频繁等方面原因，矿产不仅数量少，还存在严重的品质不良问题。

在能源资源方面，日本跟韩国一样，是一个严重依赖国外能源的国家。日本的一次能源中，最为丰富的是煤，但大部分品质不高，不适于冶金和炼焦，所以，作为存量最丰富的煤90%以上也要依靠进口。

日本几乎所有石油都要进口。日本海沿岸拥有为数不多的几个油田，产量仅占全国石油供给量的0.2%左右。这些油田如果全部开采，一般估计只能供应日本全国约11天的使用量。[1]日本天然气储量也极少，在世界比重几乎为零。日本

---

[1] 周永生.21世纪日本对外能源战略[J].外交评论，2007(6):84-92.

虽然有丰富的水资源，但因国内的河流窄、急、曲等多方面原因，不适合水力发电，因此日本发电主要依靠核能、煤、石油、液化天然气等能源。

日本是一个资源小国，大量原材料、资源、能源以及食品都依赖进口，但通过技术的引进和科技的发展成为了经济强国。

二战之前，日本作为一个后进的资本主义国家，通过模仿和引进虽然也快速推进了工业化，但比起老牌的资本主义国家，其技术水平依然很落后。而且，当时的日本缺少开放、缺少竞争，很多企业处于不思进取、设备陈旧、技术落后状态，因此，当时日本产品以品质次、价格高、缺乏创新而出名。

二战后，在美国的主导下，日本进行了农地改革、劳动改革和解散财阀等方面的改革，为日本企业的公平竞争和健康发展提供了条件。经过一段时间休养生息后，从20世纪50年代开始，日本开启了长达30多年的高速增长。但此次发展跟战前发展不同的是，日本发展不再局限于简单模仿和技术引进，更是通过消化和改良，在世界市场上表现出强劲的竞争优势，以至于在20世纪60年代，尤其到了20世纪70年代开始，日本以其产品的高质量、高性能、高稳定性、高良品率等方面的特性，让诸多欧美发达国家节节败退。在日本强悍的竞争力下，在20世纪80年代，欧美诸多企业甚至一度对日本的精益生产方式掀起过"模仿热"。

日本从二战前充满低劣产品，二战后满目疮痍的国家，在短短数十年内，不仅曾经成为第二大经济体，更是成为亚洲唯一在高端制造的诸多领域超越欧美国家。为此，西方列强不止一次用"奇迹"来描述日本二战后的成就。可是，真正的奇迹并不会有逻辑可言，而日本的成就确有逻辑的解释。分析其原因，跟多数后发追赶国家一样[1]，日本的成就缺少不了合理的产业政策、科学和技术的重视及人才的培养、服务型政府的建立等方面因素，但还有一个独特的因素让日本成为高端制造领域的佼佼者和被世界公认的"工匠之国"，那就是以终身雇佣制为代表的日本特色的劳动制度。

---

[1] 在1960年和1963年，日本政府相继通过《贸易、外汇自由化大纲》和《通商白皮书》，确立了"贸易立国"的经济发展战略和"出口主导型"的经济增长模式。日本政府在1956年《经济白皮书》中首次提出"投资活动的原动力是技术创新"的口号，使企业逐渐开始重视技术。1980年，日本通产省在《80年代通产政策设想》中宣布"追赶型现代化"已经完成，并提出"技术立国"发展战略，对发展独立技术和加强基础研究提出了各方面的要求。由于出口导向的选择、科技和人才的重视以及引导型产业政策方面，日本和韩国有颇多类似之处，因此在日本的篇幅中对以上内容不再进行进一步讲述。

第一节 终身雇佣制的形成

日本劳资关系的历史沿革

一、二战之前劳资关系

日本在江户时代开始就有资本主义萌芽，但这个时候的商家和手工业作坊并不是现代意义上的企业，二者都只是以家业为中心的经营体。这段时期的劳资关系更倾向于依附在人身之上的关系，比如师徒关系和主从关系，具有明显的非近代性。另一方面，由于这一时期每个商家经营的商品种类不同，记账方式不同，各个商家要求店员掌握的技能和技巧也有较大差别，并且不存在社会教育和职业教育等概念。在当时的生产活动中，长期的经营实践和积累下来的经验技巧是商家的核心竞争力。当时的生产环境是非工业化生产，行业缺少各个方面的标准，生产和贸易主要靠积累的经验和技巧，同时缺少专门的培训机构。这时主从关系或师徒关系可以稳定所有者和劳动者的关系。从雇佣者角度看，劳动者的稳定有益于生产活动的稳定，同时稳定的劳工关系避免了新劳动者进入需要长时间适应的情况。从劳动者角度看，由于行业缺少标准，若到其他商家工作，可能要学习另一套工作方式，同时在没有良好的社会学习渠道，而且社会约束劳动者流动的背景下，换一份工作要面对较大的风险。

到了明治时代，随着封建经济的基础逐渐解体以及资本主义生产方式确立，经济环境发生了很大的变化。在这一背景下，各种类型的近代企业开始出现。尤其是明治维新后，纺织、缫丝等轻工业为主的行业机械化程度有了快速的提高。

机械设备的引入使得标准化生产成为可能。机器的使用和工序的简化为工厂雇佣女工和童工等非熟练工人以降低劳动力成本提供了条件。如大型缫丝厂使用进口的机器缫丝机，简化了煮蚕、缫丝等工序，使得工人在短时间内就可以掌握操作方法。由于劳动力进入门槛大幅降低，无需过多培养就能上岗，因此原有相互依靠的生产关系受到冲击，按工作时间、完成的工作量来支付工资的情况开始普遍起来。

日本在工业化早期，过度压榨劳动者的生产方式带来了不少负面影响。工人出于劳动环境恶劣和工资待遇低，中途逃跑、组织罢工的事情时常发生。较高的劳动力流动率和紧张的劳工关系，不仅影响了企业生产进度，也带来了生产的不稳定性。另一方面，劳动条件差、工资待遇低给劳动者带来了身体上的创伤。工厂强迫童工和年轻女工长时间工作，剥夺了他们正常社交和受教育的机会，造成了员工精神上的颓废，很多女工最终沦落为妓女。

没有良好的安全保障制度，使得风险事故频频发生。卫生条件差使得多种传染病流行，如结核病的流行、给年轻劳动者带来了不可恢复的身心伤害。该时期，劳动者在缺少谈判能力、可替代性较强的背景下，企业对劳动者的过度压榨带来的是国民素质降低。

其实，不同国家粗放式发展时期的劳资关系有颇多类似之处。由于劳动者从事的是简单重复的工作，在生产关系中地位很低，因此受剥削是较难避免的事情。该时期，资本家以提高劳动强度、延长劳动时间、减少劳动费用的方式提高利润率是再正常不过的事情。这种现象不仅在韩国和日本，欧美国家的早期发展也经历过类似过程，如同马克思在《资本论》中的描述："19世纪的英国，9岁到10岁的孩子，在大清早2、3、4点钟就从肮脏的床上被拉起来，为了勉强糊口，不得不干到夜里10、11、12点钟。他们的四肢瘦弱，身躯萎缩，神态呆滞，麻木得像石头人一样，使人看一眼都感到不寒而栗。……他们吃饭没有固定时间，而且多半是在充满磷毒的工作室吃饭。如果但丁还在，他一定会发现，他所想的最残酷的地狱也赶不上这种制造业中的情景。"

进入20世纪之后，随着重工业的发展，劳动群体中男性比例的提高，城市化推进及劳动聚集性的提高下，日本劳资矛盾加速升级。另外，进入20世纪后，日本在马克思主义、英国基尔特社会主义等方面的影响下，不仅工人群体的斗争性加强，斗争方式也从早期无序的、无组织性特性中摆脱出来，逐渐表现出组织性、纪律性、目的性的特征。劳资矛盾频发、工人流动性频繁等等问题导致无论是国家还是资本家都产生了稳定工人队伍、缓和劳资之间的对立等方面较强的需求。而且高强度的劳动和过多的压榨，虽然有利于提高短期生产效率，但不利于提高国民素质和保持国民的身心健康，不利于日本工业的长期健康发展，如农商务省次官金子坚太郎所说："为了一时之利，而不顾工业的长远发展，则五年、十年之后，日本工业的原动力，工业人种就会衰弱，十年之后必会后悔。"

为了保护日本劳动者，日本政府1911年通过颁布《工场法》引导企业采用提高工资待遇、改善工作条件、长期留用工人等手段来缓和劳资矛盾。

一方面劳资冲突不断升级,一方面政府逐渐加大对劳动者的保护下,在这种情况下,日本原先家族主义理念开始回归。不少企业开始将封建时代大商家的"家"观念引入近代企业,主张劳资之间是一种家族主义式的模拟血缘关系,否定劳资对立,宣扬温情主义。这种理念主张"企业即家族",应按照"家"的运行机制来经营。例如,模仿维持一生的亲子关系对工人"终身"雇佣;依照兄弟姐妹之间的长幼之序实行"年功"工资;像父母对子女履行教育义务那样对员工进行培养和训练;用各种内部福利制度来体现家族成员之间相互关照与扶持等等,而员工则用努力工作与组织忠诚作为回报。

在家族主义经营理念下,不少企业开始承诺长期雇佣劳动者,根据资历和年龄定期为他们加薪,也愿意用为员工提供住宿、设立日用品供给机构等方式来提高员工的福利。这就是日本终身雇佣和年功序列的雏形。

二、持股结构的变化与终身雇佣制的形成

战前,日本大企业股权结构的普遍特征是以财阀家族或个人所有为核心形成的"金字塔"式股权结构,即企业股份高度集中在少数财阀家族手中,财阀家族通过控股总公司层层控制大批企业,从而形成了高度集中的"金字塔"式股权结构。[①]

二战结束后,以美国为主体的同盟国军队进驻日本本土,实施军事占领,并且成立了驻日占领军总司令部(以下简称"盟总")作为最高统治机构,向日本推行"经济民主化"改革,并对财阀进行解散。"盟总"通过日本当局出售、投标、从业人员拥有企业股份等方式对日本实施"解散财阀"的改革运动,以削弱旧财阀势力对日本经济社会的垄断影响,旨在降低日本再次发动战争的可能性。在"解散财阀"的运动中,高度集中的股权被分散,大部分股份流入到个人、事业法人、政府、金融机构、投资信托公司、外国人等手中。除此之外,"盟总"还命令财阀家族所有成员辞去在金融、商业、工业等领域的一切职务,不久又解除了大批与财阀关系密切的重要干部的职务,扶持中上层管理人员登上领导岗位成为新型经营者。这一变革在日本被称为"经营者革命"。

这些新型经营者大多数受过良好的高等教育,既有先进的现代经营思想又有在长期管理实践中磨砺出的领导能力。他们与财阀家族关联较少,不持有或只持

---

① 庞德良.论战后日本大企业股权结构的变化及对企业经营的影响[J].现代日本经济,1996(2):42-46.

有少量本企业股票，属于受雇用的高级劳动者。因此，"经营者革命"快速推动了日本企业所有权与经营权的分离，更是大幅提高了劳资关系中员工和职业经理人的地位。

进入20世纪50年代之后，日本财阀已被解散，股权也被分散，并在特定的历史背景下[①]，日本逐渐形成了法人为主的交叉持股结构，即日本企业的大部分股份逐渐聚集到了关联企业和银行身上。从日本东京证券取引所等提供的数据来看，二战刚结束时，日本企业的法人与金融机构间的交叉持股比例不到30%，但到了20世纪60年代，已上升到50%以上，到20世纪70年代则进一步上升到60%以上，而且这些法人中大部分是不以分红或资本利得为目的的稳定股东[②]。

所谓交叉持股是指两个以上的公司，基于特定目的考虑，互相持有对方发行的股份，从而形成企业法人间相互持股的现象。一般情况下，企业和企业交叉持股的主要目的在于通过交叉持股形成交易伙伴，维持企业之间技术、研究发展或产品销售等的合作关系，达到稳定经营、提升企业竞争优势的目的。基于上述原因，交叉持股的企业相比股息和资本利得更加关注业务的合作性，因此持股较为稳定。

在业务合作为主的交叉持股模式下，多个企业之间相互持有股份的目的一般不会是为了控制某一个公司，而更多的着力点在于保持业务开展的畅通性和合作的顺利性，因此企业之间相互持股的比例不会太大。这导致了日本多数企业的股权结构中，不仅没有控制该公司的个人股东，也没有形成单一的控股股东，并形成了主办银行和多家公司联合起来才能控制一家企业的股权结构。以日产、日立、住友等大企业为例，二战后股权结构分散化情况下，这些企业前10大股东的合计持股比例普遍不超过30%，因此想要推进重大决策，就要协调多个股东的利益。在这样的股权结构下，企业法人股东起到更多的是监督和监控功能，一般不直接参与企业经营决策，人事任命也主要通过企业内部培养。只有企业出现较为明显的经营问题时，这些法人股东才会进行干涉。

[①] 在"盟总"的"经济民主化"改革下，战后日本早期的股权结构再分配中出现了较多的自然人股东。但是，由于个人投资者的持股流动性较强，加上当时日本股市上的价格变动频繁，许多企业面临被并购的危险。于是，日本政府于1949年和1953年两次对"反垄断法"进行修改，大大放宽了企业间交叉持股的限制条件。在这种环境下，日本企业股权结构由个人股东为中心逐渐向以法人股东为中心转变，法人持股比例不断提高，并形成了以法人为主体的环形交叉持股结构。

[②] 随着终身雇佣制的推进和经济的快速发展，日本在20世纪60年代到80年代，企业和企业之间交叉持股比例和稳定股东的比例不断提高。到20世纪80年代，多数企业稳定股东和交叉持股比例在50%~70%。

表2-1　部分日本企业前10大股东累计持股比例

公司名称	1956年	1981年
日产汽车	24.8%	37.4%
日立制作所	17.7%	27.3%
住友金属	20.3%	31.7%
日本钢管	15.7%	27.2%
三菱重工	22.6%	25.8%
丰田汽车	21.4%	36.5%
松下电器	39.5%	29.0%

资料来源：北原勇.现代资本主义所有与决定[M].东京：岩波书店，1984:384-389.

另一方面，日本进入20世纪50年代之后，以朝鲜战争"特需"为契机，经济驶入了快速增长的轨道，熟练技术工人的供给出现了明显不足的现象。而且日本政府也为了稳定市场，致力于搭建稳定的劳工环境，法院判决时也要求，企业解雇人员要有明确的正当理由，从而限制企业滥用解雇权。在这种背景下，大企业沿用战前长期雇佣制度的意愿进一步加强，多数企业直接从应届毕业生中招募员工自行培训，并通过长期雇佣、定期加薪和内部晋升等措施来保留员工以提高生产效率。

因此，日本普遍意义上终身雇佣制的形成是在20世纪50年代之后。二战后，企业控制权的再分配大幅削弱了股东对经济的直接干预能力，使得日本企业股权结构表现出法人化、社会化特征。在这种环境下，企业经营者的地位大幅提高，企业发展的诸多问题从"股东决策"转为"经营者决策"成为可能。另一方面，日本战后经济的快速增长，为企业沿用并进一步完善战前劳工制度提供了良好环境。而在所有权和经营权分离、劳动力需求旺盛的背景下，被誉为日本式经营"三大神器"的终身雇佣制、年功序列制、企业内工会制度逐渐定型，并为日本"工匠文化"的形成以及后续高速、高质量发展奠定了环境基础。

日本经营"三大神器"

一、终身雇佣制

终身雇佣是指企业对正式录用的员工，除非有特殊原因，一般不得在退休前解雇的雇佣制度。终身雇佣并非是对所有群体都采取的雇佣方式，其主要群体是正式员工，其中大学生是最主流的群体。学生毕业后直接被招入企业，在企业内部接受职业教育和技能训练，并且一直工作到退休。终身雇佣既不是法律上的约束，也不是劳动合同签订的条款，但作为一种约定俗成的非正式制度在日本社会受到广泛的认可，对劳资双方都有较强的道德约束。

日本终身雇佣制的特点在于双向约束，不仅对企业有约束，对劳动者也有较强的约束。

终身雇佣制对企业的约束在于当日本企业面对经济萧条和企业不景气时，企业不会轻易地解雇员工，而是通过多种方法努力维持雇佣关系。即使企业内出现结构性过剩人员，企业一般也不会解雇人员，而是通过扩建营业部门、开发新产品、向新产业领域发展等措施来尽可能地吸收剩余人员。员工只要不犯大错或无故旷工，通常不会被解雇，企业一般也不会因该员工的工作效率不高而任意解雇员工。对于效率低或不能胜任本职工作的员工，企业一般会通过内部的教育培训提高其工作能力，或通过再训练将其安排到合适的岗位上去。

终身雇佣制对员工的约束在于员工不会因为其他高薪的工作机会而跳槽。在终身雇佣氛围下，实际也很少出现这种情况。归其原因有：一是，为了高薪而跳槽的员工，在当时日本外部劳动力市场并不活跃、内部培养为主、有明显的道德偏见的环境下，贸然跳槽可能要冒很大的风险；二是，向其他公司挖墙脚的企业也会遭到同行的抵制。虽然这些惩罚不是来自法律，但在当时的背景下，却存在很强的道德束缚。除此之外，员工一旦被录用后，就必须接受该企业专门的职业训练，培养企业人的特殊熟练技术。在这种环境下，大多数员工会把公司当成一个家，他们会对公司保持较高的忠诚。在终身雇佣制下，员工对公司的道德义务感甚至超过了对家庭的义务感。典型的例子是，员工多半自愿参加公司举办的周末休闲活动，而不把时间花在陪伴家人身上。

当然，日本企业的终身雇佣制度只适用于有一定规模企业的正式员工，对于短工、临时工等非正式员工不予适用。对于规模较小的中小企业来说，由于经营很难保证持续，自然也较难维持和大企业一样的雇佣制度。企业的非正式员工以及部分中小企业的正式员工，他们的就业、工资和劳动条件等，很大程度上是由公开的劳动力市场决定。

日本经济学家津田真澄在20世纪70年代按照学历和工种分析了在民间制造业企业（员工数量在500人以上）中享受终身雇佣制度的员工比例。如表2-2所示，享受终身雇佣制度的员工比率从1961年的32.2%增加到1975年的50.7%。

表 2-2 日本企业终身雇佣制情况

年份	终身雇佣者阶层在企业全体员工中所占比重	终身雇佣者阶层在大学学历的事务技术人员中所占比重	终身雇佣者阶层在高中学历的事务技术人员中所占比重	终身雇佣者阶层在高中学历的现场生产人员中所占比重	终身雇佣者阶层在初中学历的现场生产人员中所占比重
1961	32.2%	69.0%	56.1%	42.5%	22.5%
1964	34.8%	72.2%	59.7%	48.7%	21.9%
1967	43.9%	79.5%	64.1%	56.0%	28.8%
1971	47.6%	80.0%	65.6%	55.3%	28.9%
1973	51.0%	81.1%	68.9%	65.1%	28.7%
1975	50.7%	81.2%	66.4%	57.8%	28.8%

资料来源：津田真澄.终身雇佣制度的基本性格[J].季刊现代经济（28），1977:34-35.

20世纪60、70年代，日本多数中大型企业都能实行终身雇佣制。虽然也有不少规模较小的企业较难有条件实行终身雇佣制，但是受整个劳工环境的影响，即使不享受终身雇佣制度的员工或不实行终身雇佣制度的企业，劳资双方也普遍愿意保持长期的雇佣关系。

二、年功序列制

日本企业的年功序列是一种以长期雇佣关系为前提的人事管理制度，并以工龄、年龄、学历为基本标准来决定员工的薪酬福利待遇。在该制度下，员工的基本工资随员工年龄和企业工龄的增长而每年增加，而且增加工资有一定的序列，按各企业自行规定的年功工资表次序增加。

在年功序列制下，对员工工资的提高和资历的晋升起到重要作用的是员工的学历、工龄、人际关系等因素，而员工短期所表现出来的能力、成果、实际贡献并不是最主要的因素。在日本年功序列制度下，员工的晋升表现出长期评价、缓慢提升的特征。

在该制度下，多数日本企业员工到了年纪后基本都能达到管理层或享受较高的工薪待遇。同一年份入职，具备相似人事背景（如均为大学毕业）的员工之间，即使有较大的职位差距，其薪资水平也不会相差太远。从表2-3中可以看到，大学毕业生入职之后到50岁~54岁，1/3以上人员都能当上部长，其他人员也大部分在科长、股长等管理职位，而40岁~49岁这个年龄段的人主要还在科长和其他管理职位上奋斗。

表2-3 大企业（1000人以上）具有大学学历不同年龄段男性职位构成（单位：%）

年龄段	合计	部长	科长	其他职位	股长	一般
50~54	100.0	35.0	19.3	22.1	2.8	20.8
45~49	100.0	15.5	32.4	20.7	6.3	25.0
40~44	100.0	3.5	33.5	17.8	12.3	32.9
35~39	100.0	0.4	13.0	14.8	21.2	50.5
30~34	100.0	0.1	1.4	9.2	12.1	77.2
25~29	100.0	—	0.1	2.5	0.8	96.6
20~24	100.0	—	—	1.2	0.1	98.8

资料来源：日本劳动省《工资结构基本统计调查》（1994年）
注：其他职位包括代理部长、副部长、代理科长、调查员、支店长、营业所长等职位。

日本企业采取的弱化员工短期表现出来的能力、成果、实际贡献，而更看重学历、工龄、人际关系等因素的薪酬制度和晋升制度，表面上看起来似乎与工作能力评价关系不大，但随着工作时间的增长，员工的工作能力和熟练度也会不断提高，工资的增长整体上也能较好地反映能力的增长。由于企业内部晋升是一层一层向上攀登的过程，这种缓慢的选拔方式要求参与者保持长期、持续的竞争状态，保持旺盛的竞争精神。另外，多数员工在晋升过程中，要经历漫长而长期的评估，因此这种晋升模式相比"快速选拔方式"，更有利于公正全面地评价员工的能力，其选拔结果也更容易被员工接受。当然，这种晋升方式也会带来以下几个方面的问题，即经营部门的领导和部门负责人以上管理人员的培养需要相当长的时间；企业的高层管理人员年龄普遍偏大；不利于优秀的年轻人才脱颖而出等。但换一个角度去看，每个人都要经历从年轻到年老的过程，所以对每一个人来说都能表现出较大的公平性。年轻员工只要想到随着年龄增长自己也能享受较高的薪酬福利，就不会轻易地提前离职，这有利于员工队伍的稳定。

三、企业内工会制度

工会是雇主（资本所有者）与工人之间矛盾的产物，是工人们就经济问题与雇主进行交涉、协商的一种工人组织。工会组织存在的主要目的在于以团体的力量与雇主谈判工资薪水、工作时限、工作条件等等，以便为工人创造更好的薪酬福利待遇和工作环境。

美国、英国等崇尚自由市场的老牌资本主义国家的工会多数为工人自发组建的组织，具有很强的独立自主性，经济独立，领导人独立，工会只代表并反映工人们的利益，既不受资方控制，也不受政党和政府干预和控制，是一个能与雇主组织进行对抗的强大组织。这些国家的工会除了采用集体谈判外，还积极参与各类政治活动，力求实施有利于劳工组织的立法，防止不利于劳工组织的立法实施。由于不少欧美国家工会人员是完全独立于企业之外的专职人员，这些国家的劳资关系更多地体现出谈判桌上的博弈。当经济发展较好、矛盾较少的时候，双方的利益可能表现出较大的一致性。当风险加大、各自的生存空间受挤压的时候，双方较为容易产生分歧，为各自的利益奋斗，而不一定是为共同的长远利益奋斗。

在欧洲国家中，德国是一个例外。德国是没有经历资产阶级革命而直接进行工业革命的国家。二战结束后，联合国对战败国德国进行了政治上的民主化改造，通过培育工会，形成了工业民主主义框架，从经济上消除了垄断资本主义，成为协调式市场经济体。与此相适应，德国采取了协调式工会代表权模式。在这种背景下，德国工会更倾向于以协商方式解决矛盾，很少会采取罢工等方式。另一方面，德国又建立了较好的福利体系。因此德国相比美国、英国等国家，劳资冲突较少，德国员工也更愿意在一家企业长期工作。

跟多数欧美国家不同，亚洲国家普遍未经历资产阶级革命，政府在市场中的地位较高，且较为看重政府调控等方面原因，不少亚洲国家的工会，如日本、新加坡、中国等国家工会会表现出更多的协调性性质（韩国除外[①]）。如新加坡虽然实行资本主义市场经济制度，但新加坡工会受到国家和政府的管控较多。新加坡全国员工总会作为执政党推行政策的配合者，不仅能在国家层次和企业层次有效反映劳工诉求，也成为政府与民众沟通的桥梁和纽带，维护工业秩序，保障员工群体利益和社会稳定。

日本在二战之前由于工作环境差、薪酬待遇低等方面原因，曾经有过较为强势的产业工会，但随着日本经济的高速发展，终身雇佣与年功序列等人事管理制度的普及，工人与企业外部的关联性不断弱化，以阶级情感为纽带的产业、行业

---

① 韩国是在亚洲少有的工会斗争性极强的国家。工会在维护韩国工人利益的同时，也给韩国企业和外国投资者带来许多困扰。韩国工会的"强"不仅体现在劳资斗争中，还表现在参与管理过程中的多种方式上。比如，韩国工会经常采用罢工、封锁工厂、驱逐管理层等手段。外资企业早期看重韩国的低劳动力成本，但在韩国强大的工会面前，其劳动力成本快速上升，导致企业盈利能力快速下滑的情况不在少数。

工会的影响力也随之减弱。而且日本企业股权在法人化、社会化的环境下，经营者对企业发展诸多问题上有充分的表决权，使得多数日本企业员工可以享受较好的薪酬福利待遇。这也大大弱化了劳资之间的矛盾。尤其，在终身雇佣制度为主的劳工环境下，企业一旦破产倒闭，员工就很难再被同样实行终身雇佣制度的其他企业接纳，很可能沦为短期打工者甚至失业者。面对这种风险，日本企业员工自然不会表现出太强的斗争性。

以上种种原因导致二战后日本产业工会和行业工会逐渐失去了生存空间，取而代之的是企业内部工会①，而日本企业内工会制度的普及，为日本劳资矛盾的缓解和劳资双方为企业长期利益的奋斗提供了更好的制度环境。

总体来看，在终身雇佣制、年功序列制以及企业内工会制度下，日本多数员工会把自己看成公司的一员，而不是某个行业的一员，因此不会表现出太强的斗争性。在这种制度下，员工利益诉求与企业经营政策产生的摩擦被看作是家庭内部矛盾。这也导致即使分配上出现矛盾，日本工人也会普遍接受"生产上合作，分配上对立"的思想，一般会坚守岗位，维持企业正常的生产运营，极少采取怠工、罢工等破坏性手段。

以日本典型的"春斗"为例，所谓"春斗"（"春季斗争"的简称）是每年3至5月间，日本各企业工会联合起来，组织工人进行罢工、游行，以达到提高工资、反对解雇工人和改善劳动条件等目的的统一行动。虽然"春斗"看起来是每年最为声势浩大的行动，工会也会提出一系列有利于劳动者的条件，但其提出的条件多数比较暧昧，有较大的妥协性，或者说工会也十分愿意根据公司实际情况提出要求，一般不会提出过分的、有损企业整体利益的要求，会表现出较为明显的温和、克制、有序的特性，甚至不少时候"春斗"仅仅是走个形式而已。

日本劳工制度的正面影响

如果说对科技的重视可以提高一个国家产品的附加值，那么同样在重视科学与技术的前提下形成的不同制度环境，影响的是该国家竞争力的表现方式和竞争力的特性。而日本终身雇佣、年功序列、企业内工会制度为代表的劳工制度，让日本企业的竞争力在高精度、高性能、高稳定性、高寿命、高良品率等需要"工匠精神"的领域，表现出强劲的竞争力。

---

① 日本也存在行业工会和产业工会，但整体数量较少，对日本劳资关系的影响较弱。

一、有利于持续提高员工的工作能力

一般情况下，一个人的知识水平和工作技能的提高主要通过两种途径，一种是社会教育，如小学、初中、高中、大学、其他培训机构等；另一种是企业教育，即在工作过程中提升知识水平和工作技能。毋庸置疑，日本经济在快速发展过程中，国家对科技的重视和人才的培养起到了重要作用，但还有一种教育为日本经济的高速、高质量发展起到了不可磨灭的作用，那就是日本的企业教育。

日本是全世界最舍得为员工提供培训投资的国家。日本企业在终身雇佣制为代表的劳工制度下，可以放心地对员工进行长期投资和重金投资，培养企业发展所需要的熟练工人和技术人员，无须担心培养成本付之东流的风险。根据日本劳动省1982年11月公布的《事业内教育训练实态调查》表明，在被调查的雇佣30人以上的1542个企业中，实施教育训练的占88.1%，有计划地进行教育训练的占30.1%；雇佣1000人以上的424家企业，实施教育训练的占99.8%，有计划地进行教育培训的占85.2%。矢野真和等人在1990年作过一个初步的测算，日本企业内部培训总费用达到国民生产总值的3.3%，这一规模相当于从小学到大学教育总开支的60%，高等教育开支的3倍。

日本的企业内教育非常发达，具有完善的培训规划，具体根据员工的工作性质、组织层次、工作年限等实施专门的有针对性的培训。培训内容不仅包括适合企业的专用性技能培养，也包括更广泛的通用性知识培训。在培训形式上，不仅有在岗培训，也有脱岗培训[①]。

由于日本企业招聘一个员工后，可以与其建立长期劳动关系，因此也不急于马上让新入职员工进入特定岗位。与多数国家设岗找人的方式不同，日本多数员工进入企业时并不一定有明确的岗位定位，在入社培训后，企业根据员工的专业擅长、性格特点和企业需要来安排岗位。而且，日本员工的岗位分配并不局限于一次，在后续职业生涯中可能会经历数个工作岗位。这种雇佣特色，能够综合考察员工的能力和特长，有利于提高员工和岗位的匹配度。

日本还有一个有特色的岗位制度，那就是轮岗制度。多数员工进入企业后，

---

① 日本企业在培训形式上，以在岗培训为主，脱岗培训为辅。跟在岗培训不同，脱岗培训是企业将相近岗位的职工集中起来，暂时脱离工作岗位，在专业人员的指导下，集中进行技能学习的过程。脱岗培训的形式多样，常见的有授课、报告会、研讨会、参观考察等，培训地点既可以在企业内部，也可以选择在企业以外。在一些必要的情况下，企业还会派遣员工到高等院校，甚至国外教育和科研机构进行技术学习和培训。由于员工在脱岗培训期间无法参与劳动，会降低当期企业的产出水平，同时还会产生学费、旅费、材料费等培训成本，因此对企业来说是较大的负担，但脱岗培训有益于让技术人员转型为科技人员，有益于企业从技术型企业向人力资本型企业转型。

不是接受单一岗位的技能培训，而是在整个职业生涯中先后经历数个工作岗位，接受不同岗位的技能培训。这种岗位轮换涉及的员工既包括从事现场生产的员工，也包括办公室职员和管理人员。而且，轮岗范围并不限定在同一部门，也可能跨越部门轮岗。当然，这种轮岗制度也有一定的规律性。一般根据员工的教育背景和能力特点，限定在一定范围之内，并且各岗位工作内容之间具有一定的相关性，以保证员工能够适应工作，并且掌握的职业技能互有帮助。

为了增加员工技能的广度，以及增进员工对企业生产活动的全面了解，日本企业也会安排员工在职业技能相差较大的部门之间轮岗。例如，安排从事技术开发的员工进入销售岗位，直接地了解市场对产品的需求状况，以便日后有针对性地开发出适销产品；从事事务类职业会计工作的员工，也可能被安排到生产车间从事仓库管理工作，以便更好地了解生产过程中可能出现的意外变动，为合理安排资金调度积累工作经验。

多数日本企业员工，经过公司慷慨的培训投入，且在有特色的轮岗制度下，数年之后多半都能成为有一定专业技能的复合型人才，能做到上下联动、左右协同，并具备跟年龄和资历相关的专业能力和管理能力。这也是日本企业员工到了一定的年龄多数人都能拿到较高薪水，也能顺利得到晋升的制度，乍看起来，有诸多不合理的地方，但细究起来存在合理之处的原因。

二、有利于稳定军心，减少投机心理

平稳的心态来自良好的生活保障、较小的贫富差距以及稳定的工作环境。较少的投机心理和平稳的心态也是产生工匠精神的必备条件。只有在生存无忧、贫富差距不大的条件下，多数人才能静下心来，踏踏实实地做好一件事情，而日本终身雇佣制为代表的劳工制度，为日本企业，乃至为日本整个社会创造了这种环境。

首先，日本员工普遍能享受较高的薪酬福利待遇。

二战之后，在股权结构法人化和社会化的背景下，日本职业经理人地位大幅上升，这为日本企业员工的薪酬福利待遇的改善起到了重要的作用。

按照日本的分类方法，国民收入的初次分配可分为雇佣者所得、企业所得、间接税以及财产所得四部分。根据国民经济核算68SNA体系来看，1947年，日本居民收入占国民收入比重不到30%，企业比重超过60%。但随着劳工环境的改变，到了20世纪60年代之后，分配结构已产生较大的变化，居民收入占国民收入比重已超过50%，超过企业部门。到了20世纪70年代之后，日本居民收入占国民收入比重更是超过60%①,形成了国民收入初次分配向居民倾斜的格局。②

具体情况来看,在分配格局的变化下,日本企业员工普遍可以享受较高的薪酬福利待遇。在终身雇佣制盛行时期,日本大多数企业在一年中分冬、夏两季发放奖金,额度一般占员工年收入的20%左右。当企业业绩好的时候,企业对员工十分慷慨,全年奖金可达到6~8个月的人均工资。③在20世纪70~80年代,有这么高奖金分配的国家并不多见。

除此之外,不少日本企业员工还有分红收入。由于日本企业股东有法人化的特征,因此多数企业都会有分红的习惯。很多日本企业设立了员工持股制度,鼓励员工以集资方式购买本企业股票。股金一般由员工个人出资和企业补贴两部分构成。员工没有特殊理由不能出售个人股份,离职时则自动清退。很多企业的"员工持股会"是排名前十位的大股东,有的甚至成为本企业的最大投资者。

日本企业员工不仅有较高的薪酬,可享受丰厚的奖金,能拿到分红,此外,还能享受"全面覆盖"的福利待遇。日本企业福利制度的最大特点是不仅涵盖员工本人,更是涵盖员工家属。比如,日本不少大企业为员工提供了住宅、医疗、养老、子女教育、日常购物等全方位的福利保障,从而保证了员工生活的稳定。而且,许多大企业举办劳动者讲习会、修养讲座、通俗讲演会、公民教育讲习会、国民体操指导讲习会等,对员工进行培训和教育。女工较多的企业成立少女会、妇人会、插画会、茶道会等活动来丰富劳动者的文化生活。一些统计数字表明(日本经济联盟的调查数据等),日本进入20世纪70年代之后,不少企业光福利支出就占了企业收入的10%。

其次,日本员工之间的收入差距较小。

日本平稳的薪酬结构和较小的贫富差距也是降低日本员工不平衡心态,减少投机心理的重要因素。美国企业普遍实行绩效主义的薪酬制度,根据不同级别和不同绩效,员工之间的薪酬差距可能非常大,薪酬高的员工可能是一般工人的数十倍。如美国在20世纪80年代,大型公司总裁年收入是一般工人的数十倍,甚至上百倍都是普遍现象。但在日本,员工的收入差距十分小。以1986年日本厚生劳动省统计数据为例,在50岁~54岁的管理层中,部长平均月工资为53.31万日元,科长为48.61万日元,股长为38.57万日元,无职称者为32.29万日元。在相同年龄阶段,部长和无职称员工薪酬差距约为1.65倍。如果按照年龄段来看,30

---

① 可以简单理解为GDP中的60%是工资,剩余部分才构成企业、政府等收入。
② 王婉郦,王厚双.分配制度、收入差距与中等收入陷阱的跨越[J].日本问题研究,2017(2):10-19.
③ 阚治东.日本公司企业分配制度简介[J].外国经济与管理,1989(4):23-24.

岁-34岁平均月工资为24.57万日元，50岁~54岁部长月平均薪酬（53.31万日元）约为30岁~34岁月平均薪酬（24.57万日元）的2.17倍左右。

在这种分配制度下，日本曾一度成为世界贫富差距最小的国家之一。如根据OECD国家分配情况来看，在20世纪80年代中期日本初次分配基尼系数[①]为0.345，低于丹麦、德国等典型的福利国家，说明日本仅通过初次分配（即通过企业的分配）已实现了较好的公平，而德国、丹麦、加拿大、英国等国家通过政府干预（即通过二次分配）之后才能较好地保障社会公平。

表2-4　20世纪80年代中期部分OECD国家初次分配和再次分配基尼系数变化

国家名称	初次分配基尼系数	再次分配基尼系数
日本	0.345	0.304
加拿大	0.395	0.293
丹麦	0.373	0.221
德国	0.439	0.251
意大利	0.42	0.309
墨西哥	0.453	0.452
英国	0.419	0.309
美国	0.436	0.337
OECD国家均值	0.414	0.296

资料来源：经济合作与发展组织（OECD）

再次，面对危机时日本企业尽量不裁员。

除良好的薪酬福利制度和较小的贫富差距外，日本的终身雇佣制度也是保证员工放下心来专心投入工作的重要因素。

在日本，终身雇佣制并非仅仅是一种态度，而是真正的尝试和努力，这种尝试和努力尤其面对危机的时候可以看出这种制度的与众不同。

典型的例子就是1973年发生的第一次世界性石油危机。石油危机的爆发，使得石油价格暴涨[②]，迅速引发全球性的经济萎靡。世界主要发达国家的经济受到空前的打击，几乎所有石油都依赖进口的日本更是首当其冲。根据东洋经济新报社

---

① 基尼系数是衡量一个国家或地区居民收入差距的常用指标。基尼系数在0.2以下表示高度平均；0.2~0.3表示比较平均；0.3~0.4表示合理；0.4~0.6表示差距较大；0.6以上表示差距悬殊。国际上通常把0.4作为"警戒线"，超过这条"警戒线"时，贫富两极的分化较为容易引起社会阶层的对立，从而导致社会动荡。

② 1973年，不到两个月，石油价格由原价2.48美元/桶，迅速攀升至11.65美元/桶，增幅近五倍。

数据，日本在1973年间有8202家企业倒闭，1974年多达11681家，1975年更是创下历史记录，有12606家企业倒闭。但在危机中艰难维持的大部分企业，即使亏损也没有大规模裁掉冗余人员，而是通过各种人事调整手段来缓解压力。例如，解聘临时工、合同工等短期雇佣人员，停止招录新人，限制工作时间，减少工资，将富余人员外派到关联企业或子公司，鼓励其提前退休，通过培训将其调整到新的岗位，停产代工等等来维持雇佣关系。虽然1973年开始的石油危机，给日本经济带来了剧烈的冲击，但在日本对终身雇佣制的坚持和努力下，日本在失业高峰期失业率也未超过2%。同样面对石油危机的欧美国家，失业率却普遍达到了两位数。尤其对于削减人员反映速度最快的美国来说，日本的低失业率是不可想象的事情。

1979年开始的第二次石油危机也是如此。由于有了第一次石油危机的经验，日本更为顺利地度过了第二次石油危机，1980年到1984年的失业率仅上升了0.7个百分点，这与同时期欧美等国10%左右的失业率相比相差悬殊。

跟欧美发达国家相比，日本是最早从第一次石油危机中摆脱出来的国家，更是顺利地度过了第二次石油危机，并且国力得到大幅加强的国家。多数欧美国家还处于物价上涨、失业率上升的泥潭中尚未恢复时，日本早早地开启了新一轮的增长。

日本的成功对于这些老牌资本主义国家来说是一件不可思议的事情。"为什么以美国为中心的欧美发达国家经济不景气时，日本经济、日本企业的成绩却极为显著？"为了解开这个谜题，美国学者围绕日本企业进行了认真研究。也正是从这时候开始，日本终身雇佣制为代表的劳工制度普遍得到了发达国家的认可。

其实，日本经济较快得到恢复的原因不难理解。日本企业在终身雇佣制下，企业面对经济萧条时对过剩员工也不采取裁员措施，而是采取减少劳动时间和减少工资等方式解决矛盾。日本企业尽量不解雇员工的方式，看起来拖累了企业盈利，加大了运营风险，但这种方式稳住了员工的心态，也尽量避免了长期培训和培养带来的职业技术人员的流失，尤其是当经济开始回升，需要大量人手时，原来显得过剩的人员就可以立即投入生产和工作，这大大缩短了响应时间，节省了重新培训员工的费用，确保了业务开展的协同性和效率。

三、有利于为企业长期利益奋斗

对于多数国家来说，企业的定义是以盈利为目的的经济组织，并认为股东是最主要的受益人，企业的存在是为了给股东带来利润和资本利得。但但是日本对于企业的理解则有所不同。他们认为，企业是股东和员工共同的财产。因此，相比企业利润和股价变化，日本企业更加看重企业本身的价值和竞争力。

在终身雇佣制和年功序列制度下，日本员工无论主动还是被动，都被绑定在了企业上。在日本，外部劳动力市场并不发达，因此当企业出现问题时，员工很难跳槽，更可能的情况是要跟企业共渡危机。而且在二战之后，在"盟总"等影响下，多数日本企业较好地实现了经营权和所有权的分离。

在这种环境下，日本形成了企业并非股东的所有物，而是属于股东、员工、客户等所有利益相关者的共有物，其中员工处于最重要地位的理念[1]。追其原因在于，股东可以轻易结束与企业的关系，并用资金购买收益更高的资产。但对于终身雇佣制下的员工来说却很难选择离开企业，员工比股东承担了更多的经营风险，也负有更强的责任感。员工为企业做出的长期贡献远高于股东，因此也应该拥有更多的支配权与收益分享权。如同日本东京大学经济学教授小宫隆太郎所说："在日本人的观念中，企业能够在社会上生存下去最重要的基础不是股东提供的资本，而是独有的技术，而拥有技术并创造技术的是'人'，所以员工才是最宝贵的资源。而且，股东可以通过分散投资的方式加入企业，可以在企业业绩不佳时卖掉股票，因此并非完全、彻底承担入股企业的经营风险。但是终身受雇于企业的员工，想要退出企业则很困难。他们没有办法分散就业风险，也没有一种机制能够帮助他们回收已经投入的时间、精力和情感成本。"

在这种理念下，日本企业经营追求的往往不是企业利润最大化，也不是股价升值，而是更加看重企业的长期发展，注重企业的竞争能力（技术、创新等）、行业地位和市场占有率的提高等因素。这是日本企业的经营理念跟美国、中国等多数以股东收益为主要目的的国家有较大不同的地方。

其实，在企业经营理念方面，德国跟日本有颇多类似之处。德国也是相比短期利润和股票升值，更加看重产品竞争力的持续提高。让德国这种经营理念持续的是与日本颇为相似的公司治理和劳工环境。

首先，在劳工环境方面德国和日本有较大的类似之处。

在劳工环境方面，德国虽然没有终身雇佣的说法，但由于德国贫富差距较

---

[1] 这种理念也产生了一些不利的影响。从不利的一面来看，日本企业中，过高的员工地位和企业经营目的非利润最大化的导向下，普遍存在日本股东的地位较低，股东利益受到较大忽视的问题。在这种环境下，日本企业较难得到股权融资。因此，在日本企业融资中，间接融资是获得发展所需资金的重要途径。如20世纪70年代，日本企业发展所需要的资金大部分是银行贷款，通过股权融资获得的资金十分少。而在企业贷款中，起到关键作用的是主银行制度。

小,有良好的福利制度,德国工会面对矛盾表现出更多协调性等方面原因,德国劳资矛盾相对缓和,德国企业员工也普遍愿意在一家公司中长期工作下去。

其次,在公司治理方面德国和日本有颇多类似之处。

德国企业公司治理的特点是"双极领导体制"。"双极领导制"是指监事会与执委会的分权制度。跟美国、英国、中国等国家不同,德国企业中不一定有董事会,即使有也是形同虚设。董事会的大部分职能分散在监事会和执委会上,也就是双极领导制。

德国监事会成员由雇主方代表与员工方代表共同组成。雇主方代表方面,除了有股东会选举出来的代表外,还有作为企业债权人和作为小股东代理人的银行参加。员工方代表方面,主要由职工代表和工会代表参加。在职能上,德国监事会除了有监督职能外,还承担任免执委会、审批企业重大决策的职能,即具有英、美等国家董事会的职能。

从监事会构成中可以看到,德国企业监事会由股东代表、企业债权人代表、员工代表等组成,因此德国的监事会表现出利益多样性的特征,是一个由不同利益群体组成的共同决策体系,而且在这个决策体系中股东方并没有占绝对优势。按照法律,德国企业根据其规模,在监事会中员工代表在公司监事中有1/3或1/2以上的投票权。如员工2000人以上的大公司中,出资者与员工代表按照对等原则,平等地分配公司监事会席位;在员工人数为2000人以下的中型公司中,监事会席位的1/3分配给员工代表。[①]

德国企业的执委会是企业经营领导机构,其成员由职业经理人构成,而且执委会是企业法人代表。在德国企业中,监事会和执委会分工十分明确。监事会是一个监督机构,法律明确规定,它不能直接支配企业法人财产,因此即便监事会主席是公司控股者,并有能力经营企业,也不能任命自己为首席执行官。这就像中国企业的董事长不能当CEO或总经理。而且监事会在公司重大决策问题上,除了执委会任命和罢免外,其他公司重大决策都是由公司执委会提出方案,监事会只有批准、建议修改直至否决权,它不能越过经理班子直接提出重大决策方案。

可以看到,德国企业监事会和执委会的分权制度良好地实现了所有权和经营权分离。在双极领导制度下,德国企业职员不再是简单地"参与"企业经营和分享企业收益的群体,而是可以跟股东一样。分享企业的实际控制

---

① (德)霍斯特·西伯特.德国公司治理中的共同决策[J].国外理论动态,2006(6):33-35,51.

权。这种制度不仅促进了德国第一次分配上的公平，也促进了员工与资本方目标的一致性，让德国企业员工像日本企业员工一样可以为企业长期利益而奋斗。

在颇为类似的公司治理和劳工环境下，日本和德国的企业不再是股东获利、增加资本的单纯实体，也不再是简单的会计单位，而是具备了独立的财产权利，具有了实在性，成为一种独立于股东的自主实体，而这个主体的目的在于提高自身的竞争力，在市场中长期生存，并且发展壮大。也正因为如此，日本和德国拥有大量的长寿命企业，如在日本和德国企业寿命超过100年并不是罕见现象，而这种现象在美国和中国十分少见。

四、有利于形成扎根于细节和工序的文化

跟日本企业长期发展导向、终身雇佣和年功序列制度相匹配的是日本多数企业非绩效导向的考核制度。这些考核制度不仅孕育出了尽心尽责的工作理念，更是孕育出了扎根于细节和工序的工作文化。

在20世纪60年代到80年代，终身雇佣制盛行时期，日本企业人事考核的主要内容包括三项，即工作态度、工作业绩和工作能力。日本企业在态度考核中会重点考虑纪律性、协调性、责任性、企业意识等因素；业绩考核中会重点考虑工作饱和度、工作的质量、工作的成果、工作中的创新等因素；能力考核中会重点考虑基本工作能力、解决问题的能力、人际交往的能力等因素。该时期的日本企业，大致会根据以上思路进行进一步分解和量化。

多数日本企业的考核分为5个等级，即非常优秀、比较优秀、标准、需要再稍加努力和需要再以相当努力。

表2-5　日本企业人事考核主要指标梳理

态度考核	纪律性、协调性、积极性、责任性、企业意识
业绩考核	工作饱和度、工作的质量、工作的成果、工作中的创新
能力考核	基本工作能力，包括知识、技能等 解决问题的能力，包括理解力、判断力、决断力、创造力、规划力、开发力等 人际交往能力，包括表现力、周旋力、涉外能力、指导监督能力、管理统帅力等

日本在终身雇佣制盛行时期，人事考核最典型的特征是其过程导向性，而不是其结果导向性。通过表2-5可以看到，日本企业考核重点并不在于创收和绩效，

而是综合考核工作态度、工作业绩、工作能力等方面的因素。更为有趣的是，日本企业业绩考核跟我们普遍认为的业绩考核有较大的不同。在终身雇佣制盛行时期，日本企业业绩考核主要考核的是，工作饱和度、工作的质量、工作的成果、工作中的创新等方面内容，而这些均不是与创收直接相关的因素。

如果进一步剖析日本企业的考核制度，日本企业在考核中对管理层和一般员工考核的权重也有区别。一般情况下，对于员工公司更加看重工作态度和工作业绩，但是对管理层则会更加看重工作能力。而且公司对管理层进行考核时，相比股价的变化和产生的利润，会更加关注产品市占率、新产品比率、新技术的运用等方面的情况。

以日本企业考核的特性可以看出，无论是对一般员工的考核还是对经营管理层的考核，日本企业相比结果更加看重过程，相比短期利益更加关注长期利益。其原因有：

一是，对于管理层的考核，相比产生的利润，更加重视产品市占率、新产品比率、新技术的运用情况，因此公司经营管理层做出发展规划和布置业务时，不会以利润为导向。这可以有效降低企业对短期利益的过度追求，有益于提高企业的长期竞争力。

二是，多数日本企业在长期竞争力导向下，对于一般员工的考核创收和工作成果并不是最重要因素。尤其，在日本员工比较看重的影响薪酬级别的因素中，工作态度起到了十分重要的作用。除此之外，员工晋升中起到关键作用的也不是创收，而是工作态度、工作业绩、工作能力等综合因素。也正因为如此，日本企业员工也不会急于一时，而是会做好、做细手中的工作，培养综合素质。可以想象，在这种考核制度下，员工从事工作的时候不会急功近利，相比业绩更会看重工作态度和工作细节，并在追求细节的过程中力图创新，这恰恰是形成扎根于细节和工序文化的必要环境。

虽然泡沫经济破裂后，日本原有终身雇佣制受到了不小的冲击，但日本产品至今为止，都因其成熟且复杂的生产工艺而出名。根据历年发布的《全球竞争力报告（Global Competitiveness Report）》来看，日本的生产工艺复杂度（成熟度）非常高，其值在6.5附近（最高复杂度为7），在世界范围内一直属于数一数二。美国的生产工艺复杂度在6.0附近，在世界排名中占第七名左右。中国进入21世纪10年代之后生产工艺复杂度有所提升，但与发达国家相比仍然有较大差距。

表 2-6　部分国家生产工艺复杂度及世界排名

年份	国家	日本	德国	美国	英国	韩国	中国	泰国	印度
2013—2014	排名	1	3	7	14	21	58	47	52
	复杂度	6.5	6.3	5.9	5.6	5.3	4	4.2	4.1
2015—2016	排名	2	3	7	11	23	49	53	61
	复杂度	6.4	6.2	6.1	5.9	5.2	4.1	4.1	3.9
2017—2018	排名	2	10	9	12	24	39	47	41
	复杂度	6.4	5.9	5.9	5.9	5.2	4.5	4.3	4.5

资料来源：Global Competitiveness Report

注：最高复杂度为7。

五、有利于创造协同大于竞争的工作环境

如上所述，日本企业在终身雇佣制和年功序列制度下，形成了关注长期利益、过程导向的企业制度，而不是绩效和创收导向的企业制度。这种制度不仅有利于形成扎根于细节和工序的文化，也有利于形成协同大于竞争的工作环境。

如果企业考核制度太倾向于成果主义和绩效主义，那么员工之间的竞争关系就会大于合作关系，每个员工都会尽量保留工作中能获得优势的重要技能或信息，以便在考核和晋升中获胜。这不仅不利于员工之间的协同，也非常不利于新员工的培养。即使一个新员工进入企业前受过较好的教育，但进入企业后也要学习与工作相关的诸多细节。新员工想要快速进步，那么老员工的慷慨帮助就必不可少。在成果主义和绩效主义考核下，老员工自然会对新员工有诸多保留，以免教会了徒弟饿死师傅。这多少会带来企业整体技能提升速度慢，员工和员工、部门和部门之间的协同不通畅，存在较多瑕疵等方面问题。但在终身雇佣制和年功序列制度下，这些问题就可以得到很好的解决。

首先，日本企业员工在终身雇佣制下，无需考虑被淘汰的问题，这有益于降低员工和员工之间的抵触。这一点不仅在员工和员工之间，在员工和企业之间也会有反映。一般情况下，企业引进新技术和新设备会出现部分劳动力过剩的情况。欧美企业引进新设备或进行技术革新之后，常常会对过剩劳动力进行裁员，因此欧美企业员工对技术革新抱有抵触情绪，对企业技术革新采取不合作的态度。而日本企业由于劳资之间建立了长期雇佣关系，并且较好地绑定了企业和员工的利益，所以员工不仅不会抵制企业技术革新，还会积极配合企业提出各种合理化建议，以便更好地提高企业生产效率。

其次，在年功序列制下，员工达到一定年龄之后，不仅可以享受较高的薪酬福利待遇，多数也能顺利进入管理层。这大大减少了员工之间的竞争压力。因此，无论是老员工和老员工之间，还是新员工和老员工之间，都不会产生太大的隔阂，这有利于经验的传授和技巧的沟通。

再次，日本考核制度也有利于创造出高协同性的工作环境。日本企业对经营决策者的考核更看重企业的市占率、竞争力、新产品比例、新技术的应用等指标，而不是股价升值和产生的利润等短期指标。日本企业对一般员工的考核，更加看重工作的质量，强调纪律性、协调性、积极性、责任性等因素，而不是产生的创收。可以看到，日本企业无论是对经营决策者的考核还是对一般员工的考核，都有利于形成高协同性的工作环境。

此外，日本企业普遍实施的轮岗制度也是有利于协同性的保障。日本企业员工在轮岗制度下，不仅了解本部门的思维方式和工作方式，也能较好地了解协同部门的思维方式和工作方式，因此解决问题时本身就会更多地考虑协同部门的情况，当出现问题时，也可以更好地磨合彼此之间的分歧。如多数日本企业，在日本特色的劳工制度下，当产品出现问题的时候，研发部门、技术部门、生产部门之间不会倾向于推卸责任，而是更倾向于一起解决问题。

如果从更大的层面考虑，日本企业的股权结构和治理方式也创造了有利于协同的环境。日本企业的交叉持股型股权结构和看重企业长期利益的治理方式，不仅有利于企业内部的协同，即员工和员工、部门和部门之间的协同，也有利于企业和企业之间的协同。在这方面，日本的零库存管理就是十分有力的证明。

零库存管理起源于20世纪60~70年代的日本丰田。丰田公司负责人大野耐从美国超市的补货原则中获得启发，提出了精益生产方式，并通过一系列努力后实现了零库存。随着丰田的成功，其管理效率提升明显，日本其他企业陆陆续续跟随，欧美企业也开始模仿。如美国企业从20世纪80年代开始认识到零库存的厉害之处，逐步开始模仿。

所谓零库存是指物料（原材料、半成品和产成品等）在采购、生产、销售、配送等一个或几个经营环节中，不以仓库存储形式存在，而是均处于周转状态。零库存不是简单的降低库存，而是通过库存管理消除生产过程中存在的浪费，解决企业生产到销售环节的各种问题。在这个过程中考验的是一个企业销售端、生产端、研发和技术端、仓储物流端等诸多环节的反应速度和协同性，需要的是员工和员工、业务单元和业务单元、部门和部门、企业和企业之间大量的协同和高效率的运作。在20世纪60~70年代，互联网还没普及，产品的生产到管理还没有充分数字化、信息化，更没有大数据和智能化生产[1]，该时期日本企业率先实现零库存计划。可以想象，日本企业在协同和管理方面的底气。

第二节 工匠精神与制造强国

技术强国的崛起

二战给日本带来了沉重的灾难。日本在战时经济体系遭到严重破坏，工业生产陷入停顿，失业率、通货膨胀率高涨，更为严重的是，原材料和粮食进口渠道被阻断，国民经济进入崩溃边缘。1945年11月18日日本《朝日新闻》的副刊报道："死亡的威胁正笼罩着日本全国，饿死街头者遍及全国各街道"。[2]

二战后，日本以朝鲜战争和引进国外技术为契机，在10年里经济得到了较好的修复性发展。但该时期依然属于粗放型发展，工业结构以劳动密集型产业为主，日本有世界市场竞争力的企业依然是低成本为主的中低端制造业。从出口结构来看，1955年日本出口产品依然以水、纺织品、玩具等、轻工产品和水产品为主，占日本出口总值的57.0%。这一时期日本工业基础薄弱，技术进步主要靠引进方式，一般直接买入欧美等发达国家的技术专利和设备，采用"短、平、快"方式来解决本国的技术缺口，因此常常被说成"拿来主义"。

表2-7 日本主要领域出口商品结构变化　　　　（单位：%）

年份	1950	1955	1960	1965	1970	1975	1980	1985	1990
食品	6.3	6.8	6.3	4.1	3.4	1.4	1.2	0.8	0.6
纤维、纤维制品	48.6	37.3	30.2	18.7	12.5	6.7	4.9	3.6	2.5
化学制品	1.9	5.1	4.5	6.5	6.4	7.0	5.2	4.4	5.5
金属、金属制品	18.5	19.2	14.0	20.3	19.7	22.4	16.4	10.5	6.8
机械	10.0	12.4	25.5	35.2	46.3	53.8	62.8	71.8	74.9

资料来源：日本通商白皮书（各年）

---

[1] 进入21世纪之后，现有不少国家已实现或基本实现自动化、数字化、信息化生产，因此不再是个别企业，而是整个环境正在逐渐具备零库存生产的条件。该方面内容，后面还会有进一步的介绍。
[2] 孙执中．荣衰论：战后日本经济史（1945—2004）[M]．北京：人民出版社，2006:2.

但到了20世纪60年代之后,日本开始快速追赶发达国家,尤其进入20世纪70年代之后,日本技术实力开始突飞猛进。到了20世纪80年代之后,日本高技术产品的市场竞争力更是让欧美发达国家节节败退。

从日本1950年到1980年前十位出口商品情况可以看出,日本产业结构升级和技术进步的情况。1960年,日本主要出口商品为钢铁、棉织品、船舶、服装、鱼贝类等产品,其中有不少轻工业产品,但到了20世纪70年代,主要出口产品已经变成船舶、汽车、收音机、光学仪器等高技术产品。

表2-8　日本前十位出口商品变化　（单位：亿美元·%）

年份	1950		1960		1970		1980	
	商品名	比例	商品名	比例	商品名	比例	商品名	比例
1	棉织品	25.3	钢铁	9.6	钢铁	14.7	汽车	17.9
2	钢铁	8.4	棉织品	8.6	船舶	5.9	钢铁	11.8
3	生丝	4.8	船舶	7.1	汽车	5.6	船舶	3.6
4	船舶	3.6	服装	5.4	金属制品	3.7	光学仪器	3.5
5	纺织品	2.7	鱼贝类	4.4	收音机	3.6	金属制品	3
6	陶瓷品	2.2	金属制品	3.7	光学仪器	3.3	磁带录音机	2.5
7	棉纱	2.1	非金属制品	3.7	合成纤维制品	3.3	收音机	2.3
8	玩具	1.5	收音机	3.7	服装	2.4	摩托车	2.1
9	纺织机械	1.2	人造丝制品	3.7	磁带录音机	2.3	发动机	1.8
10	鱼油鲸油	0.8	汽车、摩托车	3.0	塑料	2.2	电子管等	1.8
	贸易总额	—	贸易总额	—	贸易总额	—	贸易总额	—

资料来源：中国社会科学院工业经济研究所,日本综合研究所.现代日本经济事典[M].北京：中国社会科学出版社,1982:661.

除了主要出口产品的变化之外,我们从技术贸易的变化也可以很好地看到日本技术实力的提升过程。

技术贸易，又称为有偿国际技术转让，是指不同国家的企业、经济组织或个人之间，按照一般商业条件，向对方出售或从对方购买技术使用权的一种国际贸易行为。技术贸易不仅包括技术知识的买卖，也包括跟技术转让密切相关的机器设备等货物的买卖。

一个国家的技术贸易情况可以通过技术贸易收支比来统计。技术贸易收支比是技术出口和技术进口的比例，该比例小于100%表示：技术出口小于技术进口，说明该国家尚处于引进技术为主的阶段；该比例大于100%表示：技术出口大于技术进口，说明该国家有较强的技术实力，已成为技术出口为主的国家。

表2-9 日本技术贸易收支比[①]统计 （单位：%）

年份	汽车工业技术贸易收支比	通信、电子、电子计数器工业技术贸易收支比	化纤工业技术贸易收支比	医药工业技术贸易收支比	钢铁业技术贸易收支比	其他工业技术贸易收支比	全产业技术贸易收支比
1965	—	—	—	—	—	—	10.0
1973	15.6	10.1	98.8	20.1	73.3	23.0	29.3
1976	63.1	31.3	124.3	35.1	127.4	30.0	47.0
1979	86.4	37.3	139.0	60.9	304.1	36.5	55.3
1982	96.1	43.1	79.2	51.0	372.4	55.1	65.4
1985	228.2	69.4	145.9	99.9	557.6	56.5	79.9
1988	826.0	60.2	132.1	89.3	137.3	50.2	78.9
1989	1145.7	63.6	126.7	88.0	451.7	65.1	99.8

资料来源：日本科学技术·学术政策研究所（NISTEP）

通过表2-9可以看到，1965年日本技术贸易收支比很低，全产业技术贸易收支比仅为10%，说明技术进口几乎是出口的10倍，是一个严重依赖技术进口的国家。与之相比，20世纪50~60年代，美国技术出口是技术进口的10倍左右，可以想象该时期日本和美国之间的差距。

然而，这种现象到了20世纪70年代之后，有明显的改变。日本从20世纪70年代开始在化纤、钢铁等领域崭露头角，在世界市场上表现出较强的技术竞争

---

① 技术贸易收支比=技术出口/技术进口。

力。如在1976年，新日钢铁公司的技术出口收入是技术引进费用的15.6倍，而且技术出口的70%面向发达国家。这一时期，日本的钢铁技术人员还常常被派往欧美各国进行技术指导。到了20世纪80年代之后更是如此，日本在汽车、机械设备、精密仪器、医药等诸多领域快速发力，其技术实力开始超过不少欧美发达国家。

据20世纪70年代科学技术厅的一项调查显示，对于日本的技术水平，有30%的被调查企业认为已达到世界领先水平，60%的被调查企业认为已与主要发达国家相当。而到20世纪80年代初，通产省工业技术研究院委托日本技术经济学会（JATES）所作的一项关于日本产业实际技术水平的调查指出，在43个主要技术领域，日本的技术水平已经赶上了世界先进水平。[1]美国商务部在随后的调查报告中也指出："在已产业化的主要产业技术方面，日本比美国优越的达到65%以上，比欧洲优越的更是超过了80%。"

技术强国的特色

日本是技术强国，但日本式技术强国跟欧美式技术强国有较大的不同。剖析日本制造的特色人们就会发现，日本的强项并不在于新产品研发和新技术的使用，而是表现在已有技术上的改良和创新。无论是早期的钢铁、电力、石油化工、电机等技术，还是后期的汽车、合成纤维、原子能、激光、光纤通信、集成电路、新材料、新能源等均是如此。日本很多有技术优势的领域并非原创，但经过消化、改良、创新后，很快赶上并超越输出国的技术，成为日本具有竞争力的出口产业。这也是美国商务部特意提到"已产业化的主要产业技术方面，日本有明显的优势"的原因。

以汽车行业为例，汽车是第一次工业革命的产物，发源于欧美国家。从福特汽车公司以流水线方式生产汽车开始，美国汽车行业快速崛起。1978年，汽车及关联产业对美国国民生产总值贡献率为20%，涉及就业人数约为1400万，占全部就业人口的20%，是美国当时的支柱产业。但随着日本从欧美国家引进技术以及环保、节能、轻便等领域上的技术创新，使得日本汽车在世界市场上大受欢迎。进入20世纪80年代之后，日本汽车产量已超过美国，成为世界第一大汽车生产国，最高峰时日本汽车占全球市场30%以上份额。

---

[1]（日）吉川弘之.日本制造：日本制造业变革的方针[M].王慧炯，等译.上海：上海远东出版社，1998:231.

表 2-10　世界与日本汽车产量　　　　　（单位：万辆）

年份	世界产量	日本车 国内产量	日本车 海外产量	日本车 合计	日本车 占有率（%）
1950	1058	3	—	3	0.3
1960	1649	48	—	48	2.9
1970	2940	529	—	529	18.0
1980	3851	1104	—	1104	28.7
1990	4828	1349	338	1687	34.9
2000	5830	1015	707	1722	29.5

资料来源：藤本隆宏.能力构筑竞争：日本汽车产业为何强盛[M].许经明，李兆华，译.中信出版社，2007:34.

　　20世纪70、80年代日本汽车能横扫世界，并不仅仅是因为日本汽车的价格便宜，而是来自于日本汽车的综合性优势，这种优势表现在装配效率、制造质量、产品开发周期等等方面。比如，1989年国际汽车计划项目的调查显示，日本汽车装配工厂平均生产效率为17人·小时/辆，明显高于美国工厂平均25人·小时/辆和欧洲工厂平均37人·小时/辆的生产效率。又比如，根据藤本隆宏20世纪80年代后半期在哈佛大学的调查，在开发周期方面日本也有明显的优势，从提出概念开始到新车上市的开发周期，日本平均时间是4年，而美国平均时间是5年。[①]

　　除了生产和研发效率上的优势以外，日本汽车竞争力还表现在高性能和高质量上。日本汽车在设计质量、动力性能、操纵性、乘座舒适度、安全性等方面，也能得到市场较高的评价。20世纪80年代，在汽车竞争的主要战场美国市场，汽车生产厂家展开了各个车型制造质量的激烈比拼。例如，在消费者信息杂志Consumer Reports和J.D.Power and Associates的定期调查中，以购买三个月内平均发现的缺陷数为指标，用具体数字对制造质量进行比较。结果表明，日本汽车制造质量要优于欧美汽车。从个别车型来看，日本汽车也可以和德国高档车相提并论，并且大多数日本汽车在制造质量排行榜上都名列前茅。[②]在这一点上，汽车维修率和保值率就是很好的证明。以北美市场为例，日本企业当地生产的畅销款汽车3年后在二手市场上价格仍高达新车价格的50%，而同样的美

---

①②（日）藤本隆宏.能力构筑竞争：日本汽车产业为何强盛[M].许经明，李兆华，译.北京：中信出版社，2007:36-39.

国汽车却大都只有新车价格的30%左右。对于美国二手汽车为何不受欢迎,当地人指出原因在于,美国二手汽车很容易出现"机械松弛的感觉"。日本汽车在中国市场上的印象也是如此。"开不坏的丰田"通常是中国人对日本汽车的评价。日本汽车在中国市场上保值率、故障率等指标相比其他国家汽车有更好的声誉。

在日本汽车抢占美国市场的早期,美国企业很长一段时间都认为低工资是日本汽车竞争力的来源,但泡沫经济之后,日本车企的坚挺狠狠地打了美国人的脸。"广场协议"之后,受日元升值等方面影响,日本企业生产成本大幅提高,进入20世纪90年代之后,日本企业制造成本超过了美国企业制造成本,不少日本汽车售价也高于美国汽车。然而,日本汽车销路并没有受到太大的打击。其原因在于,日本汽车优良的质量和高保值率成为日本汽车依然保持强盛竞争力的核心因素。这跟雷克萨斯等日本汽车在中国市场,不仅不优惠,反而加价,其销路并不受影响的情况颇为类似。原本以为低价优势是日本汽车竞争力来源的想法,被现实上了重要的一课之后,美国车企也逐渐开始重视日本汽车企业的优势,一度还引起过对日本车企的模仿热。

20世纪中期到后半叶之间,对于汽车的普遍理解是利用内燃机作动力、主要以钢板来制造、模块化比例较低的产品。[1] 该时期的汽车生产并不像现在一样,有较多可分割的模块来组成,也没有较为统一和标准化的接口来组装,因此表现出更为明显的整体性,即该时期汽车是由功能件和零部件组成的整体型产品,而不是多个功能模块拼接出来的模块化比例较高的产品。在整体性框架下,汽车是功能群和零部件之间关系错综复杂的物体。产品功能和零部件并不是一一对应的关系,而是一对多、多对一,甚至是多对多的关系。比如,要实现"乘坐的舒适性",并不是某个特定零部件就能实现,而是由轮胎、悬挂系统、避震器、底盘、车体、发动机、传动轴等许多零部件通过相互微妙的搭配才能发挥出其整体性能。避震器上的轻微差异或发动机重心与车轴位置出现轻微的偏移,都会大大影响产品性能。因此,要设计出较好的产品,不仅需要研发部门、技术部门、生产部门的紧密配合,更需要工作人员有足够的耐心,不断地调整和优化各个细节才能生产出较好的汽车。

那么,导致日本汽车性能和质量优势的是什么因素呢?上面我们已讲过,日

---

[1] 根据产品可标准化程度的高低,产品架构大致可分为整体型产品和模块型产品两种。**整体型产品**是指零部件和零部件、功能部件和功能部件很难分割,必须不断优化零部件和功能部件之间的关系才能提高产品性能的产品。**模块型产品**是指每个零部件或模块有自己较为完整的功能,模块和模块之间可分离度较高,通过标准化的接口就可以成为产品,即使是"汇集型设计"也可以充分发挥产品性能的产品。

本劳工制度的特色。这种劳动制度有益于打造企业的长期竞争力，有益于形成扎根于细节和工序的文化，有益于创造协同大于竞争的工作环境。而这些因素正是让日本汽车成为高质量、高性能代表的核心原因。

其实，多数研究对日本汽车制胜原因的归纳也是如此。如从事汽车产业实证研究的东京大学教授藤本隆宏，把日本汽车制胜的原因归功于研发部门、技术部门、生产部门之间的紧密合作、信息共享和累积式的改进能力，以及善于发现和调整"很难量化和较难用语言表述的微妙差别"和"磨合型"[①]优势等方面。可以看出，藤本隆宏所讲的日本汽车制胜的关键因素，其来源就是日本终身雇佣制为代表的特色劳工制度。

汽车产业仅仅是多数读者较为熟悉的领域，因此解释起来较为通俗易懂。除汽车之外，日本产品在诸多能表现出整体性特性、需要复杂的工序、充满不确定性和很难量化、需要反复调整和琢磨的领域，都能表现出明显的优势。

或许多数消费者对日本制造的直观印象来自日本消费品的精致和精美，但日本制造的真正厉害之处在于多数消费者并不熟悉的工业生产领域，如零部件、中间产品、磨具、功能材料、机械设备、精密仪器等才是他们的拿手领域。在这些领域中，日本产品以其高精度、高性能、高稳定性、高寿命、高良品率等特性，让其他国家的竞争对手望尘莫及。不仅是20世纪70~80年代，进入21世纪之后的现在，日本制造在以上诸多领域中掌控着高端制造的核心环节，在不少领域中甚至还起到不可替代的作用。如20世纪90年代日本企业几乎独占了多媒体关键元器件激光器的世界市场；半导体设备中最关键的分布曝光机世界市场占有率为70%；高技术机床世界市场占有率为70%~80%；日本滚珠轴承产量占世界第一，特别是使用精细陶瓷材料的滚珠轴承，具有很高的稳定性和耐热性，只有日本能生产；日本一家不到700人的中型企业生产的低噪音船舶用螺旋桨占该产品市场的一半等等。

很明显，让日本产品表现出高精度、高性能、高稳定性、高寿命、高良品率等特性的是日本终身雇佣制为代表的劳工制度。这种劳工制度，不仅创造了稳定的劳工环境，更是孕育出了扎根于细节和工序的文化。长期的雇佣关系和良好的薪酬福利制度，可以让员工放下焦虑和不安，减少套利心态和投机心理，安心工

---

① 藤本隆宏所讲的"磨合型"架构也就是"整体型"架构，指的是功能群和零部件之间的关系错综复杂、很难标准化的产品。这些产品表现出整体性，产品功能和零部件并不是一一对应，而是一对多、多对一甚至是多对多关系。因此，这类产品想要表现出优质的性能，那么工作人员不仅要有专业知识，更要有丰富的经验。只有具备丰富的经验，才能在很难量化的关系上找到微妙的平衡，从而提高产品的整体性能。

作。年功序列和不以绩效导向的考核制度以及日本特色的轮岗制度，促进了技能的交流和信息的传递，可以让员工和员工、部门和部门之间产生更好的合作，使得日本企业可以快速适应工序复杂、需要大量协同的业务，而这种工作最终表现在产品的高良品率、高精度、高性能、高稳定性、高寿命等能反映工匠精神的指标上。

如果进一步剖析就会发现，在终身雇用制为代表的劳工制度下，日本还形成了跟生产管理体系相适应的研发体系。

上文已讲过日本的培训制度。日本企业十分舍得为员工承担高额的培训费用，如日本企业内部培训规模相当于从小学到大学教育总开支的60%、高等教育开支的3倍。在研发投入方面也是如此。在日本特色的劳工制度下，日本十分舍得研发投入，这是跟韩国发展早期主要通过国家来带动技术进步有较大区别的地方。日本至今为止都是产业界研发投入占比最高的国家。日本在20世纪80年代产业界投入的研发费用占全国研发费用比重的70%左右，明显高于美国、英国与法国的50%。而且，日本产业部门也很少使用政府资金来进行研发，多数欧美国家产业界研发费用中政府资金所占比例约为20%-30%，而日本这一比例都不到10%。

表2-11 产业部门中政府资金所占比例　　　　（单位：%）

国家 （年份）	日本 （1982年）	美国 （1982年）	英国 （1978年）	联邦德国 （1981年）	法国 （1979年）
比例	3.1	33.1	31.2	26.7	22.2

资料来源：（日）伊藤正则.日本的企业经营管理[M].王建宁，译.北京：中国经济出版社，1986:90.

研发资金的使用上，日本也有自己的特色。跟韩国、中国、美国等国家不同，日本企业会把大部分研发资金用在流程优化和工艺改善等方面，而不是新产品开发和新技术研发上。根据一些研究结果来看，在美国大型企业中约81%的创新投资都直接投向新产品开发，只有19%的创新资金投向过程创新，但在日本只有17%的企业把资金主要用于新产品开发，大部分企业把资金主要用在过程创新和跟其他企业的合作技术开发上。[1]可以看出，美国在新产品的开发和新技术的研发上投入远高于日本，而日本把更多的资金投入在过程创新和合作技术开发等

---

[1]（美）V.K.纳雷安安.技术战略与创新：竞争优势的源泉[M].程源，高建，杨湘玉，译.北京：电子工业出版社，2002:76.

方面。

其实，这种现象也是日本特色劳工制度下的适应性反映。在终身雇佣制和年功序列制以及不以绩效导向的考核制度下，日本员工较难表现出独立的创新能力，个人主义会在很大程度上受到抑制，而工艺的改善、细节的完善、工序的调整和流程的优化才是他们能发挥看家本领的地方。

日本是多数中国人较为熟悉的工匠之国。虽然日本工匠文化有他的独特之处，但并非独一无二。上文提到的德国和瑞士也有颇多类似之处。在原有技术的应用、改良和创新以及扎根于工序的制造业方面，德国也有不亚于日本的竞争力。跟日本颇为类似，德国也有大量企业在机械设备、工控领域、功能部件以及终端消费品等领域，以其卓越性能在高端制造中表现出强劲的竞争力。因此，从更为宽泛的角度来看，稳定的劳工环境、较好的薪酬福利制度和较小的贫富差距是产生工匠文化的核心因素。

虽然德国、瑞士等国家并没有形成像日本一样的终身雇佣制度，但也有着相当稳定的劳工环境，员工在不同公司中享受的薪酬福利待遇并没有太大的差距。这也导致这些国家的人员就职于一个公司之后，一般会长时间在该公司工作，而不会频繁地跳槽。在这种情况下，这些国家的企业也十分舍得对员工进行培训，管理人员也更倾向于内部培养。

与之相反，有较高的员工流动性，考核制度更倾向于论功行赏，企业和企业、员工和员工之间的薪酬福利待遇差距较大的国家，其竞争力来源更多表现在新产品的研发、新技术的应用等方面。美国、韩国都是典型的例子。由于这些国家有较高的员工流动性，企业不大可能对多数员工进行重金培训，因此在这些国家的人才培养中，学校教育和社会培训起到了重要作用，工作更倾向于是发挥个人才能的地方。如韩国企业的员工，为了提高工作技能，为了拿到更高的工资和为了得到晋升，上班工作下班学习，参加各种夜校，考取各种证书，是十分普遍的现象。

在企业不怎么承担培养员工的职责，员工工作的稳定性和长期性无法得到保证，员工的薪酬福利待遇主要靠个人能力和绩效来决定的环境下，自然而然，多数员工就不会主动去做需要大量耐心和细心，存在较多协同，并对自己的业绩直接贡献不大的工作，而是更倾向于去做易于模块化和标准化等易于量化，短期内更容易彰显自我价值的工作。

表2-12 不同制度环境、不同企业经营理念下的优质企业特性

国家	日本、德国	美国、英国、韩国、中国
企业经营目的	持久性导向	利润导向
主要受益群体	股东、员工共同受益	股东为主要受益群体
股东特性	股东较为稳定	股东变化较多
经营特性	职业经理人有较大的经营决策权 所有权和经营权有较好的分离	私人股东有较强的经营参与权
劳工环境	员工流动率较低，不少干部内部提拔	员工流动率较高，企业内有较多空降干部
产品特性	高性能、高精度、高稳定性、高良品率等	高创意、新技术、新模式、易于模块化
研发特性	过程研发上有优势	新产品、新技术开发上有优势
盈利特性	较为稳定的利润，较强的持续经营能力	盈利波动较大，需要持续性创新才能维持高利润；社会发展有更为明显的创造性破坏特征，企业更新换代速度较快

第三节 制造强国的动摇

20世纪60年代到80年代是日本制造最为辉煌的时期。该时期，"日本制造"以其模仿创新能力与工匠精神，成为亚洲唯一能在高端制造诸多技术领域超越欧美的国家，不仅让他们节节败退，更让他们急于模仿。但进入20世纪90年代之后，原有问题的积累和泡沫经济的破裂，使日本经济陷入紊乱状态，并逐渐失去原有光彩。

在经济高速增长期，以索尼、丰田、本田、松下、日立等为代表的"日本制造"接连登上世界舞台。这些企业让自己的产品走向世界的同时，还开启了问鼎世界技术高峰的道路。而到了20世纪90年代后，不少引以为傲的产业逐渐被其

他国家赶超,其市场份额逐渐被侵蚀。比如,日本在半导体储存器DRAM领域曾占有的市场份额超过80%,其产品以世界高质量著称,被称为"产业中区",然而在2000年却不得不退出该市场。同样日本的数字电视产业,因其高画质闻名,然而在2013年索尼、夏普、松下的赤字合计达到100.6万亿日元,三巨头纷纷更迭社长,采取大规模的裁员措施。[①]除此之外,日本制造在笔记本电脑、手机、数码相机、摄像机、录影机等等领域也失去了往日的竞争力。

泡沫经济破裂之后,日本制造不仅在市场竞争力方面受到严重的考验,在产品质量方面也开始频繁地出现丑闻,不断地撼动着这个"工匠之国"的名誉。

在汽车领域,2008年,日本著名汽车生产企业本田公司因安全气囊以及脚踏板等问题引发了严重的质量危机,约100万辆汽车被召回,为本田汽车生产气囊的高田公司最终因经营不善宣告破产。2016年,三菱汽车承认在油耗测试中采取不当手段,使得燃油经济性测试结果好于实际情况,涉及62.5万辆微型车。在建筑领域,日本旭化成建材公司和日本东亚建设公司被曝出某产品恶性偷工减料。在化工领域,日本秋田市的肥料公司"太平物产"被曝光伪造有机肥原料比率标示等,社长佐佐木胜美召开问题曝光后的首次记者会称"至少10年前就造假"。在餐饮领域,日本农协总部对外宣布,在过去6个月里,向顾客提供了大约3200份次等牛肉冒充神户牛肉,获利高达1000万日元。尤其是,2017年日本神户制钢株式会社造假事件被揭露,让很多人重新思考日本制造。神户制钢是全世界最有名的汽车专用钢材生产企业。神户制钢曾经声称,全世界每2辆汽车中就有一辆在使用神户制钢的汽车阀门弹簧用线材,其汽车铝板材生产占据日本市场50%的份额,铁路车辆铝型材占据全日本最高份额。拥有100多年历史的日本神户制钢公司,宣布旗下工厂及子公司涉嫌大面积伪造铝制品、铜制品的有关数据,将不合格产品交付客户,问题产品涉及丰田、三菱、日产在内的众多日本制造企业和H2A火箭、三菱支线客机等客户。

面对日本制造竞争力的下降和频繁出现的丑闻,不少媒体和学者开始谈及"日本制造的没落"和"日本衰败论",不断唱衰日本的发展。

其实,日本制造竞争力的下降和质量问题的频发,并非一日之寒,而是日元升值、人力成本优势消失、产业结构的变化、新型国家的崛起、贫富差距的加大、生产和消费模式的变化等多种因素下慢慢形成的结果。由于20世纪80年代日本依然保持着十分强悍的竞争力,因此这些问题还没有浮出台面,而"广场协

---

① (日)汤之上隆.失去的制造业:日本制造业的败北[M].林曌,译.北京:机械工业出版社,2005:XI-XVI.

议"的签订以及泡沫经济的破裂,加速了各种问题浮出水面的过程。

日元升值及日本制造竞争力的下降

出口导向型国家的崛起,必然会产生出口国和进口国之间的贸易摩擦。20世纪50年代,日美就产生了一定的贸易摩擦,主要发生在纺织品行业。美国为了维护本国纺织品行业利益,要求日本限制纺织品的出口量。在美国的压力下,日本在1957年的日美纺织品协议上,以政府协议的方式,表示愿意接受美方提出的自愿出口限制条件。

随着日本经济的进一步发展,从20世纪60年代到70年代初,日美贸易摩擦主要集中在纤维、彩电、汽车等方面。日本产品的强势,使美国许多产业都受到来自日本产品的冲击,也带来了部分劳动者的失业。在美国的施压下,日本再次妥协,对纤维等产品出口实行自主限制,以避免和美国的贸易摩擦进一步恶化。

日本率先走出石油危机后,其产品竞争力进一步得到加强,各种机械产品、电子产品、汽车等销量大幅增加。尤其,日本汽车以良好的质量、省油的特性、席卷欧美市场。当时,汽车及相关产业是美国引以为豪的支柱产业,也是美国就业人口最大的产业之一。而日本汽车的崛起,不仅大幅削弱了这些企业的盈利能力,也带来了大量的失业人员,造成了一定的社会问题。这给美国带来了不少压力,甚至引起了美国人的恐慌。当时,美国将会败给日本的声音不断升高。

总体来看,从二战后到20世纪80年代日美贸易摩擦期间,美国为了维护自己的产业,阻止日本产品大量流入,针对日本产品进行过多次反倾销起诉。日本也迎合美国,做出了一些让步。但美国看来,日本小打小闹的措施,没有有效解决日美贸易失衡问题。而且随着日本的崛起,贸易摩擦也从纺织品等较低技术含量产品,逐渐转移到汽车、高端设备、电子产品、精密仪器等高技术含量产品。日本产品的大量涌入,导致美国逐渐产生了越来越严重的社会问题。刚开始美国仅有权重不大的行业受到影响,到后来汽车、军工等重要产业开始受到波及,外加日本成为美国最大的债权国,使得美国感到了多方面压力和威胁。而为了减少美国贸易逆差,提高美国产品出口竞争力,美国的重要措施之一就是"广场协议"的签订。

1985年9月,在美国提议下,欧美各国为了解决和日本贸易失衡问题,签订了"广场协议"。其内容主要包括两点:一是,美元以外的货币持续升值,有必要的话,各国协调进入市场介入;二是,为了解决对外贸易不均衡,日本和西德等贸易盈利国应该努力扩大内需，美国等贸易赤字国应该努力削减财政赤字。

"广场协议"签订后，五国联合干预外汇市场，各国开始抛售美元，进而形成了市场投资者的抛售狂潮，导致美元持续大幅度贬值。在这之后，以美国财政部长贝克为首的美国政府当局和以弗日德·伯格斯藤为代表的专家们不断地对美元进行口头干预，表示当时美元汇率水平仍然偏高，还有下跌空间。在美国政府强硬的暗示下，美元对日元继续大幅度下跌。

"广场协议"揭开了日元急速升值的序幕。1985年9月，日元汇率在1美元兑250日元上下波动，但在"广场协议"生效后不到3个月里，日元快速升值到1美元兑200日元附近，升幅20%。1987年则达到1美元兑120日元，进入20世纪90年代后，甚至突破了1美元兑100日元大关，让日元短短几年内升值了一倍不止。

众所周知，日本是"两头在外"的国家，大部分原材料和能源依赖进口，通过国内技术生产后，再出口到海外进行销售。虽然日元升值也会带来购买原材料、能源等输入成本的降低，让那些内销为主的企业受益，但日本是出口导向的国家，因此负面影响远大于正面影响。日元升值，给多数出口为主的日本企业带来较大的冲击。尽管不少出口为主的企业还想通过降低成本、减少开支等手段，力争能在严峻的环境中生存下来，但日元升值速度过快的情况下，多数出口导向的企业，尤其那些成本转嫁能力较弱的企业，不得不面对盈利能力下降、竞争力下降的局面。

在日元快速升值的情况下，到了20世纪90年代后，日本已成为世界上为数不多的高工资、高劳动力成本的国家。从表2-13中可以看到，在1980年日本按小时计算的劳动力成本约为美国的55%左右，而且工资也明显低于英国、法国、加拿大等国家，但是到了20世纪90年代后，日本劳动力成本大幅上升，1995年更是达到了美国劳动力成本的1.35倍，成为世界上劳动力成本最高的国家之一。而过高的劳动力成本，不仅削弱了日本制造的竞争力，加快了日本企业的资本输出，更是动摇了日本赖以生存的终身雇佣制度。

表2-13　1980年—2005年主要国家制造业相对小时劳动报酬　（单位：%）

年份	美国	日本	加拿大	英国	法国	新加坡	韩国
1980	100	55.7	92.5	74.0	103.1	15.9	9.5
1985	100	48.5	88.6	46.4	62.5	20.0	9.3
1990	100	83.5	110.8	79.7	108.8	25.4	24

续表

年份	美国	日本	加拿大	英国	法国	新加坡	韩国
1995	100	134.3	96.6	76.2	115.4	44.4	41.1
2000	100	109.1	84.4	82.0	80.4	36.9	40.6
2005	100	89.5	102.5	106.5	103.2	30.8	52.4

资料来源：美国劳工统计局

雪上加霜的是，除日元升值、人力成本提高外，进入20世纪80、90年代后，日本企业过快的资本输出、新兴国家的崛起、生产和需求方式的变化，也逐渐成为削弱日本竞争力的重要因素。

一是，过快的资本输出引起了日本产业的空心化，进一步加重了日本劳动力市场的紊乱。

"广场协议"之后，日元的快速升值以及宽松的货币环境①下，大量企业，如家电、汽车、机械等企业选择了对外直接投资，或者把工厂直接转移到海外。当然，资本输出是一个国家崛起过程中的必然趋势。资本输出有利于拓展全球产能，寻找商品出路，也能降低生产成本，因此可以提高企业竞争力，但这个过程要循环渐进，过快的资本输出很容易导致国内产业的空心化和国内就业市场的紊乱。

从长期来看，资本输出还存在不利的一面，那就是培养竞争对手。发达国家的资本输出，必然会伴随着技术和管理的输出，这会促进新兴国家的发展速度。长期来看，有可能培养强大的竞争对手，这等于变相削弱本国企业的竞争能力。如韩国、中国台湾、新加坡以及中国的崛起跟这些发达国家的资本输出不无关系。

更为严重的是，"广场协议"后日元的快速升值和宽松的货币环境下，多数企业不去寻找投资型资产（或者短期内较难找到比投机有更高收益率的投资型资产），而是加大杠杆把资金投向了股票、房地产等投机性领域上，导致了日本股票、房地产等泡沫快速积累，最终在泡沫经济破裂下进一步削弱了日本企业的竞争优势。

二是，新兴国家的崛起为日本企业竞争力的下降埋下了伏笔。

到了20世纪90年代之后，不仅日元的升值、人力成本的提高削弱了日本企

---

① 日本在广场协议后快速降低了法定贴现率，从原先的5%快速降低至2.5%。结果，在过于激进的货币政策下，货币供应量大幅增加，货币供给增长率大大超过了经济增长速度，使社会充斥着过多的廉价资金。日本直到1989年5月才开始上调法定贴现率，也就是泡沫经济面临崩溃前夕。

业的竞争力，新兴国家的崛起也在不断侵蚀着日本企业的市场。大致从20世纪90年代开始，韩国、中国台湾、新加坡等国家和地区快速崛起。如韩国在20世纪90年代已培养了大量的人才和国际性企业。中国台湾大致也从20世纪90年代开始已具备较强的技术实力；新加坡科技实力也在快速加强。1980年之前，新加坡的研发投入非常有限，仅占GDP的0.2%左右，但到了2001年研发投入GDP占比已超过2.0%。中国也是如此。中国从1995年之后快速普及高等教育。进入21世纪后，其科技实力大幅增强，产业结构也不断往高端化迈进。而这些经济体的崛起，不断削弱了日本企业的竞争力，冲击着那些盈利能力差、技术优势不明显、缺少成本转嫁能力和风险转嫁能力的日本企业。

三是，模块化的趋势和快消品文化的兴起，也逐渐成为削弱日本部分领域竞争优势的重要因素。

在终身雇佣制为代表的特色劳工制度下，日本产品在工序繁琐、需要大量协同、零件和零件关系复杂等存在"整体性产品特性"的领域表现出强劲的竞争力。

但进入20世纪90年代后，信息技术的发展和互联网的普及，逐渐开始打破了原有的生产生态。随着信息技术的应用和互联网的普及，企业不再是自我封闭的实体，而是逐渐成为全球生产网络中的一个节点，成为全球分工体系中的一部分。在全球性生产网络中，各种接口得到规范化和标准化，而在这个趋势下，企业没有必要像以前一样自己生产整个产品，而是只需生产自己擅长领域的功能部件，并通过标准化接口跟其他企业合作，就可以生产出品质优良的产品。

信息技术的应用和互联网的普及也让企业的合作方式产生了变化。信息技术普及之前，合作伙伴的选择存在较为明显的地区限制，但随着互联网的普及和模块化趋势的发展，这些企业的合作伙伴不再局限于某一特定的区域，而是可以跟全球任何一家企业都能产生合作。在这种环境下，企业组织形态开始变化，突出表现为其内部组织形态呈现出模块化组织和模块化族群的特征。

信息技术的应用和互联网的普及，带动的是生产的专业化、模块化、标准化、分散化和集成化。在这种趋势下，不少日本曾经引以为豪的产品，如摩托车、电视、电脑、手机、加工机械以及汽车等产品，从早期的整体型产品特征不断地表现出模块型、组装型、集成型产品特征。

除此之外，快消品文化的兴起也在削弱部分日本企业的竞争力。随着技术的进步、成本的下降以及消费者购买力的提高，快消品文化越来越成为趋势。快消品也不再局限于早期的服装、食品、日化用品等产品，各种电子产品，如手机、电脑、电视，甚至摩托车和汽车等都成为使用周期短、可冲动消费的快消品。这种趋势下，日本产品的高性能、高质量、高稳定性、高寿命等因素不再成为购买产品的最重要因素。

经济泡沫的破裂及工匠精神的动摇

"广场协议"签订后，日元的大幅升值以及宽松的货币政策下，大量的过剩资本以及海外套利资金流向股市和不动产等领域，将地价和股价大幅抬高。1985年11月到1989年10月，日经指数从12750日元左右上涨到了38915日元，涨幅高达300%。受到宽松的货币政策和热钱的影响，日本的土地价格也开始疯涨。日本的土地面积只有美国的1/25，但到泡沫经济形成高峰时，日本土地价格的总额已经超过了美国土地价格总额，因此有的人说把日本的土地卖了的钱可以买下美国，还有的人甚至说把东京卖了就可以买下一个美国。[1]

日本政府为了阻止资产价格的上涨，采取了较为激进的紧缩性政策，如1989年5月到1990年间连续提高贴现率，从2.5%提高到6%。股票市场对不断加息的政策很快做出了反应。1989年12月29日，日经平均股价在创下38915日元的最高记录后便一路急剧下跌，到了1992年8月18日已经跌至14309日元，总市值减少了430万亿日元。这相当于日本1992年的GDP。随之而来的是不动产价格的下跌。1992年，从东京开始，六大城市圈不动产价格开始快速下跌，到了一发不可收拾的地步。这种趋势一直持续到1998年。此时六大城市商圈不动产价格与1990年最高点相比已经下跌了40%~50%。

在泡沫经济时期，日元走高、流动性充足的环境下，很多企业从银行大量融资用于扩大生产规模、购买新型设备、扩展经营领域、招募新员工。但经济泡沫破裂后，股价、地价一落千丈，日本企业持有的大量股票和不动产大幅贬值，投资无法收回。而且，随着金融风险的加大，银行快速缩减放贷数额，很多贷款依赖型中小企业因缺乏运营型现金流而破产倒闭，即使那些经营状况良好的企业也因现金流错配问题不得不减量经营。在前面已讲过流动性错配和企业经营之间的关系。日本的情况也是如此。经济泡沫破裂之后，在严重的流动性错配的环境下，每年破产倒闭的企业数量超过10000家，比如1997年有16360家企业破产，1998年上半年有10162家企业破产，突破了历史记录。

日本经济泡沫的破裂不仅引起了大量企业破产倒闭，更是带来了内需不振的

---

[1] 刘昌黎.现代日本经济概论[M].大连：东北财经大学出版社，2008:30.

困境，而且在人力成本优势不在，新兴国家竞争力加强，需求和生产方式变化的趋势下，原本赖以生存的终身雇佣制也受到了前所未有的挑战。

首先，经济泡沫破裂之后，日本的失业率大幅增加。

泡沫经济破裂之后，日本企业普遍出现了债务、设备、人员"三过剩"问题。在每况愈下的环境下，员工难以按照年龄和工龄定期提升工资和职务，石油危机时期减量经营、减少劳动时间、闲置劳动力调配等方式也未能扭转局面。不少企业为了生存，不得不打破"终身雇佣"的诺言，开始大量裁员，断臂求生。1999年4月12日《日经商业》发布的一项调查显示，日本制造业、金融业和非制造业大公司在1994年—1997年期间裁退了成千上万名员工，其中日本电报电话公司减少49000个职位，尼桑减少9200个职位，新日铁减少8500个职位，日立减少8000个职位，东芝减少了7000个职位，被称为"终身雇佣制鼻祖"的松下电器也打破了创始人松下幸之助"绝不解雇任何一个松下人"的誓言，于2001年起大规模裁员。[1]

1990年—1997年，日本因企业经营困难或破产而离职的人数由30.68万增加到63.58万，其中大企业解雇人数在1998年以后迎来了高潮，钢铁、金融业等制造业和服务业大企业的解雇比例都超过了20%以上。

其次，经济泡沫破裂后，日本非正式员工数量大幅增加。

为了削减成本和费用，提高企业的盈利能力，日本企业一方面大量裁员，一方面大量使用非正式员工。由于非正式员工与用工企业之间并非雇佣关系，企业无需设立专门机构和人员对派遣工进行具体、繁琐的人力资源管理，派遣工的招聘录用、档案管理、工资发放、技能培训、社会保险缴纳、工伤申报、劳动纠纷处理等事务性工作都由派遣公司承担，聘用和辞退手续都非常简便，可以根据业务量的增减"召之即来、挥之即去"。根据日本总务省统计局的《劳动力调查》显示，日本企业非正式员工人数从1984年的604万猛增到2007年的1726万，在员工总人数中的比例也从15.3%上升到33.7%，即每10名员工中就有3名以上是非正式员工。其中，小时工和自由打工者从1984年的440万人增加到2007年的1164万人，占员工人数比例从原先的11.2%，增加到22.8%。根据日本联合综合生活开发研究所2003年《关于雇佣管理的现状和新动向的可能性调查研究报告书》的数据，在非正式员工比例占1%以下的企业中，利润率为7.2%-13.0%，而非正式员工比例为15%-25%的企业利润率则达到了19.0%，比例为25%以上

---

[1] 邢雪艳.变化中的日本雇佣体系[J].日本学刊，2007(2):109-122.

的企业利润率竟高达到42.9%。①从这里可以看出,非正式员工比例的提高,对企业利润确实起到明显的改善作用。当然,增加非正式员工来改善企业利润的方式,在短期内或许能起到较为明显的效果,但对于企业长期的发展来说并不一定是有利之事。

"一亿总中产",即所有人都是中产阶级,是日本在高速增长时期出现的一种国民意识,在20世纪70~80年代尤为凸显。在终身雇用制下,九成左右的国民都自认为是中产阶级,并誉为"日本是贫富差距最小的国家"。但在泡沫经济破裂之后,失业率升高、非正式员工数量大幅增加的情况下,"一亿总中产阶级"和"最小贫富差距国家"的神话也逐渐成为历史。

再次,泡沫经济破裂之后,成果主义人事制度开始普及。

日本的年功序列制和终身雇佣制保障了长期、稳定的雇佣关系,减少了组织内部的恶性竞争,加强了成员之间的协作和经验的传承。但随着日元的升值,人力成本优势的消失,企业盈利能力的下降,导致年功序列制度不断受到冲击,成果主义的考核制度开始普及。泡沫经济破裂之后,不少企业为了降低劳动成本,开始调整年功主义工资制和晋升制,增加能力主义因素。

成果主义中绩效管理是最为普遍的方式。绩效制度侧重考察的是员工在短期内实际完成的业绩状况,并且根据考核结果评定等级,支付工资和奖金。由于日本缺少绩效管理的成熟系统,很多企业从美国导入了目标管理制度。企业会定期考核目标的完成情况,并根据结果确定员工的工资等级。一些企业还将等级细分,以拉大员工之间的工资差距,鼓励员工进行业绩竞争。这些企业对中高层管理人员也实行年薪制,即以一年作为一个经营周期,根据企业的经营业绩和个人的贡献程度来确定薪酬方案,一般由基本年薪和风险年薪两部分组成。这样既有稳定的收入可以保障生活,又留有浮动的空间成为激励因子。

总体来看,竞争压力的加大,企业盈利能力的下滑,非正式员工比例的增加,成果主义的引进是日本工匠精神出现动摇的主要原因。

不难想象,非正式员工和正式员工之间较大的薪酬福利差距加深了彼此之间的矛盾和不满。据日本劳动研究机构的调查显示,当正式员工的工资上涨10%时,只有50%的计时工的工资有所上涨,但上涨幅度仅为5%。另外,从其他薪酬待遇来看,肯发给临时工岗位、住房、家族等津贴的企业不足1成,支付退职金的企业也不足1成。在奖金上,有一半的企业支付给临时工奖金,但平均支付

---

① 宋德玲.世纪之交的日本大企业人力资源管理制度变革研究[M].长春:东北师范大学出版社,2009:119-130.

额仅为8.7万日元,还不到正式员工的1/10。[①]而且多数公司考虑到成本和风险,只利用临时工的低成本,并不将其作为长期技术力量来培养,因而他们得不到正规的培训和企业内教育,只能一直从事一些技术含量低的工作。这些群体不仅没有稳定的工作环境,薪酬福利待遇也跟正式工有较大的差距,还要受到不同地位导致的排斥和歧视。在这种环境下,很难保证20世纪70~80年代日本制造的团结和协同。

成果主义人事制度引进也是如此。成果主义非常适用于创新文化,符合像美国这种以创新创造来带动经济发展的国家。但像日本一样,专注于过程研究和生产制造工序,以协同和团结来表现出产品优势的国家,成果主义容易打乱其原有的生产文化和生产体系。从好的一面来看,经济泡沫破灭之后,绩效工资制度舍弃了年功性工资制度中与企业经营状况脱节的定期加薪的做法,抑制了人力成本的刚性增长,而且成果主义导向激发了员工努力提高业绩的热情。但从不利的一面来看,绩效主义往往对个人和小团体成果进行评价,使得员工只注重短期利益,容易忽视企业的长期积累和长期发展,而且也不利于员工之间的合作与协同。

富士通1993年导入"成果主义"管理模式,要求员工设定工作目标,并对目标实现情况进行评价。2000年前后开始,富士通的问题逐渐浮出水面。富士通实行成果主义之后,员工不再愿意去做具有挑战性的项目,只重视短期目标,忽视长期目标,结果带来了公司的技术革新成果减少,员工开发新产品的热情不高,短期行为增多等一系列问题。在日本人事管理学界,这一现象被称为"富士通冲击"。之后该公司调整管理思维,将过程纳入考核范畴,经营才开始慢慢走向正轨。

索尼的情况也是如此。索尼公司在泡沫经济破裂之后,环境陡变的情况下,1994年开始引入美国式的绩效主义,成立了专门机构,制定了非常详细的评价标准,并根据对每个人的评价确定报酬。之后,索尼公司的质量问题也不断暴露,其中2006年世界上使用索尼电池的约960万台笔记本电脑因电池质量问题被召回就是典型的例子。针对索尼的一系列问题,在索尼工作42年的索尼前常务董事天外伺郎,根据亲身经历写了一篇文章《绩效主义毁了索尼》。文章中讲述到:"为衡量业绩,首先必须把各种工作要素量化。但是工作是无法简单量化的。……公司为了统计业绩,花费了大量的精力和时间,而在真正的工作上却敷衍了事,出现了本末倒置的倾向。……因为要考核业绩,几乎所有人都提出容易实现的低目标,可以说索尼精神的核心即'挑战精神'消失了。因实行绩效主义,索尼公司

---

① 王思慧.日本劳动市场雇佣形态的多样化及其存在的问题[J].现代日本经济,2008(1):60-64.

内追求眼前利益的风气蔓延。……索尼公司不仅对每个人进行考核，还对每个业务部门进行经济考核，由此决定整个业务部门的报酬。最后导致的结果是，业务部门相互拆台，都想方设法从公司的整体利益中为本部门多捞取好处。……这样一来，短期内难见效益的工作，比如产品质量检验以及'老化处理'工序都受到轻视。'老化处理'是保证电池质量的工序之一。电池制造出来之后不能立刻出厂，需要放置一段时间，再通过检查剔出不合格产品。这就是老化处理。至于'老化处理'程序上的问题是否是上面提到的锂电池着火事故的直接原因，现在尚且无法下结论。但我想指出的是，不管是什么样的企业，只要实行绩效主义，一些扎实细致的工作就容易被忽视。"

第四节 新的市场、新的环境

劳工环境的调整和分化

泡沫经济破裂之后，日本经济进入了长期萧条调整期。与此相反，在20世纪90年代，美国在信息产业的带动下[①]，又开始了新一轮的增长，股市也不断创新高。在这种环境下，许多人开始对日本的终身雇佣制度提出批判，认为日本式经营已经不能适应国际化竞争的要求。不仅国外学术界这样看，日本学术界和经济界要求改革日本公司治理模式的呼声也日益高涨。对此，日本经济产业省在企业白皮书中声称，日本目前所处的时期可以说是与明治维新、战后改革相提并论的第三次改革时期。

表 2-14　日美两国 GDP 年均增长率比较　　（单位：%）

期间	1965—1979	1980—1990	1991—1995	1996—2000	2001—2006
日本	6.4	4.1	0.56	0.94	1.55
美国	2.7	3.0	2.7	3.98	2.48

资料来源：张捷.奇迹与危机：东亚工业化的结构转型与制度变迁[M].广州：广东教育出版社，1999:131.

[①] 信息产业又称IT业，是软硬件行业总称。电子计算机、光纤、互联网等数字产品是信息产业的主要产品。20世纪90年代，信息产业为美国创造了1500万个新就业机会，美国经济增长的 1/4 以上归功于信息技术。

在现实打击和舆论导向面前，日本企业为了寻找出路，以美国模式为主要参照物进行了各方面的改革和调整。比如，很多日本企业对原来的年功序列制进行改革，大幅增加了成果主义因素。有些企业甚至完全照搬美国的模式。又比如，日本一些大企业还借鉴了美英等国的经验，在公司中增设了外部董事，降低了稳定持股比例，提高了盈利为目的的股东比例等等。

在一系列改革之下，20世纪90年代日本终身雇佣制为代表的劳工制度受到了较大的冲击，重视绩效和成果的企业比例大幅增加。日本劳动省对雇有长期员工30人以上的4866家民营企业的调查结果显示，在泡沫经济刚刚崩溃后的1993年"重视终身雇佣"的企业比例为31.8%，而过3年后的1996年这一比例进一步下降到18.9%，有半数以上的企业选择了"不拘泥于终身雇佣"。同样，在20世纪90年代年功序列制和原来的考核模式也受到了较大的冲击。从表2-15中可以看到，到1996年主要重视能力的企业比例已经接近50%。另一方面，日本企业股权结构也发生了一定的变化，如稳定股东比例有所下降，流动股东比例得到了提高。1992年到2004年，日本企业之间相互持股比率由71.8%降至56.3%，下降了15.5个百分点。[1]释放出来的法人相互持有股份大部分被机构投资者、外国投资者等具备较高流动性的股东吸收[2]。

表2-15 企业人事与劳动管理方针的变化　　　　（单位：%）

年份	1993年1月	1996年1月
重视终身雇佣制	31.8	18.9
不拘泥于终身雇佣制	41.5	50.5
两者均非	22.1	29.0
主要重视年功序列	11.0	3.6
主要重视能力	37.8	48.4
两者结合	30.3	41.7

资料来源：（日）熊泽诚.日本企业管理的变革与发展[M].黄永岗，译.北京：商务印书馆，2003:2.

然而，有趣的现象是，在经济泡沫破灭早期，对原有体制的怀疑以及各方面的压力下，终身雇佣制为代表的劳工制度受到了较大质疑，改革呼声高涨，但进

---

[1] 车维汉.从组织控制理论视角看战后日本的公司治理[J].日本学刊，2008（6）:40-51, 158.
[2] 一般情况下，股份的流动性越高，股东追求短期利益的倾向更为明显。这为日本绩效主义和成果主义的发展提供了一定的便利。另一方面，较高的股份流动性，一般也会产生较高的员工流动性。股东的变更容易导致管理层的变更，管理层的变更也会带来一系列的人事调整。

入21世纪之后，随着日本经济的恢复，原本反对终身雇佣制的声音开始减弱，甚至不少已进行改革的企业重新开始重视终身雇佣和年功序列。

从数据上看，日本经济还在泥潭时期的1996年，重视终身雇佣制和不拘泥于终身雇佣制的企业比例为69.4%，不到70%。但这一数字进入21世纪之后有了较大的变化。如2007年，日本内务府的调研数据表明，有83%的企业正在实施终身雇佣制度，78%的企业愿意在未来一直坚持下去。可以看到，进入21世纪之后，日本对终身雇佣制的认可程度得到了上升。

年功主义制度也是如此，进入21世纪之后年功序列也表现出了回归现象。不少企业在使用绩效工资制度的过程中发现，虽然绩效工资制度抑制了人力成本的刚性增长，激发了员工努力提高业绩的热情，但出现了员工工作只注重结果不注重过程，只对结果进行评价，不利于员工之间的协调和合作，从而降低了产品质量，甚至降低了整体工作效率等方面的问题。因此不少企业，如同上文介绍的富士通一样，开始重新重视年功序列和过程评估。这一点日本厚生劳动省的调查结果就是有力的证明。根据2010年日本厚生劳动省的调查，在已经实施业绩考核制度的企业中，"制度运行顺利"的只占23%，"一部分需要改善"的占42.2%，"大部分需要改善"的占23.6%，而且在主要改善的方向上显示的内容有，增大对能力和工作态度的考核比例；不仅对目标达成度进行考核，还要强调对达成目标的努力过程进行考核；工作小组和团队的成果业绩也要反映到考核制度中；重视衡量中长期的业绩等等。

在终身雇佣制和年功序列制等制度归位的情况下，日本稳定的相互持股结构也没有产生太大的变化。泡沫经济破裂之后，多数企业的稳定股东持股比例有所降低，但主体地位并没有发生改变，多数企业的稳定持股比例依然超过了50%，而且在2005年企业之间相互减持股份的高潮已经接近尾声。在这种状态下，日本企业的经营，员工导向和长期利益导向的主流经营理念也没有受到太大的冲击。据神户大学大院经营（管理）学科研科2005年对3634家上市公司的调查，在被问及"企业经营管理应当重视谁的利益"这一问题时，结果显示对员工的重视高于对任何类别股东的重视。[①]

虽然在21世纪，日本的经济得到了一定的恢复和发展，可是在劳动力成本居高不下，新兴国家的崛起，模块化趋势加剧等趋势下，仍然有不少企业未能较好的改善其盈利能力。尤其是，2007年金融危机之后，又产生了一大批在生存线上徘徊的企业。但21世纪的日本企业，跟90年代不同的是，面对经济环境不好时，

---

① （日）吉村典久，孔丹凤.日本公司治理改革的动向[J].产业经济评论（山东），2008（4）:138-148.

依然愿意采用历史惯例，通过减少加班、轮换岗位、减少或暂停中途录用、暂停续聘或解雇临时员工、暂时下岗、鼓励提前退休等方式来缓解矛盾，而不会像20世纪90年代一样较为轻易地解雇员工。

当然，终身雇佣制和年功序列制重新得到重视，并不意味着这些制度完全归位，而是在新的市场、新的环境下出现了适应性调整。多数日本企业虽然没有放弃终生雇佣制度，但对这种制度的一些低效率部分进行了变革。比如，21世纪日本企业主要通过采用区别对象的"分层雇用"方式，对雇佣制度进行了变革。不少日本企业对管理人员、技术骨干等"长期积蓄能力型"员工保持终身雇佣，对从事企划、营业或研发等工作的员工实行定期雇佣，而对生产、销售等员工实行灵活雇用等等。年功序列制也是如此。进入21世纪之后，虽然多数公司提高了年龄和工龄的权重，但也没有放弃绩效导向和成果主义部分。比如，多数公司在奖金和额外补贴等方面提高了成果主义和业绩考核因素，而在薪酬级别和晋升等方面，年功序列依然具有重要权重。

依然是制造强国

日本《产经新闻》2019年6月30日报道，日本政府将从7月4日开始限制对韩国出口电视、智能手机中OLED显示器部件使用的"氟聚酰亚胺"、半导体制造过程中使用的"光刻胶"和"高纯度氟化氢"等3个品种。消息发布不久，三星电子副董事长李在镕飞往日本解决关键半导体材料断供问题，韩国另一家半导体存储芯片制造商海力士CEO李锡熙也于7月21日飞赴日本，和日本合作伙伴商讨如何解决断供问题。

日本对韩国限售半导体材料和OLED材料的新闻一度成为热点。其中不少人惊讶，如今在全球市场上，韩国三星、LG等电子企业产品，如手机、电视、显示器拥有这么高的市占率，日本哪来这么大的底气限制原材料出口？难道这些日本公司不怕韩国日后找到替代方案，对他们采取报复性措施吗？

一些专业人士分析认为，目前日本占全球氟聚酰亚胺总产量90%的产能，高纯度氟化氢气体占全球70%的产能，而韩国三星电子、LG和SK等厂商所需大多数氟聚酰亚胺和高纯度氟化氢都是从日本进口。这也意味着，一旦日本限制半导体材料出口，三星和海力士等韩国半导体制造商不仅会面临停工危机，更是无法找到可替代的供应商，生产可能长期陷入瘫痪。其实，韩国企业OLED生产中，对日本企业的依赖并不局限于化学材料，还严重依赖日本的机械和功能部件，如三星电子高清OLED手机屏幕，只能用日本Canon Tokki公司[①]生产的蒸镀机，大日本印刷公司的高精度蒸镀掩膜板，以及日立金属公司的超强金属材料。若这些企业对韩国断供，三星等企业同样会出现生产瘫痪。

中国情况也是如此。虽然中国被认为是全球工业门类最为齐全的国家，但中国制造中不少领域其生产命脉紧紧掌控在日本手中。如笔者调研过不少光学领域的公司，他们的生产材料、生产设备严重依赖日本进口，如果一旦出现断供情况，这些企业也会陷入生产瘫痪。

日元的升值，泡沫经济的破裂，新兴国家的崛起等，让日本经济多方面遭受压力，也让日本制造的一些领域出现了质量问题，但是日本依然是制造强国，至今仍在高端制造的各个领域中以强劲的竞争力掌控着核心环节。

以半导体行业为例，面对种种危机，日本半导体行业并没有受到毁灭性打击，而是逐步出现了分化。在较为容易模块化的电子产品领域，如电脑、手机、电视、显示器、数码相机等市场竞争化严重，往日的光彩不复存在。而且在快消品文化的趋势下，高技术含量的芯片领域也被韩国超越[②]。但是那些需要高精度、高性能、高稳定性、高寿命，以及工作很难量化和标准化的领域，日本产品依然很强势。从国际半导体产业协会（SEMI）的数据来看，在半导体材料方面，日本企业在硅晶圆、合成半导体晶圆、光罩、光刻胶、靶材料、保护涂膜、引线架、陶瓷板、塑料板、TAB、COF、焊线、封装材料等14种重要材料方面均占有50%及以上的市场份额，而欧美企业市占率只有15%左右。不仅在半导体材料领域，日本在半导体零部件和半导体设备领域也有很强的竞争力。根据美国半导体产业调查公司提供的数据，近几年全球15大半导体设备厂商排名，日本企业多次能入围7家及以上，其中日本在清洗、干燥设备和匀胶显影机三大领域具有垄断优势[③]。

英特尔是大家所熟悉的公司。英特尔是全球最大的个人计算机零件和CPU制

[①] 在生产OLED的过程中最关键的一步就是"蒸"。在全世界所有蒸馏设备厂商中，Canon Tokki凭借其稳定量产和技术成熟的优势独占鳌头。与其他蒸馏设备公司相比，Canon Tokki能够把误差控制在5微米之内，这个技术世界上只有Canon Tokki才能够做到。而且Canon Tokki是一家较小的公司，它只有360多名员工。但它凭借20年的技术发展，成为世界上最出名的蒸馏设备厂商，几乎垄断了整个OLED蒸馏设备的市场。即使它每年设备产量只有十几台，即使它每台设备价格都高达1亿美元，可它生产的设备预定已经排到了两年之后。

[②] 关于芯片竞争力的衰弱，汤之上隆感叹道："日本可以研制出25年质保的不会出现故障的芯片，但是电子产品却2~3年就会更新换代。……虽然电视画质早已超越人眼的辨别范围，但是日本厂商依然在追求画质的提高。"

[③] 其实，半导体设备也可以分为，较为容易标准化的设备和较难标准化的设备。根据汤之上隆的分析，曝光设备、干法刻蚀设备、晶圆检测设备、成膜设备相对容易标准化和模块化。但清洗设备、干燥设备、匀胶显影设备，通过硬件和液体材料精细整合才能实现，这些设备很难实现标准化和模块化。在半导体设备中，较难标准化和模块化的领域，日本依然能保持强劲的竞争力，甚至具有垄断性优势。

造商，在半导体领域近30年一直是霸主地位。英特尔在全球拥有数千家供应商，但只有少数几家有机会获得优秀供应商奖项。其中SCQI和PQS分别是英特尔每年为自己供应商颁发的奖项。SCQI是供应商持续质量改进奖，获奖供应商是那些在全年业绩评估报告中得到95分，完成90%以上的挑战性改进计划，达成英特尔制定的最高期望，并表现出卓越的品质和业务模式的公司。对PQS优质供应商奖的要求略低一些，获奖者是那些全年业绩评估报告得分至少80分，并完成80%以上的挑战性改进计划的企业。2016年获此最高奖项的英特尔供应商包括，美国卡博特微电子、日本富士美、日本揖斐电、英国仲量联行、日本捷时雅、日本三菱瓦斯化学、日本千住金属工业、日本新光电气工业、日本三菱住友株式会社等9家。可以看出9家获得SCQI最高奖项的企业中，日本企业占据7家，占四分之三以上的最高席位。除此之外，16家获得PQS奖项的企业中，日本企业有8家，占PQS奖项的一半；2019年、2020年获得SCQI和PQS奖项的28家、33家供应商中，日本企业分别占14家、16家，占据SCQI和PQS奖项的半壁江山，可见日本企业在英特尔供应商中的地位。虽然每年英特尔供应商中获取SCQI和PQS奖项的日本企业比例有一定浮动，但大致情况一直如此。

　　再举个例子。精密加工是先进制造技术的基础和关键。对于精密加工来说，变量的微小变动都会明显影响其加工精度，进一步影响产品的性能。以机床行业为例，普通机床的设计不需要特别重视热变形、力变形、振动、定位及材料等因素，而在超精密机床上，这些无一不影响着超精密机床加工出来的产品精度，主轴回转精度、主轴受力及热变形、主轴驱动、工件夹持、导轨运动直线性及定位等都是在设计精密机床上不能避开的难点。

　　日本在精密加工相关领域，精密加工设备、精密仪器以及相关零部件领域有很强的优势。在精密仪器领域，如显微镜、光谱仪、引力波探测器、测量仪等等是日本的专长所在。在机床领域，世界高精度机床基本就是德国、日本和瑞士的天下。全球70%的精密机床都搭载由日本Metrol研制的世界最高精度微米级全自动对刀仪。在任何尖端工业机械上都不可缺的传动部件，高精密、大扭矩、轻量化、回力小的谐波减速机，日本在全球拥有4成以上市场份额。日本松浦机械几乎霸占了欧洲高端发动机加工，历来都是超跑法拉利、布加迪威航的客户。

　　工业机器人领域也是日本的拿手领域。工业机器人的三大核心零部件分别是控制器、伺服系统、减速器，约占制造成本的70%，其中减速器占整机成本约35%，伺服占整机成本约20%，控制器约占15%。控制器是工业机器人的大脑，对机器人的性能起着决定性影响。工业机器人控制器主要控制机器人在工作空间中的运动位置、姿态和轨迹，操作顺序及动作的时间等。伺服电机是伺服系统中控制机械元件运转的发动机。伺服电机可以控制速度，需要非常高的精度，才可以将电压信号转化为转矩和转速以精确驱动控制对象。减速器是工业机器人运动关节中的核心部件，机器人的每个关节都要用到不同的减速器产品。工业机器人对减速器的精度、负载和寿命等要求极高，因此减速器的生产有很高的技术壁垒。减速器被认为是对工业机器人本体性能影响度最高的核心零部件。

日本在控制器、伺服系统、减速器领域均占据了垄断性地位。根据近几年中国机器人产业发展白皮书发布的信息来看，在控制器领域，世界前5大厂商约占控制器市场6成左右，其中3家是日本企业。在伺服电机领域，前三名安川、松下、三菱均为日本公司，约占伺服电机市场4成左右。在精密减速器领域基本就是日本独占市场。工业机器人一般使用RV减速器和谐波减速器。日本纳博特斯克（Nabtesco）是生产RV减速器的世界巨头，约占60%的全球市场份额，在中、重负荷工业机器人领域，RV减速器产品在全球市占率更是高达90%以上。

高性能材料领域也是日本的擅长领域。高端材料的生产普遍存在工艺流程长、单元反应多、原料复杂、中间过程控制要求严格，而且涉及多领域、多学科的理论知识和专业技能。日本在诸多高性能或需要特殊功能（耐高压、耐腐蚀性、高敏感、超薄、超轻等）的材料领域有绝对的优势。

在消费品领域，日本也依然保持着较强的竞争力。虽然泡沫经济破裂后，受诸多方面影响，日本消费品领域的市占率有明显下降，但其工匠文化带来的竞争优势依然还在。如果消费者对价格敏感度不高，对产品的品质、性能、耐用性等方面有较高要求，那么日本产品依然十分受欢迎。

总体来看，日元的升值、劳动成本的上升、新兴国家的崛起、生产和需求方式的变化等因素，导致日本制造对于品质要求低、性价比要求高、产品使用周期短、易于模块化等领域失去了一定的竞争优势，但是在高精度、高性能、高质量、高稳定、高寿命领域依然有很强的优势。如同汤之上隆所讲的"竞争力扎根于制造工序的行业""有高集成度的模块化行业""需要大量协同和团结合作的领域"，以及藤本隆宏所讲的"很难量化和较难用语言表述的微妙差别"和"存在磨合型优势"的领域，日本制造的看家本领并未撼动。

日本劳工制度的评价

经济泡沫破裂之后，日本经济受到了巨大的冲击，原有的劳工环境和劳工制度也受到了前所未有的挑战。但伴随着经济的恢复，日本终身雇佣制的主体地位并没有受到太大影响，而是在终身雇佣制基础下逐渐形成了多元化、多层次的雇佣体系。

日本终身雇佣制为代表的利益一致型劳工制度，造就了日本竞争力的特色，但这类制度并非在任何行业中都能表现出其优势。终身雇佣制为代表的劳工制度，在生产工序复杂、需要大量协同、产品功能和品质要求高等需要"工匠精神"的领域能表现出较强的优势，但在创新周期短、灵活性要求较高、易于标准化的领域中较难表现出其竞争力优势。因此，从产业文明进程和经济发展规律来看，日本劳工环境的变化是大概率的事情，经济泡沫的破裂只是加速了日本劳工环境多样化的过程而已。

首先，产业结构的变化会促进就业结构的多样化，弱化终身雇佣制的用武之地。

本文在韩国部分已提到产业文明发展的一般规律，即产业发展按照农业、轻工业、重工业、服务业的顺序来发展。通常情况下，前面一个产业发展会成为下一个产业发展的基础。随着生产力的发展和生产效率的提高，大量劳动力会从第一产业和第二产业中游离出来进入第三产业。日本也是如此。在20世纪40~50年代，日本第一产业GDP占比较大，是一个农业为主的社会，但随着第二产业（轻工业和重工业）的发展，第一产业比重快速下降。进入20世纪60年代之后，农业占GDP比重已从20世纪40年代的40%左右，下降到10%以下，与此对应的是第二产业的快速发展。随着第二产业的发展，能提供产品的丰富，人们可支配收入的提高，服务方面的需求会快速增加。日本在20世纪70年代第二产业占GDP比重达到峰值之后，逐渐开始下降。从这些数据变化中大致可以看出，日本在20世纪70年代已经较好地推进了工业化，日本社会已进入物质多样性需求快速上升阶段。到20世纪90年代后，日本第三产业GDP占比已经超过60%，成为名副其实的服务业为主的国家。

表2-16　日本三个产业GDP所占比例变化情况　　（单位：%）

年份	第一产业	第二产业	第三产业
1946	38.8	26.3	34.9
1955	19.2	33.7	47.0
1960	12.8	40.8	46.4
1970	5.9	43.1	50.9

续表

年份	第一产业	第二产业	第三产业
1980	3.5	36.2	60.3
1990	2.4	35.4	62.2
2000	1.7	28.5	69.8
2010	1.2	24.3	74.5

资料来源：白钦先、高霞.日本产业结构变迁与金融支持政策分析[J].现代日本经济，2015，(2):H1.

从产品特性上看，服务业和制造业有较大的区别。服务业普遍存在个性化需求高、客户需求容易变动的特色。那些技术含量不高、容易上手的服务业，比如餐饮、旅游等领域，无需大量协同，也无需长期培养。需要较高知识含量的服务业，比如法务、广告、软件开发等领域的业务，更多的核心竞争力来自于创新能力和小规模团队快速响应能力，而不在于长期研发和大量人员的协作。在这些领域，终身雇佣制和年功序列制不仅会遏制工作人员的创意，还有可能打击这些群体的积极性。

其次，随着经济的发展和强盛，人力成本的上升和货币的升值是大概率的事情。

一个国家的劳动力成本，会随着产业结构的高端化而不断提高。关于这方面的原因，上文已有说明，因此这里就不再赘述。

在汇率方面，随着国家经济实力的增强，一个国家的货币常常会面对升值压力。

虽然学术界目前对经济的发展和本币的升值没有形成统一的认识，但汇率变动大致可归纳为购买力平价、利率平价、国际关系等因素。比如日本随着国力的增强，其产品在国际市场上竞争力的不断提升。日本常常会因此受到以美国为首的老牌资本主义国家的反倾销诉讼，在类似这种国际压力下，多数后发追赶国家可能会被重使本币升值。当然，本国货币的升值也不是一件坏事。如同上文所述，随着国家的强盛，资本输出的必要性会逐渐显现。因此，一个国家的经济发展到一定程度后，也会有意愿升值本币来拓展国际市场。从这一点上看，"广场协议"的签订，虽然拉开了日元快速升值的序幕，打乱了日元升值的节奏，但即使没有签订广场协议，随着日本的强盛，其货币升值也是大概率的事情。

从长远角度看，在产业结构变化、人力成本上升和日元升值的情况下，日本终身雇佣制为代表的劳工制度出现调整和分化是大概率的事情。从这一点上看，"广场协议"的签订和20世纪90年代泡沫经济的破裂，仅仅是加速了日本劳动制度和劳工环境变化的过程。但是，这并不意味着日本的终身雇佣制再无用武之地，将会成为一个被淘汰的制度。进入21世纪之后，日本不少企业还在继续坚持终身雇佣制的主要原因，并非不少学术观点所认为的经济发展的路径依赖性、民族特性等方面原因，而是这种劳动制度可以让日本企业站在产业链的制高点上，表现出较强的国际竞争力。

可以判断，在日本后续的发展中，那些竞争力来源不在于复杂工序的行业，无需大量协同和长期研发的行业，灵活性要求较高、易于标准化的行业，这些领域的终身雇佣制可能会时不时地受到冲击甚至会被削弱，但对于那些高精度、高质量、高性能、高稳定性是其核心竞争力的领域，日本原有的特色劳工制度依然会是主流。

众所周知，日本是资源十分匮乏的国家。二战后日本的发展虽然有过良好机遇，但在其发展过程中也面对过诸多风险，比如石油危机下的原材料成本大幅上涨、美日贸易摩擦、日元升值、金融危机等等。面对类似的风险，不少发展中国家出现了经济严重受挫，贫富差距拉大，失去增长动力，甚至长期陷入中等收入陷阱而无法脱身等情况。然而，日本在种种危机面前，不仅没有受到太大的冲击，更是以各种危机为契机，进一步提高了日本企业的竞争力。短短几十年间日本作为经济强国进入了发达国家行列，成为亚洲地区璀璨的明珠。如果抛开政策和人才供应等方面因素，日本特色的劳工制度是让日本制造长期保持竞争优势的核心原因之一。仅从需要"工匠精神"的领域去看，日本的强大之处在于，日本制造在诸多领域中以难以替代的优势，在面对种种危机时可以表现出较强的成本转嫁能力。

第三章 美国的发明创造

美国的资源与发展概况

美国是目前世界上公认的最大发达的经济体,政治稳定,法律制度健全,市场体系完善,基础设施发达,在科技实力、教育创新、劳动生产率等方面稳居全球领先地位。

美国不仅有发达的经济,更是有丰富的自然资源。跟被认为"最不可能成功的国家"不同,美国一直被认为是上帝所选之地。袁腾飞先生描述美国的时候讲到:"上帝是美国人,要么是美国血统。"以此来表示美国优越的地理环境。德国宰相俾斯麦也曾说过类似的话:"上帝最喜欢三种人,白痴、酒鬼和美国人。"从中也能听出俾斯麦话语中的深深醋意。暂不讲美国发达的文明,仅从地理位置和自然资源禀赋去看,美国就有得天独厚的优势。

从自然资源上看,美国有广阔无边的平原,茂密的森林,充足的水源,丰富的矿产;从地理位置上看,美国东西濒临两大洋,南北无强敌,邻近国家较少,有良好的地缘政治环境。

农业是高度依赖自然资源的行业。美国耕地面积占全球的13%,人口不足全球的5%。仅从这个指标上也能看出,美国耕地资源的充足性。美国粮食自给率为130%左右。粮食自给率在100%~200%的国家中,除澳大利亚、阿根廷、乌拉圭、加拿大等少数国家粮食自给率超过150%以外,美国是世界范围内粮食自给率非常高的国家。而且美国尚有大量的潜在耕地,其面积达1.2亿公顷,该数据跟中国可耕地面积1.3亿公顷基本持平。可以想象,只要有必要,美国可以大幅扩大农产品产能。

美国大部分地区处于温带和亚热带,气候和降水适宜种植业发展。有利的气候环境,使得美国几乎能生产所有的农作物,因此美国历年都是农产品输出大国。美国农产品出口总额占全球的10%，其中小麦、玉米、大豆、棉花出口量分别占全球的15%、30%、40%、40%左右，居全球第一。

美国不仅可耕地面积充足，其地貌中大量存在成片成片的平原，非常适合大面积耕作。外加土壤肥沃，雨量充沛，四季分明，使得美国农产品不仅产量高，且在质量上也有明显的优势。由于美国的地貌特色，美国农业以大规模商业型农场为主，因此有很好的条件推进标准化和机械化，进一步形成规模经济。不少人应该看到或听到过，美国用飞机来喷洒农产品所需药剂或营养剂的案例。这不仅仅是因为美国农业已实现机械化和现代化，更是因为美国有大面积的平原，支持这种作业方式。与此相反，像日本、韩国等丘陵和山地较多的国家，即使有同样先进的耕作设备，也较难实现标准化和大面积耕作。以日本为例，虽然日本也很好地实现了农业机械化，但因其地貌特性，只能进行小规模种植。如日本农业往往以一个村或一个地区为单位，推行特色化种植[1]。这种方式或许有利于培养具有区域特色产品，但是其成本上无法跟大规模标准化耕作的方式相比。

美国也非常适合发展畜牧业、林业和渔业。从畜牧业来看，美国是世界上的畜牧业大国。美国共有210万个农场，平均规模170公顷是中国农场平均规模的300多倍。美国产值最高的畜牧产品依次为牛肉、牛奶、鸡肉、猪肉、鸡蛋等产品。从贸易结构上看，美国牛肉、猪肉出口占全球10%和30%左右，居世界第一。

美国森林资源丰富，是世界上主要的木材生产、消费和进出口国家之一。美国拥有约占全世界6%的林地，是继俄罗斯、巴西和加拿大之后第四大林业大国，但2/3的国有森林不允许采伐。美国也是林业产品出口大国，美国生产的木材、纸浆和纸产品出口一直处于世界前列。

美国发展渔业也有得天独厚的优势。美国的海岸线达19615千米，是除少数群岛国和加拿大、俄罗斯、澳大利亚等国家之外的海岸线大国。美国有75%以上的人口居住在临近海洋和大湖的地方。美国是前五大捕捞业和水产养殖大国之一。在渔业方面，美国虽然有良好的自然禀赋，但不鼓励过量地进行渔业捕捞，特别是对近海、湖泊、河流的渔业捕捞进行严格控制。在严格的环境保护和高劳动力成本之下，美国的渔业在世界上的竞争力并不强。

丰富的农、林、牧、渔资源使得美国有十分优越的条件发展第一产业。可见：美国在自然禀赋方面得天独厚的优势。

---

[1] 从20世纪70年代开始，日本推行了"一村一品"战略。所谓"一村一品"，就是一个村的居民，充分利用本地资源优势，因地制宜，开发具有地方特色的"精品"或"拳头产品"，打入国内和国际市场。

美国不仅有卓越的农业自然资源，矿产、能源资源也十分充足，能为发展第二产业提供更丰富的原始材料和动力。

美国矿产资源总量和品类均很丰富。美国已发现2500多种矿物。经地质勘查工作证实，美国探明有矿产储量的矿产有88种，是世界上探明储量最为丰富的国家之一。美国不仅煤炭、天然气、石油、铀矿等能源资源丰富，而且发展工业所需要的各类金属和非金属矿产，如铜矿、金矿、铅矿、天然碱、硫矿、磷矿等等都有较多的储藏量。

虽然美国有卓越的自然资源，但能让美国长期保持世界第一强国的并不是自然资源，而是超强的科技实力以及源源不断的创新创造能力。仅从农业（第一产业）占GDP比重来看，美国农业占GDP比重不到1%。

美国的经济发展史是发明和创造带动经济发展的历史。美国是第一次工业革命的应用大国，更是第二次、第三次工业革命的发起国。20世纪以来，世界的第二名换了不少，不少国家起起落落，但是美国成为第一名之后，其位置从未被动摇过。美国不仅作为经济大国，更是作为科技强国，一直担当着科学与技术、发明和创造的领头羊角色。美国的这种现象，不仅是过去和现在，而且在普遍被认为可能引起第四次工业革命的未来技术领域，如人工智能、量子信息技术、虚拟现实、基因技术、可控核聚变、新能源以及石墨烯技术等，美国要么是领先的理论奠基者，要么是第一个发起应用的国家，以至于被一些媒体调侃："美国的技术来自于外星文明。""美国其实是一个帮外星人看管地球的国家。"

那么是什么因素导致美国超强的科技实力和孜孜不倦地创新创造能力的呢？或许，美国大学的治理方式、知识产权保护制度以及反垄断制度能给出答案。

第一节 诺贝尔奖大国与学术自治

诺贝尔奖大国

美国的科技实力先从诺贝尔奖开始说起。诺贝尔奖是以瑞典著名化学家、硝化甘油炸药发明人阿尔弗雷德·贝恩哈德·诺贝尔的部分遗产作为基金在1895年创立的奖项。评选及发放诺贝尔奖的整个过程中,获奖人不受任何国籍、民族、意识形态和宗教信仰的影响,评选的第一标准是成就大小。在世界范围内,诺贝尔奖通常被认为是所有颁奖领域内最重要的奖项。虽然诺贝尔奖评定也存在一定的局限性,比如并不是所有领域都有诺贝尔奖,也不能量化个体对学术界的贡献等,但是如果要用一个指标去衡量一个人对学术的贡献,那么诺贝尔奖依然是世界最为公认的,也是最为公平的奖项。

诺贝尔奖一般颁发给对特定领域做出突出贡献的人。诺贝尔奖从1901年开始正式颁发,记录了19世纪末,特别是20世纪以来重大的自然科学成就。从诺贝尔奖获奖数量来看,诺贝尔奖基本被美国、英国、德国、法国等国家瓜分。尤其美国是诺贝尔奖大国。颁发奖项至今,美国获得诺贝尔奖的人次超过全球获奖总人次的40%,几乎独揽诺贝尔奖的半壁江山。

表 3-1 截至 2020 年居于前列国家诺贝尔奖获得者数量统计

排名	国家	人数	比例（%）
1	美国	386	40.12
2	英国	134	13.93
3	德国	108	11.23
4	法国	70	7.28
5	瑞典	31	3.22
6	日本	29	3.01
7	瑞士	28	2.91

续表

排名	国家	人数	比例（%）
8	加拿大	26	2.70
9	俄罗斯	26	2.70
10	奥地利	22	2.29

资料来源：诺贝尔奖官网统计

评价一个人的国际性大奖不在少数，那么为什么诺贝尔奖在国际上得到如此大的重视呢？它代表的意义又在哪里呢？

如果用一句话来概括的话，诺贝尔奖获得者能受到如此大的重视原因就在于，诺贝尔奖获得者多数是为科学进步做出重大贡献的人，尤其对科学理论领域做出重大贡献的人[①]。

研究根据其目的的不同，可以分为基础研究和应用研究[②]。

基础研究，顾名思义是为了探索宇宙、自然界以及生命运行的基本原理而进行的研究。基础研究较少考虑研究成果的直接应用。但是，基础研究意义重大，因为它解决的是实际问题的基本原理。

由于基础研究涉及的是问题的本质，因此基础研究可以促进新科学的诞生，如找到新的自然规律，发现新知识、新原理、新方法等等。而新科学的诞生，能为后续新技术的出现和发展提供原始动力。比如，伽利略日心说，自由落体定律的提出；富兰克林电的发现以及电流概念的提出；牛顿的万有引力定律；奥斯特电磁现象的发现以及麦克斯韦《电磁学通论》的发表；爱因斯坦的狭义相对论和广义相对论；达尔文的进化论；门捷列夫元素周期表的发现；孟德尔遗传规律的发现以及沃森和克里克DNA分子双螺旋模型的提出等等，均为如此。这些发现改变了人类对自然界的认识，让人们了解了自然界的规律。这些发现成了行业变革的原始动力，甚至成了工业革命的导火线。伽利略日心说使得天文学、数学、物理学、力学从神学统治中解放出来；达尔文的进化论，为生物科学的发展奠定了基础；牛顿力学为第一次工业革命的发展做出了巨大贡献；法拉第、麦克斯韦等电磁理论的完善推动了第二次工业革命；爱因斯坦的《相对论》为第三次工业

[①] 诺贝尔奖获得者大部分都是进行理论研究的学者，如在物理领域主要研究：量子物理、粒子物理、凝聚态物理、天体物理、光学……化学领域主要研究：生物化学、有机化学、物理化学、结构化学、量子化学……生理学和医学领域主要研究：生理学、生物化学、理论免疫学、分子生物学、遗传学、病原微生物学、细胞生物学等等。

[②] 按照联合国教科文组织（UNESCO）、经济合作与发展组织（OECD）等分法来看，研究活动可分为三个种类，即基础研究、应用研究和试验发展。在这里为了进一步简单化，把研究分为基础研究和应用研究两个部分。本文所讲的应用研究包括开发研究。

革命奠定了理论基础……正因为如此，许成钢在《论中国经济》[①]中评价道："各种创新里，最最重要引起了巨大影响、翻天覆地的变化的这种创新，先是有突破性的重大发现，而这些突破性的重大发现几乎都来自理论领域。"

更为有趣的现象是，这些人员的重大发现，相应理论的提出，往往不是为了追求功名下的结果，而更多的是解决心中的疑惑，或者是偶然现象刨根问底的结果，即大部分是好奇、兴趣导向、求知欲的结果。

伽利略早期攻读的是医学专业，但他所感兴趣的是数学和物理现象，因此常常去旁听大学里的数学课程，并跟该专业的老师探讨数学和物理现象。伽利略的这种兴趣导致了世界上少了一名医生，却多了一名伟大的物理学家、天文学家和哲学家。其实，伽利略的一生较为凄惨。由于伽利略支持哥白尼的日心说，从1616年开始受到罗马宗教裁判所长达20多年的残酷迫害。伽利略晚年又因失去爱女双目失明。即使在这样的条件下，伽利略依然没有放弃自己的科学研究工作。1642年1月8日，凌晨4时，伽利略离开了人世，享年78岁。在他离开人世的前夕，不断重复着一句话："追求科学需要特殊的勇气。"显然，让伽利略保持这个勇气的不大可能是名利和金钱。牛顿也是如此。万有引力的提出，更多地是为了解决"苹果为什么会落地，而月亮不会掉下来"等心中的疑问。相对论的创立者爱因斯坦，第一次考大学未能顺利考上。他发表狭义相对论时还在专利局做文职工作。该时期的爱因斯坦都不是一个专业的研究人员。但爱因斯坦一直在思考让多数人觉得莫名其妙的问题，比如："达到光速会怎么样？""当一个人以光速运动时会看到什么现象？"等等。为了解开心中的谜团，爱因斯坦自学微积分，自学非欧几何，以求解答心中疑惑。1905年3月，爱因斯坦发表"量子论"，提出光量子假说，解决了光电效应问题。4月，发表论文《分子大小的新测定法》，取得苏黎世大学博士学位。5月，完成论文《论动体的电动力学》，独立而完整地提出狭义相对性原理，开创物理学的新纪元。《物种起源》的问世也是如此。达尔文的父亲是一名颇有名望的医生，因此达尔文按照父亲的期望最早攻读的是医学专业。但他成绩平平，整天不务正业，每天总是把大部分时间花费在去池塘采集各种动植物标本，去野外观察鸟类，导致他的医学之路半途而废。父亲决定让达尔文去读神学，将来做一个牧师。因为牧师不仅能拯救人的灵魂，还有一份稳定的收入。达尔文采纳了父亲的建议。读完神学的达尔文正准备回到家乡做一个牧师之前，却收到亨斯罗教授的邀请去参加"贝格尔"号舰的远洋航行。

---

① 许成钢.论中国经济.长江商学院

从此,达尔文踏上了另外一条人生道路。航行期间,达尔文搜集了大量的标本,思考了诸多问题,这为他后来寻找人类的起源提供了理论依据。1859年《物种起源》问世,在当时的科学界引起了巨大反响。

一般情况下,基础研究所解决的问题,并不是马上可以产业化和商品化的内容。或者说对于从事基础研究的人员来说,在思考某一方面问题的时候,其目的也不是产业应用或者科学技术成果的商品化。他们研究这些问题更多地来自好奇心或求知欲。然而,这种好奇心和求知欲的满足,恰恰成为产业文明发展的最底层力量,引起了工业革命,推动了各个领域的科技创新,大幅提高了人类改造自然的能力。

2019年,在诺贝尔获奖颁发现场,记者采访诺奖获奖者James Peebles时问道:"给想追求科学的年轻人有什么建议?"针对记者的问题Peebles答道:"虽然得了诺贝尔奖我很高兴,但是我当时进入这个领域的时候50多年前是非常艰难的,因为那个时候这个领域的实验观测非常少,没有什么太多能做的,最多就是做做理论计算。所以说给年轻人的建议是,做科学不能为了荣誉,一定是单纯的科学让你感兴趣,只有这样才有可能做出伟大的成果。"

跟基础研究不同,应用研究是带着明确目的的研究。应用研究(包括开发研究)的目的是为了谋求个人、团体或社会的利益与功利,其根本特点是以任务为导向,将基础研究的成果转化为实际应用。应用研究的主要目的在于,尽量在短的时间内把研究成果转化为产品(包括专利等),获得经济利益。由于应用研究一般存在任务导向的特性,应用研究往往会直接推动生产力的进步和生产效率的提高。

从基础研究和应用研究的关系来看,基础研究是应用研究的基础,基础研究的成果指导着应用研究的进行。基础研究往往会直接推动科学的发展,促进新科学的诞生,而应用研究是基于这些科学,研究出有目的性和有导向性的科技成果。

表3-2 应用研究和基础研究的区别

项目	基础研究	应用研究(包括开发研究)
研究目的	不一定有明确的目的	有较为明确的目的性
主要研究机构	大学、研究所	大学、研究所、企业实验室
时间限制	一般没有明确的时间限制	有一定的时间限制
发表成果	论文著作、公开发表	可申请专利、保密性较强
研究动力	满足好奇心	追求商业利益
成功概率	有较强的偶发性	多半会有阶段性成果

如上所述，诺贝尔奖主要获得群体是在基础研究领域做出突出贡献的人。从表3-2中可以看到，诺贝尔获奖者中近90%左右都是从事基础研究的人群。诺贝尔奖能成为被世人广泛认知，被认为科学界最高荣誉的原因在于，诺贝尔奖主要奖励的是为科学进步或为新科学的诞生做出重大贡献的人。虽然这些成果或许在短期内不一定能改善人们的生活，但作为科学，会长期伴随着人类文明的进步。如牛顿力学一直伴随着机械文明的发展；爱因斯坦相对论伴随着信息文明的发展；端粒及端粒酶工作原理的发现，或将为预防细胞衰老、预防癌症等方面引起革命一样。

表3-3 诺贝尔自然科学奖获得者从事基础研究与应用研究人数及其比例

年代	1901—1940		1941—1980		1981—2012		1901—2012	
	人数	比例	人数	比例	人数	比例	人数	比例
基础研究	105	0.82	195	0.91	191	0.88	491	0.88
应用研究	23	0.18	19	0.09	25	0.12	67	0.12
合计	128	1	214	1	216	1	558	1

资料来源：陈其荣.诺贝尔自然科学奖与基础研究[J].上海大学学报：社会科学版，2013（6）:80-104.

美国是诺贝尔奖大国，美国占全球人口不到5%，但是独揽40%以上的诺贝尔奖项，这足以证明美国在基础研究领域的强悍实力。其实，不局限于诺贝尔奖，美国在大学排名、论文发表及引用等涉及基础研究和应用研究的各方面，都遥遥领先任何国家。美国在基础研究上的深厚底蕴，在前沿科学上的雄厚积累，不仅为现在，更是为日后新技术的发明和应用指明了道路。

学术自治与科研实力

想要了解某种社会现象或某类群体的特性，不仅要研究该现象和该类群体的历史沿革，同时也要研究该现象和该群体现处环境和激励机制。其中，历史沿革影响的是路径依赖，曾经建立的制度和产生的文化会作为惯性影响现在和未来的发展方向。现处环境和激励制度是改变未来的主要因素。在客观条件允许的情况下，不同激励制度的建立，会把现有的现象推向不同的结果。

人类进入工业文明之后，随着科学和技术互动性的增加，大学作为专门生产知识的机构，逐渐进入社会的中心，对社会发展起到了越来越重要的作用。研究美国大学治理原因也在于此。美国在科技方面有强大的实力，那么我们不得不把目光转移到专业生产知识的机构，即美国的高等教育，看看其治理方式是否存在与众不同之处。

美国教学理念的形成是一个漫长的过程。从美国大学的发展历程来看，美国早期大学引进的是欧洲大学的传统，主要讲授神学、哲学、社会学方面的知识，较少涉及自然科学，而且该时期美国大学所提供的是为少数人服务的精英教育，因此对社会带来的贡献非常有限，尚未形成社会发展的重要动力。当时的大学更像是"象牙塔"式的社会组织，功能单一，没有大额的资助，没有基金的捐赠，也没有联邦政府拨给的研究经费。

随着工业文明的发展，大学和社会之间的关系越来越密切。大学作为专门生产知识的机构，对科学的进步和技术的发展起到越来越重要的作用，传统的"象牙塔"式大学体制逐步被打破，大学由社会的边缘逐渐走向社会的中心。国家开始颁布法案来干预高等教育的发展，各种社会力量也逐渐向高等教育渗透。州政府、联邦政府、商人和金融家们成为捐助者，成为大学董事会中举足轻重的角色。他们对大学的运作有发言权，同时对教师就社会问题发表的各种意见和观点具有控制权。比如，一些教授因发表违背主流价值或不利于一些阶层利益的言论而被解雇的事情时常发生。直到1915年，美国大学教授联合会成立并发表宣言，宣布了学术自由的三项基本原则，即教授作为教师和学者有权自由发表言论；除非不称职或有道德缺陷，教师的职位必须得到保证；教授受处分前有申述的权利。1957年斯韦泽诉新罕布尔州一案中，联邦最高法院阐述了学术自治的主张："在一所大学中，知识有它自身的目的，而不只是达到目的的手段。如果它变成教会等局部利益之工具，一个大学将不再对它自己的本质忠实。大学是为自由研究精神所塑造。……大学的任务，即在于提供一个最有益于思维、实验和创造的环境。那是一个可以达成大学的四项基本自由，即在学术的基础上自己决定'谁来教？''教什么？''如何教？'以及'谁来学？'的环境。"[①]该主张在后来的法院裁决和学者研究中被广泛引用，最高法院的大法官们往往把它与联邦宪法第一修正案[②]联系在一起进行判决。

[①] 和震.美国大学自治制度的形成与发展[M].北京：北京师范大学出版社，2008:6.
[②] 美国宪法第一修正案，禁止美国国会制订下列法律：确立国教或妨碍宗教信仰自由；剥夺言论自由或出版自由；侵犯新闻自由与集会自由；干扰或禁止向政府请愿的权利。该修正案于1791年12月15日获得通过，是美国权利法案中的一部份。

长时间的争论和斗争之后,学术自由、学术中立和学术自治[1]逐渐成为美国高等教育的主流价值观。然而,多数学校想要实现完全的学术自由依然要面对一系列问题,因为多数大学并不属于盈利性组织,只有依靠社会,尤其是依靠政府资助,才能维系正常的活动。在这种生存环境下,学术自由和学术中立难免受到经费附加条件影响,学术研究自然也会受到更多方面条条框框的限制。

至今,美国高等教育在学术自由和学术自治方面依然面对诸多挑战,但从世界范围内看,美国仍然是学术独立做得最好的国家。[2]如果引用前哈佛大学校长德里克·博克在350周年校庆演讲中的一句话:"在我们国家的历史上,大学一直有着不平凡的自由,政府官员很少干预州立学校的事务,私人集团也可以建立它们自己的学校。所有学校都在为得到优秀的学生、教师和设备进行激烈而又友好的竞争。我们对这一体制已经如此熟悉,从而认为这都是理所当然的。其实,这是世界上独一无二的,在几乎所有其他国家内,大学严重地依赖政府,并在中央计划下运行。"

在美国,联邦政府不负责举办国民高等教育,高等教育的直接举办权在各州或社会组织、公民身上,因此从客观条件上,联邦政府不具备直接控制学校的能力。实际上也是如此。联邦政府不仅不会干预大学自主办学,也不会插手各州的高等教育事务,所以美国既没有中央规划下的大学,也没有中央规划下的办学。

美国大学分公立大学和私立大学。美国约有3600所大学,其中公立大学有近1700所。

美国公立大学一般是指州政府或地方政府出资创办支持设立的高等学校,其主要经费来源于州政府和地方政府的拨款。针对公立大学,各州有权对所属公立高等教育机构制定统一的政策,对公立大学施加必要的影响。尽管如此,各州对大学的治理非常有节制,州政府本身并不直接管理大学,主要通过立法和所委托的理事会或董事会对大学进行治理,州政府相关职能部门更不具有管辖大学的职能。[3]在这种条件下,美国公立大学一般享有充分的办学自主权。

美国私立大学主要是指由个人或机构出资设立的高等学校。美国私立大

---

[1] 学术自治并不是教授治校或院校自治,因此也不一定要在独立法人下运行。学术自由和学术自治讲的是,学术人员在学术领域的自治权,如关于教学内容、教学方式、学术人员的考评和晋升等方面的自治权,并不是对大学所有事务的管理权。在有些国家,学校不属于独立法人,但学术人员依然能保持较好的自治权。在这方面欧洲的大学和日本的大学都是典型的例子。

[2] (美)德里克·博克.美国高等教育[M].乔佳义,编译.北京:北京师范学院出版社,1991:3.

[3] 别敦荣.美国大学治理理念、结构和功能[J].高等教育研究,2019(6):93-101.

学经费独立,办学方针由校董事会决定,比公立学校有更大的主动权。私立大学也有联邦政府和州政府的补助,其中联邦政府比例较大,但整体比例不高。美国的私立高等教育机构有盈利性和非营利性区别。其中盈利性学校主要集中在职业培训方面,而从事学历教育的私立大学绝大多数都是非营利性组织。

从实践上看,"法人—董事会制度结构"是美国大学自治制度的核心结构。在这种结构下,董事会、校长行政体系和教授会三位一体,共享大学的治理权力,维护大学正常的办学秩序,保障大学功能的实现。

董事会是大学最高权力机构。私立大学董事会往往由大学章程规定组成。公立大学董事会主要由州政府或市镇政府负责组织。董事会可以任免校长,并原则上保留任免学校所有管理人员和教师的权利,并制定学校的大政方针,提出学校的目标和使命以及任务。但实际情况来看,董事会更多地履行学校的一般决策和监督职能,基本上不会介入实际的学术事务和行政事务。即使对公立大学,各州法律对维护大学自治和学术自由有高度的认同,只赋予了州政府非常有限的影响大学的权力。[①]

校长是大学的首席行政官员,是大学面对其他社会组织和公众的代表。早期美国大学校长常常扮演一种董事会代理人的角色,因为董事会不可能处理大学的日常事务,校长便受董事会委托负责大学的日常治理。这时期的大学校长不具有决策职能,更多地是根据董事会决议维持大学的正常运行。后来,随着大学地位的不断增强,其自主地位得到巩固,校长在继续受到董事会节制的同时,主体性不断得到强化,成为大学治理中相对独立的核心环节。与之相适应,校长及其行政团队的职能不断拓展,部门和人员不断增加,在与董事会和教授会之间的关系中,成为既相互关联又发挥重要独立作用的治理机制。

教授会主要由大学教师组成,基本上可视为教师自己的组织。多数情况下,校长、副校长、各学院院长和一些学术行政官员也是教授会的成员。但很多大学规定,这些人一般只能列席会议,他们可以发表意见,却没有表决权。董事会和校长行政团队主要担负政策、运作和保障职能,教授会则担负着落实大学学术功能的使命。所以,尽管教授会受董事会政策约束,但其职能的发挥并不是遵循董事会的决策,而是以教授会成员自身的专业修养和智慧为基础。

从决策逻辑来看,董事会决策主要遵循社会逻辑,以满足社会需求为目

---

① 别敦荣.美国大学治理理念、结构和功能[J].高等教育研究,2019(6):93-101.

的；教授会决策主要遵循专业逻辑，以满足人的发展和学术发展需要为目的。教授会与校长行政团队是平行关系，学术与行政是大学的两条轨道，学术轨道保证大学的办学方向，行政轨道保障大学目标的实现。所以，教授会不受校长行政团队节制，而是独立于校长行政团队之外，以自己的方式发挥自身的作用。[1]

简单概括的话，董事会主要管大学的使命，并委托校长为代表的行政团队对大学进行管理。大学校长为代表的行政团队，在大学的权限仅仅在于大学的行政事务，而无权直接干涉大学的学术事务。

在美国，学术人员有较好的条件保障自己的学术独立性，学术群体有权决定教学计划、专业设置、科研经费的分配等一系列与教学和科研相关的事务。在美国，学术自治之所以得到普遍的实施，是因为人们在漫长的争吵和斗争中发现，学术人员在学术、教育方面内行，且这种想法得到了普遍认可。

总体来看，无论是私立大学还是公立大学，美国的学术团体在学术领域上都具备充分的自主权，有很好的条件决策与各种学术相关的事务，免受政府的直接干预。而这种治理方式，充分地保障了为好奇和兴趣驱动的群体，让美国具备了基础研究方面的强悍实力。

"学校只不过是另一个为自己追求特殊利益的合法组织而已。"[2] 不同的是，在这个特殊利益群体里面，不仅有追求名利和金钱等商业利益的人，也有不少为了探索世界奥秘，为了解开世界面纱而奋不顾身的人。对于追求商业利益的群体来说，金钱和名誉的激励会使他们感到快乐，但对于兴趣和爱好驱动的群体来说，快乐更多的来自不断的挑战和揭开疑团的谜底本身。

"大学的治理方式导致，谁来拥有这些资源，谁来分配这些资源，这就决定了人们创新的时候有没有自由，有没有动力。"[3] 从事学术工作的人群中，自然有为名誉和金钱来工作的人，但肯定也有一定比例的以兴趣和好奇来探索和研究的人。为名誉和金钱进行研究的人更容易吸引，以名誉和金钱为驱动力的学生；以兴趣和好奇为驱动力的教授更容易吸引，以兴趣和好奇为驱动力的学生。前者对应的更倾向于应用型研究，后者对应的更倾向于是基础型研究。

专门从事管理和行政工作的人员跟研究人员不同，不大可能是为了满足好奇心和求知欲来从事这一行业，这些人追求的更倾向于名誉和金钱等商业利益。如

---

[1] 别敦荣.美国大学治理理念、结构和功能[J].高等教育研究,2019(6):93-101.
[2] 德里克·博克.哈佛大学350周年校庆讲话.
[3] 许成钢.论中国经济.长江商学院.

果这些群体来分配资源，或许能较好地满足为名誉和金钱而奋斗的学术人员的需求，却很难感知和满足为兴趣和爱好而从事学术工作的人的需求，甚至会觉得这些人所做的事情是无意义的资源浪费，进而将其边缘化，甚至阻挠这些人的学术行为。

为了读者便于理解上面的观点，这里还要进一步解释一下基础研究的偶发性。

跟应用研究不同，基础研究是充满不确定的事情，不仅结果不确定，其过程也充满了不确定性。以牛顿和爱因斯坦为例，当牛顿好奇"苹果为什么会落地？"，爱因斯坦疑惑"达到光速会怎么样？"等问题的时候，他们也不知道揭开谜底之后会是什么答案，或许这个答案十分有意义，或许这个答案不足挂齿。而且，这些人所好奇的事情，此生之内能不能得到答案也不确定。在学术领域里，一生的思考未能得到答案的事情屡见不鲜。同样以牛顿为例，牛顿虽然发现了万有引力定律，但他最大的兴趣在于炼金术。而且牛顿在炼金术方面投入的精力和金钱远高于对力学的研究。遗憾的是，因牛顿在炼金术方面的思路和方法不符合科学规律，牛顿在炼金术方面没有产生任何成就。

任何学校，对行政人员的考核肯定是短期考核，而基础研究恰恰是充满了不确定性，无论是其过程还是结果都很难量化。如果让行政人员分配资源，那么他们肯定不愿意把资源分配给这种时间无法预测、结果不确定、过程不确定、跟产业的互动性不确定的研究上。然而，学术自治可以较好地解决这些问题。在学术自治环境下，分配资源的群体因其学术领域的专业性，可以更好地了解所需资源人员的实际情况和研究的意义，可以把有限的资源分配给更为恰当的项目和研究。

美国有强悍的基础研究实力，同时作为发明创造大国，能长期领先于其他国家，说明这个系统可以很好地保护和鼓励那些为了探索世界奥秘、为了解开世界面纱而奋斗的群体。

其实，美国的学术自治并没有仅停留在框架和表面上。如果进一步研究美国学术自治的细节，就会发现更多有趣的现象。

学术自治起源于欧洲，这意味着欧洲国家也具有较好的学术自治环境。在欧洲，大学以公立大学为主。其中有的是国立大学，由中央政府的教育部直接管理，有的是地方政府出资并管理。但多数欧洲大学，对大学的管理更倾向于是行政事务上，对学术领域很少进行干预。在这一点上欧洲的大学跟美国的公立大学有颇多类似之处。

在欧洲，英国是学术自治做得相当好的国家。虽然英国的大学也是国立大学为主，但由于历史沿革原因，政府基本不干预学术团体与学术相关的各类活动，多数大学具备较好的学术自治环境。在这方面，牛津大学、剑桥大学、格拉斯哥大学、爱丁堡大学都是代表性大学。

尽管欧洲大学也能较好地保障学术自治环境，但是欧洲大学无论是大学质量，还是诺贝尔奖数量方面与美国依然有较大的差距。尤其是欧洲人口远多于美国人口，可是欧洲大学的排名和诺贝尔奖等远落后于美国。虽然不同机构的评测结果有所不同，但从总体情况来看，世界排名前10的大学基本上都是美国的大学，排名前20、前50的大学中，美国大学数量也能占据2/3以上。诺贝尔奖也表现出相同的特性。美国的诺奖获奖人数就超过全欧洲的诺奖获奖人数。

针对导致此类现象的原因，清华大学管理学院院长、教授钱颖一[①]在文章《大学治理：美国、欧洲、中国》中做出了解释。其内容归纳大致如下：

一是，虽然欧洲大学也有相当好的学术自治环境，但是相比美国还是有一定的差距，大学的自主权（预算、教师聘用、薪酬、学生挑选）依然受不同程度的干预。欧洲国家中，大学的自主权最大的是瑞典和英国（这两个国家恰好也是欧洲诺奖获奖人数较多的国）。

二是，虽然欧洲大学也在采取学术自治的方式，但缺少民主性。不少欧洲大学内部等级清晰，权力通常集中在数量很少的教授（即资深教师）身上，副教授或以下的教师权力很有限。这导致了两方面问题：其一是，不少资深教师往往不以学术研究为主业。其二是，即使他们曾经在学术研究上有所成就，但那也是多年之前的事情，现在不一定是学术前沿。可是这些人员主导了学术资源、学科布局、教师招聘等方面的决策。美国却不是这样。在美国，所有教师，包括教授（包括诺贝尔奖获得者）、副教授、助理教授，在学术上一视同仁。获奖是对他们之前研究工作的认可，并不是对当前判断能力的评价。在欧洲的大学中，学术发展的两大障碍，即政治干预和少数资深教师霸权都很突出。

三是，欧洲的大学教师流动性较少，待遇不如美国大学。欧洲大学的教师通常是公务员，或者比照公务员管理。因此他们从一进入大学工作就是终身制，缺少学术水平为基础的淘汰机制，而且，教师薪酬又比照政府公务员，并受到政府管制，很难具有全球竞争力。美国却不一样。美国主要的研究型大学，在全球范

[①] 主要研究比较经济学、制度经济学。

围内挑选优秀的教师，同时能给予较高的薪酬。当然，挑选全球性优秀教师方面，英语给予了美国不少便利。而且在美国，研究型大学教师如果不能成为其研究领域的领先学者，学校就不会给予"长聘教职"，教师只有在一定时间内得到评估认可后，才会给予长期教职。

四是，欧洲大学学生竞争性较弱，学生优质性不如美国。对欧洲的本科生而言，念大学是一个人的权利，就像念中小学一样。在一些欧洲国家，主要的公立大学都不能挑选学生，没有入学考试，必须全收（虽然入学上没有限制，但欧洲学生上大学之后有较高的淘汰率）。到了研究生阶段，欧洲大学虽然具备了较大的挑选余地，但受各方面限制，也不如美国。美国大学有更好的条件在全球范围内招纳顶尖学生。同样，在这方面，英语给予了美国不少便利。

五是，美国大学教育经费投入高于欧洲大学。这个差距主要来自政府投入差距和民间投入的差距。前25名学校中，英国政府投入GDP占比小于美国0.4个百分点；民间投入差距在1.6百分点左右。这在设备引进、人才聘用等方面产生了较大的差距。

从钱颖一教授的分析中可以看出，欧洲大学除了教师和学生优质性不如美国之外，在学术自治方面也不如美国。欧洲大学不仅受到更多的行政干预，学术自治内部也不如美国更加民主。美国和欧洲不少国家都具备较强的学术自治理念，也在尽力创造更加自由的学术环境，但以上的不同或许成为美国大学和欧洲大学出现较大差距的原因。

事实上，许成钢等学者还发现了一个十分有趣的现象。那就是，大学之间的差距不仅表现在美国和欧洲等国家之间，在美国内部不同性质的学校之间也存在明显的差距。无论是从学校排名、重大发明和创造的贡献情况来看，还是从获取诺贝尔奖数量来看，在美国，私立学校的影响力都远远超过公立学校的影响力。比如，第一次工业革命至今，为美国发展提供重要科学领域的贡献，并获取诺贝尔奖的美国前10名大学几乎都是私立大学。美国诺贝尔奖排名前10的大学中，除了伯克利加州大学是公立大学以外，其他9所，哈佛大学、芝加哥大学、哥伦比亚大学、麻省理工学院、斯坦福大学、加州理工大学、普林斯顿大学、耶鲁大学、康奈尔大学均为私立学校。

表 3-4　1901 年—2020 年前 15 名获诺奖学校

排名	大学名称	国家	获诺奖人数	自然科学＋经济学获奖人数[①]	学校类型
1	哈佛大学	美国	161	146	私立学校
2	剑桥大学	英国	121	113	公立学校
3	伯克利加州大学	美国	110	107	公立学校
4	芝加哥大学	美国	100	95	私立学校
5	麻省理工学院	美国	97	96	私立学校
6	哥伦比亚大学	美国	96	84	私立学校
7	斯坦福大学	美国	86	83	私立学校
8	加州理工学院	美国	76	76	私立学校
9	牛津大学	英国	72	62	公立学校
10	普林斯顿大学	美国	69	63	私立学校
11	耶鲁大学	美国	65	57	私立学校
12	康奈尔大学	美国	61	55	私立学校
13	柏林洪堡大学	德国	57	50	公立学校
14	巴黎大学	法国	51	38	公立学校
15	哥廷根大学	德国	44	42	公立学校

资料来源：维基百科、各大学官网

进入 21 世纪之后，这种现象也没有发生变化，反而表现出自我加强的趋势。从表 3-4 中可以看到，2000 年—2020 年，美国依然是诺奖的主力国。前 16 个诺奖学校中，13 所是美国大学，其中除了伯克利加州大学以外均为私立学校。

[①] 诺奖主要分为诺贝尔物理学奖、诺贝尔化学奖、诺贝尔生理学或医学奖、诺贝尔经济学奖、诺贝尔文学奖、诺贝尔和平奖。本文中统计口径为"自然科学＋经济学"的原因在于，笔者认为，属于自然科学的物理、化学、生物或医学，以及属于社会学的经济学都属于科学范畴，而文学奖和和平奖不属于科学范畴。

表 3-5　2000 年—2020 年前 15 名获诺奖学校

排名	大学名称	国家	获诺奖人数	自然科学＋经济学获奖人数	学校类型
1	哈佛大学	美国	66	59	私立学校
2	麻省理工学院	美国	45	44	私立学校
3	斯坦福大学	美国	40	38	私立学校
3	伯克利加州大学	美国	40	40	公立学校
5	耶鲁大学	美国	34	32	私立学校
6	普林斯顿大学	美国	33	32	私立学校
6	剑桥大学	英国	33	31	公立学校
8	加州理工学院	美国	29	29	私立学校
9	芝加哥大学	美国	25	23	私立学校
10	哥伦比亚大学	美国	22	16	私立学校
11	牛津大学	英国	19	17	公立学校
12	康奈尔大学	美国	18	18	私立学校
13	宾夕法尼亚大学	美国	17	17	私立学校
14	纽约大学	美国	15	14	私立学校
15	约翰霍普金斯大学	美国	13	12	私立学校
15	京都大学	日本	13	13	公立学校

资料来源：维基百科、各大学官网

如上所述，美国的大学分公立大学和私立大学。虽然美国的公立大学和私立大学都具备较好的学术自治环境，但是相比公立大学，私立大学拥有更好的学术自治环境。这一点从不同性质的大学经费来源也能看出。

表 3-6　美国公立大学与私立大学部分年份资金来源　　　　（%）

公立学校						
年份	合计	学杂费	联邦政府	州和地方政府	捐赠收入	自主性收入及其他
1997—1998	100	18.9	10.6	39.5	5.1	25.9
2007—2008	100	17.6	13.7	35.29	3.77	29.64
2017—2018	100	19.88	12.83	28.2	3.54	35.55

私立学校（非盈利）						
年份	合计	学杂费	联邦政府	州和地方政府	捐赠收入	自主性收入及其他
1997—1998	100	27.82	11.71	1.55	13.91	45.03
2007—2008	100	36.44	14.51	1.71	15.07	32.28
2017—2018	100	30.54	10.64	0.87	12.34	45.61

资料来源：美国国家教育统计中心（NCES）统计

注：自主性收入及其他包括，教育活动的销售与服务收入、辅助事业收入（附属医院等）、合同收入、投资回报等方面的收入。

从表3-6中可以看到，在公立大学中，州政府和地方政府拨款占大学经费来源的30%~40%左右，而这一比例在私立大学中不到2%，微乎其微。虽然不同性质的学校收入来源的比例在美国发展的不同阶段会有所变化，但其结构并不会有太大变动。公立大学的资金来源中，主要资金来源一直是州政府和地方政府拨款，其次为学杂费收入、联邦政府拨款以及其他盈利性自主收入。这种收入结构不免会影响公立大学的学术自治环境。虽然美国的州政府一般都会很节制，不会直接干预学校事务，但在主要依靠州政府和地方政府拨款来维持运营的情况下，美国公立大学不得不认真考虑州政府的各方面提议和建议。况且，不少州政府和地方政府拨款时，常常会附带一系列资金使用和学院管理等多方面的条条框框的限制。

私立大学则无需太多考虑这方面的问题。私立大学的主要资金来源在于学杂费收入、自主性收入、捐赠收入，基本不依靠州政府和地方政府。此外，联邦政府对私立大学拨款比例不大，且各方面要求相对少的原因，私立大学能很好的保证学术自治环境。因此，在这种环境下，私立大学相比公立大学更能保证学术上的自主和学术自治环境，也能更好地保护那些以好奇和求知欲为驱动人员的利益。如此，可以借用德里克·博克校长的观点来表述："不同机构对大学的要求即使是利于社会发展的，但从学术机构角度来看，这种要求实实在在地影响着学术机构研究的独立性。"

经济发展模式与学术自治探讨

教育的目的、大学的定义，在不同的时代、不同的环境中表现出不同的特性。有些经济体教育的目的更倾向于完善个体本身，有些经济体教育的目的带有更为明显的经济导向性和社会导向性。

在不同的环境、不同的目的下，不同的院校也会采取不同的治理方式，其方式大致可分为两种。一种是上文所讲到的以欧美发达国家为代表的学术自治，还有一种是亚洲国家较多采用的非自治方式。在非自治方式下，学术人员受行政部门影响较大，不仅在研究领域和研究课题等方面的选择上缺少自主性，而且在教学方面，如课程设置、招生规模、教师待遇、评价体系等等方面也会受到行政体系较多的干预。

从经济发展角度来看，不同的治理方式各有优劣，适用于不同的发展模式。自治方式可以更好地关注个体性差异，更容易以兴趣为导向，研究方向上也会更加自由，因此比较适用于以发明和创造来带动经济发展的国家。多数欧美发达国家普遍采取这种方式，自然有历史沿革的原因，但这种模式能长期持续，也就说明这种方式可以很好地适应这些国家的环境。由于不少欧美国家是第一次、第二次、第三次工业革命的发起国和快速应用国，因此生产力发达，彼此之间差距没有太大，这意味着没有太多的低成本模仿和引进的渠道。在这种环境下，生产力的提高和技术的进步，需要更多的独立发明和创新，而不是模仿和引进周边国家的技术。若想以发明创造来带动经济发展，就必须有充足的基础研究储备。一个国家只有在基础研究领域储备充足，才能为后续应用研究和实验室开发提供源源不断的动力，即拥有雄厚的基础研究，才能有更好的条件为后面这些研究的产业化和商品化提供动力。

跟发达国家不同，对于那些尚处在工业文明早期，或发展相对滞后的国家来说，学术自治并非最有利的选择。相对于自治方式来说，非自治方式的特点在于，政府在学术方向、学术内容、课程设置、招生比例等方面起到了引导性作用。在这种环境下产生的知识可以跟当前的市场环境表现出更紧密的联动性。比如，在非自治环境下，院校可以短期内快速积累政府所指向领域的知识；又比如，在非自治方式下，院校可以短期内大量培养当前发展最需要的人才。

在这方面，我们举一下韩国的例子。

韩国政府在20世纪60年代到80年代，对院校和学术研究进行了频繁地干涉。该时期韩国的发展尚处于模仿和引进、消化和改良阶段，因此迫切需要某些重点发展领域的研究力量。所以，该时期的韩国政府对院校目标的制定、课程设置、人事安排、人才培养方面，都表现出明显的指导性特色。比如，20世纪70年代是韩国重点发展重化工业时期，各类院校重化工业招生人数快速增加，大量资金支持重化工领域的技术研究。又比如，20世纪80年代开始，随着半导体的快速发展，韩国政府重点支持IT领域，不仅大幅提高了各院校IT人员招生比例，还通过各种优惠政策让更多的人从事或研究这一领域。

但随着经济实力的增强，与发达国家差距的缩小，模仿和引进渠道的堵塞，韩国开始注重学术的独立性。从时间上看，20世纪80年代之前，韩国的教育有明显的国家主义特色，20世纪80年代到90年代是国家主义和自治理念并行阶段。1995年之后，尤其到21世纪之后，韩国政府开始大力推进大学的自主化。如韩国教育人力资源部2004年发布《大学自主化促进计划》，2005年发布《大学特色化促进方案》，旨在让高等教育机构从政府管制中摆脱出来，寻找自己的定位，发现自己的特色，提高知识产出在国际市场上的竞争力。

表3-7 高等院校治理方式的利弊分析

高等院校治理方式	有利点	不利点	适合的发展	国家举例
学术自治型	有利于培养多样化人才 有利于更好发挥个体的潜能 有利于发展基础研究	较难通过政策来快速培养特定领域所需要的人才	比较适用于以发明和创造来带动经济发展的阶段或环境	美国、英国、德国、日本[①]等
学术非自治型	有利于发展所需人才的培养 有利于产业政策和经济政策的协同	多样化人才的培养受限 人的潜能利用率不高 不利于基础研究的发展	比较适用于后发追赶国家快速追赶阶段	越南、中国、韩国等

---

① 日本引进的是欧洲的大学模式，法人化改革之前（2003年之前），日本的公立大学（国立大学）虽然属于行政部门，但是日本的学术人员在学术领域有充分的自治权。法人化改革之后，日本的大学则进一步表现出自主经营、严格监督的特色。

如上所述，大多数国家发展教育的目的主要有两种，一种是完善个人，另一种是促进社会发展。教育的这两种目的归根究底还是来自人的两种属性，即人的自然人属性和人的社会人属性。作为自然人，追求的是快乐最大化和幸福最大化。但作为社会人，又不得不参与社会分工，促进社会发展，而社会发展反过来保障个人的生存、生活环境。教育也是如此，一方面肩负着满足自然人需求的使命，另一方面肩负着社会发展需求的使命，两者是相互影响、相互促进的关系。

对于后发追赶国家来说，模仿和引进、消化和改良可以快速促进该国家的经济发展。而且，在这个阶段，经济发展有较为明显的可预测性，其主要矛盾表现在特定人才的欠缺和特定资源的不足上。学校作为最为主要的带动科学和技术发展的机构，若能顺利解决以上矛盾，那么就可以快速推进经济的发展。

然而，当后发追赶国家的经济发展到一定程度，与发达国家差距较小时，模仿和引进的渠道堵塞，这时候想要进一步提高生产效率，那么发明和创造的作用将会不断提高。想要促进一个国家的发明力和创造力，那么基础研究的作用不可忽略。强悍的基础研究实力和充足的前沿性知识储备，能为技术革新以及发明和创造提供源源不断的燃料。从这一点上看，当经济发展到一定程度之后，国家对学术机构的主要侧重点即使是在经济和社会方面，但想要不断提高生产效率，就不得不让更多的人（包括学术人员和学生）在自己擅长的领域做自己擅长的事情。也就是说，当经济发展到一定程度之后，教育机构的自然人使命和社会发展使命就会表现出更多的一致性。

虽然笔者所攻读的专业是金融学专业，但也常常会关注心理学问题。其实，人能从事自己擅长的工作更容易出现成果，这一现象用心理学原理来解释可以一目了然。

借用哈佛大学教授霍华德·加德纳的多元智能理论[①]，每个人都有与生俱来的天赋，如有些人逻辑思维能力很强，有些人语言天赋很好，有些人空间感知能力很强，有些人音乐天赋很好等等。很少有人在所有领域里都有卓越的天赋，也很少有人在所有领域里毫无擅长，多数人都有自己擅长的领域，也有不擅长的领域，即天赋分布符合正态分布。

有趣的是，天赋跟一个人的好奇心、求知欲以及兴趣有较大的关联性，进而激发一个人的专注力和驱动力。比如，一个人在音乐方面具备良好的天赋，那么

---

① 霍华德·加德纳是世界著名教育心理学家，最为人知的成就是提出了"多元智能理论"。考虑到通俗易懂性，本文用天赋来代替了智能。

这个人更容易在音乐领域产生兴趣和好奇心,也更容易在该领域产生求知欲。

那么为什么一个人在有良好天赋的领域,更容易产生好奇心、求知欲以及兴趣呢?其原因在于,天赋会直接影响一个人的信息提取能力,而信息提取能力是让某个人在该领域产生注意力和专注力的关键。一个人只有在某个领域具备一定的天赋,即具备一定的信息提取能力的时候,才有可能在该领域表现出注意力和专注力。一个人在某个领域不具备信息提取能力,则很难在该领域表现出注意力和专注力。如盲人不可能对色彩产生注意力,也无法专注在色彩的世界中。嗅觉受损的人不可能对各种气味产生注意力,也无法在需要分辨各种气味的领域当中表现出专注力。逻辑能力较差的人较难对各种数字和公式产生专注力。相反,在某个领域有较强的天赋的人,不仅可以在该领域提取更多的信息,也更容易发现这些信息之间的关系和产生这种信息的规律。如音乐天赋好的人,可以更容易发现不同的音律、节奏,不同乐器之间的区别,也更容易创作出动人心弦的乐曲。逻辑天赋好的人,可以更容易发现事件和事件、数字和数字之间的关系。

当然,一个人的信息提取能力,不仅跟这个人的天赋有较大的关系,也跟这个人在该领域中的积累也有很大的关系。一个人在某个领域积累的越多,在同样的信息中所能提取的信息就会越多,发现规律的可能性也会越大。比如,常年从事某项工作或某个领域的专家,更容易在该领域中提取更多的信息,也更容易发现不同信息之间的规律。从这个角度来看,天赋和积累是相辅相成的关系,其中天赋起到更为基础的作用,即某个领域天赋好的人,可以更快速地在该领域产生积累。

通常情况下,一个人所擅长的,跟这个人的天赋和多年的积累有关,而且这个人的天赋所在和多年的积累,往往也是让这个人更容易产生思考,更容易产生求知欲的领域。外人指定的方向,不一定会成为让这个人的天赋和多年的积累发挥出最大才能的领域。如同达尔文父亲一样,达尔文的父亲或许从社会需求和人的价值角度给达尔文指明了方向,达尔文虽然也较为顺从,但父亲指明的方向并不是达尔文真正的兴趣所向和爱好所在。爱因斯坦也是如此。虽然为了生计,爱因斯坦不得不从事专利局的工作,但是他真正感兴趣且让他思考不止的并不是所从事的工作,而是让他能发挥天赋和常年思考的一些抽象的问题。

当一个人专注于某件事情或沉浸于某件事情的时候,会产生快乐感和幸福感①，如果在专注的过程中发现规律和出现自我突破，这种快乐感和幸福感会更胜一筹。而且，这种快乐和幸福感跟来自金钱和名利的有所不同，并非来自外部，而是产生于内部，也就是内部激励。正因为如此，一个人在做兴趣导向的事情时，更容易表现出驱动力。这种驱动力主要来自两个方面：一是，在专注的过程中可以获得满足感和幸福感，因此有动力坚持下去，即内部激励驱动着他们坚持下去；二是，如果一个人在某一个领域有良好的表现，自然会拥有更多的名誉和商业利益，即会得到更多的外部激励，这也会驱动这个人坚持下去。还有一点就是，当一个人在好奇心和兴趣驱动下做一件事情的时候，他的实际工作不会局限于办公时间。这个人很可能在吃饭时间、娱乐时间、上下班时间甚至睡梦当中，都有可能在思考自己感兴趣的事情。这无异于大大延长了从事该项工作的时间。

　　总结以上的特性，很容易找到好奇和兴趣为驱动的人群更容易出现发明创造的原因。一是，在某个领域能表现出持续不断的兴趣的人，往往是在该领域有一定天赋以及有较多积累的人。这也意味着，这个人在这个领域在同样时间内可以获取更多的信息，更容易发现这些信息之间的关系和规律。二是，一个人因好奇驱动和兴趣驱动从事某项工作的时候，不会产生抵触心理或敷衍心里，而是全神贯注地投入其中，并乐在其中。这会大大提高工作的效率。三是，一个人因好奇驱动和兴趣驱动从事某个工作的时候，其工作时间往往不会局限于固定工作时间，而是会得到大大延长。

　　在兴趣驱动和好奇驱动下产生的这种高效率且长时间的工作方式，自然会大幅提高规律的发现、新产品或新技术的发明创造的概率。而上面提到的学术自治，其实就是为更多的人在自己所擅长的领域，即有一定天赋的领域和容易产生兴趣的领域，提供更加自由的工作机会和学习机会的方式。虽然这种方式，在短期内较难大量培养某一特定领域的人才，但是在人类发展所需要的方方面面，尤其针对充满不确定性的未来科学和技术领域，可以大幅提高其创新、创造、发明的概率。

---

① 与之相反，当一个人一直处在无法专注的状态，或在做某一件事情、思考某一件事情的时候总是被打断，较容易产生焦虑感、烦躁感和疲惫感。

第二节 知识产权保护、反垄断与美国的发明创造

工业革命的领头羊

美国不仅是诺贝尔奖大国,也是发明创造大国,不仅在基础研究领域有强悍的实力,在应用研究和实验室开发等应用领域也有难以撼动的地位。

一、第一次工业革命时期的发明创造

第一次工业革命发生在18世纪60年代左右。英国是第一次工业革命的发源地,接着法、美、德、俄诸国也掀起了工业革命的浪潮。从18世纪60年代开始,在英国大机器生产取代工厂手工业,生产力得到了突飞猛进的发展。英国在1771年建立了第一个棉纺织厂,到1835年全国棉纺织厂已达到1263家,工人数超过22万。曼彻斯特成为当时世界上最大的棉纺织业城市。

机器的使用大大提高了劳动效率,1770到1840年,每个工人的日生产率平均提高20倍。几项主要产品的产量突飞猛进,棉布产量从1796年到1830年增长了15.5倍,生铁产量从1796年到1840年增长了10.3倍。1820年,英国工业生产占世界总产量的一半。工业革命完成时,英国建成了纺织业、冶金业、煤炭业、机器制造和交通运输业等五大工业部门。[1]第一次工业革命不仅让英国积累了大量的财富,更是让英国确立了世界工厂地位。

美国的第一次工业革命是在英国的影响下发展起来的。18世纪70年代,刚独立的美国生产技术落后,工业基础薄弱,因此美国早期的发展也大量地引进了英国的技术。虽然美国早期的发展有不少模仿和引进的地方,但美国的工业化跟日本和韩国早期的主要靠模仿和引进以及改良的发展模式有一定的不同。美国在第一次工业革命时期不仅有改良和创新,更是有大量的发明和创造。

---

[1] 庄解忧.世界上第一次工业革命的经济社会影响[J].厦门大学学报:哲学社会科学版,1985(4):54-60,68.

第一次工业革命时期，英国人通过大量的熟练工来开动机器，美国人却用加大技术创新，提高机械化程度，提高工资等方式打开市场。比如，18世纪80年代连续加工面粉厂最先出现在美国，用机械化替代了人工，解决了大多数面粉厂工人累断腰骨的搬运工作。为此机械师奥利弗·埃文斯还申请了专利。又比如，被誉为"美国规模生产之父"的伊莱·惠特尼开启了零部件标准化可替换的时代，诸多领域中开始尝试并解决工匠们独立完成整个产品导致的零部件无法更换、维修困难、生产效率低下问题。美国开启的标准化生产模式，在19世纪50年代引起了欧洲国家的注意。当他们发现美国工人一天能装配50支枪，而英国工人只能装配两只枪时，再也不敢掉以轻心。到19世纪50年代，第一次工业革命尚未结束，美国不少机械已经优于欧洲国家，诸多领域的生产效率也高于欧洲国家。

第一次工业革命早期，美国主要靠引进和模仿来发展，但到了中后期，改进和创造逐渐变成了带动美国经济发展的主要动力。比如，美国在机器制造技术、蒸汽机技术、电报技术、冶铁冶钢技术、钻井技术和炼油技术、硫化橡胶技术、升降机技术等方面都靠独立创新来赢得了世界市场的竞争。从具体案例来看：1818年美国人发明了世界上最早的万能铣床，被认为是划时代的创举。世界上第一台磨床是美国人发明的，并且广泛应用于自动传送。1838年美国人莫尔斯发明了第一台电报机，电报机的大规模应用大大缩短了信息传输的时间和成本，在诸多行业引起了革命。美国爱德华·德雷克用井架和蒸汽推动的钻子，挖出了69英尺深处的石油，并建成了世界上第一口油井。石油作为重要的可利用能源，成为发明家的宠儿。到1869年，炼油业有了迅速的发展。1901年美国哈米尔兄弟开采出日产量突破8万桶的油田，让美国进入了石油时代，也是世界石油时代的开端。世界上第一部电梯由美国伊莱沙·格雷夫斯·奥的斯发明。奥的斯的发明使建筑内部有了突破，解决了人们步行爬楼梯的问题。但那时候的钢很贵，电梯只是少数人的奢侈品。直到20年后，美国钢铁大王安德鲁·卡耐基找到了革命性的炼钢方式，大幅度降低了钢的成本，电梯才开始大规模应用起来。即使在160多年后的今天，美国奥的斯电梯公司依然是世界上最大的电梯公司之一。除了上述重大技术发明和创新之外，美国还在印刷机、手摇织机、纺车、采矿设备、冶铁炉等等诸多领域都有自己的发明和创新。

美国的第一次工业革命虽然晚于英国、法国、德国，但发展速度远远超过了这些国家。到19世纪70年代，除了某些稀有金属之外，美国几乎拥有制造国内所需任何物品的生产能力。这些成就不仅要归功于美国对第一次工业革命成果的引进和改良，更要归功于美国基于这些成果的发明和创造。

二、第二次工业革命时期的发明创造

美国不仅在第一次工业革命时期取得了耀眼的成绩，更是第二次工业革命的发起国。自从第二次工业革命开始，美国的科技创新超过了英国、法国、德国等国家，并领先于世界。

第二次工业革命的导火线是电力的应用。19世纪70年代开始，以科学进步为前提，各种发明和技术创新开始井喷式发展。经过这一时期，新技术、新设备、新工艺和新的生产管理方式的应用，社会生产力出现了质的飞跃，其发展速度之快，涉及范围之广，远超过蒸汽时代。1870年—1913年，美国工业生产值增长了8.1倍，而同一时期英国增长1.3倍，法国增长1.9倍。1929年美国工业总产值在世界工业总产值中的比重达到48.5%，超过了英国、法国、德国等老牌资本主义国家工业产值的总和。

从具体发明和创新情况来看，19世纪上半叶，电磁学、电化学和热力学取得了巨大进展，英国科学家法拉第发现了电磁感应，为发明发电机和电动机提供了理论基础。美国的科技人员及时引进和掌握了欧洲先进的电学原理和技术成果，并进行了独创性的研究和应用。1879年，爱迪生发明了白炽电灯泡，并建立了第一座商用发电站，建成了美国第一个电力照明系统。电力的发明和应用，被普遍认为是第二次工业革命的开始。白炽灯泡的发明彻底改变了人们的生活，大大刺激了发电事业。短短2年间，美国就建造了5000座发电厂，电力源源不断地输送到纽约、波士顿、芝加哥、圣路易斯、新奥尔良等城市。美国在接下来5年里，又建了127000多座发电厂。电灯带来了一场影响深远的变革，体育场、娱乐场所、工厂和便利店全都能在晚上照常运营。电的广泛使用，大大改变了美国社会和家庭生活。1907年，美国拥有5000座电影院，美国家庭中的暖气供应系统取代了过时的壁炉和其他古老的取暖方法。电冰箱、电动洗衣机、真空吸尘器、缝纫机等不断取代过时的家庭用具。

电不仅能传输能量，也能传输信息。电气技术的兴起激起了通讯革命。到1904年，电话线已经布满美国全境。20世纪初美国发明无线电技术，1906年又发明了三极管，为之后的电信、广播事业的发展奠定了基础。除此之外，第二次工业革命时期，美国在内燃机技术、冶金技术、化工和制药技术、电器技术包括洗衣机、空调、电视、电冰箱等等方面，通过发现、发明、创新大大促进了行业发展。仅从专利数量来看，美国在1900年以后任何一年获得的专利发明数量都超过1860年以前美国所拥有专利的总和。

三、第三次工业革命至今的发明创造

如果说第二次工业革命对美国来说是科技和技术带动下快速追赶并超越的历史，那么第三次工业革命开始则是巩固第一强国地位，跟其他国家不断拉大距离的历史。更为准确地说，1913年美国整体工业实力超越英国，位居世界第一之后，美国各方面实力不断跟第二名拉开距离。比如，美国率先掀起了计算机和互联网等信息技术为主线的技术革命。美国在电子计算机技术、航空航天技术、机电制造技术、生物技术、新材料技术上都有许多创新，并将这些成果和专利应用到生产中，加强和巩固了世界第一强国的地位。

总体来看，美国不仅在基础研究方面有强悍的实力，在应用研究和发明创造方面也遥遥领先于其他国家。美国不仅在第一次工业革命时期，表现出了较强的发明创造能力，更是第二次、第三次工业革命的发起国。尤其，第二次工业革命开始，作为世界第一强国，美国没有太多消化和引进国外先进技术的环境，反而作为世界第一强国，其发明和创造常常被其他国家所应用。

那么是什么因素让美国成为发明创造大国呢？无疑，上文提到的基础研究和前沿知识的储备是重要因素。但是，基础研究和前沿知识的储备，只能为这些知识的应用提供更好的环境，并不一定能让这些科学知识在不同领域中以商品形式出现。原因很简单，因为推进科学的技术化和商品化的主流群体不大可能是为好奇和求知欲而工作的人群，而更可能是为商业利益而奋斗的人群。

美国的各种研究成果可以快速得到产业化和商品化，说明这个国家可以很好地保护那些为了商业利益而进行发明和创造的群体，并创造出有利于他们发挥才能的环境。在笔者看来，在这些环境的搭建中，起到十分重要作用的是知识产权保护制度和反垄断制度。如果说学术自治，让美国成为基础研究强国，那么，严格的知识产权保护制度和与时俱进的反垄断制度，为美国各种研究的产业化和商品化提供了良好的环境。

美国的知识产权保护

知识产权保护制度是知识经济时代的产物。在人类文明早期的生产当中，脑力劳动不构成人们生活的主要内容。到近代资产阶级革命之后，随着资本主义商品经济的建立，知识产品在人们的生活中发挥的作用越来越大，便产生了保护知识产品的社会需求。

知识产权主要包括版权、商标权、地理标志权、工业品外观设计权、专利权、集成电路的布图设计权、未披露信息的保护权等方面内容。知识产权制度是激励发明创造成为一个持续的、不间断活动的制度安排。这种激励机制是通过赋予智力成果创造者或拥有者某种专有权，让其在一定期限内保持独占权。发明创造者和智力成果拥有者可以通过知识产权商品化的方式来获得商业利益。

知识产权一般是无形的产品。与有形财产相比，它往往会依附在一定的载体之上，而这种载体通常存在可复制性，如软件产品、音乐、电影、书籍、电路设计图、材料生产工艺等等。由于知识产权的无形性和可复制性，如果没有给予合理的保护，知识产权很容易成为公共产品。比如，影视公司花费巨资拍出电影，如果知识产权保护不到位，很可能出现盗版现象，最终导致影视公司面临亏损。如果没有良好的知识产权保护机制，个人或团体所付出的脑力就得不到应有的回报，其投入的时间成本和资金成本付之东流，不仅导致付出劳动的人利益受损，反过来也会挫伤人们发明和创造的积极性。

美国是世界上最早建立知识产权法律制度的国家之一。美国在建国之初就把知识产权成果的保护写入了宪法。18世纪80年代起草的美国宪法第一条第八款就有这样的规定："为促进科学和实用技艺的普及，对作家和发明家的著作和发明在一定期限内给予专利权保障。"1802年，美国商务部成立了专利局，正如写在商务部大门口上林肯总统的一句话："专利制度就是将利益的燃料添加到天才之火上。"

经过200多年的发展，美国现在的知识产权保护制度相当完善。美国的知识产权涵盖了保护知识产权所需的方方面面，不仅包括知识产权的各个种类，如专利、商标、版权、植物新品种、商业秘密等，也包括了知识产权保护及应用所需的各个环节，如创造、运用、管理等环节。

美国知识产权保护制度的建立是行政机构、立法机构、执法机构、行业协会、NGO以及其他团体共同努力的结果。

从微观层面上看，知识产权保护跟企业和个人利益息息相关，因此美国企业组成各种产业知识产权联盟，积极参与知识产权立法和执法活动，并与国会及行政机关建立了相当密切的关系。美国的行业协会在知识产权保护中扮演着重要的角色。比如，美国的出版协会、电影营销协会、计算机软件和服务工业协会、商业软件联盟、计算机和商业设备生产协会、美国电影协会、全国音乐出版者协会、美国录音协会等8个行业协会成员代表了美国1600多个公司。[①]这些协会通

[①] 曾一昕，邱力生，刘华，任艳.知识产权保护制度的经济学分析[M]. 北京：中国社会科学出版社，2008:38-40.

过采取联合行动、游说政府等方式，维护知识产权权利人的利益。

　　从宏观层面上看，完善的知识产权保护制度有利于促进整个社会的创新动力。为了建立更加专业化的知识产权保护环境，美国在行政体系、司法保护和执法体系方面，建立了相对完善的组织架构和功能分化。比如，美国除了联邦政府和州政府之外，在其他部门，如国防部、能源部、农业部、宇航局、商务部及卫生部等，都拥有各自的专利管理部门，有权以各机构的名义申请专利、维护和许可证转让。除此之外，美国在立法、司法、行政活动中都为企业和产业知识产权组织的参与提供了重要的程序保障和充分的表达机会，成为企业利益的忠实代言人和平衡协调者。例如，在美国软件、电影和数字化作品的版权保护立法和执法过程中，立法机构和执法机构会充分听取产业知识产权组织的建议，采取灵活的知识产权保护策略。

　　为了更好地保障知识产权所有者的利益，美国对知识产权执法力度相当严厉。首先，美国政府将侵权列入严重犯罪的种类，并进行严厉的惩罚，把他们从事犯罪的利润全部没收，对有些人甚至会施以刑法。比如，根据《1984年商标假冒条例》，如果假冒使用他人注册的商标做生意，若是个人，刑事上给予25万美元罚金或5年监禁，或者两者并罚；如果不是个人，罚金则高达100万美元。又比如，在著作权方面，只要复制或发行10份以上，就可能受到严厉的制裁。如果是重犯或再犯则会受到更加严厉的制裁，最多可判10年监禁。①

　　美国的知识产权保护不仅涉及专利权、版权、商标权等可申请的领域，那些不好申请，但实实在在存在的领域也会给予很好的保护。保护商业秘密就是典型的例子。根据美国对商业秘密的定义来看，所有形式和类型的财务、商业、科学、技术、经济或工程信息②，不论其为有形或无形，只要其符合"秘密性""价值性"和"保密性"条件，都可定义为商业秘密。美国在商业秘密保护上相当严格。各州禁止用不正当手段取得他人的商业机密，或泄露他人的商业机密若违反这些条款，商业机密所有人就可以提起民事诉讼，有权获得民事赔偿，并可以禁止对方继续使用该商业机密。尤其，20世纪90年代以来，互联网的广泛应用和电子商务的发展，使美国越来越重视对商业秘密的保护。从执法力度来看，盗窃商业秘密的组织机构所面临的惩罚金额上限为500万美元，或者三倍于窃取商业秘密给盗窃者带来的利益，取两者的更高值，还可以根据情况对其进行刑事制裁。可见，美国对商业秘密保护的严厉程度。

---

① 曾一昕，邱力生，刘华，任艳.知识产权保护制度的经济学分析[M].北京：中国社会科学出版社，2008:30-32.
② 如包括图案、计划、汇编、编程装置、公式、设计、原形、方法、技术、流程、程序、编(«或编码等等。

当然，知识产权的过度保护也会带来竞争的不公平，甚至垄断等问题。美国在发展过程中，企业以知识产权产品快速发展壮大之后，破坏行业的公平竞争、降低行业发展效率的事情也时有发生。面对这些问题的困扰，美国学术界和实务界也会时不时地探讨，并出台更加先进，与时俱进的方案，如改进保护架构，调整保护时间，完善保护维度和保护范围等等，其旨在不仅要鼓励脑力工作的人，同时也要防止这些人一劳永逸，以便让整个市场保持更加公平和充满竞争性。

在这种理念下，美国逐渐成为知识产权保护环境最为完善的国家之一。这一点，从世界主要机构知识产权保护的相关指标中就可以看出。

目前，国际组织机构对国家知识产权保护水平的测度主要有三个指数：一是国际知识产权联盟（IPRA）发布的国家及地区知识产权保护指数（IPRI）；二是世界经济论坛（WEF）发布的各国知识产权保护指数（IPPI）；三是美国商会GIPC发布的国际知识产权指数（GIPCPI）。

根据2020年美国商会全球知识产权中心（GIPC）发布《2020年国际知识产权指数报告》来看，美国在专利、著作权、商标、商业秘密、知识产权商业化、执法、系统效率、加入和批准的国际条约等方面均表现出较强的水平。日本和韩国虽然也是发达国家，但是在版权保护、知识产权商业化等方面跟美国还是有一定的差距。从中国的情况来看，中国知识产权战略提高到国家战略之后，知识产权保护各方面的指标比以往年份有不少的提升，但是从图3-1中可以看到，跟美国、德国、日本、韩国等发达国家相比，中国还是有不小的差距，尤其在版权保护、设计权保护、商业秘密保护、知识产权商业化、执法强度等方面还有较长的一段路要走。

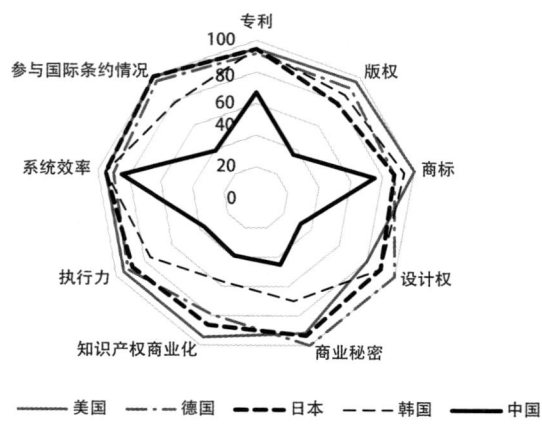

图3-1 部分国家知识产权保护力度相关指标

资料来源：GIPC.U.S Chamber Internation IP Index.2020.

虽然不同的评测机构评测的排名有所不同，但是发达经济体基本都有较好的知识产权保护体系，尤其是欧美发达国家，如美国、加拿大、英国、瑞士、荷兰、挪威等国家，在知识产权保护方面的排名名列前茅。

在完善的知识产权保护制度和严厉的处罚力度下，美国有更好的条件使得大学、产业部门、政府之间通过各种网络紧密地连接在一起，成为新的知识生产体。政府提供制度环境和基础设施的保障，繁荣大学与产业之间的关系；产业和大学之间，由于有良好的发明、创新、创造成果的保障体系，因此不仅有足够的动力花费时间和金钱投入到创新和创造活动，更是能让学术机构的重大发现和重要科学成果快速地传达到产业领域，实现商品化，让每一个参与的主体都能更好地保障各自的利益。或许也正是因为这个原因，如图3-1所示，美国在知识产权商业化方面遥遥领先多数国家，除了基础研究之外，在应用研究和新产品的发明、创新、创造上也能表现出强劲的竞争力。

美国的反垄断历程

垄断是指少数大资本家为了共同控制某个或若干部门的生产、销售和经营活动，以保证高额利润和市场地位而实行的一种联合。

垄断现象较为容易出现在生产、运营、销售等方面容易标准化的领域。相比服务业，制造业更容易产生垄断，因为制造业相对容易标准化，而服务较难标准化。同样是制造业，相比消费品领域，工业品领域更容易形成垄断。消费品因其消费需求的多样化导致产品在性能、设计等方面需求多样，而工业品的采购更加看重的是产品价格、质量、稳定性以及附加值。当然，垄断现象也存在一定的时代特性。就消费品领域来说，粗放式发展时期消费者购买力受限，需求结构简单，因此也很容易形成垄断，但随着经济的发展，需求的多样化，这种垄断现象会逐渐消失。

一般情况下，如果一家公司在某个行业产品市占率达到30%及以上，就可能会享受垄断地位。其垄断地位包括产品定价能力，明显的上游供应商议价能力，产品行业标准的制定以及游戏规则的制定等等方面。如果2-5家公司联合起来市占率达到50%及以上也可以享受垄断地位。经济学上将多家联合起来享受垄断利润的现象叫作寡头垄断。

垄断会破坏公平竞争，降低经济运行效率，阻碍新生力量的发展。当新的竞争者进入时，垄断企业或垄断组织可能会通过已获得的垄断优势，进行价格打压、渠道管控、舆论引导、恶意并购或者通过政商关系等方式阻碍新生力量的发展，消除可能会产生的威胁。

美国是世界上第一个发起反垄断法的国家，其历史可以追溯到100多年前。美国在第二次工业革命之后，能源利用效率得到大幅提高，带动了重工业的快速发展。产业结构也从早期轻工业为主逐渐转变为重工业为主，并表现出更为明显的劳动密集型和资本密集型特点。

第二次工业革命之后，虽然美国的生产力和技术水平有大幅提高，但是整个社会的生产方式依然处于粗放式发展阶段。从现在物质文明的角度来看，20世纪前后美国生产力依然低下。1928年，赫伯特·克拉克·胡佛竞选美国总统的时候，自然资源禀赋如此好的农业大国总统竞选宣言依然是："每个锅里都有鸡，每个车库都有车。"即使到20世纪30、40年代，美国的发展依然是粗放式发展为主，其产品的雷同性较高，多数消费者的需求以生存需求为主，尚未达到解决生存的前提下提高生活质量的阶段。如根据美国劳动党提供的数据来看，1900年美国的消费支出中，食物占总消费支出的比重，即恩格尔系数[①]为43%，而如今美国这个系数仅为8%左右。

本书在介绍韩国时已有讲述了粗放式发展时期的特征。由于粗放式发展时期，需求结构简单、产品较为容易标准化的原因，企业的主要竞争优势来源于畅通的资金渠道、低廉的资金成本以及政商关系。谁有更为充足的资金，谁有更低的资金成本，谁有更好的政商关系，谁就有机会快速胜出。美国的情况也是如此。第二次工业革命之后，随着资本集中度的提高，有实力的企业通过联合或者整合的方式，如通过普尔、信托组织、控股公司等方式，快速提高市场集中度，以便快速提高行业地位。其中石油行业便是典型例子。1870年洛克菲勒成立俄亥俄标准石油公司时周围有许多炼油厂，如纽约有15家，费城有12家，匹兹堡有22家……但通过并购和整合之后，最终只剩了一家美孚石油公司（亦即俄亥俄标准石油公司）。1874年4月，美国炼油总产量3600万桶，其中，美孚石油公司生产了3300万桶。到了1880年，全国生产出来的石油95%由美孚石油公司提炼。[②]

标准石油公司的成功之后，其他行业的大企业纷纷仿效，在铜、橡胶、煤炭、牛肉、玻璃、铝业、钢铁、农业机械等等领域，不断建立起托拉斯垄断组

---

① 恩格尔系数是食品支出总额占个人消费支出总额的比重。一个国家越贫穷，每个国民的平均收入中（或平均支出中），用于购买食物的支出所占比例就越大。从现在的情况来看，一个国家平均家庭恩格尔系数大于60%为贫穷；50%-60%为温饱；40%-50%为小康；30%-40%属于相对富裕；20%-30%为富足；20%以下为极其富裕。

② （美）彼得·科利尔，戴维·赫罗维兹.洛克菲勒家族传[M]．周越，叶晓玲，肖凤艳，王永生，等译．北京：中国时代经济出版社，2004:37.

织。这些组织凭借雄厚的资本，使用各种经济手段，如价格协定、联合抵制、回扣和优先合同，或非经济的手段，如黑名单、威胁、恐吓、商业间谍活动来控制和压迫中小企业，致使众多中小企业被兼并或破产。

形成垄断之后，垄断资本家们为了保持垄断地位，开始更加积极地参与到政治活动中，并逐渐获得了更多的发言权。他们开始寻求成为大党的党魁，进行全国性的政治交易。在这种环境下，原本崇尚民主。崇尚自由和公平竞争的美国，逐渐成为竞争环境不再公平，贫富差距快速拉大，大量人员流离失所，努力和奋斗无法得到回报，腐败和贿赂处处可见的国家。当然，随之而来的是劳资关系的紧张，民众的愤怒，劳工运动的频繁等间距。

面对矛盾的激化，美国政府开始意识到自由竞争本身存在的问题，对原先放任不管，仅依靠市场力量来促进自由竞争的理解有所改变，试图创建更加公平的竞争环境。到19世纪末，国会充斥着各种反托拉斯（反垄断）提案，导致联邦反托拉斯法的出台成为一个必然趋势。如同谢尔曼在国会辩论中所说："既然我们不能赞同作为政治权力的王国存在，我们就不能赞同控制生产、运输和经销各种生活必需品的王国存在。既然我们不能屈从一个皇帝，我们也不能屈从一个阻碍竞争和固定价格的皇帝。"

1890年，美国国会颁布了《谢尔曼法》[1]，该法以共和党参议员约翰·谢尔曼的名字命名。虽然《谢尔曼法》的目的在于解决反垄断问题，促进公平竞争，可因为早期的《谢尔曼法》语言简单，含义模糊，判断反垄断的法律标准、适用范围等重要问题并未在该法中明确等原因，其发布之后近20年并未能较好地应用于解决各种实际问题[2]。但是，该法奠定了美国审理反托拉斯案件的法理基础，所有随之而来的立法、行政、司法实践，都按照该法的方针进行，以至于《谢尔曼法》被称为美国的"自由宪章"。

《谢尔曼法》颁布之后，真正有效推进美国反垄断历程的是西奥多·罗斯福总统。以罗斯福执政为起点，像北方证券公司等多个垄断组织不断被解散和肢解。如1911年联邦最高法院判定新泽西标准石油公司涉嫌垄断，将其肢解成33

---

[1]《谢尔曼法》是1890年，由参议员约翰·谢尔曼提出而得名。《谢尔曼法》是世界第一部现代意义的反垄断法。

[2] 虽然早期的《谢尔曼法》措辞含混，缺少量化，缺少借鉴案例等原因，未能有效解决反垄断问题，但是给美国发明创造注入了不少活力。早期《谢尔曼法》的作用与其说是解决垄断问题，不如说是通过这样一项立法来对企图搞垄断的企业进行一种威慑。如果没有反托拉斯法的约束，19世纪后期所形成的大企业完全可以凭借自己雄厚的资本，使用其他各种经济手段或非经济手段实施其控制力，而不必加大创新力度。在反托拉斯政策影响下，美国的大企业开始加大研发投入。如20世纪前后开始，通用电气公司、杜邦公司、柯达公司、美国钢铁公司等等大企业率先建立自己的实验室，并高薪雇佣科学家、工程师和研究人员，以便可以保持持续的竞争力。

147

个小的地方性石油公司，同年另外一家巨头，美国烟草公司也被法院认定违法行为成立，要求分解为16家小公司。

继《谢尔曼法》为起点，美国反垄断手段不断完善，从早期的反托拉斯开始，美国现在对垄断可能涉及的方方面面，包括贸易限制、阻碍自由竞争、价格歧视、各种类型的并购、其他方式的市场力量积蓄等等都有较好的判断和防范。比如，美国在判断一家公司或其行为是否构成垄断的时候，不仅会考虑产品的可替代性，市场集中度和产品的议价能力，还会考虑市场条件的变化，新技术应用，有关企业的财力和物力，进口关税和出口配额，进入市场时存在的障碍大小等等方面的因素来判断是否构成垄断。

今天，美国司法部、联邦贸易委员会、受害的私人方以及各州律师，都可以将违反该《谢尔曼法》者纳入反垄断诉讼。法庭可以依照其颁布禁令，以阻止反竞争行为。法庭还可以对违法者实施罚款和关押。其中的罚款规定非常严厉，即著名的"三倍罚款"，一旦公司被认定违反反垄断法，就要被罚款3倍于损害数额的罚金，而且在必要的情况下，还能将垄断者拆分为几个互相竞争的厂商。[1] 在这方面，我们通过微软案例来进一步了解其中的细节。

微软案例

图形处理系统"Windows"的推出，与IBM的合作以及个人电脑（PC）时代的来临，助推了微软这个年轻的创业团队快速登上历史舞台。从1975年比尔·盖茨与好友保罗·艾伦一起创办微软公司开始，短短20年后的1995年比尔·盖茨荣登《福布斯》全球亿万富翁排行榜榜首。

随着微软在全球磁盘操作（Dos）和Windows（视窗）操作软件制造领域市占率的提高和霸主地位的确立，也逐渐受美国反垄断组织的注意。早在20世纪90年代早期，美国联邦贸易委员会和司法部就把目光放到微软"捆绑销售"方式是否导致不公平竞争的问题上。该问题在1994年微软签署关于不得限制其他竞争对手进入的相关条款之后得到缓解。

但到1996年，微软开始发售带有集成IE浏览器的Win95版本时，再次引起司法部的注意，并在1997年把微软告上法庭。以此为起点，微软卷入了长达数年涉嫌垄断的纠纷案件。

1999年，杰克逊法官就政府起诉微软公司垄断一案，正式发布了事实认定书。在事实认定书里，杰克逊法官列举了断定微软公司"垄断"市场的三条"罪

---

[1] 李成刚. 从AT&T到微软：美国反垄断透析[M]. 北京：经济日报出版社，2004:157.

状"：一是操作系统独占了巨大的市场份额；二是其他企业难以进入该市场；三是没有可替代Windows的商业操作系统。2000年4月杰克逊法官初步判定，微软公司滥用其对个人电脑操作系统市场的垄断力量，因掠夺性和反竞争行为而违反了美国的反托拉斯法。同月，司法部乘胜追击，宣布分解微软的详细方案，要求将微软分解为两家公司，一家经营Windows个人电脑操作系统，另一家经营Office等应用软件和包括IE浏览器在内的网络业务，并在6月7日进行了判决。判决还要求，被拆分的这两家公司禁止设立合资公司，禁止互相之间以优于第三方的条件做出许可或销售产品，以及禁止从事任何为维持垄断而采取阻挠竞争的活动。

对于杰克逊的判决，微软不服，提起上诉。在上诉状中，微软否认公司在计算机软件业违反了反垄断法，并提供了竞争对手并没有失去市场份额等一系列证据，还要求上诉法院驳回此前地区法院有关微软一分为二的判决。经过一系列的唇枪舌战和斗智斗勇之后，在天时地利人和之下，微软避免了被肢解的命运，但也做出了不少的妥协和让步。具体内容包括，同意排除其限制竞争行为，同意向第三方公司公开其程序结构，同意由3位独立的专家组成一个监督小组进驻微软，以确保各个条款完全得到实施等等。

对于最后的判决，微软欣然接受。比尔·盖茨称之为"公正且合理"，并表示："这是一个里程碑。裁决给了微软新的责任，我们完全接受他们。我们承诺，打造微软成为负责任的行业龙头企业。"[①]

虽然微软避免了被肢解的命运，但这件事情导致了微软公司的市值大跌。微软也为了获得胜诉，支付了巨额的法律费用，而且长期的反垄断诉讼，改变了微软的竞争战略和市场手段，让其竞争方式表现出更加具有公平合理性。

微软的案件也给社会带来了不少正面影响。从法院的角度看，已经较好地达到了反垄断目的，不仅促进了微软在各方面的改正，更是对那些想要投机取巧，用"隐蔽手段"影响市场公平竞争的企业形成了强大的威慑力，促进他们以更加积极、富有创新的方式迎接市场。这无疑有益于促进公平竞争，让市场更富有创意，更加守规则。

微软的案件是美国进入知识经济时代之后较为典型的案例。在严厉的知识产权保护下，微软以其创新型产品迅速成为行业龙头，并占据了较高的市占率。同时作为知识经济时代的公司，微软深知技术竞争力的优势，所以公司一直保持着

---

① 李成刚.从AT&T到微软：美国反垄断透析[M].北京：经济日报出版社，2004:88-90.

大量的研发投入,以确保产品的创新性和领先性,并没有像多数传统垄断企业一样采用明显的价格歧视、妨碍竞争者加入、阻碍技术革新等垄断措施。微软产品的定价也比较符合市场逻辑。与其他公司同类产品相比,微软产品的定价并不高,而且也没有给消费者带来不满。据2000年4月中旬的一项民意调查显示,认为微软对消费者"好"的人数比例为67%,认为它对消费者"差"的人数仅有8%。从这一点上看,微软也较为符合"通过先进的管理和技术革新而创立的垄断企业不违反谢尔曼法"的美国反垄断原则。

当然,作为世界性巨头公司,同时作为高市占率和享受较高毛利率的公司,在业务开展过程中,难免会出现为了保证自身的市占率和毛利率,排挤其他竞争对手进入的事情。但微软的种种措施并没有给业内带来较为明显的不良影响。这也是在判决过程中,无论是学术界、实务界,甚至是同行业竞争对手中都出现了不少"认为微软没有出现垄断问题"的原因。

从微软的案例中可以看出,美国处罚有害市场公平竞争行为的严厉程度。搭售行为、限制协议、捆绑销售等等,在韩国、中国等多数国家是普遍存在的现象。在中国,像互联网杀熟这么明显的价格歧视行为,还没有得到明显的制止,但在美国,微软实施的各种"隐蔽"行为,都成为美国反垄断的目标。虽然微软最后避免了被肢解的命运,但也为此付出了巨大的代价,并做出了各方面的妥协和让步。

如上所述,美国判断垄断的标准十分先进,并不局限于市占率和价格歧视等较为明显的标准方面。在美国,意图垄断行为、横向限制协议、纵向限制协议、垄断的共谋、企业兼并、掠夺性、价格歧视、捆绑销售、滥用知识产权等等行为都可能被判定为垄断,而且一旦在法庭上败诉,给败诉企业带来的很可能是灭顶之灾。

竞争机制的一个重要功能就是优胜劣汰。在竞争较为充分的行业中,那些生产效率低下、产品升级缓慢的企业将会被淘汰,企业为了在竞争中保持优势,不得不改善管理,加大创新力度,提高产品的附加值,提高生产效率来维持竞争优势。但是在垄断环境中,由于垄断者有较强的市场地位,因此无需考虑降低成本或提高产品附加值,可以把更多的精力放在限制其他竞争对手进入或阻碍其他竞争对手的成长上。如上面提到的,在粗放式发展时代,垄断者为了保持垄断优势,通过渠道管控,签订排他协议,恶意并购,政商关系等方式阻碍竞争对手的进入。进入知识经济时代之后,垄断行为表现出一定的隐蔽性,不像粗放式发展时期那样明目张胆,胆大妄为。就像微软的案例一样,微软本身也在不断加大研发投入等方式来提高产品竞争力，但也会通过各种手段，比如捆绑销售、重点扶持合作伙伴、接口管控等方式排斥竞争对手进入。

美国不仅是世界上第一个发起反垄断法的国家，也是目前全球反垄断制度最为先进的国家之一。美国的反垄断制度不仅在方方面面的细节上表现出追求公平的逻辑，更是在强有力的实施机制上表现出其优越性，而且由于美国法律因其判例法的特性，能表现出很好的与时俱进性。如美国反托拉斯制度建设中，早期的《谢尔曼法》更倾向于原则性框架，措辞含糊，缺少量化，但随着时代的发展，经典案例的积累，《谢尔曼法》也在不断得到完善。

总体来看，美国反垄断制度，在严厉的保护和与时俱进的环境下，能较好地维护公平，让更多的企业有机会、有动力在各个领域中进行创新和创造。其实，美国反垄断制度的严厉性，在各个行业的集中度中也能看出。有兴趣的读者可以自行查询美国各个行业前10大公司的市场集中度，并跟其他国家进行比较。比如，美国多数行业前10大企业市占率普遍不超过50%，而同样的行业在日本、韩国以及中国，前5大企业市占率超过60%都是常有的现象。又比如，美国前5大公司市占率超过70%以上的行业并不多见，但是对于不少发展中国家来说，这种现象很可能就是普遍现象。

美国的发明创造与美国文化

美国的发展跟多数后进国家的发展不同，其特色在于以强大的科技实力为基础的带动性发展，而不在于追随性发展。自从进入工业文明开始，美国不仅在基础研究领域表现出强劲的竞争力，在应用研究领域，如新技术的发明、新产品的开发等方面一直保持着领先地位，而且这种竞争力不仅表现在过去和现在，被认为未来技术的方方面面都表现出强劲的优势。过去，美国是第一次工业革命的应用大国，更是第二次、第三次工业革命的发起国；现在，诸多高附加值领域，如芯片、电子技术、通信技术、特种设备、航空航天、电子商务、互联网、软件等等领域一直保持着领先；被称为未来技术的各个领域，如人工智能、量子信息技术、虚拟现实、基因技术、可控核聚变、新能源以及石墨烯技术等诸多领域，美国要么是领先的理论奠基者，要么是第一个发起应用的国家。

关于美国在科技实力上的强大原因，上文已做出了分析，即学术自治、知识产权保护、反垄断制度起到了重要作用，让美国成为科学技术强国。较为宽松的学术环境以及学术人员在学术领域上的充分自主权，较好地保障了那些为好奇心和求知欲投入研究的群体，为基础研究的发展提供了良好的环境；完善的知识产权保护制度，为那些追求商业利益的人提供了良好的制度保障，排除了这些人的后顾之忧；先进且与时俱进的反垄断制度，堵住了那些具有较高市占率，有较高谈判优势的企业，用已建立的优势和市场中的地位，排斥竞争对手，降低竞争效率的空间，从宏观上更好地确保了公平竞争的环境。

如果重新审视美国以上制度就会发现，这些制度的产生都存在相同的特性，那就是尊重个体，尽量为每一个个体创造出更加公平的环境的价值观起到了重要的作用。

美国的学术自治、知识产权保护制度、反垄断制度的产生也只不过是美国追求公平文化的表现之一。在争吵和冲突中，美国人发现了不同研究群体的不同诉求，意识到了从事基础研究的群体和从事应用研究的群体是追求不同"利益"的人群，并逐渐形成了学术自治和知识产权保护制度。反垄断制度的建立也是如此。美国能够建立十分周到，考虑到各方面细节的反垄断制度，也离不开他们追求公平的心，以及能够充分听取不同利益之间的诉求的环境。而且，跟多数国家不同的是，美国对公平的认知并没有停留在平等层面，而是做到了细节上的完善，因此这种公平是建立在了解彼此不同之上的公平。

那么，为什么全球那么多国家中，美国在这方面做得更为出色呢？

众所周知，美国是个移民国家。第一批来到这片土地的人是敢于拼搏，追求自由思想、宗教自由以及为了避免宗教迫害而来的人。因此，这里无严格的阶级划分，没有过多的教条和让人畏惧的宗教迫害。这里也没有一成不变的农民群众和抱成一团的贵族阶级。在这种环境下，来到这里的人不用考虑自己以合法方式获得的财富被统治阶级剥削。美国因未经历封建社会，直接建立了资本主义经济基础，这使得美国受封建思想的阻挠和旧的传统习惯束缚较少，有更好的条件和更小的阻力推进不同群体的不同需求。

而且，美国是自然资源十分优越的国家。在这种环境中，个体有更强的能力面对大自然，人们只要有拼搏精神就能获取良好的经济条件和经济地位。当然，在这种环境下，人们关注的是能力而不是血统。

崇尚自由和民主，追求平等和公平，只要努力不懈地奋斗便能获得更好的生活，人们必须通过自己的勤奋、勇气、创意和决心迈向繁荣，而非依赖于特定的社会阶级和他人的援助。这是美国的主流文化①，更是美国民主和宪政的基础。这种多数人向往的美国精神和美国梦的形成，自然有欧洲优秀文明的继承，但也少不了美国肥沃的土地，充足的自然资源，给个体提供了更好的生存条件以及抗风险能力。相比自然资源较为丰富的美国，自然资源贫乏，粮食自给率低，自然灾害频繁的日本和韩国，这些国家的发展和崛起少不了服从和团结。面对恶劣的自然环境，人们只有抱团取暖和相互依靠，才能更好地保障生存和民族繁衍。即便是已进入发达国家行列，改造自然的能力大幅提高，生产力和物质文明十分丰富的现在，相比美国的个人主义，团结和服从依然是这两个国家的主旋律。

除此之外，美国移民国家的特性也促进了美国人追求公平价值观的形成。不同时期移民过来的不同人群，都带有自己独有的文化和习惯。这些人群进行合作和办理公事过程中，不免会产生更多的摩擦、更多的冲突以及更多的偏见，但想要在同一片土地上生存下去，就不得不学会更多地换位思考，更多的理解，以及更多的包容，并且建立大家都有益于生存发展的制度。

笔者在投资生涯中走过了中国不少城市，其中，北京、上海、深圳、广州等五湖四海的人群聚集性高的城市普遍表现出较强的包容性，尤其深圳和广州这种本身就带着很强的移民性质的城市，更能表现出包容方面的优越性。跟上海华丽、高冷、充满理性的包容不同，深圳是体现在基层生活，整个社会氛围都充满包容的城市。比如，笔者在调研公司的时候，也常常会问被调研公司的员工（或管理人员）来深圳工作的原因。他们当中也有不少在北京、上海等城市待过的人，但问起最终落在深圳的原因时，不少是因为"深圳不存在排外""这个城市充满活力""这个城市只要有想法，就有成功的机会"等因素。其中有一位在中小城市当过老板，现在却在深圳一家企业当中层干部的人说过的话，让人尤为记忆深刻："在我们那里，你一旦失败了，大家都会知道，并会另眼看你，你也很难再有翻身的机会。但在这里，没人会在意你的过去，你曾经可以是失败者，甚至是乞丐，但只要你发展起来了，他们就会认可你是老板。……其实我也有一些想法，现在的老板也非常支持我，但我还要积蓄力量。"

---

① 美国这种过度信奉自由的文化，不少时候不仅给美国的发展带来了不小的负面影响，也让那些跟美国合作或受到美国帮助的国家陷入困境。比如19世纪美国过度信奉自由竞争，导致贫富差距扩大，垄断横行，还进一步加重了整个社会的腐败现象。在信奉自由竞争的环境下，美国对贫困人群的诉求视而不见，认为这是竞争淘汰下来的结果。在矛盾激发到一定程度之前，主流观点依然认为，"如果这是自由竞争带来的恶果，那么我们也不得不自食其果"，依然反对政府干预。当然，这也为后续凯恩斯主义的盛行提供了环境。又比如，在国际援助方面，美国以自身成功的经验和在国际上的影响力，通过国际货币组织、世界银行等援助其他国家的时候，这个带着"意识形态外交"的国家，较少认真考虑被援助国的国情，一味地提出小政府、市场化、全放开等不一定符合该国国情的条件，反而让一些国家陷入困境。

深圳是包容性十分好的城市。再举一个例子，不少深圳公司都会涉及外贸业务，可是很多深圳企业家不擅长英语，但由于业务合作的原因，他们常常会跟外国人共进晚餐，甚至共进夜宵。在这种场合，一般不会邀请专业的翻译人员，更多的是聊聊家常、联络一下感情。神奇的是，有些老板只会说简单的几句英语，也听不懂对方复杂的话语，但可以通过表情、肢体语言、用手比划等方式能很好地传达自己的想法，也能通过对方的表情和肢体语言，较为准确地理解对方的想法，以至于在这种聊聊家常、联络感情的场合中，不产生冷场，始终能保持愉快和轻松的气氛。不难想象，他们能做到这些，不可能是与生俱来的本事，而是在为了生存、为了发展的意识下，逐渐磨合出来的结果。在产生今天的和睦过程中，这些人之间多半会有过争吵，有过对自己利益的坚持和对他人诉求的倾听。

其实，美国也是如此。美国的发展并非一帆风顺。美国在发展过程中，并没有少发生矛盾和冲突，黑人运动、女权问题、少数族裔问题、环保问题、宗教冲突，以及上面提到的办学理念上的冲突和垄断问题等等。但面对每次的危机和冲突中，美国都能较好地找到磨合点，平衡各方面的利益，逐渐创造出了能共同发展，能更好地保障彼此利益的合作机制，最终这个国家成为科技实力强悍，法律制度完善，充满经济活力的国家。

或许这就是美国吸引人的地方，也是让这个国家繁荣昌盛、经久不衰的更为深层次的原因。美国建国至今，有源源不断的人才涌入美国，不论肤色、不论国籍、不论宗教、不论种族。当然，这些人群中自然也少不了为了高薪和更好的就业机会而来的人，但也有不少带着梦想和抱负，想要开拓一番事业的人。因为这里有良好的包容性文化，以及在这种包容性文化下形成的，能满足并鼓励各类不同群体利益诉求的制度。在这种环境下，有梦想、有抱负的人，有更好的条件做自己想做的事情，完成自己想完成的工作。这也是为什么不少数据在表明，来到美国的人，多数并不是为了赚钱之后回到故乡，而是在远离故乡、远离亲朋好友的地方，尽快想要成为新的美国人的原因。美国如同"大熔炉"，任何追求梦想和事业的民族移民到了这里，都有更多的机会找到容身之处。就像伊斯雷尔·赞格威尔撰写的剧本描绘的一样："东方和西方，北方和南方，棕榈和松树，两级和赤道，新月和十字……都汇集在这里，建设人间的共和国和上帝的天国。……罗马和耶路撒冷的光荣比起亚美利加的光荣又算得了什么？各民族、各种族来到那里去朝拜是向后看，而各民族、各种族到这里是向前看。"[①]

[①] 资中筠.20世纪的美国[M].北京：商务印书馆，2018:264.

第二篇

中国的发展与企业成长案例分析

第四章 中国的发展与中等收入阶段

中国的资源禀赋与发展概况

自然资源作为经济增长的要素之一,在产业文明进程中起到了基础的作用。虽然进入工业文明之后,人力资本、技术进步、制度创新等权重对经济的促进作用不断提高,但不可否认的是,自然资源丰富的国家,在同样的技术、制度环境下,有更为明显的成本优势和抗风险能力。如原材料价格大幅上涨,自然灾害,国际关系变化,能源危机,国际性金融危机时,自然资源良好的国家往往有更好的条件抵抗此类风险。

中国领土南北跨越的纬度近50°,大部分在温带,小部分在热带,没有寒带。中国地势西高东低,山地、高原和丘陵约占陆地面积的67%,盆地和平原约占陆地面积的33%。中国大陆海岸线长达18000多千米,自北向南濒临的近海有渤海、黄海、东海和南海。

从农业资源上看,中国可耕地面积较大,能挤进世界前三,但由于中国是人口大国,人均耕地面积小于世界平均值的一半,而且中国耕地资源的开发接近极限,储备资源较为有限。庆幸的是,中国粮食自给率基本能满足国内需求,能为政策的独立性提供较好的保障。

中国林业、渔业、畜牧业资源相对丰富。全球超过50%的森林资源集中分布在5个国家,中国列俄罗斯、巴西、加拿大和美国之后,位居第5。从木材供应上看,中国有热带雨林、亚热带常绿阔叶林、温带落叶阔叶林、寒温带针叶林,以及亚高山针叶林等等,有利于供应不同种类的木材。中国大陆海岸线长达18000多千米,有丰富的海洋资源,淡水资源总量为2.8万亿立方米,占世界第6位。除此之外,中国西北、东北、华北、成都平原、珠江三角洲等地区也有较多的草地等资源，有利于发展牛、羊等畜牧业。

农业资源涉及民生问题，如果不进行保护很容易受到外部诸多因素的冲击。多数国家从安全角度考虑，不得不实施严格的农产品保护政策。就日本情况来说，日本民生中大量的农产品，包括谷物、蔬菜、水果、肉类均较多依赖进口，因此日本对主要农产品实行极为严格的保护政策。比如，日本对大米的进口采取高关税或非关税制，即使本国大米价格是国际市场的3到8倍也在所不惜。日本部分蔬菜、水果、肉类价格也是如此。由于日本不少农产品价格远高于国际市场价格，一旦取消贸易壁垒，让竞争对手无门槛进入，国内农产品生产可能受到致命打击。韩国的情况大致也是如此，严格的保护政策也导致韩国不少农产品价格远高于国际市场价格。

中国虽然农业资源分摊到人均之后，并没有明显的优势，但多数农产品可以较好地保证自给自足，因此相比日本和韩国等国家，有更强的自主能力。而且，中国多数产品能做到跟国际接轨，让老百姓可以较低的价格获取各式各样的农副产品。

除了发展农、林、牧、渔所需相应资源以外，中国矿产资源也表现出总量丰富、品类较多的特点。矿产资源主要分为能源资源和非能源资源。发展可再生能源虽然是长期趋势，但至今及未来的较长时间，全球能源消费结构中化石能源仍然占主导地位。

中国化石能源表现出富煤、缺油、少气的特色。

中国煤炭资源总量居世界第三位，主要分布在昆仑—秦岭—大别山以北地区和大兴安岭—太行山—雪峰山以西北地区。中国是世界最大产煤国和煤炭消费国。全国约70%的工业燃料和动力、80%的民用商品能源、60%的化工原料由煤炭提供。

煤炭是第一次工业革命之后的重要动力来源。第二次工业革命之后，石油在生产材料和能源供应中的权重不断提高。相比煤炭，中国石油储量相对不足，对外依存度较高。据《BP世界能源统计年鉴》公布的数据，中国石油对外依存度已超过70%，远高于国际上普遍认为的安全警戒线50%。目前，中国还是发展中国家，人均能源消耗跟发达国家相比仍有不少差距，因此随着经济的进一步发展，能源消耗也会提高。从地理位置来看，与中国西北部毗邻的俄罗斯和中亚都蕴藏了丰富的油气资源，并已与中东、南美、非洲、中亚、俄罗斯、哈萨克斯坦、东盟等主要产油国家和地区开展能源合作，但如果因种种原因，一旦国外石油供给出现问题或价格大幅提高，中国可能要面对较大的冲击。

中国非能源资源相对丰富且，品类较多。中国已探明金属矿产54种，非金属矿产90种，水气矿产3种。具有世界性优势的矿产有稀土、钨、锡、钼、锑、菱镁矿、萤石、重晶石、膨润土、石墨、滑石、芒硝、石膏等矿产，探明储量可观，开发利用条件好，在国际市场具有明显的优势和较强的竞争能力。

表4-1　中国主要矿产资源储量世界排名及全球占比

矿中	铜	钨	铅	铝	锌	钼	锡	锑	钛	稀土
次位	8	1	2	7	2	1	1	1	1	1
全球占比	3.0%	59.4%	20.0%	3.3%	17.6%	46.1%	23.4%	32.0%	29.9%	36.7%

资料来源：美国地质调查局

总体来说，中国自然资源虽然不及美国和欧洲一些国家，但与从亚洲贫乏的自然资源中走出来的发达国家日本、韩国、新加坡相比有不可比拟的优势。

良好的自然资源能为一个国家的发展提供更为扎实的基础，同时也有利于缓冲各类国际性冲击，但自然资源禀赋并非一个国家持续发展最重要的引擎。尤其，自然资源作为生产要素较难移动，受政府调控因素较大等原因，容易形成垄断。因此，过多的依赖资源优势来带动经济发展，可能会促成垄断，加重腐败，不利于产业升级。21世纪以来，拉美、中东和北非多个国家，如巴西、委内瑞拉、阿富汗、利比亚等国家经历了或正在经历严重的骚乱和动荡，这些国家[1]无一例外都有异常丰富的自然资源。从亚洲国家的情况来看，马来西亚、印尼、菲律宾、泰国等国家自然资源禀赋也比较好，但是经济发展缓慢，较长时间仍未走出中等收入阶段。相反，日本、韩国、新加坡等国家是资源相当匮乏的国家，却快速突破中等收入阶段，不仅成为高收入国家，更是进入发达国家行列[2]。

---

[1] 多数中东和拉美国家，如沙特阿拉伯、伊拉克、伊朗、阿根廷、巴西、委内瑞拉都有良好的资源禀赋。比如，沙特阿拉伯、伊拉克、伊朗有卖不完的石油；又比如，阿根廷和巴西气候以温带和热带为主，一望无际的草原号称看不到一块石头，有长长的海岸线，适合发展农、林、牧、渔为主的第一产业，在矿产资源方面也十分丰富。
[2] 高收入国家和发达国家是两个不同的概念。高收入国家主要看人均国民总收入（GNI）。从2020年标准来看，人均GNI超过1.25万美元为高收入国家。发达国家是指，经济发展水平较高、技术较为先进、生活水平较高的国家。一些国家，凭借开发自然资源也可以成为高收入国家，但未必属于发达国家（比如文莱、沙特阿拉伯、卡塔尔等国）。目前全球约有80个左右的高收入国家（包括地区），45个左右的发达国家（包括地区）。

第一节 改革与开放

改革与开放是中国经济腾飞的起点。改革开放之初中国还是贫困落后的农业国家,但伴随着改革与开放,中国经济快速增长,从一个低收入国家跨入中等收入国家行列,现中国人均GDP已超过1万美元,离高收入国家(人均GDP为1.25万美元左右)还差一步之遥。

回顾中国改革开放之后的发展历程,其发展表现出较为明显的渐进式改革和增量式改革[1]的特征。用经济学家吴敬琏的话来表述中国的改革则是:"中国用'摸着石头过河'的方式绕过障碍,走出以'增量改革'为表征的经济发展道路,在商品和服务领域取得了巨大成功,从而加强了中国的市场化、法制化纵深发展的要求。"[2]

商品经济的初探

新中国成立之后,中国的经济建设深受苏联的影响,只承认公有制,如同列宁的一番话:"我们不承认任何私人性质的东西。"受这类观念的影响,中国理论界否定商品经济,试图跨越商品经济阶段直接进入产品经济阶段。由此,中国建国后30年中形成了与商品经济格格不入的计划经济体质,并相应地建立了一种行政权力协调控制下的计划经济秩序,该秩序使得一切经济活动都围绕政府部门的行政权力运行。在这种环境下,生产资料的配置只能由国家实行统一分配,产品价格由相关部门统一制定。大锅饭是这一时代的特色,虽有公平,却无效率可言。

到了20世纪60年代后,中苏关系破裂,再加上中国20世纪60~70年代经历了"文化大革命",打乱了中国正常的发展秩序。面对诸多问题和自身发展需求,

---

[1] 改革开放之后,中国在经历了扩大企业自主权试验不成功、国有经济改革停顿不前的情况下,把主要力量放到非国有经济方面,寻找新的增长点,这种战略叫做增量改革战略。按照中国人民大学经济学院院长杨瑞龙的观点,增量改革就是借用等级规则确立产权规则,可以在不伤害既得利益的前提下,增加另一部分人的利益,从而使改革大步前进。在这种思路下,中国的改革特征表现出先易后难的特性,即先增量改革,将增量资产引入市场机制,然后是存量改革,对存量资产实行市场调节。

[2] 吴敬琏.中国经济改革进程[M].北京:中国大百科全书出版社,2018:2(自序).

1978年12月召开的十一届三中全会决定改革,并开始实行对内改革、对外开放的政策。

中国的改革从农村开始,逐步向城市推进。1978年,安徽、四川等地被贫困和饥饿逼到没有退路的村民们偷偷冒险搞起了"大包干"。虽然当时的环境对这种做法进行过争论,有过批判,也曾经阻止过,但是生产力的提高和贫困的改善成为重要原因,得到了人民群众的普遍支持。

到了1980年9月,随着"两个凡是"错误方针的终结和邓小平掌握实际领导权,在中共中央批转的省市自治区党委第一书记专题座谈会纪要,即《关于进一步加强和完善农业生产责任制的几个问题》中,提出"在那些边远地区和贫困落后地区,长期'吃返销粮,生产靠贷款,生活靠救济'的生产队,群众对集体丧失信心,因而要求包产到户的,也可以包产到户"。这一文件下发后,全国各种形式的承包责任制快速发展,其中发展最快的是"双包",即"包产到户"和"包干到户"。

1982年1月,中共中央、国务院发布关于农村经济政策的第一个"一号文件",即《全国农业工作纪要》。这份文件更加明确地指出:"包工、包产、包干,主要是体现劳动成果分配的不同方法。包干大多是'包产提留',取消了工分分配,办法简便,群众欢迎。"这就使以"包干"为主要形式的承包责任制度有了正式的政策依据,从而使这种自下而上的自发制度得到了自上而下的确认。[1]

承包责任制的确立,极大地调动了农民的积极性。从集体农耕到包产到户的转变意味着,农民不只是得到了集体生产的微小份额,还对自己额外劳动所得拥有所有权。在这种激励制度下,人们愿意付出更多的劳动,而且一旦产量增加,就会有更高的动力进一步提高农业劳动生产力。

"包产到户"的制度改革,使中国农业生产发生了建国以来从未有过的变化。从数据上看,1984年全国粮食、棉花、油料总产量分别达到40731万吨、625.8万吨和4780万吨,分别比1978年增长了33.6%、189%、101%。此外,农业增产也带动了畜牧业、水产业的发展。农村人均收入从1980年的约191元增加到1984年的355元。1985年中国农村总产值为6340亿元,较1978年的1627亿元增长近300%。1985年贫困线以下的人口比重从1978年的33%左右下降到11%左右。

改革开放以前,根据毛泽东"要资本主义绝种,小生产也绝种"的基本方

---

[1] 吴敬琏.中国经济改革进程[M].北京:中国大百科全书出版社,2018:25.

针，通过一系列政治运动，私有经济，包括个体劳动者的私人经济已被消灭殆尽，连农村人民公社社员保持的一小块自留地和家庭副业也被当作"资本主义尾巴"割除。[1]可想而知，这个时代"公有"和"集体"是主流，"私人性质的东西"无生存空间。因此"包产到户"的改革其意义不仅在于调动了农民的积极性，提高了生产效率，更在于对特殊环境下形成的不承认"私有"的主流意识形态给予了冲击，让更多的人有机会反思和思考"公有"和"私有"问题。

随着"包产到户"的成功，农业开始复兴，农村工业也得到相应的增加。1982年开始，中国乡镇企业得到较好的发展。首先，"包产到户"使农业生产效率明显提高，大量农村富余劳动力游离出来，为乡镇企业提供了充足的劳动力资源。其次，农业生产发展加上农产品收购价格的多次大幅度提高，使农民收入增加，不少农民开始具有投资能力。这些都增加了乡镇企业发展的推动力量。尤其到了1984年，中央一号文件"鼓励集体和农民本着自愿互利的原则，将资金集中起来，联合兴办各种企业，尤其要支持兴办开发性事业"之后，无论企业数量还是就业人数都开始快速增加。从数据来看，乡镇企业数量和就业人数从1978年的152.4万个、2826.6万人分别增长到1985年的1223万个、6979万人。[2]

农村改革取得显著成效后，城市改革也很快被提上日程。改革开放之初，中国国有企业的基本经济制度沿袭了高度集中的计划经济体制下的基本经济制度。原有、传统的国有企业生产要素（人、财、物）和经营活动（产、供、销）都在计划体制下配置，国有企业只是计划的接受者和执行者。国有企业没有属于自身的经营利益，也不是自主的经济实体，企业盈亏由国家承担，投资也由国家计划下拨，企业完全按照上级计划进行生产经营活动。国有企业生产什么、生产多少、如何生产、原料从哪里来、产品销售给谁，都由政府机关通过计划指令决定。因此，国营企业既没有动力，也没有可能根据自己利益和市场变动自主做出资源最优配置策略。除此之外，国有企业还要承担各方面的责任，比如，国有企业集就业、社会保障和社会救济职能于一身，对其职工提供"从摇篮到坟墓"的全方位服务。由于国有企业的经营全依靠计划，企业无创新动力，也缺少成本意识，使得当时的国有企业经常亏损，不得不依靠政府各方面资助和补贴。但是政府对国有企业的各种财政补贴终究是有限而不可持续的，因此必须推进国有企业改革。[3]

---

[1] 吴敬琏.中国经济改革进程[M].北京：中国大百科全书出版社，2018:82.
[2] 国家发展改革委宏观经济研究院经济研究所.改革：如何推动中国经济腾飞[M].北京：人民出版社，2019:18-19.
[3] 国家发展改革委宏观经济研究院经济研究所.改革：如何推动中国经济腾飞[M].北京：人民出版社，2019:19-21.

国企改革方面，中国通过利改税、拨改贷、承包制、所有权和经营权分离等放权让利的方式来激活了国有企业的活力。比如，承包制的推行，给予了企业一定的计划外产品生产销售权和利润分配权。在承包制下，不少企业受增加利润留成刺激，表现出很大的正产增收积极性，如首钢实行了上缴利润定额（2.7亿元）包干制之后，12年的复合增长率超过了17%。[①]

然而，国有企业改革不像农村改革一样一帆风顺。在鼓励"私有"利益的趋势下，国有企业改革虽然给不少企业带来了活力，但这种方式在法律制度不健全、尚属于摸索式发展阶段的中国带来了不少问题。比如，承包者为了短期利益，用过度消耗现有资产和不恢复固有资产原值的办法来增加虚假的利润，承包人利用手中的控制权谋取私利，寻租行为普遍等等。

尽管各项改革多少都带来了不利的一面，但从总体情况来看，改革实实在在地带动了中国经济的发展。正如1992年邓小平在南方谈话中所说："经济发展隔几年上一个台阶是能够办到的。我们真正干起来的是1980年。1981年、1982年、1983年这三年改革主要在农村进行。1984年重点转入城市改革。经济发展比较快的是1984年至1988年。这5年，首先是农村改革带来了许多变化，农作物大幅度增加，乡镇企业异军突起。"并且"农产品的增加，农村市场的扩大，农村剩余劳动力的转移，又强有力地推动了工业的发展。这5年，共创造工业总产值六万多亿元，平均每年增长21.7%"。

回顾20世纪80年代的改革，该时期的改革表现出明显的"体制外先行"，"摸着石头过河"，即"增量改革"的特征。这种改革虽然带来了不少成绩，但带着较强的"问题导向"特性，缺乏事前清晰的"整体顶层设计"。由于改革开放初期的20世纪80年代，中国宏观经济混乱，"计划趋向"还是"市场趋向"的改革论调处于激烈的交锋争论中。因此，该时期的改革把重点放到较为容易推进的非国有部门，并在那里创建了市场导向的主体，依托体制外部门的改革释放了增长潜能。随后，这种"增量改革"战略陆续在农业、城市国有企业和非国有企业、对外开放各领域实施，并在各领域逐渐形成了双轨制，进而促进了各领域的改革和发展。[②]

[①] 湖北省政府赴首钢考察团.首钢承包制考察报告[J].冶金管理，1991（6）：7-11.
[②] 国家发展改革委宏观经济研究院经济研究所.改革：如何推动中国经济腾飞[M].北京：人民出版社，2019:4.

市场经济体制框架的建立

20世纪80年代的改革解放了生产力,激发了劳动者的活力,促进了经济的发展,但是也带来了不少问题。比如,强大的命令经济与处于从属地位的市场经济"双轨制",以及生产资料的价格、利率、汇率"双轨制",形成了广泛的寻租活动的制度基础,因此双轨制下滋生的腐败招致严重的资源浪费和大众不满。又比如,改革中产生了较为严重的通货膨胀,如1988年下半年零售物价指数比上年同期提高26.7%,爆发了全国性的商品抢购风潮。[1]

在1990年—1991年期间,取得大量国有银行贷款支持的国有企业继续处于衰退状态,反倒是受抑制的民营经济逐渐展现出自己的活力。在这样的背景下,开始了一场市场取向的改革是否正确的大争论。[2]经过几个回合的较量以后,1992年初,邓小平先后视察武昌、深圳、珠海、上海等地,并发表了一系列重要讲话。

邓小平指出:"不坚持社会主义,不改革开放,不发展经济,不改善人民生活只能是死路一条。基本路线要管一百年,动摇不得。只有坚持这条路线,人民才会相信你,拥护你。……改革开放胆子要大一些,敢于试验,不能像小脚女人一样。看准了的,就大胆地试,大胆地闯。深圳的重要经验就是敢闯。没有一点闯的精神,没有一点'冒'的精神,没有一股气呀、劲呀、就走不出一条好路,走不出一条新路,就干不出新的事业。……改革开放迈不开步子,不敢闯,说来说去就是怕资本主义的东西多了,走了资本主义道路。要害是姓'资'还是姓'社'的问题。判断的标准,应该主要看是否有利于发展社会主义社会的生产力,是否有利于增强社会主义国家的综合实力,是否有利于提高人民的生活水平。……计划多一点还是市场多一点,不是社会主义与资本主义的本质区别。计划经济不等于社会主义,资本主义也有计划;市场经济不等于资本主义,社会主义也有市场。计划和市场都是经济手段。社会主义的本质,是解放生产力,发展生产力,消灭剥削,消除两极分化,最终达到共同富裕。"[3]

邓小平的"南方谈话"在干部和民众的支持下取得了压倒性胜利,随即在全国范围内掀起了要求重启改革的热潮。邓小平南方谈话激起的改革浪潮直接导致1992年中共十四大确立了社会主义市场经济的改革目标。接下来中共十四届三中

---

[1] 吴敬琏.中国经济改革进程[M].北京:中国大百科全书出版社,2018:121-123.
[2] 吴敬琏.中国经济改革进程[M].北京:中国大百科全书出版社,2018:123-125.
[3] 国家发展改革委宏观经济研究院经济研究所.改革:如何推动中国经济腾飞[M].北京:人民出版社,2019:64.

全会制定了推进整体改革的行动纲领《中共中央关于建立社会主义市场经济体制若干问题的决定》。这一框架的核心设计是："必须坚持以公有制为主体，多种经济成分共同发展的方针，进一步转换国有企业经营机制，建立适应市场要求，产权清晰、权责明确、政企分开、管理科学的现代企业制度；建立全国统一开放的市场体系，实现城乡市场密切结合，国内市场与国际市场相互衔接，促进资源的优化配置；转变政府管理的职能，建立以间接手段为主的完善的宏观调控体系，保证国民经济的健康运行；建立以按劳分配为主体效率优先、兼顾公平的收入分配制度，鼓励一部分地区一部分人先富裕起来，走共同富裕的道路；建立多层次的社会保障制度，为城乡居民提供我国国情相适应的社会保障，促进经济发展和社会稳定。这些主要环节是相互联系和相互制约的整体，构成社会主义市场经济的基本框架。"[1]

根据十四届三中全会的《决定》，中国开始采取财税、金融、外贸、社保、国企等一系列重大改革措施来推进社会主义市场经济。

一、财税制度改革

改革开放之后为了鼓励地方政府发展经济的积极性，中国实行"分灶吃饭"的财政包干制。该制度虽然带动了一定的积极性，但也产生了各种问题。比如在"分灶吃饭"的财政包干制度下，企业所得税按不同所有制分别设置税种，导致税率不一，优惠各异，地区之间的政策也有差别，造成企业所得税税负不平等问题。流转税税率是在计划价格为主的条件下为缓解价格不合理矛盾而设计，因此税率档次过多，高低差距较大，不利于企业的公平竞争。除此之外，地方政府和主管部门用多种名义从企业征收数量可观的管理费的现象也十分普遍。

在上述背景下，中国政府秉持财税体制稳定、规范、公平、透明等目标，终止了"分灶吃饭"的财政包干制，开始实行分税制。1993年12月25日，国务院发布《关于实行分税制财政管理体制改革的决定》，并通过了《工商体制改革实施方案》以及增值税、消费税、营业税、企业所得税、资源税和土地增值税6个税收条例。其主要内容归结如下：

一是，调整了中央与地方实权、财权的划分，理顺了中央与地方的关系。调整后，中央财政主要承担国家安全、外交和中央国家机关运营所需经费，负责调整国民经济结构、区域协调发展、宏观调控等所需支出。地方则承担本地区政权

---

[1] 国家发展改革委宏观经济研究院经济研究所.改革：如何推动中国经济腾飞[M].北京：人民出版社，2019:66-67.

运转即本地区经济、社会事业发展所需支出。

二是，调整了中央与地方收入权的划分。根据事权和财权相结合的原则，将维护国家利益、实施宏观调控的税种划分为中央税；将同经济发展直接相关的税种划分为中央与地方共享税；将适合地方征管的税种划分为地方税。

三是，实行税收返还。为减少实施改革的阻力，对于地方按照新体制计算的上划收入超过一定基数的部分，返还地方。

虽然初次尝试的分税制改革有不少不完善之处，但是整体来看，1994年的财税体制改革建立了适合市场经济的财税体制的基本框架。

首先，此次的财税改革为市场的公平竞争创造了税制条件，扭转了此前临时减免税呈逐渐扩大的趋势，以及过多、过乱的随意性减免税、越权减免税的现象。比如，内外资企业流转税的统一，确立了以增值税为主的流转税体制，在每一个生产环节对产品增值部分征收增值税，实现了税制中性，消除了原产品税和工商统一税重复征税，促进了企业生产的专业化发展。又比如，企业所得税的统一，改变了过去按企业所有制性质设置所得税的做法，进一步促进了企业税负的公平。

其次，此次财税改革为规范地方竞争，实现地方和中央双赢打下了基础。分税制改革大幅弱化了由企业所有制归属决定税收的弊端，引导地方政府改变不良竞争方式，使其着眼于搞好经济发展规划，加快基础设施建设，改善公共服务，支持企业加快发展。

再者，此次财税改革为宏观调控留下了更多的制度空间。原来的包干制缺乏统一性和透明性，较难形成统一的市场，缺乏建立间接调控机制的基本条件。但此次分税制改革，统一了税基，理顺了中央与地方政府之间的关系，搭建了规范竞争的制度框架，不仅加强了中央的财力基础，更是完善了宏观调控体系。比如转移支付是重要的财政政策之一。实行分税制改革后，中央政府有更好的条件对教育、科技技术、文化体育与传媒、社会保障和就业、医疗卫生、环境保护、城乡社区事务、交通运输、农林水事务等方面实施转移支付，有针对性地突破和改善每一个发展阶段所面临的问题。

二、金融体制改革

改革开放之前，中国的银行扮演更多的角色是国家出纳机构，只承担资金跨时间配置功能。

改革开放之后，国务院明确中国人民银行专门行使中央银行职能。1984年以后，地方银行、信托投资公司以及金融租赁公司等非银行金融机构开始建立。中国银行、中国农业银行、中国人民建设银行逐步从中国人民银行和财政部中分离出来，加上新建的中国工商银行组成了专业的银行体系。但该时期的金融机构并非完全独立，专业银行和非银行金融机构仍然是行政机关的附属物，政企不分，商业性金融业务与政策性金融业务不分，中央银行也仍然把他们当做自己的行政下属来管理。

为了完善金融体系，从1994年开始，按照中共十四届三中全会《决定》和国务院《关于金融体制改革的决定》，对金融体系进行了进一步的改革。一是，建立了中国人民银行在中央政府领导下独立执行货币政策的中央银行体制。中国人民银行运用法定存款准备金率、中央银行贷款、再贴现利率、公开市场操作、贷款限额、中央银行存贷款利率等常规货币政策工具调控货币供应量，对商业银行实施资产负债比例管理和资产风险管理；二是，组建了国家开发银行、中国进出口银行、中国农业发展银行三家政策性银行，实现了政策性信贷与商业性信贷的分离，提高了不同主体的专业化功能；三是，根据《国务院关于金融体系改革的决定》明确了银行、证券、信托和保险公司分业经营、分业监管的发展道路与监管模式，并成立了证监会、保监会和银监会。

经过一系列的调整和改革，中国的金融体系改革取得了较大的进展，形成了包括中央银行、商业银行、政策性银行、非银行金融机构和外资在华金融机构在内的多样化金融体系，建立了由货币、证券、保险、外汇组成的较为完善的金融市场体系，基本建立了以利率等货币政策工具为主的间接调控体系和分业监管体制。[1]

金融机构中以占比最大的银行为例，1995年，国家颁布了《中华人民共和国商业银行法》，第一次从法律上确定了国家专业银行的国有独资商业银行地位。1998年1月1日起，央行正式取消了对国有商业银行的贷款限额控制，实行计划指导、自求平衡、比例管理、间接调控的管理体制，增强了国有商业银行的自主经营权。紧接着从2003年开始，国有商业银行的发展又进入股份制改造及上市融资阶段。经过一系列改革和调整之后，中国的银行体系基本实现了市场化。在1990年代之前，中国银行业是一种高度垄断的市场结构，国有专业银行无论在存贷款规模，还是在总资产规模等关键指标方面都占据90%以上的比重，且中、农、工、建四大银行专业分工明确，相互之间基本没有太多的业务和市场竞争，但到了2007年时该比率降低为51%，存贷款规模也是从20世纪80年代的80%左

---

[1] 国家发展改革委宏观经济研究院经济研究所.改革：如何推动中国经济腾飞[M].北京：人民出版社，2019:81-84.

右，下降到2007年的45%左右。[1]

经过一系列改革和调整之后，中国的金融体制得到了较好的市场化，如经营主体实现了多样化和法人化，财务得到了规范，抗风险能力得到提高等等。但迄今为止，中国的金融环境依然存在不少不够完善的地方。比如，中国金融市场融资工具的多样性不足，民营企业和国有企业的融资渠道畅通性和融资稳定性差距较大等等。

三、外汇管理体制改革

改革开放前，中国对外汇实施统一经营，外汇收支按照"以收定支，以出定进"的原则进行计划管理。在这种背景下，人民币汇率仅是计划核算的工具。

改革开放之后，中国的对外经济政策处在从内向型经济到外向型经济，从进口替代到出口导向的过度状态，因此，该时间实施的是、官定汇率和市场汇率并存的双重汇率制度[2]。虽然这种制度相比计划经济下的外汇制度，在对外商企业投资环境的改善以及中国对外贸易发展等方面起到了积极作用，但是，双轨制的存在也导致了获得官价外汇的企业（主要是国企）和无法获得这种优惠的企业之间的不平等竞争，同时也造成了巨大的寻租空间。

为了解决以上问题，1993年11月，中共十四届三中会通过《关于建立社会主义市场经济体制若干问题的决定》，明确要求人民币币制和外汇管理体制进行改革。中国人民银行授权宣布1994年1月1日起取消官定汇率，实行"以市场汇率为基础的、单一的、有管理的人民币浮动汇率制"，实现汇率的市场化并轨。国内企业和个人按市场汇率向银行买卖外汇，银行进入银行间外汇市场进行交易，形成市场汇率。[3]1996年12月，中国接受国际货币基金组织（IMF）第8款，实现了人民币经常项目可兑换。

经常项目可兑换和资本项目可兑换[4]是一个国家融入世界贸易体系的过程中必然的趋势。经常项目是指，国际收支中经常发生的交易项目，包括贸易收支（也就是通常的进出口）、劳务收支（运输、港口、通信和旅游等）和单方面转移

---

[1] 易棉阳，汤智勇.中国银行业市场结构集中度的演进与改革[J].石家庄经济学院学报，2012（4）:10-13.
[2] 在计划管理体制下，外汇使用者是生产中需要进口品的企业，相应的供给者是由政府控制的出口公司。为了便于用户使用，美元的官方汇率被定得很低。由于外汇在中国属于稀缺产品，且被中国人为压低之后自然产生了黑市。因此在20世纪80年代中期至1994年，中国存在两种汇率制度，一种为官方汇率，一种为调剂市场汇率。
[3] 吴敬琏.中国经济改革进程[M].北京：中国大百科全书出版社，2018:172-173.
[4] "可兑换"可以理解为取消对外汇交易的限制。从更广泛的角度看，货币可兑换是指，任何一个货币持有者都可以按照市场汇率自由地把该货币兑换成另一国货币的权利。按照可兑换的程度不同，一般分为经常项目可兑换和资本项目可兑换。多数国家融入世贸组织过程中普遍会先放开经常项目，如果实施比较顺利，逐渐再放开资本项目。

（侨民汇款、无偿援助和捐赠、国际组织收支等）。资本项目是指，国际收支中因资本的输入和输出而产生的外汇资产与负债的增减项目，包括直接投资、各类贷款、证券投资等等。经常项目可兑换也可以简单理解为进出口贸易自由化，资本项目可兑换可以简单理解为资本自由化。一个国家对外开放的过程中，一般先放开经常项目，当经济发展良好，想要进一步发展的时候才会逐步放开资本项目，因此资本项目可兑换（资本自由化）常常被看作是一个国家全面对外开放的最后一道关口。韩国和日本在推进自由化的过程中，也是先放开经常项目，然后再逐渐放开资本项目。

跟经常项目不同，资本项目的自由化虽然有不少有利的一面，但也存在一定的风险。关于这方面内容，在韩国部分已有提及。从有利的一面来看，资本自由化可以消除各国之间资本移动的障碍，为外国投资提供同本国投资相同的机会和便利，让国际先进的生产力更为顺利地进入国内。这有益于快速提高生产效率，有利于形成更为国际化的生产环境和法治环境，有利于完善本国的市场功能，有利于提高本国的技术水平和管理水平。

从不利的一面来看，资本项目的放开也会带来一定的风险。

首先，资本的自由化会弱化货币政策的效果，影响国内经济发展的独立性。资本自由化之后，国家对资本流动的管控能力减弱。尤其是当出现大额资金无序流动时，会加剧金融市场的波动，进一步则有可能影响经济稳定和社会稳定。上文讲到的韩国金融危机和日本泡沫经济的破裂以及阿根廷危机都是该方面的例子。这些国家出现这类问题，其常年积累的诸多问题是核心原因，但已实现的资本自由化也为这些国家出现经济紊乱提供了更为便利的条件。

其次，对于后发追赶国家来说，民族工业尚未得到发展壮大之前进行过度的自由化，先进的生产力可能会摧残民族工业。如同上文讲到的，全面的自由化虽然带动了阿根廷经济的发展，但其核心技术不属于国内企业，民族企业未能得到良好发展，国家在游资面前毫无还手之力。

在条件允许的情况下，一个国家最好是在实现进出口贸易自由化之后，再创造条件逐步实现资本自由化。这些条件主要包括，国内金融市场（外汇、证券、货币市场）有效，具备大量资本流动的应对能力；调整财政政策的能力，政府在私人需求急剧增长之时调节对资源的各种压力的能力；有较强的金融监管和金融预警能力等等。

从中国的情况来看，20世纪90年代，中国逐渐放开了经常项目，即逐渐推进了进出口贸易自由化，但是资本项目管制依然严格。这虽然不利于效率的进一步提升和市场化的推进，但也正因为如此，中国在发展期间较好地稳定了汇率，缓解了贸易型企业的外部冲击，同时也为国内政策的独立性腾出了空间，为民族工业的发展守住了一片蓝天。

进入21世纪之后，随着经济的发展和抗风险能力的加强，中国开始逐步把目光转移到资本账户可兑换问题上。2005年，在十六届五中全会通过的"十一五"规划建议中明确了"逐步实现人民币资本项目可兑换"的改革目标，首次将人民币资本项目可兑换的改革进程纳入国民经济和社会发展五年规划。但后续因2008年金融危机以及多方面的原因，至今未完全推进资本市场自由化。

四、法治化的推进

一般情况下，法律制度越健全的国家其市场化程度越高。因此，制度经济学家们常常把法律制度的完善程度当作一个经济体市场化程度的重要指标。

法律根据规范主体关系之间的不同可分为公法和私法。公法是配置和调整公权力的法律，主要包括宪法、行政法、刑法等。公法关系主要包括国家与公民关系和国家机关之间的关系。公法的作用是，规范政府与市场主体之间关系，减少信息成本和不确定性。良好的公法制度可以从社会公共利益出发，从财政、金融、社会保障、区域平衡等方面入手，促进社会整体稳定和平衡。

与公法不同，私法主要是指，调整民事主体之间关系的法律。它以权利为核心，其目的在于保障微观主体的权利。私法主要包括产权法、合同法、企业法、破产法、金融法等。完善的私法制度有益于保护不同的利益主体，让不同的利益主体为各自的利益去奋斗。

从公法和私法在市场中的作用来看，公法更倾向于起到宏观调控的作用，而私法更倾向于起到促进微观主体的民事行为活力的作用。因此，公法制度的完善有利于在市场失灵时及时更正，私法制度的完善有利于不同的利益群体为各自的利益去奋斗。比如，公法可以通过税收政策、转移支付、财政补贴、养老保险、医疗保险等手段进行财富的再分配。又比如，公法可以制定不同的产业政策（如环保法），淘汰夕阳产业和促进朝阳产业的发展，可以保护社会经济生活中的"弱者"和"希望者"，促进社会持续健康发展。

与公法不同，私法不存在导向性，私法强调的是民事主体之间的平等、权利和义务的对应。不同的私法规范的是不同的民事行为。合同法规范的是签订合同人之间的行为；债权法规范的是债务人和债权人之间的行为；票据法规范的是使用票据所产生的行为。私法制度的完善有利于，不同民事主体的不同活动，都可以做到有法可依，有据可查。比如，因为有合同法的保护，才会有更多的人愿意签订合同，以便产生纠纷时有法可依。如果没有合同法的规范，违约成本就会大幅降低，将会影响正常的商业秩序。比如，公司法可以规范公司的组织和行为，保护公司、股东和债权人的合法权益。公司法的存在让更多有相同目标的人，以股东或债权人的身份为公司投入资金，合力经营业务。又比如，知识产权法[①]有利于激励市场参与主体的创新和创造。当民事主体的知识产权，包括商标、专利等被人恶意占用时，知识产权法可以为该主体提供保护。没有知识产权法，民事主体的发明创造动力就会大幅减弱。

公法和私法有各自的作用，但是也有各自的不足。公法由于它的非平等性和导向性特征，如果运用不当或缺乏监管，很容易引起寻租行为，进一步导致市场效率下降。私法也有缺陷，良好的私法制度虽然能从微观层面上促进市场的活力，提高市场的效率，但当出现一些市场失灵情况时它却无能为力。比如，私法较难解决分配不公现象，以及这些原因导致的市场紊乱和社会紊乱现象。又比如，私法无法阻止垄断现象的产生等等。

从中国的情况来看，改革开放早期尤其欠缺的是私法制度。1949年到1978年中国受"不承认一切私人的东西"等思想的影响，基本不存在跟市场经济相关的私法的生存空间。改革开放之后的20世纪80年代，中国社会虽然开始认可"私权"的存在，但是该时期依然是以计划为主，出台的私法更倾向于针对国有企业的利益，"私人的东西"和"私权"仍处于辩论和探索阶段。进入20世纪90年代之后，中国私法制度进入了框架建立和快马加鞭的发展时期，保护非国有民事行为的法律相继出台。1992年党的十四次全国代表大会提出了全面建设社会主义市场经济体制的目标，由此标志着中国改革开放和社会转型进入了一个新的历史阶段，各类保护不同民事主体之间关系的法律快速出台。其中有较为代表意义的是，1993年制定的《公司法》，1994年制定的《国家赔偿法》，1995年制定的《担保法》《票据法》《保险法》，1996年制定的《合伙企业法》《信托法》《海商法》，1997年制定的《担保法司法解释》等等。

[①] 不少法律不仅具有公法性质，也具有私法性质，因此公法和私法的区分并非十分严格，其划分更多的来自一项法律的偏向性。知识产权法就是如此。知识产权法不仅具有公法特性，也具有私法特性，但普遍的观点认为知识产权法属于私法。

表 4-2　全国人大颁布的部分私法领域内的法律

年代	全国人大颁布的私法领域内的法律
80 年代	中华人民共和国婚姻法（1980 年）；中华人民共和国商标法（1982 年，1993 年修正）；中华人民共和国专利法（1984 年，1992 年修正）；中华人民共和国继承法（1985 年）；中华人民共和国民法通则（1986 年）；中华人民共和国外资企业法（1986 年，2000 年修正）；中华人民共和国全民所有制工业企业法（1988 年）；中华人民共和国中外合作经营企业法（1988 年，2000 年修正）
90 年代	中华人民共和国著作权法（1990 年）；中华人民共和国收养法（1991 年）；中华人民共和国海商法（1992 年）；中华人民共和国反不当竞争法（1993 年）；中华人民共和国消费者权益保护法（1993 年）；中华人民共和国公司法（1993 年，1999 年修正）；中华人民共和国票据法（1995 年）；中华人民共和国担保法（1995 年）；中华人民共和国保险法（1995 年）；中华人民共和国拍卖法（1996 年）；中华人民共和国合伙企业法（1997 年）；中华人民共和国证券法（1998 年）；中华人民共和国合同法（1999 年）；中华人民共和国个人独资企业法（1999 年）；中华人民共和国招标投标法（1999 年）

可以看到，进入 20 世纪 90 年代之后，中国的私法制度得到了快速发展。这促进了中国人"私人财产"和"私人权利"的意识逐渐觉醒，提高了民事主体创造财富的动力，更是为后续的与国际市场接轨乃至中国从"法制"国家向"法治"国家转型夯实了基础。

总体来看，从 1992 年初邓小平南方谈话到 2001 年中国加入世贸组织的 10 年间，通过一系列改革和调整，中国已初步建立了社会主义市场经济制度，顺利地从计划经济为主的发展模式逐步转型成依靠市场的力量来配置要素的发展模式。在市场化的推进和民营经济的发展下，原来一统天下的国有经济和准国有的"集体经济"在国民经济中所占份额也逐渐下降到 50% 以下。

社会主义市场经济制度框架的建立，进一步释放了被压抑的生产力，使得中国经济实现了第二次腾飞，更是为入世后的国际市场接轨奠基了良好的基础。从国内生产总值来看，1992 年中国 GDP 为 2.4 万亿元，到 2002 年达到了 10.2 万亿元。这段时间城乡居民收入也大幅增加，城镇居民家庭人均可支配收入由 1992 年的 2027 元增加到 2002 年的 7703 元，平均每年增长 14.28%。农村居民家庭人均纯收入由 784 元增加到 2476 元，平均每年实际增长 12.18%。居民拥有的股票、债券等其他金融资产也有较多增加。家用电器进一步普及，电脑、轿车越来越多地开始进入居民家庭。这个 13 亿多人口的国家，顺利地实现了温饱到小康的跨越。[1]

---

[1] 国家发展改革委宏观经济研究院经济研究所.改革：如何推动中国经济腾飞[M]. 北京：人民出版社，2019:112-113.

入市与国际市场接轨

中国经过20世纪80年代商品经济的尝试,在20世纪90年代通过财政、税收、金融、外贸、外汇等方面的改革,初步建立了市场经济的基本框架。但该时期的中国市场,行政壁垒依然较多,企业和企业之间的公平竞争局面尚未形成,多个领域的要素流动依然受到较大的帮助。比如,地方政府凭借行政权力,在一些领域设置进入壁垒,减少本地企业的竞争对手,或者经常通过多种渠道和各种方式直接干预企业生产经营活动。

中国市场的透明度和公平性大幅得到改善是在2001年加入世界贸易组织(WTO)之后。加入世贸组织之后,中国作为世贸组织的成员国,需要遵循世贸组织的基本原则,其原则主要包括:无歧视待遇原则;最惠国待遇原则;国民待遇原则;透明度原则;自由贸易原则;公平、平等处理贸易争端的原则;互惠原则和对发展中国家和最不发达国家优惠待遇原则等等。其中,无歧视待遇原则,要求缔约方在实施某种限制或禁止措施时,不得对其他缔约方实施歧视性待遇。该原则涉及关税削减、非关税壁垒的消除、进口配额限制、许可证颁发、输出入手续、原产地标记、国内税负、出口补贴、与贸易有关的投资措施;最惠国待遇原则,要求成员方之间相互给予最惠国待遇。如果一个成员给予另一个成员方的贸易优惠和特许,必须自动给予所有其他成员。国民待遇原则,要求世贸组织成员的商品或服务进入另一成员领土后,也应该享受与该国商品或服务相同的待遇。按照国民待遇原则,中国不得不允许外国工业制成品自由进入国内市场。透明度原则,要求世贸组织成员所实施的与国家贸易有关的法令、条例、司法判决、行政决定,都必须公布,各成员方应在其境内统一、公正和合理地实施各项法律、法规、行政规章、司法判决等。自由贸易原则,要求取消一切妨碍和阻止国际贸易开展与进行的所有障碍,包括法律、法规、政策和措施等,促进贸易的自由发展。公平原则,要求在调解争端时,要以成员方之间在地位对等基础上的协议为前提。

中国加入世贸组织之后,面对将要接轨的国际市场和成员国的要求,无论主动还是被动,都需要向更加市场化和法治化的体制靠近,不得不加快国内外贸易一体化进程,形成稳定、透明的涉外经济体制,创造公平可见的法律环境,以便确保各类企业在对外经济贸易活动中的自主权和平等地位。为了达到以上要求,加入世贸组织后,中国进一步改革和完善法律体系。政府通过减少直接经济权利,降低准入壁垒,改革审批制度等方式对经济事务不再进行直接控制。如入世之前，中国有2000多种进口产品必须由国家审批，入世之后这些行政审批逐渐取消[①]。1999年—2007年，中国政府制定、修订、废止了3000余种法律、行政法规和部门规章。而且为了提高政府的透明度，各项法规开始公开出版。如全国人大常委会、国务院及各部委、各地方政府公开出版了现行有效的具有权威性的法规汇编，并通过各种网络、媒体、出版物等公开形式公布。在2003年至2004年间广州、汕头、深圳、上海、湖北省、成都等不少省市和地区开始公布政府信息公开条例。除此之外，各级政府通过开通政府官方网站，进一步加大各级政府和部门推行信息公开力度，并在各部门中推行"新闻发言人"制度，定期进行信息发布。中国政府官网（www.gov.cn）也于2006年1月1日开通。

表4-3 部分城市（地区）政府信息公开条例

地区	法规名称	生效时间
广东	广州市政府信息公开规定	2003年1月1日
广东	汕头市政府信息公开规定	2003年6月1日
北京	宣武区公开政务信息暂行规定	2003年9月1日
广东	深圳市政府信息网上公开规定	2004年4月1日
上海	上海市政府信息公开规定	2004年5月1日
四川	成都市政府信息公开规定	2004年5月1日
北京	西城区政务信息网上公开暂行规定	2004年6月18日
湖北	湖北省政府信息公开规定	2004年7月1日
湖北	武汉市政府信息公开暂行规定	2004年7月1日
重庆	重庆市政务公开暂行办法	2004年7月1日
……	……	……

加入世贸组织不仅提高了政府的行政效率、透明度和公平性，也大幅提高了企业生产效率和危机感。加入世贸组织后，中国多数曾经受保护的垄断性企业受到了较大冲击。外资的进入，不仅让竞争性领域的企业面对许多强有力的

[①] 被废止的行政审批主要包括，除国务院级别以上所有前置性审批，投资、建设类项目审批，土地使用权、上市指标等有关国有资产使用权的审批等内容。此项改革中，中央只保留了社会生活类审批，如环保类、产品安全类、产品技术标准类、食品安全类等。

竞争对手，而且在原本国有企业一统天下的垄断性行业也因放松管制而面临严峻的挑战。国有企业原有的牌照优势和特殊关照通道逐渐被削弱，不得不在更加公平的环境上与诸多企业进行竞争。加入世贸组织之后，无论民营企业还是国有企业，为了适应激烈的国际市场，不得不从依赖政府的角色快速转变，采取自负盈亏、管理模式创新、研发投入加强、人力资本管理等等措施。比如，中国的机电、化工等等行业，"入世"后，高关税、进口配额等市场保护逐步取消[1]。这将迫使国家在保护期内，使企业努力改善其经营管理，降低生产成本，提高产品质量和市场竞争力，以便保护期结束之后，在公平的市场环境中保持竞争力。

汽车行业也是很好的例子。入世之前汽车行业是受到高度保护的产业。1997年进行汽车关税谈判时，中国汽车关税高达180%到220%（因此该时期汽车和零部件走私现象也十分严重）。加入世贸组织，意味着中国不得不放开汽车领域的各种保护，也要大幅降低关税。为了避免弱小的汽车产业受到过大的冲击，中国争取到了5年保护期（从2000年开始），至2004年底以前可继续实行配额许可证管理，2005年1月1日取消汽车高关税，同时取消汽车进口配额。

汽车行业是一个国家工业文明时期的重要行业。该时期，面对汽车行业的放开，无论业内人士还是各类专家都表现出深深的担忧，担忧中国弱小的汽车工业会遭受国际强大竞争对手的摧残。但事实却让他们感到安慰。中国的入世并没有击垮汽车行业，反而激发了中国汽车市场的活力。2001年中国加入WTO后，政府解除了对外资、民间企业进入轿车生产领域的规定和政策限制，扩大了地方政府对于合资企业的审批权。这导致多年来一直徘徊在政策门外的吉利、奇瑞等自主品牌拿到了准生证，快速提高了中国汽车行业的产能和效率。在激烈的竞争环境下，国有企业通过消化和引进，加大研发投入，逐渐具备整车设计和发动机、变速箱关键总成的研发能力，开始形成自主开发、联合开发、引进技术及委托开发等方式提高产品的附加值。在这种环境下，中国汽车的附加值不断提高，如油耗明显降低，动力电池、驱动电机、电子控制关键技术领域取得明显进步。自主品牌质量和性能的大幅提高，使得国产车得到中国消费者认可，从21世纪10年代开始民族汽车品牌逐渐挤压韩国汽车品牌，甚至在挤压日本汽车品牌份额。

---

[1] 中国在2001年入世谈判时，其中一条谈判原则是"坚持以发展中成员方身份加入"。这一原则的坚持使得中国争取到了一些优惠待遇。比如在开放外贸经营权方面，外贸经营权由"审批制"过渡到"登记制"的期限是入世后3年；关税总体水平由入世前的14%降到10%，最长实施期到2008年；非关税措施方面，不再保留非关税措施，在入世后1-3年内完成等等。根据2011年12月7日国务院新闻办发布的《中国的对外贸易》白皮书，截至2010年，中国加入世界贸易组织的所有承诺全部履行完毕。

中国加入世贸组织之后，市场化框架中存在的各类非市场化因素快速得到了解决，市场在配置要素方面的作用进一步得到加强。

从行政环境角度来看，加入世贸组织不仅提高了政府的行政效率，更是提高了政府的透明性和公平性。加入世贸组织之后，大部分行政审批制度被取消，政府直接干预经济的行为大幅减少，地方政府的各类特权也大幅压缩。在世贸组织的基本原则下，中国逐渐形成了通过法律来约束政府行为的环境氛围，让整个制度更加高效、透明和公平。

从企业的角度来看，在20世纪80~90年代，国有企业是中国经济的主体，可以享受市场准入、税收、投资等一系列优惠，而民营经济地位是"公有制经济的补充"，只有在少数领域中参与经营活动，而且还要受各类不平等待遇。但加入世贸组织之后，市场准入和国民待遇等原则的实行，以及十六大提出的"必须毫不动摇地鼓励、支持和引导非公有制经济发展"，大幅提高了民营经济的地位，使得民营企业在投资核准、融资服务、财税政策、土地使用、对外贸易和经济技术合作方面，有更好的条件跟国有企业享受同等的待遇。

从市场环境来看，入世之后无论是国有企业还是民营企业都要面对更加激烈、快速更新换代的市场环境。加入世贸组织之后，非歧视性原则的实行，外资可以进入各行各业，中国的市场公平竞争大幅提高。不仅如此，中国成为世贸组织成员之后，跨国公司在华研发机构爆发式增长。企业为了在竞争激烈的市场环境中占据一席之地，不得不加大研发投入，改善管理，降低成本来保持行业的竞争力。

总体来看，加入世贸组织之后，中国的改革开放进入了全面深化阶段，不仅从早先单边的自主性开放向多边框架下的相互开放转变，更是从20世纪90年代的政策性开放逐渐转向体制性开放。当然，加入世贸组织，也进一步解放了生产力，提高了生产效率，又带动了中国经济的新一轮增长。从具体数据来看，中国GDP从2001年1.34万亿美元上升到2012年的8.53万亿美元；2008年中国GDP达到了4.59万亿美元，成为世界第三大经济体，2010年则超过日本成为第二大经济体。从人均GDP来看，中国2001年人均GDP为1053美元，2012年则达到6316美元，已进入中等偏上收入国家行列。加入世贸组织之后，对外贸易在拉动中国经济的三驾马车中权重不断增大，2001年到2012年，中国进出口贸易总额从0.5万亿美元增加到3.87万亿美元，增长了7倍之多；外汇储备从2001年的2121万美元增加到2012年的33116万美元，增长了15倍有余。

表 4-4 中国改革开放历程

时间	标志事件	市场环境	重点工作
1978—1982	十一届三中全会	计划经济为主、适当认可市场	工作重心从阶级斗争转向经济建设 统一计划下的适当自主权
1982—1992	中共中央关于经济体制改革的决定 中共十三大	计划经济为主、市场调节为辅	中央政府向地方政府下放权利 认可家庭联产承包责任制、企业厂长责任制等 推广新的自主经营管理模式
1992—2001	邓小平南巡讲话 中共十四大 中共十五大	确立社会主义市场经济框架	划分中央和地方权限 财税制度改革 金融体系改革 外贸制度改革 私有产权的认可 国企改革 社保制度改革
2001 之后	中共十六大	政策性开放转向体制性开放	加入世贸组织 简政放权，提高行政效率 行政环境的公开化、透明化

第二节　转型与突破

出口导向与粗放式发展

中国在改革开放前，采取了闭关自守的政策。该时期，虽然进口了不少大型工矿设备，出口贸易也有了一定的发展，但中国发展对外贸易的目的并不是建设开放经济，而是执行进口替代战略，希望通过进口关键设备和技术，自行生产原来需要进口的产品，建立"独立、自主、自力更生"的经济体制。

1978年10月10日，邓小平在会见联邦德国新闻代表时说了一段意味深长的话："我们过去有一段时间，向先进国家学习先进的科学技术叫作'崇洋媚外'。现在大家明白了，这是一种蠢话。……要实现四个现代化，就要善于学习，大量取得国际上的帮助。要引进国际上的先进技术、先进装备，作为我们发展的起点。"根据这一分析,邓小平提出了"实行开放政策"的方针。邓小平倡导的对外经济战略,跟20世纪70年代中期开始执行的以替代进口品为目标的战略不同,而是与日本和韩国、新加坡和中国香港等"四小龙"相类似的出口导向战略。这样,中国的对外经济活动逐步从进口替代转向出口导向。

1978年的十一届三中全会拉开了中国改革开放的序幕,其后13年的改革开放依然在计划经济体制下进行。这一阶段计划经济依然是重点,并对部分地区进行试点性开放,尚处于摸索式开放阶段。虽然十一届三中全会之后,中国逐渐打开了国门,但该时期的对外开放更多的是为了服务国内经济建设,因此注重的是对国外先进技术、重大装备和关键零部件的进口,出口的主要目标是为了换取外汇。可想而知,该时期中国并没有融入到世界贸易当中,对应的进出口额也相当少。由于中国改革开放早期外汇短缺,严格控制消费品的进口,因此消费者购买进口商品承担40%以上的税率是普遍现象,不少商品(汽车等)税率超过了100%。

党的十四大提出了正确认识和处理计划与市场的关系,1993年十四届三中全会进一步明确要建立社会主义市场经济体制之后,中国的对外开放进入了市场化改革阶段。尤其1994年的外汇改革之后,中国开始全面推进出口导向战略。这一阶段对外开放的主要特点是构建与社会主义市场经济体制相适应的对外开放政策体制,重点是制造业领域的对外开放,核心是利用外资和扩大出口。但该时期的对外开放依然表现出被动的适应全球经贸投资规则,直到加入世贸组织之后,中国才开始主动与国际市场接轨,其目的也从早期的换汇,改变为促使国内生产体系更好地融入全球价值链和产业链。

如同日本和韩国早期的发展一样,出口导向的选择是中国经济快速发展的关键因素之一。改革开放初期的中国,国家贫穷,无资本积累,经济停滞,技术薄弱,老百姓生活贫困,缺乏消费能力,但中国面对国际市场,有充足的廉价劳动力和较为丰富的自然资源。出口导向的选择,为中国打开了广阔的市场,中国的劳动力优势和低价资源的优势成为中国在国际分工中的主要优势,带动了中国经济的快速发展。

上面篇幅中已有讲述,对于后发追赶国家来说,早期的发展无需太多的自我创新,模仿和引进足以让其快速发展。由于在依靠模仿和引进方式带动发展时期,该经济体缺少相应的人才和技术积累,生产的产品往往易于复制、易于模仿。自然而然,该阶段的产品多数是通用产品,产品附加值低,在国际市场上的竞争优势主要为价格优势。

作为后发追赶国家，中国的发展也是如此。中国早期的生产，不仅需要购买国外设备，还要购买国外的零部件和中间产品等生产资料。很长一段时间里，中国所做的事情更多的是购买国外生产设备和生产资料之后，通过加工或组装再卖到国外。中国的这种生产方式被称为"三来一补"的生产方式，即来料加工、来样加工、来件装配和补偿贸易的方式来开展业务。

中国从20世纪90年代开始，全面推进出口导向战略之后，其贸易额大幅增加，逐渐成为世界工厂，在世界市场的各种商品中都能看到中国制造的影子。但这个"世界工厂"跟同样曾是世界工厂的英国和美国不同，中国生产的产品大部分处于价值链的最低端。由于中国产品缺少产品附加值，其产品在市场上的价格非常低，销售给客户的价格往往只占零售价格的1/4到1/10。根据联合国《2002年贸易和发展报告》的数据，1998年，美国的平均工资是中国的47.8倍，日本的平均工资是中国的32.9倍，韩国的平均工资是中国的12.9倍，印度是中国的1.5倍，墨西哥是中国的7.8倍。以鼠标为例，中国组装美国销售价约为40美元的旺达牌无线鼠标，其中罗技拿走8美元，批发商和零售商拿走15美元，罗技的零配件供应商拿走14美元，剩下的3美元（占7.5%）归中国，而中国要用这3美元来支付职工薪酬、能源、运输和其他管理费用。罗技在加州450名销售人员收入的总额，远远超过苏州工厂内4000名中国员工的收入总额。苹果手机的生产也是典型的例子。2011年美国加州大学的几位教授对中国大陆组装的苹果iphone和ipad的价值链做了分解。其中苹果公司得到的利润分别占iphone和ipad总价的58.5%和30.1%，大陆企业和企业员工所得基本上只是员工工资，分别占两种产品总价的1.8%和1.6%。

中国不少企业为了抢占国际市场份额，常常以高能耗、高污染为代价出口商品。发达国家的跨国公司也出于利润最大化的原则，倾向于将一些附加值低、污染较为严重的生产环节向中国转移。针对这种发展吴敬琏评价道："中国消耗了大量不可再生资源，承受着环境的污染，背负着'倾销'的恶名，可是利润的大头不在自己的手里。"[1]

结构性矛盾与新常态

后发追赶国家如果发展顺利，则会从早期的模仿和引进阶段，发展到消化

---
[1] 吴敬琏.中国经济改革进程[M].北京：中国大百科全书出版社，2018:178-179.

和改良以及发明和创造阶段。但每一个阶段都要以前面的阶段为基础,需要一定的时间来跨越。在这个过程中,伴随的是资本的积累,人才的培养,政策的支持以及相应制度环境的建设等等。从中国的情况来看,改革开放之后,经过近30年的发展,中国搭建了市场化制度环境,培养了人才,消化了技术,不少工厂也从早期的血汗工厂中脱离出来,开始具备有一定的自主研发和自主设计能力。

21世纪的中国,虽然不少产业仍处在粗放式发展阶段,但很明显的是,曾经的生产力落后、供给不足的时代正在渐渐远去。不幸的是,中国正处于转型之际,市场却没有给予中国足够的时间。尤其2008年金融危机之后,粗放式发展中存在的各方面问题,如产能过剩问题,产品附加值低且有效供给不足问题,创新动力不足问题,出口依赖严重、投资乏力、内需不足等等问题逐渐表现出其严重性。

一、过剩产能淘汰存在阻力

进入21世纪之后,在国门的放开和竞争的加剧下,中国的生产力和生产效率虽然得到了大幅提高,但是不少领域依然处在粗放式发展阶段。多数企业产品缺少技术含量,同质化程度高,经营思路依然停留在用更低的资金成本,更大的规模,更强的上游议价能力来保持成本优势,而没有把心思放在提高产品附加值方面。

为了解决盲目扩张,促进有序发展,中国政府从2004年开始实施"宏观调控",对"过热产业"的"过度投资"进行清理和控制。如2006年3月份国务院发出了《关于加快推进产能过剩行业结构调整的通知》,文件指出:"钢铁、电解铝、电石、铁合金、焦炭、汽车等行业产能已经出现明显过剩,水泥、煤炭、电力、纺织等行业目前虽然产需基本平衡,但在建规模很大,也潜藏着产能过剩问题。"据此,国务院提出"加快产业过剩行业结构调整"的任务,要求各地区、有关各部门"增强预见性、避免盲目性、提高主动性和自觉性,因势利导,化害为利,加快推进产能过剩行业的结构调整"。然而,效果并不理想。不少地区,多数企业反而出现产能越压越多的现象。尤其,2008年为了缓冲经济危机对国内的影响,出台4万亿两年工程计划之后,基建投入力度的加大以及流动性的大幅增加,进一步促进了不少企业的规模扩张,使得产能过剩现象进一步加重。2013年10月国务院再次发布《关于化解产能严重过剩矛盾的指导意见》,这次的矛盾性质已由前次的"产能明显过剩"发展为"产能严重过剩"。

同质化竞争下的产能过剩问题，是多数国家粗放式发展阶段普遍经历的事情。但这种现象在通过一系列竞争和市场筛选后，会留下生产效率高和产品附加值高的企业。可是，从中国情况来看，落后产能的淘汰存在一定的阻力。产能的淘汰意味着相应人员的失业，税收的减少，银行坏账的增加，这对民生、社会稳定以及地方政府的各项考核，不免会产生不小的影响。

虽然21世纪的中国，已大幅提高了市场对生产力要素分配方面的能力，建立了较好的市场化环境，但地方政府依然有较大的能力干预企业，有能力为企业输血、提供政策优惠等方式，让那些效率不高的企业维持生产，以便稳定当地经济、税收和就业。更为无奈的是产能过剩较为严重的地区往往是产业结构落后、经济欠发达的地区。这些地区缺少新兴产业，经济的增长和就业的稳定主要靠资源的耗费和廉价劳动力的供给。这些地区缺少高新产业和新的经济增长点，一旦强制淘汰落后产能，对当地经济无疑是雪上加霜。诸如此类的因素导致面对低效率产能和过剩产能，地方政府依然有较强的动力保住这些为GDP、税收和就业做出贡献但已经技术落后的企业。

二、产品附加值低且有效供给不足

历经30多年的发展，中国的生产力已大幅提高，也培养了不少知识密集型、资本密集型行业。但是这些行业，毕竟发展时间较短，在国际市场上仍处于产品附加值不足，低价竞争的状态。以装备制造业为例，中国装备制造业，占全球装备制造业的比重有1/3，但产业大而不强、自主创新能力薄弱、基础制造水平落后、产业链高端缺位等问题较为突出。即使到2015年，外资企业占据高端市场67%的市场份额，民族企业依然在中低端市场上竞争。消费品领域也是如此。中国是纺织服装生产大国，但是其生产的产品依然是通用性产品为主，尚未开启各个领域的进一步细分化和专业化时代。以运动领域为例，中国运动品牌服装在登山、跑步、游泳、健身、篮球、足球等方面的细分化并不明显。西装领域也是如此。大多数中国的西装企业在材料、设计、功能（防水、免烫、抗皱）、裁剪、舒适度等方面并没有出现明显分化和专业化。由于中国多数纺织服装企业尚未进入更加专业化、更加细分化领域，因此缺少提价能力和风险转嫁能力，当国外品牌进入，人力成本上升，生产线转移到东南亚的趋势下，多数企业盈利能力大幅下滑，甚至未能避免大批企业倒闭的局面。

产能过剩和有效供给不足是中国进入新常态之后面临的两大难题。中国制造业总体生产能力很高，500多种工业品中有220多种产量位居世界第一。消费品的生产能力也十分可观[①]。但多数产品依然处在全球产业链的中低端，而这种中低端产品跟目前转型升级的生产方式和日益提高的消费需求存在脱节。

再以消费品为例，如同工业品一样，在中国消费品领域，中低端产品产能过剩，中高端产品供给不足问题十分严重。随着老百姓收入和消费能力的提高，大量消费者不去购买低廉的国内产品，而热衷于购买海外产品。在中国消费者热衷于购买的"海淘"商品中，除了富裕阶层购买的奢侈品之外，快速增长的还有智能马桶盖、电饭煲、炒菜锅、空气净化器、电动剃须刀、美颜器、化妆品、食品、儿童感冒药、卫生巾、丝袜、指甲钳、保温杯、电动牙刷等等海外产品。以上产品大部分是有利于提高生活水平的用品。从数据上看，2015年中国游客的海外消费达2150亿美元，同比增长50%以上，跟国人海外"爆买"形成强烈对比的是国内消费却不尽人意。国内消费虽然也有增长，但增长速度表现出放缓趋势。比如2014年春节，零售额同比增长只有13.3%，是自2005年有统计以来的最低水平。

三、出口依赖严重、投资乏力、内需不足问题持续

投资、出口、消费是拉动经济增长的三驾马车。在较长的一段时间里，中国经济的增长主要靠投资和出口来拉动，而消费需求增长相对滞后。

1. 第一架马车——出口

如同日本和韩国的早期发展一样，改革开放之后的中国选择了出口导向的发展政策。相比国内弱小的市场，海外广阔的市场和强大的购买力为中国早期的发展提供了大量的机会。尤其加入世贸组织之后，外贸对中国经济的带动作用越来越大，一度成为拉动中国经济的最重要的马车。从表4-5中可以看出，20世纪80年代中国平均外贸依存度为18.5%，到20世纪90年代快速增加到32.6%，加入世贸组织之后进一步快速提升到了60%以上。

[①] 邹蕴涵.当前我国消费市场供给端矛盾分析[J].中国物价，2016(4):7-9.

表4-5 中国历年资本形成率、家庭消费率和外贸依存度[①]

时间	1970年—1980年	1981年—1990年	1991年—2000年	2001年—2010年
资本形成率(平均投资率)(%)	44.1	38.6	38.3	42.1
平均家庭消费率(%)	48.0	53.1	46.3	39.1
平均外贸依存度(%)	11.6	18.5	32.6	63.8

资料来源：郭庆旺，赵志耘.中国经济增长"三驾马车"失衡悖论[J].财经问题研究，2014（9）:3-18.

出口导向为中国打开了广阔的市场，带动了中国经济的快速增长，但这种方式也存在一定的风险。一是，出口导向方式的增长容易受到国际经济环境的影响。国际经济环境瞬息万变，不仅存在周期性问题，还会时不时地发生金融危机和经济危机。这些都会影响国内经济的稳定性。2008年发生的金融危机就是很好的例子。受金融危机的波及和影响[②]，中国出口快速下滑，根据对外经济贸易年鉴数据来看，2007年之前多年保持20%以上增速的出口，自2008年开始增速快速下滑，到2009年更是同比下滑18%左右，出口占GDP比重也从2007年的31.4%下降到2008年的23.5%和2009年的26.0%。在这种环境下，中国为了稳增长、保就业开出了4万亿的"药方"。二是，出口导向的发展会受到国际关系的影响。对于国际分工中处于产业链中低端的中国来说，国际关系的影响更不能忽略。由于中国多数产品在全球产业链中处在中低端地位，其产品可替代性强，缺少明显的"护城河"，因此当国际关系变化的时候不得不面对更多被动的局面。这种情况不管在历年美国对中国的反倾销制裁上，还是从2018年开始的中美贸易摩擦中都可以看到。

2. 第二架马车——投资

投资拉动主要是指，通过固定资产，即通过土地、厂房、设备的投资来带动的经济发展。投资的主体主要由两个部门组成，一个是企业部门，还有一个是政

[①] 资本形成率亦称投资率，通常指一定时期内资本形成总额占国内生产总值的比重。资本形成总额包括两部分，一部分是固定资本形成总额，另一部分是存货增加。外贸依存度是一个国家经济依赖于对外贸易的程度。其定量表现是，一个国家进、出口贸易总额与国内生产总值之比。外贸依存度不仅表明一个国家经济依赖于对外贸易的程度，还可以在一定程度上反映一个国家的经济发展水平以及参与国际经济的程度。

[②] 美国2008年的经济增长率比2007年低了近0.9%，而2009年则直接转变为负增长。期间，欧盟、日本陷入经济困境，连带导致欧债危机，希腊、日本等许多国家和地区经济增速急剧下滑，甚至出现负增长。同期，全球经济增长率也由2007年的5.2%，降至2008年的3.1%，而2009年则仅为1.4%。

府部门。

  除了出口以外，较高的投资率一直是带动中国经济增长的另一架重要马车。从中国的情况来看，投资占GDP的比重一直很高，甚至超过了消费占GDP的比重。从世界范围来看，1978年—2005年，全球年均投资率为22.1%，且呈现持续下降的趋势，从1978年的24.2%下降为2005年的21%。而同期，中国的年均投资率为38.9%，且呈不断上升之势，从1978年的38.2%上升到2005年的42.7%，相当于世界平均投资率的两倍。[1]2008年之后，在4万亿计划下中国投资率更是一路走高，到2009年则达到了45%以上。

  一般情况下，在工业化早期和粗放式发展阶段，投资对经济拉动的贡献较为明显，但随着经济的发展，投资对生产效率的提高作用将会逐渐减弱，而且还会显现出各种弊端。

  从企业部门来看，企业通过购买土地、扩大厂房和购入设备等扩大固定资产的方式开展业务，在社会生产力低下、供给不足的时候，可以快速带动经济发展，但到了通用产品普及、产品供给过剩的时候，继续采取扩大生产的方式，将会逐渐降低资金使用效率，加重结构性错配。

  以水泥生产为例，在工业化发展早期，房屋建造、道路建设等方面的需求量大，水泥的生产供不应求，企业只要扩大规模就可以享受较高的收益。这时候是生产力和生产效率都处在快速提升的阶段。一方面，更多企业的加入，更多厂房的建设和设备的投入，会提高生产力；另一方面，随着竞争的加剧，企业会通过节减成本、改善管理来提高生产效率。但随着供需关系的平衡，在粗放式发展的情况下，成本的下降和效率的提高会存在临界值，如果超过这个限度之后，进一步加大投资可能要面临生产过剩，企业盈利能力下降，企业资产质量下滑等问题。

  政府部门的投资也是如此。一般情况下，政府部门的投资主要集中在国防、环保、科技、教育、医院、水电、邮政、铁路、港口、码头、城市公交等公共产品领域和准公共产品领域。在粗放式发展时期，政府对这些领域的投资，对经济运行效率的提升作用将会十分明显[2]。但是，在这些领域的投资达到一定程度之后，即随着基础建设设施的完善，投资对经济效率的提升作用就会不断减弱。

---

[1] 丁兆庆.关于经济增长过度投资依赖的影响及对策思考[J].辽宁行政学院学报，2012(4):86-87.
[2] 由于公共产品存在外部效应，不一定有明显的盈利性原因，企业部门不一定愿参与。比如，教育投入和环保投入其盈利性不明显。即使一个城市环境保护做得很好，也不好针对享受该环境的人收取相关费用；又比如，铁路、公路、桥梁、通信网络、地铁和城市公交也不一定是盈利性很明显的行业。如果一个城市人口没有达到一定基数，而且并不富裕，那么这些领域的投资很可能是亏损项目。但是，这些产品作为公共产品，可以让该地区的生活更加便利，也有利于提高该地区的经济运行效率。

以公路建设为例，还处在泥泞路的时候，城市道路和高速公路的建设会大幅提高交通效率，原先2天的路程可能会缩短到4个小时。但公路建设达到一定程度之后，对交通效率的提升效果就会逐渐减弱。后续的投入即使可以缓解一定的拥堵现象，可是从运输效率提升的角度来看，可能就是4个小时的路程变成3个小时而已。在公路建设进入饱和期之后，后续的照明投资、ETC建设等也会提高运输效率，但是其提高程度也不会像刚开始那么明显，更多在于改善交通运输的舒适性和安全性。其他公共产品领域的投资，如铁路、机场、电网、通信网、医院和教育设施的建设均为如此。一般处在普及公共设施的阶段对经济效率的提升最为明显，但当普及到一定程度，进入优化阶段的时候，其资金的投入对经济效率提升的作用就会下降。除非这段时间正好赶上新一轮的技术革新。况且，政府部门，尤其地方政府的投资并不局限于公共产品领域，还会在民营经济领域参与竞争，这会对民营经济产生挤出效应，不利于成本的优化和效率的提高。

对于后发追赶国家来说，早期的发展跟发达国家差距较大，购买国外设备、扩大产能、建设基础设施等可以快速带动经济发展，但随着生产力的提高，基础建设的完善，跟发达国家的差距缩小，投资拉动的边际效应就会递减。而且，投资拉动经济发展需要大量资金，因此不免会产生借款，这还会提高企业部门和政府部门的负债率。如果这种情况长期下去就会增加经济运行的风险。根据国际清算银行（BIS）数据来看，中国非金融企业部门杠杆率在2008年之前不到40%，但现在已增加到150%以上；政府部门杠杆率2008年之前不到20%，现已增加到50%以上。

可以判断，随着中国逐渐进入产能过剩的时代，在后续的经济发展中，投资对经济增长的贡献率将会不断减弱，挤出效应、负债率提高等问题将逐渐会表现出其严重性。

3. 第三架马车——消费

相比出口和投资，消费可以缓冲出口和投资存在的问题，有益于降低经济运行的风险。但中国消费受粗放式发展阶段的影响，不仅存在结构性不匹配问题，同时也存在整体性不足问题。随着经济的增长，中国国民消费能力已大幅提高。消费者对产品的需求越来越细分化，越来越专业化，但是中国生产较难满足日益多样化、细分化、专业化的需求，因此大量的需求转向海外优质产品。在整体性消费不足方面，中国依然存在大量的中低收入消费群体，如同李克强总理在2020年5月28日记者会上所说："我们人均年收入的平均水平是3万元人民币，但是有6亿人每个月的收入也就1000元。"这些群体短期内较难表现出较强的消费能力。

从中国目前情况来看，一方面有一定比例的富裕人群，这些人群主要购买炫耀性产品和高质量海外品牌；一方面还有大量低收入人群，较难购买消费升级所需要的产品，其消费主要停留在基本生活用品上，而能推动国内产品转型升级、有利于促进国内产品专业化和细分化的中产阶级则尚处于消费力量不足状态。

通过提高消费能力，优化消费结构，来带动经济发展，是一个国家发展中降低海外依存度，实现可持续发展的重要方式。整体消费能力的提高和消费结构的优化，更是中等收入国家迈入高收入国家，乃至发达国家的必经之路。当然，整体消费能力的提升和消费结构优化也是一个漫长的过程。提高消费能力，优化消费结构，不仅跟生产方式有关，还跟教育的普及，中产阶级群体的增加，社会保障制度的完善等诸多因素相关。刺激性政策或许能解决短期消费不足问题，但是较难优化本身存在的消费结构错配问题。

总体来看，中国发展过程中慢慢积累下来的问题，在2008年金融危机之后快速浮出台面。尤其是，2012年前后，中国经济呈现出"三期叠加"的特征，逐渐进入了经济增速只有6%~7%的新常态。由此，中国经济结束了长达20年的两位数增长，进入了经济增速换挡期、结构调整阵痛期、前期政策消化期的"三期叠加"阶段。在新常态下，中国面临的不仅是外部市场缩小且不稳定的问题，更是国内生产的诸多领域仍处于粗放式发展、产能过剩、产品附加值低、国内消费不足等等问题。当中国发展进入效率优化的时代之后，给钱就能发展的时代逐渐远去。在新常态下，想要进一步促进经济增长、提高经济运行效率、降低经济运行风险，那么就不得不提高改良和创新、发明和创造的能力，以便解决国内现有的问题，在全球产业链条中提高中国企业的地位。

面对变化和困难，无论政府、企业还是民众都在寻找突破口。当然，从投资者的角度来看，这里存在大量的机会，也同样存在各种风险。

产业结构高端化的核心要素

由于后发追赶国家发展早期与发达国家技术差距较大，引进的技术往往是发达国家已成熟的技术或上一代的技术，因此该时期不仅引进的成本低，一般也不会产生过大的纠纷。这时候带动经济发展的核心因素是资本和政策。谁有更多的资金来源，更低廉的资金成本，更好的政商关系，谁就有更好的条件快速跑马圈地，扩大产能，并用规模优势来淘汰竞争对手。

虽然在工业文明早期，粗放式发展方式可以快速带动经济的发展，但这种发展方式的持续很容易激化劳资矛盾。从生产关系上看，由于粗放式发展时期，在企业发展中起到重要作用的是资本和政策，劳动者从事的是简单重复且容易被替代的工作，因此资本家想要提高劳动报酬的意愿较低，劳动者在第一次分配中较难获得谈判优势，也意味着该时期贫富差距容易扩大。另一方面，随着工业化的推进，产业集群和城市集群的形成，为劳工阶层聚集并组织劳工运动提供了便利。在较大的分配差距下，两股不同的力量将会因为分配问题不断地产生冲突。

这时候政府的选择和政策导向十分重要。如果在该时期，政策倾向于保护既得利益，那么很可能会导致阶层固化、垄断普遍、新的生产力失去生存空间。而且这种时间持续得越长，既得利益者就会越来越强大，其改革的阻力和难度也会不断加大。在这方面菲律宾就是较为典型的例子。

菲律宾是亚洲较早走上工业化道路的发展中国家。20世纪60年代之前，菲律宾曾是亚洲地区最先进的国家之一，其经济实力仅次于日本，超过马来西亚、泰国、印尼、新加坡和韩国。1960年各国工业产值在GDP中所占比重，日本为45%，菲律宾为28%，新加坡为18%，韩国为20%，马来西亚为18%，泰国为19%，印尼为14%。[1]与一度被认为"最不可能成功的国家"韩国不同，菲律宾有较好的自然资源，工业化推进也较顺利，因此后期的发展普遍被看好。然而，20世纪60年代中后期开始，菲律宾的人均收入逐渐被韩国、中国台湾超越，20世纪70年代后期被马来西亚超越，20世纪80年代被泰国超越，2000年前后被中国超越，至今人均GDP还徘徊在3000美元左右。

从发展特性来看，菲律宾和韩国有不少相似之处。菲律宾和韩国在20世纪60年代开始都建立了威权政体。在发展过程中，两个国家的政治和经济由一小撮精英统治，特权阶级在发展早期无视规则，整个国家官商共舞的现象十分普遍。但这两个国家也有明显的不同。那就是菲律宾政府较长一段时间选择了进口替代政策，没有重视科学和技术，没有重视培养工业发展所需要的理工科人才[2]。尤其，菲律宾政府在既得利益面前更多地表现出保护和妥协的态度，较少地为新兴力量创造出适合发展的空间。

在缺少新兴产业的鼓励和发展，较长时间的进口替代以及历届政府对传统企业的保护和妥协之下，菲律宾家族企业的垄断地位不断加强，既得利益得到固

---

[1] 沈红芳.21世纪的菲律宾经济转型：困难与挑战[J].学术前沿，2017(1)：6-13.
[2] 菲律宾独立之后，受欧美教育观念的影响，也很重视高等教育。但菲律宾的高等教育培养的更多的是法律、商科等人文社会学科方面的人才，自然科学方面的人才培养不足。另一方面，菲律宾在垄断普遍、传统企业力量过强的情况下，新兴产业缺少发展空间，缺少该方面岗位需求。在这种环境下，就学人员自然不愿意攻读与技术相关的专业。这也导致在菲律宾理工科硕士和博士毕业人数少之又少。

化，企业也缺少创新动力，把更多的精力放在存量市场的控制和其地位的巩固上。这也导致菲律宾从1970年至2000年的30年里，除了电子产品制造业得益于政府的自由化改革，其产出比重有所上升之外，菲律宾的工业内部结构基本上没有太多的变化。从制造业部门的增加值和就业指数中可以看出，食品加工业、饮料和烟草产品在制造业部门中一直占据垄断地位，分别为50%和22%-25%，[1]其工业化进程仍停留在农产品加工业为主的轻工业发展早期。在这种环境下，菲律宾的"100大家族"控制着该国的经济命脉，且代代相传。正如其中某个成员所说的一样："如果你是这100个之一，那么你就是独立而自由的。""我不想成为总统，我只想成为100个之一。"[2]

在矛盾激化时期，过度保护既得利益者肯定不利于产业结构的转型升级和效率的进一步提升。但这并不意味着，一味地保护劳工阶层就能顺利推进产业结构的转型升级。如果该时期政策过度保护劳工阶层，那么，也有可能导致企业的劳动力成本和社会福利支出大幅增加，最终带来的是企业竞争力削弱、失业率增加和国家主权的丧失。在这方面我们举一下拉美国家的例子。

不少拉美国家20世纪30年代启动了"进口替代"的内向型经济发展战略。在收入提高和贸易保护的经济条件以及民粹主义政党兴起下，拉美国家从20世纪30年代到70年代纷纷建立了政府主导的福利计划，并快速推进福利制度的建设。虽然不同国家建立的制度有所不同，但不少国家都较为激进地推进了劳工保护制度，也大幅提高了社会公共性支出。在对劳工就业的保护方面，加强相关方面的立法，这些立法涵盖了工时保护、劳动休假等内容，还强行提高工资水平，限制物价上涨，对企业征收较高的社会保障税（接近于欧洲国家的水平），执行较高的福利标准。在社会支出方面，不少拉美国家大幅提高社会支出。比如，自1993年以来，阿根廷社会保障开支占公共开支的比重都在40%左右，2006年为35%。巴西2007年社会保障预算支出占政府公共预算开支的34%，而2007年智利的不包括医疗卫生支出在内的社会保障支出占政府公共开支的20%。[3]

这些拉美国家推进福利制度的目的即使是在于提高人民的生活水平、缓解劳资矛盾，但不符合该时期的生产力情况，且过于激进的劳工保障制度，反而恶化了这些国家的经济状况，进一步加剧了社会的动荡和不安。

---

[1] 沈红芳.21世纪的菲律宾经济转型：困难与挑战[J].学术前沿，2017（1）：6-13.

[2]（美）康灿雄.裙带资本主义：韩国和菲律宾的腐败与发展[M].李巍，石岩，王寅，译.上海：上海人民出版社，2017:126.

[3] 张占力.第二轮养老金改革的兴起与个人账户制度渐行渐远——拉美养老金私有化改革30年之反思[J].社会保障研究，2012（4）：30-38.

首先，对劳动者的过度保护，增加了企业雇佣劳动力的成本。在成本压力下，不少企业不再扩张人员，甚至解雇人员。大量的失业人群不得不流入非正规部门。

非正规部门是指政府无法较好监管的部门。非正规部门虽然也能带动就业，但会带来不少社会问题。如街头商贩充斥城市街道，会造成交通阻塞；街头商贩经常向路人兜售赃物，助长了盗窃犯罪行为的发生；非正规部门的食品加工企业往往缺乏基本的卫生条件，给人们的健康带来危害；非正规部门就业者由于没有医疗和社会福利的保护，在生病或失业时得不到有效的治疗。而且，非正规部门就业者聚居的地区缺乏公共医疗卫生设施和服务人员，当疫病或传染性疾病袭来时，容易造成蔓延趋势，还会引发暴力、贫困、生存危机等社会问题。

由于正规部门必须支付社会保障税和解雇赔偿金，而非正规部门可以逃避此项开支，因此更多业务从非正规部门开展。很多拉美国家非正规部门的就业都超过了50%，即一半以上的劳动力在非正规部门就业，这最终导致的是劳工制度和福利制度只能为少数的劳动群体提供保障，更多的人遭受的是无法就业、流离失所以及贫民窟的扩大。

其次，在财政收入有限的情况下，扩大公共支出，给这些国家带来了较高的财政负担。当出现经济危机或周期性问题时，政府不得不进一步借助债务来稳定内部矛盾，而这种发展方式也促进了阿根廷、巴西等国家的债务危机和财政危机，随之而来的是IMF条款的接收和国家主权的丧失。

一般情况下，后发追赶国家的粗放式发展方式在持续一段时间之后，劳资之间的矛盾会逐渐加剧。这时候矛盾看似是分配上的矛盾，但实质上是生产关系上的矛盾。在粗放式发展模式下，由于企业生产的产品缺少附加值，在全球产业链中处于中低端，缺少上下游溢价和风险转嫁能力，一旦生产成本提高，很容易让企业失去竞争优势。所以在生产关系并未改变的情况下，强行提高企业的劳动力成本，或通过二次分配来缓解矛盾，有可能会导致经济效率的进一步低下。这也意味着，这时候需要解决的关键问题是产业结构转型升级问题，而不仅仅是分配上的问题。只要能顺利提高劳动力在生产环节中的重要性和不可替代性，不仅能缓解贫富差距过大带来的矛盾，也能提高企业的竞争力和抗风险能力。

这也是为什么后发追赶国家从早期的模仿和引进、跑马圈地式的发展方式，需要转型为改良和创新、发明和创造的发展方式的原因。产业结构的转型升级意味的不仅仅是存量市场变成增量市场的问题，也代表着劳动力在第一次分配中谈判地位的提高。随之而来的是，劳资矛盾的缓解，贫富差距的缩小，内需的增长以及社会的稳定。

从核心要素来看，后发追赶国家要想顺利实现产业结构的转型升级，不仅需要国家对科学和技术的重视，新兴产业的重点培养，人才梯队的建设，更是需要搭建有利于新兴力量发展的公平的竞争环境。

一、人才的培养

高端人才的供应是一个经济体从模仿和引进的增长方式，转型为改良和创新、发明和创造的增长方式过程中不可或缺的重要因素。

上文已经讲过基础教育和高等教育、技术和科学之间的关系。高等教育是在完成基础教育的前提下，培养高级专门人才的教育。高等教育跟基础教育明显不同之处在于，其专业性和理论性。接受高等教育的群体，不仅要学习该专业的基础理论，更要学习系统的专业知识及相应的技能与方法。这也意味着，受高等教育的群体，有更强的能力从科学的角度看待技术，用科学来指导技术的进步。可想而知，随着科学和技术对经济增长重要性的不断提高，受过系统的理论知识和专业知识教育的群体，即高等教育群体的需求也随之增加。

虽然中国一直重视科学技术对生产力的作用，但受限于时代背景，高等教育真正开始快速普及的是20世纪90年代中后期。1995年5月，中共中央、国务院发布了《关于加速科学技术进步的决定》，首次提出实施科教兴国战略，包括"全面落实科学技术是第一生产力的思想，建设高水平的科技队伍，提高全民科技文化素质"等11个方面的发展科学技术、加速科技进步的路径措施。1999年6月，中共中央、国务院发布《中共中央国务院关于深化教育改革，全面推进素质教育的决定》，重申"扩大高中阶段教育和高等教育规模，扩宽人才成长的道路，减缓升学压力。经过多年的推进和发展，到2010年，我国同龄人口的高等教育入学率要从现在的9%提高到15%左右"。该政策文件的制定与会议的召开，为中国高等教育迅速扩张奠定了政策基础与战略目标。从图4-1中可以看到，1990年中国高等教育在校总规模只有382万人，毛入学率为3.4%，2000年前后开始快速增长，2003年达到了1900多万人，毛入学率达到了17%，进入了高等教育大众化发展阶段，2012年高等教育毛入学率超过30%，2015年超过40%，2019年首次超过50%，进入了高等教育普及化阶段[①]。

---

① 如果进一步分析，中国2008年之前高等教育中专科教育比例较大，2008年之后本科教育比例快速上升。从这些变化中大致也能看出中国发展方式的变化。中国刚加入世贸组织时，由于生产力低下，海外引进渠道较多，需要更多技术人才。但随着经济的发展，产业结构的转型升级，对科学与技术人才的需求在不断增加。人才的需求自然也就从专科生逐渐转型为本科生。

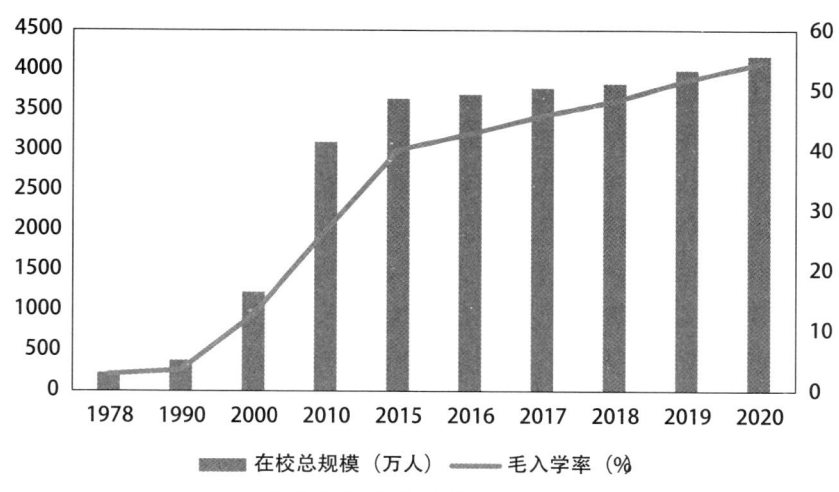

图4-1　中国高等教育在学总规模和毛入学率

资料来源：教育年鉴（各年）

为了更好地保障中高端人才的供应，中国不仅加大了内部培养力度，同时也通过各类优惠政策大量引进了海外优秀人员。为了吸引留学人员回国工作，国家和地方政府采取了一系列政策措施，如1995年人事部下发的《关于重点资助优秀留学回国人员开展科技活动的通知》，1998年教育部开展了"长江学者奖励计划"，2000年人事部下发《关于鼓励海外高层次留学人才回国工作的意见》，2001年出台《关于鼓励海外留学人员以多种形式为国服务的若干意见》以及《留学人员创业园管理办法》等等。

从人才结构来看，中国不仅培养了社会学科人才，更是着重培养了大量的理工科人才。

对于后发追赶国家来说，在工业文明发展早期，理工科人才的培养是产业结构转型升级的核心动力。人文社科人才虽然也是知识经济中不可缺少的一部分，但人文社科人才，如法律、商务、贸易、传媒、文学、历史等，由于其所学专业涉及到的更多的是意识形态和制度框架方面的知识，而这些又无法直接推动技术进步的原因，是人文社科人才在工业文明早期主要为既得利益和权贵阶层服务。只有当一个国家经济发展到一定程度，多数人需要更高的精神文明需求，多数行商主体遇到的问题越来越多样化和专业化的时候，人文社科人才才开始真正为普罗大众服务。这也意味着，一个国家在工业文明早期缺少理工科人才的情况下，着重培养人文社科人才，反而有可能加速阶层固化。

上文讲到的泰国和菲律宾就是这方面的例子。泰国和菲律宾也较早开始重视高等教育。2000年之前这些国家高等教育毛入学率远高于中国，但他们在发展过程中培养的更多的是法律、经济、媒体、贸易、农业等方面的人才。在这种环境下，人文社科人才，主要聚集在权贵阶层和既得利益群体当中，帮他们出谋划策，不断地稳固这些群体的利益。以菲律宾为例，在上层人物当中，有大量的商科、法律等专业毕业的人群。他们彬彬有礼，博学多闻，也十分平易近人，但是跟权贵阶层融为一体，以合法合规的方式保障他们的财产和地位，阻碍新生力量的进步和经济的发展。当然，在这种环境下，求学者也很少有意愿就读理工科专业。即使就读理工科专业的学生，绝大部分都是读到本科为止，很少有人继续进修理工科领域的硕士学位和博士学位。

相比这些国家，中国十分重视理工科人才的培养。从数据上看，中国近几年多个年份本科理科类录取率是文科类录取率的2倍以上，一些省份更是达到了3倍以上，而且一本线以上学校当中，录取理工科学生的比例更高。

目前，中国培养的理工科人才，已分布在生产制造的各个领域，如在材料、机械、电子、化工、通信等领域，推动着这些行业的发展。正因为如此，我们才能看到中国制造的崛起，如中国IT领域、生物医药、精工制造、精细化工、高端设备领域的高新技术企业数量快速增加。

除此之外，在偶然的机会中，笔者有幸得知，中国还有一所治理方式与众不同的大学，那就是西湖大学。

西湖大学是一所社会力量举办、国家重点支持的非营利性新型高等学校。西湖大学的前身为浙江西湖高等研究院，由施一公、陈十一、潘建伟、饶毅等科学家发起。2018年2月14日，西湖大学获教育部批准成立。现施一公担任西湖大学校长。

在治理体系上，西湖大学借鉴国际经验，实行董事会领导下的校长负责制，形成了教师治学、民主管理、社会参与的大学治理体系。

从西湖大学的设立到开办可以看到，中国也在不断推进各方面的教育改革，更能看出中国在教育领域的改革也遵循了"增量改革"和"体制外先行"的逻辑。当然，笔者也十分期盼，西湖大学在知识产出上早日实现重大突破和取得伟大成就，并且进一步推动中国教育机构知识产出的多样化改革。

二、知识产权保护

良好的知识产权保护制度有利于发明和创造，可以更好地鼓励那些为商业利益奋斗的群体。分析美国为代表的欧美国家的发展，学术自治和良好的知识产权保护制度作为发明创新创造的动力，其对经济发展贡献功不可没。但是，仅从经济发展的促进效用来看的时候，并非越严厉的知识产权保护制度就越有益于经济发展。知识产权保护制度对一个经济体的作用，还得从该经济体所处的经济环境和发展阶段去分析。

对于经济比较发达，或者其发展方式主要靠发明和创造来带动的国家来说，强知识产权保护制度有利于经济的发展，但对于发展较为落后，与发达国家差距较大的国家来说，弱知识产权保护制度反而对工业文明早期的国家能起到更为重要的作用。

虽然弱知识产权保护制度不利于国内企业的创新创造，但是有利于以较低的成本，消化和引进国外的技术。如上所述，对于后发追赶国家来说，发达国家濒临淘汰的技术都能快速提高该国家的生产力。在这种情况下，实行较为宽松的知识产权保护，更有利于经济的发展。但随着一个国家的技术水平不断提高，跟发达国家技术差距逐渐缩小，知识产权保护的重要性就会逐渐显现。主要原因在于，随着技术进步，后发追赶型国家跟发达国家上的技术差距日益缩减，消化和引进技术的成本越来越高，而且随着国内经济的发展，民族企业自身的发明、创新、创造的作用就会越来越重要。

韩国和日本以及中国台湾，从一个落后经济体快速成为发达经济体的路上，都经历了从知识产权弱保护阶段到强保护阶段的历程。

1. 韩国的情况

上文已经讲述了韩国的知识产权保护历程。韩国的知识产权保护历程大致可以分为两个阶段，20世纪80年代之前为弱保护期，进入20世纪80年代之后逐渐加强保护，尤其到了20世纪90年代之后，其保护力度大大加强。从经济发展模式来看，20世纪80年代之前，韩国的发展主要靠设备的引进和廉价劳动力来推动经济发展，无需太多的发明和创新。该时期企业生产对国外技术依赖严重，朴正熙执政早期的韩国企业连基本的反向工程能力都不具备，不少工厂直接从国外引进全包建工厂，培训生产操作和设备维护人员，掌握生产方法，获得了最初的生产能力。该时期政府对知识产权管理也相当宽松，甚至鼓励韩国企业可以免费获取公开的技术文献和印刷资料、分析国外产品和方法，以便攻克技术难关，提高产品质量。从时代背景上看，韩国早期发展所需要的技术，对于发达国家来说多半是落后的技术，因此发达国家对韩国的行为也比较宽容。

进入20世纪80年代之后，韩国粗放型发展方式在国际上逐渐失去竞争力。无论被动还是主动，韩国都面临着进一步促进产业结构高端化的问题。该时期的韩国，从技术层面上看，通过前期的模仿、消化和积累，韩国具备了一定的改良和创新能力。韩国经济发展所需要的技术也不再是濒临淘汰的技术，而是跟国际需要接轨的技术。这也导致国外对韩国技术引进的管制越来越严格，低成本获取技术的方式不断受阻。比如，随着经济的发展，所需要的技术越来越复杂，必须要有详细的技术说明文件才能掌握。韩国企业不得不从原先廉价引进渠道，即从非正式技术转移渠道，转向正式技术转移渠道，如外国直接投资、专利授权、国外技术许可和咨询等等。

随着经济的进一步发展，韩国技术跟发达国家之间的差距进一步缩小，引进成本也进一步提高，而且在科学技术对企业竞争力影响越来越大的趋势下，韩国企业自我创新创造的意愿也再不断加强。为此，20世纪80年代后期开始，韩国逐步加大知识产权保护力度。直至2000年前后，韩国已经成为知识产权保护强国和知识产权大国。

2. 日本的情况

早期的日本也是通过消化和引进的方式，带动了经济的发展。战后初期，日本产业界因剽窃发达国家的专利产品和科技成果，曾一度被世界冠以"小偷""抄袭者（copycat）"的绰号。跟现在多数人所感受到的日本产品精致、高品质印象完全不同，在20世纪50年代，"日本制造"代表的是质次价廉。

在弱知识产权制度保护下，日本从模仿、改进到创新的技术发展模式一直持续到20世纪70年代中期。但随着技术的进步，日本产品在国际市场上竞争力的加强，导致日美之间贸易摩擦逐渐严重。在美国的压力下，日本不得不加强知识产权管理。有趣的是，这一时期日本对知识产权的保护，表现出更多的是被动保护，其主要目的在于规避跟美国的贸易摩擦。

日本真正主动有动力推进知识产权保护是在20世纪90年代之后。面对产业结构的高端化和多样化，日本开始仿效美国，实行"亲专利"政策，全面提高知识产权保护力度。2002年小泉内阁提出"知识产权立国"施政方针，首次从国家战略高度强调加强知识产权保护的重要性[1]。[2]

虽然日本的知识产权制度早已跟国际接轨，但日本的知识产权保护制度跟

---

[1] 由于冷战时期，出于对抗社会主义阵营的需求，美国对资本主义经济圈内企业间的技术转移基本上持肯定、支持的态度。基于以上多个原因，日本知识产权从弱保护到强保护的进程要比韩国慢。进入21世纪之后，日本才把知识产权保护提高到国家战略高度。从历史背景来看，该时期正是韩国、中国台湾等竞争对手快速崛起，模块化解决方案冲击整体解决方案，终身雇佣制受到冲击，泡沫经济破裂之后日本在力图寻找"工匠精神"领域以外新的经济增长点的时期。

[2] 赵旭梅.日本知识产权制度的适应性演进与创新共生性分析[J].现代日本经济，2012(6):10-16.

美国鼓励创造和发明为主的知识产权保护制度，思路上有一定的区别[①]，如日本知识产权保护依然有利于消化和引进。比如，日本专利法长期不承认药物、化合物、食品和饮料专利，在程序上采取延迟审查制度、授权前披露和异议制度，容忍竞争者对专利申请提出异议以延长审查期，在实际操作中对外国申请者进行歧视等等。

3. 中国台湾的情况

中国台湾的知识产权保护历程也经历了类似的阶段。在工业化早期，台湾政府把生产假冒产品作为工业发展的捷径，并不严加惩戒。比如，20世纪70年代，台湾对侵权的惩罚十分轻微，最高罚款仅为1300美元。这跟美国少则几十万美元、多则上亿的惩罚力度比起来简直就是九牛一毛。在弱知识产权保护政策下，台湾企业拷贝风气非常严重。根据美国《商业周刊》的数据，20世纪80年代中期，全世界60%以上的假冒伪造产品都是台湾制造。

台湾的弱知识产权保护政策，损害了贸易对手美国的利益。1983年，美国就知识产权问题与台湾举行双边会谈。在美国的压力下，台湾加强了对盗版的处罚，增加了对软件等新媒介的版权保护，加强了对化学品和药品的专利保护，但对于美国来说仍不尽如人意。可是随着台湾企业技术的进步，产业结构的高端化，以及在世界贸易组织体系下的多边贸易协定TRIPS接轨的需求下，台湾政府从20世纪90年代开始，真正加码着力推进知识产权保护。

4. 中国的情况

从中国的情况来看，改革开放之后中国虽然也建立了保护知识产权的相关制度，但是整体来看早期知识产权保护的相关环境较为宽松。如同知识产权与竞争法研究院院长孔祥俊所说："前些年全社会对知识产权保护普遍认识不足，不保护、弱保护、应付性保护、名义上保护而行动上不保护、保护知识产权就是保护外国人的利益等现象和认识比较突出。"[②]

改革开放之后，很长一段时间内，中国的知识产权保护跟日本、韩国、中国台湾等国家和地区的早期发展一样，其动力和压力更多来自于美国，其特色

[①] 由于日本企业特色的股权结构和对应的劳工制度，导致日本创新主要表现在过程创新和系统工程上，这跟美国发明创造为主的创新有所不同。如果一个国家涉及更多的是过程创新和系统工程，那么这种创新因其较难被复制的原因，即使没有较好的知识产权保护，也较难被其他企业所模仿。另外，高速发展时期的日本，外部劳动力市场并不发达，劳工稳定性也较高，这也在一定程度上杜绝了企业知识产权外流的风险。或许这就是日本较晚推进知识产权保护的原因。

[②] 孔祥俊.中国知识产权保护的新态势——40年来中国知识产权保护的回顾与展望[J].中国市场监管研究，2018（12）:11-15.

是重于形势而不重视实质。进入21世纪之后，中国工业化推进迅猛，从早期的产能不足发展到产能过剩，尤其2010年前后开始，中国产能过剩问题逐渐严重，落后产能较难淘汰，供需关系结构性错配问题也日益明显。另一方面，进入21世纪之后，中国高等教育进入大众化阶段。到21世纪10年代，中国高等教育毛入学率已经超过30%。以上种种因素的变化，为中国从早期粗放式发展转型为集约型发展，进一步迈入知识经济时代搭建了基础。因此，在跟国外知识产权纠纷越来越多，人才储备较为充足，科研能力今非昔比，产业结构转型需求迫切等大背景下，2008年6月，国务院发布《国家知识产权战略纲要》。《纲要》颁布后，国务院批复成立了由国家知识产权局牵头，28个成员部门组成的国家知识产权战略实施工作部际联席会议，统筹协调全国战略实施工作，并对各成员单位做出明确任务分工。在28个部门中，既有专利、商标、版权等知识产权管理部门，也有分别承担知识产权创造、运用和保护各环节的相关职能部门，以及各行业、领域的主管部门。《国家知识产权战略纲要》的颁布实施，将知识产权工作上升到了国家战略层面，中国的知识产权保护进入顶层性、系统性、前瞻性和自觉性设计的新阶段。

表4-6 部分国家和地区知识产权保护历程

项目	弱保护期	强保护期
日本	20世纪90年代之前是弱保护	90年代之后，尤其21世纪开始大力保护
韩国	20世纪80年代之前是弱保护	80年代开始加大保护，90年代保护力度进一步加强
中国台湾	20世纪90年代之前是弱保护	90年代开始着力推进知识产权保护
中国	21世纪之前是弱保护	2008年开始进行战略规划和整体推进

2008年以来，全国人大修订了专利法、商标法、著作权法等知识产权领域专门法律。国务院相应修订了专利法、商标法、著作权法的实施细则。中国逐渐建立起了符合国际通行规则、门类较为齐全的知识产权法律制度。

进入21世纪10年代开始，中国知识产权保护快速推进，2019年中共中央办公厅、国务院办公厅印发了《关于强化知识产权保护的意见》，提出了知识产权保护的严保护、大保护、快保护、同保护的4个方向。此外，该文件明确要求，到2022年，侵权易发多发现象得到有效遏制，权利人维权"举证难、周期长、成本高、赔偿低"的局面明显改观；到2025年，知识产权保护社会满意度达到并保持较高水平，保护能力有效提升，保护体系更加完善，尊重知识价值的营商环境更加优化，知识产权制度激励创新的基本保障作用得到更加有效的发挥。

中国知识产权保护力度的加强，从专利申请数据就可以看出。从表4-7中可以看到，中国专利申请数量快速增加，其中三种专利在10年内增长了5倍左右。除了专利数量的增长速度，更能说明知识产权保护制度有力推进的是知识产权纠纷情况。从1985年到2007年的13年间，全国各地方法院知识产权一审民事案件数量约为11万件，但2008之后随着知识产权保护力度的加强和保护体系的完善，知识产权一审民事案件数量快速增长，多个年份增速超过30%，2015年一审民事数量达到了1985年到2007年13年的总数，2020年更是突破了50万件，是2008年的20多倍，其增速远超过知识产权申请数量的增速。

表4-7　中国知识产权相关数据整理　　（单位：万件）

年份	三种专利申请	中国PCT专利申请数量	全国各地方法院知识产权一审民事案件
1985-2007	400.52	—	11.14
2008	82.83	—	2.44
2009	97.67	—	3.06
2010	122.23	1.15	4.29
2011	163.33	1.55	5.96
2012	205.06	1.75	8.74
2013	237.71	2.02	8.86
2014	236.12	2.32	9.55
2015	279.85	2.75	10.94
2016	346.48	4.12	13.65
2017	369.78	4.75	20.10
2018	432.31	5.06	28.34
2019	438.10	5.90	48.18
2020	519.40	6.72	52.56

资料来源：中国法院知识产权司法保护状况（各年）、国家知识产权局、世界知识产权组织（WIPO）。

三、政府功能的转型

对于后发追赶国家来说，粗放式发展时期，指导型政府有利于要素的快速聚集，能为快速消化和引进国外技术提供便利。由于粗放式发展时期，企业生产的产品附加值低，产品有较大的类同性，因此其发展的核心因素更倾向于规模经济。政府引导和相应资源的支持，如财政补贴、低息贷款等可以快速让这个行业得到发展。但随着经济的发展，产业结构的多样化和复杂化，政府指导对经济的促进作用将会逐渐弱化，其副作用就会慢慢显现。在这方面，韩国的发展历程就是很好的例证。

20世纪60年代开始，强有力的韩国政府，不仅为韩国经济的发展提供了资本和政策，还充当了企业发展的头脑，更是为那些在国际性竞争对手面前，尚处于弱小的韩国企业提供了保护伞。在这种环境下，经过20多年的快速发展，韩国经济总量得到大幅增加，民间得到了资本积累，企业茁壮成长，提高了管理水平，消化了技术，对未来市场的把握、整体运营和抗风险能力都得到了大幅提高。

可是，进入20世纪80年代之后，这种现象出现了明显的变化。20世纪80年代的韩国政府虽然也在加大科研提出，但逐渐无法满足越来越多样化和专业化的经济发展需求。尤其进入20世纪90年代之后，韩国的发展方式已经从早期的模仿和引进逐步转型为改良和创新、发明和创造为主的阶段。与模仿和引进不同，创新和创造有较强的不确定性，因此政府对经济的指导作用渐渐被弱化。另一方面，韩国"重点发展、集中投资"时期留下的问题也开始显现出其严重性。韩国在"重点发展，集中投资"思路下，少数企业快速建立了垄断优势，掌控着大部分韩国经济，排斥和阻碍中小企业的发展，导致韩国在后续发展中不得不着力解决中小企业发展空间不足、经济结构失衡问题。因此，20世纪80年代开始，韩国政府选择了"自主、开放、竞争"的方向，并逐步减少或淡化了政府对企业的限制、干涉和直接指导，即韩国政府从原来的指导型角色慢慢转型为引导型、支持型、监督型角色，更多地将工作重点放在公平竞争环境的创造和政府服务效率的提高上。如韩国的公共设施建设、福利政策、公害防治、环境保护、医疗保健、人力开发、教育设施等较难依靠市场机制发展的部门，由韩国政府牵头完成，在其他方面则将更多的自主权让给企业。

进入2010年代之后，中国所面临的情况跟韩国20世纪80、90年代的情况有颇多类似之处。经过30多年的发展，中国推进了工业化，积累了资本，消化了技术，培养了人才，进入了创新、创造、发明对经济贡献越来越重要的阶段。跟模仿和引进、消化和改良时期的发展阶段不同，在创新、创造、发明为主的发展阶段，政府较难指定具体技术的发展方向和创新方式，因此在这个阶段想要提高系统的创新、创造、发明效率，需要创造更加公平的竞争环境，以便让更多的三体在自己所希望和所擅长的领域奋斗。

面对时代的变化，中国政府的执政理念也在不断适应新的发展方式。从时间点上看，十八大拉开了新一轮简政放权的大幕。2013年，新一届政府上任之后，办的第一件大事就是简政放权，转变政府职能，推进行政体制改革。尤其十八届三中全会把市场在资源配置中的"基础性作用"上升到了"决定性作用"，并通过了《中共中央关于全面深化改革若干重大问题的决定》，提出，要"紧紧围绕使市场在资源配置中起决定性作用深化经济体制改革"，改变了中共十四大以来坚持了20多年的"让市场在资源配置中起基础性作用"的提法。在这种趋势下，2015年5月，国务院召开全国推进简政放权放管结合职能转变工作电视电话会议，首次提出了"放管服"改革的概念，并将"优化服务"纳入"放管结合"范畴，形成"放管服"三管齐下、全面推进的新格局。

"放管服"是简政放权、放管结合、优化服务的简称。"放管服"中的"放"是中央政府下放行政权，减少没有法律依据和法律授权的行政权，降低准入门槛；"管"是政府部门要创新和加强监管职能，利用新技术新体制加强监管体制创新，做到公正监管，促进公平竞争；"服"是转变政府职能，减少政府对市场进行干预，将市场的事情推向市场来决定，为企业提供高效服务，营造便利的环境。

以"放管服"改革为重要时间点，中国的审批事项开始大幅减少。国务院部门行政审批事项缩减44%，非行政许可审批彻底终结，中央政府层面核准的企业投资项目减少90%，行政审批中介服务事项压减74%。中央政府定价项目缩减80%，地方政府定价项目缩减50%以上。[1]除此之外，工商登记、注册资本等商事制度供给数量不断增加，质量不断优化，时效大幅缩短，多个省市实现企业投资项目开工前审批全流程"最多跑一次"。企业开办时间缩短1/3以上，这已经与OECD高收入国家持平，位列世界第28位。在全国推行"证照分离"改革，深化"多证合一"改革，推进工业产品生产许可证制度改革，推行简易注销制度改革。[2]"互联网+政府服务"的全面推开，使得原有现场办理的业务可以在网上办理，不仅大大缩短了审批时间，更是减少了办理中存在的各种证明和繁文缛节以及排队长、排队久的问题。以浙江省为例，自从浙江省2016年首次提出"最多跑一次"至今，其政府服务能力和办事效率大大提高。

"放管服"改革的推进，不仅终结了非行政许可审批，大大减少了各项审批事项，更是倒逼地方政府和各部门放下"小算盘"、联成"一张网"，推动群众从"找部门"向"找政府"转变，从源头上革除权力寻租，加强了依法行政、廉

---

[1] 国家发展改革委宏观经济研究院经济研究所.改革：如何推动中国经济腾飞[M].北京：人民出版社，2019:181.
[2] 丁邡，逄金辉，乔靖媛.我国"放管服"改革成效评估与展望[J].改革追踪，2019(6):25-29.

洁从政，不仅大幅提高了行政效率，更是大幅提高了民事行为和商事行为的公平性。比如，国务院推行的"双随机，一公开"，"互联网＋督查"小程序，跨部门联合监管和"互联网＋监管"以及部分省市开始推行的"互联网＋"技术实施智能化监管和全流程监控等，在不断缩小"暗箱操作"和监管盲区。可以看到，十八届三中全会把市场在资源配置中的"基础性作用"上升到"决定性作用"，以及后续"放管服"政策的推进以来，政府改革不再局限于行政效率和服务功能的加强，而是真正往有限政府、服务型政府转型。

这种行政理念的变化同样也表现在教育领域。在高等教育领域中，中国政府正由单纯的管理型政府向有限政府、治理型政府、责任型政府、服务型政府等多元角色转换。①教育领域"放管服"的推进，向地方政府和高校下放了学科专业、编制、岗位、职称评审、薪酬分配、经费使用等方面的权限，扩大了高校在学科专业设置、人事管理及岗位管理、职称评审等方面的自主权，有利于形成更加人性化、更加多样化的激励机制。比如《关于实行以增加知识价值为导向分配政策的若干意见》，构建了科研人员"三元"薪酬结构，让科研人员可以依法依规兼职兼薪。2016年印发的《关于深化人才发展体制改革的意见》，突出流程再造、分类评价和绩效导向，推行中长期目标考核，不仅优化了人才评价体系，还健全了人才顺畅流动机制。2017年印发的《关于深化高等教育领域简政放权放管结合优化服务改革的若干意见》，扩大了高校和科研院所的自主权，赋予创新领军人才更大的人财物支配权和技术路线决策权。②

四、劳工制度的变化与社会保障制度的推进

公平和效率是改革开放至今一直谈论的话题。效率强调的是生产和财富的增加，要求把蛋糕做大；公平强调的是产品分配和使用，要求把蛋糕分好。不少人会认为效率和公平之间存在较大的矛盾，想要效率则较难做到公平，想要公平效率就会降低。这种观点的形成主要原因在于，中国经历了较长时间的平均分配为主的低效率的计划经济时期，改革开放之后，平均主义的弱化以及生产效率的提高又带来了较大的贫富差距所致。

其实，效率和公平的关系有较强的时代特性，并且会随着产业结构的变化而变动。在工业文明早期的粗放式发展阶段，效率和公平之间的矛盾性大于协同性。如果该时期想保持较大的公平，就可能导致效率的降低，甚至带来更大的不

---

① 程雁雷，廖伟伟.高等教育发展中的政府角色与教育立法[J].法学杂志，2012(7):108-113.
② 国家发展改革委宏观经济研究院经济研究所.改革：如何推动中国经济腾飞[M].北京：人民出版社，2019:216.

公平。在工业化早期，由于劳工阶层的可替代性强，谈判能力弱，因此较难在第一次分配中获得优势，因此该时期贫富差距容易扩大，社会不公平现象普遍。在这个时期，如果政府强行改变第一次分配或通过二次分配来改善劳工待遇、缩减贫富差距，可能就带来企业竞争力下降，政府负债快速增加等问题。究其原因在于，劳工环境的改善和福利制度的推进对产品附加值的提高作用十分有限，却大大提高了企业成本，加大了社会运行负担。这一方面我们已讲过拉美国家的案例。

但效率和公平并非总是矛盾的。随着工业化的推进以及人才的培养，一个经济体的发展将会从以成本优势为主的阶段进入以产品附加值为主的阶段。在这个阶段，企业改良、发明和创造的动力大幅提高，对人才的需求也会快速增加。该时期劳工制度的改善和福利制度的推进，对经济的促进作用会比较明显。经济发展也从早期效率和公平的矛盾性大于协同性阶段，进入协同性大于矛盾性阶段。

首先，该阶段企业竞争力来源于产品附加值，因此即使国家不推进劳工制度和社会保障制度，企业也会有动力以更高的薪酬、更多的福利来吸引更多的人才。进入以产品附加值为主的阶段之后，虽然人力成本提高，但这时企业有更强的能力把提高的成本转嫁给客户。因此，该时期劳工保障制度的完善和福利制度的推进不仅不会削弱企业的盈利能力，反而会提高企业的盈利能力。

其次，进入产品附加值为主的阶段后，员工离职对企业的风险大大增加，稳定的劳工制度和良好的福利制度不仅有利于增加产品附加值，也有利于产品质量和性能的稳定。在这方面，日本和韩国的发展都是很好的例子。

早期的日本和韩国都经历了廉价劳动力为主的粗放式发展阶段。该阶段劳动者的地位很低，从现在人道主义的角度来看，当时劳动者还常常遭受非人类待遇。但随着经济的发展，产业结构的高端化，人才的重要性显现，多数企业开始重视人才，并愿意主动提高员工的福利待遇，以此吸引和留住人才。这些国家的政府也是顺势而为，开始出台更多改善劳工待遇和福利制度的政策，让更多的企业在压力和动力之下进行转型，最终顺利实现整个国家产业结构的高端化。

从中国的情况来看，加速推进劳工制度和社会保障制度改革的是进入21世纪之后。虽然中国于1994年7月颁布了《中华人民共和国劳动法》，但该时期《劳动法》并不保护劳动者与用人单位之间存在的事实劳动关系，因此这段时间存在大量的灵活就业者。这些灵活就业者不仅广泛地分布在民营企业，在国有企业也大量存在。同时这些灵活就业者在劳动报酬、劳动保护、劳动时间、劳动强度以及与劳动者对应的福利及社会保险方面，更容易受到损害。[1]

---

[1] 刘媛媛，刘斌.劳动保护、成本粘性与企业应对[J].经济研究，2014(5):63-67.

进入21世纪之后，2008年开始实施的《劳动合同法》是中国改革开放之后的一项重要制度变迁。这一法律在劳动合同的订立、履行和变更、解除和中止等多个方面进行了严格限定，大大强化了对劳动者的保护力度。

中国在21世纪之后，社会保障制度也在快速完善。国家通过继续推进职工养老、医疗保险改革，在完善以低保制度为核心的城乡社会救助制度同时，先后启动了城乡居民医疗保险试点，并开始推动其他社会保障项目的改革。因此，这一阶段社会保障逐渐摆脱了被动地为国有企业改革配套和为市场经济服务的附属角色，成为一项基本的社会制度并进入全面建设时期。2009年之后，中国社会保障体系建设步伐进一步加快，公共投入力度持续加大，社会保障惠及全民的广度显著扩张，不断走向各项社会保障制度逐渐通过立法走向定型的过程。从数据上看，截至2017年，全国已有9亿多人被基本养老保险制度覆盖，2.6亿多老年人均能够按月领取数额不等的养老金；全民医保的目标基本实现，13多亿人有了基本医疗保障。[1]

劳工制度的推进和社会保障制度的推进，有益于提高劳工群体的归属感和安全感，减少投机心态，不仅能为企业提供更加稳定的劳工环境，提高产品的创新动力，更有助于提高产品的质量，有助于国内消费的提高。进入21世纪之后，除了国家积极推进更有保障的劳工环境之外，企业方面提高员工福利待遇的主动性也在不断增强。尤其高新技术企业，其产品竞争力正在转型或已经转型为产品附加值的企业，对员工的关爱日益加强。这些企业为了吸引人才、留住员工，最大程度上激励员工的工作积极性，不断提高和健全其福利体系，其内容涵盖健康、保险、财务、家庭、假期、奖励、教育、生活、股权激励等各个方面。更为重要的是，这种企业福利制度的搭建，跟计划经济时期的福利制度不一样，其目的在于吸引更多人才，留住更多人才，以便提高企业的竞争力和盈利能力。因此，这些企业在提高员工福利待遇的同时，也会不断地完善相应的绩效管理、薪酬管理、员工流动管理、员工关系管理等人力资源管理制度，让其福利待遇的提高为企业盈利能力的提高和竞争力的提高服务。

另一方面，虽然21世纪10年代中国已培养了大量人才，也出现了不少高新技术企业，相比2000年之前生产方式高端化了不少，但是中国依然有大量的廉价劳动力为主的企业。对于这些企业来说，社会福利制度的推进和劳动成本的提高是一个很大的压力。因此《劳动合同法》的推进和福利制度的搭建也带来了业

---

[1] 郑功成.中国社会保障40年变迁（1978—2018）——制度转型、路径选择、中国经验[J].教学与研究，2018(11):5-15.

内不少担忧的声音，比如制度过于超前，给企业带来过重负担等等。

可从现在的时代背景来看，在供给端，中国已经普及了教育，培养了大量人才，也不断创造出有利于公平竞争的环境，因此，不断具备产业结构转型和高端化的条件；在需求端，中国已进入产能过剩时代，结构性错配问题严重，这些问题也要通过产业结构的转型升级来解决。此外，2018年前后开始，受中美贸易摩擦等方面影响，不少生产线往东南亚转移，而泰国、越南、印度等国家则受时代红利的影响正在快速崛起，或将继续侵蚀中国的市场。

中国在这种时间窗口有限，其他后发追赶国家的竞争压力加大等大背景下，如果落后产能未能顺利转型，后续要面对的将是更加残酷的竞争。从这个角度来看，2010年前后开始大力推进的《劳动合同法》和福利制度，或许会对于传统企业带来不少压力，但这也是在倒逼那些原本安于现状，尚处于廉价劳动力优势和特定渠道来开展业务的企业进行改变，迫使他们想尽办法提高产品附加值，提高产品的竞争能力和抗风险能力。当然，改变和调整需要面对诸多风险，因此劳工制度的推进和福利制度的改善，对于那些危机意识不足，准备不充足，缺少改革调整基因的企业来说，或许会成为致命性打击。

中国的中等收入阶段

世界银行按照人均国民总收入（GNI）[①]把世界各国分成四组，即分为低收入国家、中等偏下收入国家、中等偏上收入国家和高收入国家，其中中等偏下收入国家和中等偏上收入国家合称为中等收入国家。按世界银行公布的数据，2020年的最新收入分组标准为：低于1036美元为低收入国家，在1036至4045美元之间为中等偏下收入国家，在4046至12535美元之间为中等偏上收入国家，高于12535美元为高收入国家。按中国情况来看，中国在1997年及以前一直都属于低收入国家，1998年进入中等偏下收入国家行列，2010年进入中等偏上收入国家行列，2020年中国人均国民总收入已达到1.05万美元，离高等收入国家最低标准还有一小段距离。

对于后发追赶国家来说，进入工业文明之后，从低收入国家成为中等收入国家是一件较为容易的事情，机器的普及和工厂的建立，很快就可以让一个国家从

[①] GNI是国民总收入，GNP是国民生产总值。两者没有区别。1993年联合国将GNP改称为GNI，GNP数据已基本不再统计和发布。一般认为GNI就是GNP。中国在2003年开始采用1993SNA的标准称谓，统计"术语"GNP改用GNI，两种数据的统计口径一致。

低收入阶段迈向中等收入阶段。但进入中等收入阶段之后，迈向高收入阶段并非是一件容易的事情，这里不仅涉及工业化的推进，还会涉及社会秩序的重建和产业结构的转型升级。不少国家进入中等收入行列之后，耗尽几十年甚至半个多世纪都未能成功跨越中等收入阶段。

表 4-8　部分国家中等收入阶段

国家	中等收入阶段	停留年限（年）	2020 年人均 GDP[①]（万美元）
日本	1951—1974	24	4.01
韩国	1969—1994	26	3.15
新加坡	1950—1986	37	5.98
中国	1998—2020	23	1.05
巴西	1958—2020	63	0.68
哥伦比亚	1950—2020	71	0.74
牙买加	1955—2020	66	0.47
智利	1950—2003	54	1.32
保加利亚	1953—2020	68	1.00
阿根廷	1950—2020	71	0.84
土耳其	1955—2020	66	0.85
泰国	1976—2020	45	0.72
越南	2002—2020	19	0.35
菲律宾	1975—2020	46	0.33
马来西亚	1969—2020	52	1.04
印度尼西亚	1986—2020	35	0.39

资料来源：世界银行

对于后发追赶国家来说，早期发展可以通过模仿和引进，可以通过发达国家濒临淘汰的技术来快速提高生产力。该阶段是跑马圈地的增长阶段，随着工业化的推进，生产力也会快速提高。然而，这种发展方式持续到一段时间之后就会暴露出各种问题，如产能过剩问题、贫富差距拉大问题、供需结构错配问题、垄断问题等等，而这些问题的积累会导致经济进一步增长乏力。想要解决这些问题，最好的方式就是促进产业结构的转型升级。

---

① 考虑到多数国家人均 GDP 和人均 GNI 差距不大的因素，为了统计的便利性，在这一部分统一使用人均 GDP 来计算。

可是，产业结构的优化和高端化并不是一件很简单的事情。市场选择的错误，科学和技术的认识不足，产业政策的缺失和制度环境的搭建不合理等诸多因素，都会成为一个国家迈出中等收入阶段的瓶颈。比如，一个国家在发展过程中，为了保护国内企业，选择封闭性市场，那么可能带来的是市场空间受限，创新动力受限；如果迫于国际压力，在没有夯实基础，民族企业尚处于弱小的状态下，过快地开放市场，那么民族企业在强大的竞争对手面前就会受到打压，较难得到良好的发展，可能会导致该国家在国际竞争格局中长期定型为低端制造。而且经济基础薄弱，监管能力不足的国家，过快地开放市场，还要承担国内企业被掏空，遭受游资摧残的风险；如果在发展过程中过度向既得利益妥协，那么新兴力量将较难得到发展，产业结构的转型和升级便无从谈起。相反，受民粹主义的影响，过度强调分配公平和福利制度，那么也可能让国内企业失去竞争优势，削弱国内企业竞争力，最终导致更大的不公平；如果缺乏对科学和技术的认识，没有普及教育、培养人才，那么该经济体就会缺少创新能力，也无法实现产业结构的转型和升级；如果经济发展到一定程度之后，没有加强知识产权保护制度，没有搭建公平竞争的环境，那么后续的发展也会乏力。

种种以上选择的错误，或不达预期，都能让后发追赶国家长期停留在中等收入阶段。除此之外，发展过程中遇到国际环境的变化，如国际关系的变化、国际金融危机、国际经济危机等诸多因素也会对中等收入国家迈向高收入国家造成阻力。在这方面，原本比中国发达的国家，甚至一度被不少中国人羡慕过的经济体，如泰国、菲律宾、印尼、阿根廷、巴西、哥伦比亚等，逐渐被中国超越就是很好的说明。

更为糟糕的是，中等收入阶段对于一个经济体来说是较为危险的阶段。由于进入中等收入阶段的经济体多半已经推进工业化，但仍处在粗放式发展阶段，劳动阶层因其可替代性强而无谈判能力，权贵阶层因具有要素支配上的优势可以快速获得财富，长期下来很可能导致贫富差距持续加大，社会矛盾加剧。因此，一个国家长期处在粗放式发展阶段，其结果很可能是阶层固化，既得利益群体慢慢定型。这也意味着，一个国家在中等收入阶段待的时间越久，其改革阻力就会不断提高，改革难度将会不断加大。

中等收入阶段也是一个国家抗风险能力较差的阶段。由于在这个阶段的企业普遍处于产业链中低端，缺少产品附加值，缺少市场谈判能力和议价能力，如果遇到经济下行周期，更容易受到伤害。况且，中等收入国家普遍市场化体制不健全、金融系统不发达、金融管控能力较弱，因此一旦国际市场有风吹草动，都有可能带来较大的冲击。另外，中等收入阶段国家普遍贫富差距较大，内需不足，面对经济受压的时候也较难通过提振内需来缓解经济压力和社会压力。

基于以上种种原因，若一个国家进入中等收入阶段之后，未能抓好时机，未能推动合理的改革，那么很可能长期处在中等收入阶段，甚至有可能会掉进中等收入陷阱，即陷入腐败与两极分化严重、既得利益集团垄断国家资源、法治崩溃、坑蒙拐骗黑横行、假冒伪劣毒充斥、国内市场萎缩、产业升级乏力、增长停滞不前、民族主体性削弱、经济对外依赖性较大的环境当中。

相反，对于多数国家来说，能成功迈出中等收入阶段，顺利进入高收入阶段，那么代表的不仅仅是人均收入的提高，也意味着这个经济体产业结构的优化和抗风险能力的增强。一个经济体若进入了高收入阶段，多半意味着产业结构相对优质，而且支撑这些优质产业的往往是大量的中产阶级、良好的法治环境和成熟的金融系统。这也意味着，进入高收入阶段的经济体不仅在全球产业链上表现出更强的谈判优势，面对国际经济环境不好的时候，也可以通过增加内需来缓冲压力，使其保持更强的经济稳定性。

从中国的情况来看，相比多数长期处于中等收入阶段的国家，中国已经普及了教育，培养了人才，并且在不断创建有利于公平竞争、有利于创新创造的环境。

在人才培养方面，2019年开始中国高等教育毛入学率超过50%，进入了高等教育普及化阶段。虽然中国现在的高等教育毛入学率依然低于发达国家，但远高于多数发展中国家。而且现在的中国还在通过加大高等教育投入，提高硕士生、博士生比例，以及创造出更加有利于学术独立的环境来提高社会的研发实力和资金使用效率。

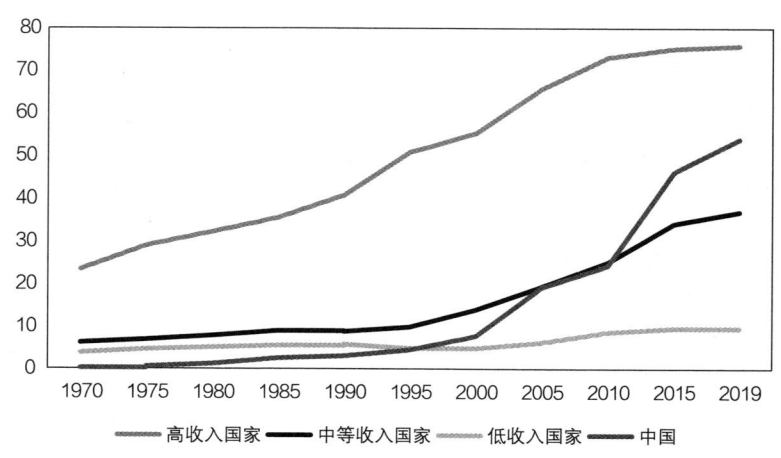

图4-2　1970年—2019年不同收入水平国家高等教育毛入学率（单位：%）

资料来源：世界银行

在知识产权保护方面，2008年《国家知识产权战略纲要》的颁布实施，将知识产权工作上提升到了国家战略层面。10多年之后的2019年，中国通过《专利合作条约》（PCT）途径提交专利申请达5.9万件，跃居世界第一。这足以说明中国专利不仅在整体数量上，而且在质量上也有大幅提高。

表4-9 中国PCT专利申请数量在世界的名次变化

年份	2000年	2005年	2010年	2015年	2018年	2019年	2020年
名次	第16位	第10位	第4位	第3位	第2位	第1位	第1位

资料来源：世界知识产权组织（WIPO）

除了知识产权数量和质量的增加，自21世纪10年代开始，中国知识产权保护制度不断完善，保护力度也不断加强。从表4-7知识产权纠纷案件统计中可以看到，2010年代前后开始中国知识产权保护力度快速加强，尤其2016年开始知识产权纠纷数量增加速度进一步加快。如果进一步分析，近几年知识产权纠纷所涉及的金额也表现出不断上升的趋势。这不仅有利于更多主体的发明和创造，也有利于当这些主体的知识产权受到侵权的时候，有更好的途径和更强的动力为自己的利益维权。

在政府功能转型方面，自2010年代开始，中国政府的服务性功能大幅提高，政府从早期的命令型、指导型政府逐渐转型为引导型、服务型政府。十八大之后，尤其2015年国务院提出"放管服"改革之后，政府功能转型进入了快马加鞭时期。如2018年，又提出"六个一"，即企业开办时间再减一半，项目审批时间再砍一半，政务服务一网通办，企业和群众办事力争只进一扇门、最多跑一次，凡是没有法律法规依据的证明一律取消。2019年政府工作报告明确指出，继续深化"放管服"改革，降低制度性交易成本，下硬功夫打造好发展的软环境等等。

在社保制度和劳工制度推进方面，进入21世纪以来，国家继续推进职工养老、医疗保险改革，在完善以低保制度为核心的城乡社会救助制度同时，先后启动了城乡居民医疗保险试点，并开始推动其他社会保障项目的改革。2008年金融危机之后，中国社会保障体系建设步伐进一步加快，并于2012年实现了制度全覆盖，中国社会保障改革与发展进入全面建设时期。在劳工制度推进方面，2008年开始实施的《劳动合同法》是中国改革开放之后的一项重要制度变迁。这一法律在劳动合同的订立、履行和变更、解除和中止等多个方面进行了严格的限定，大大强化了对劳动者的保护力度。虽然《劳动合同法》和福利制度的推进，业内也有不少担忧的声音，但从整体趋势上看，中国正在通过社会保障制度、劳工制度、信用制度、法治化等方式来不断明确和量化企业和员工的权利义务，以便创造更加透明、更加稳定的劳工环境。

如上所述，后发追赶国家从低收入阶段进入中等收入阶段是较为简单的事情，但是从中等收入阶段迈入高收入阶段并非是一件容易的事情。一个国家在从中等收入阶段迈入高收入阶段的过程中，不仅要开放市场，更要实现产业结构的转型升级。如果未能抓好时机，未能推动合理的改革，那么就有可能会逐渐激化社会矛盾，甚至让该经济体长期陷入中等收入陷阱而无法自拔。从表4-8中也能看到，后发追赶国家进入中等收入国家行列之后，迈入高等收入的国家少之又少。不少国家50年都未能成功跨出中等收入国家行列，甚至一些国家至今还在中等收入偏下阶段徘徊。

而中国从1998年进入中等收入国家行列开始，截止2020年，仅用23年时间，人均国民总收入已超过1万美元，超过了不少同样作为后发追赶国家50年以上的发展历程，现离高收入门槛仅有一步之遥[①]。进入21世纪10年代之后，中国虽然前期积累下来的问题逐渐表现出其严重性，进入了经济增速换挡期、结构调整阵痛期、前期刺激政策消化期，但中国已经普及了教育，培养了人才，且不断地创造出有利于公平竞争的环境来夯实其发展基础。得益于以上条件，中国从早期组装和代工为主的国家，逐渐迈入改良和创新、发明和创造为主的国家。现在中国已经培养出了大量的高新技术企业，这些企业在中国生产和服务各个领域中，如信息技术、互联网、生物医药、应用化学、精工制造、精细化工、高端设备等领域中，不断提升其竞争力。

由于中国人口众多、体量大等原因，目前中国产业结构中新兴产业占比不够大，但总体上看，中国已经踏上了有能力和有条件独立创新的道路。近年来，疫情、中美关系的变化、贸易保护主义的抬头、其他后发追赶国家的崛起，可能让中国失去不少市场，让中国经济承压，但现在中国的抗风险能力已有较大幅度的提高，具备了较好的自我造血能力，在前期搭建的基础（市场经济框架的确立、科学与技术的重视、人才的培养）和正在进行的改革（知识产权保护制度的推进、政府功能的转型、分配制度的改善）下，中国产业结构转型升级的趋势不会改变。

---

① 目前中国并没有完全开放资本市场。正常情况下，资本市场的开放本身会进一步提高经济运行效率，并且带动经济的进一步发展。而且，一般情况下，随着国力强盛，该国货币也会升值。因此从这个角度来看，即使在其他要素不变的情况下，资本市场的放开和人民币的升值，也有较大概率让中国跨越中等收入阶段。

第五章　评估思路与案例分析

第一节　影响企业发展的部分因素探讨

企业更多的是环境的适应体。一个企业的经营思路和生产方式，如果能适应当前环境，符合未来趋势，那么就有机会得到更多的资源，也有机会得到更好的发展。相反，一个企业经营思路和生产方式，如果不符合当前环境，不符合未来趋势，那么很可能就会慢慢地失去资源，失去市场。

了解经济发展规律，了解当前所处的制度环境是价值分析的基础。本书讲述韩国、日本、美国发展方式和发展特性的目的也在于此。通过讲述韩国、日本、美国发展方式和发展特性，可以让读者更好地了解经济发展规律、产品竞争力来源和产品竞争力特性。但是，仅仅靠这些还不够。其原因在于，并不是符合未来趋势的企业都可以顺利地发展壮大。因此，我们还要了解更多企业优胜劣汰的规律。本节主要以笔者经验和研究为基础，介绍对多数企业发展能起到重要作用的部分因素，如人口结构的变化，传统企业转型中存在的困局，产业政策与新兴产业的发展，经济周期，竞争格局与行业集中度等等方面的内容，以便可以更好地帮助读者从更多的角度思考一个企业的发展。当然，除了普遍适用的规律之外，不同的行业、不同的企业也有各自的特色，关于这些笔者在案例分析中会有选择性的介绍。

人口结构的变化

人是一切经济活动的主体，人不仅作为生产力的决定性要素参与直接生产过程，而且还作为消费主体成为生产过程的终点和归宿。如果没有人的存在，就没有消费，也就没有物质资料的生产，从而也就没有任何经济活动。因此，人口的发展，一方面反映了经济的发展，另一方面又影响、制约着经济的发展。可见，了解一个经济体的人口数量、结构、质量、未来变化趋势等因素，有利于更好地判断该经济体现在所处阶段和未来发展中可能遇到的问题。

新中国成立之后，中国人口大致经历了鼓励生育到限制生育，再从限制生育到鼓励生育的三个阶段。

新中国成立初期，面对长期战争导致的人口损耗和百废待兴的经济社会局面，政府采取了鼓励生育的人口政策。从深层原因看，在资本匮乏、生产技术落后的条件下，劳动力数量成了决定国民经济恢复和发展的重要因素。显然，当时迫切需要大量劳动力投入生产和建设。鉴于此，中国出台了一系列鼓励生育的政策。

在鼓励生育的政策下，中国人口规模快速增长，从1949年的5.42亿人迅速增加到1956年的6.28亿人。由于该时期生产力低下，因此出现了人口增长速度与粮食产量严重不匹配的现象。为此毛泽东、刘少奇为代表的领导人看到人口增长过快的弊端，开始提倡"节制生育"。1957年3月，毛泽东在最高国务会议第十一次（扩大）会议上指出："要提倡节育，要有计划地生育。"[1]但该时期在特定的经济环境下，中国领导人对于到底应该保持多大的人口规模、何时实施以及在何种强度、多大范围内施行计划生育，并没有清晰的标准，而是随国际国内环境等因素的变化而变化。再加上文革对经济正常秩序的破坏，导致计划生育失去了实施的条件和环境，因此出现了一段时间的无序的生育高峰。

人口的持续快速增长，给城镇就业带来了巨大压力。特别是在1970年前后，20世纪50年代出生的城镇人口陆续进入就业年龄，而当时中国城镇经济难以吸纳大量的新增就业人员。为了缓解城镇就业压力，改变农村落后面貌，中国在1968年发起了规模庞大的城市知识青年"上山下乡"运动，将城市待业青年疏散到农村。这一政策因下乡城市青年及其家庭的不满等多方面原因，于1979年停止，多数上山下乡城市知识青年回城就业或待业。回城知识青年和新增就业人口使中国城市就业压力突显。因此，1980年以后，中国实施了严格的计划生育政策，提倡"一对夫妇只生育一个孩子"，并于1982年将计划生育作为基本国策列入宪法。

---

[1] 彭佩云.中国计划生育全书[M].北京：中国人口出版社，1997:131.

随着实施严格的生育政策,中国的生育率快速下降。从图5-1中可以看到,20世纪60、70年代依然是中国的生育高峰期。中国的生育率20世纪60年代普遍超过6.0,20世纪70年代生育率虽然下降了很多,但仍然保持在3.0以上,而到了20世纪90年代之后,生育率已下降到2.0以下,基本稳定在1.6左右。

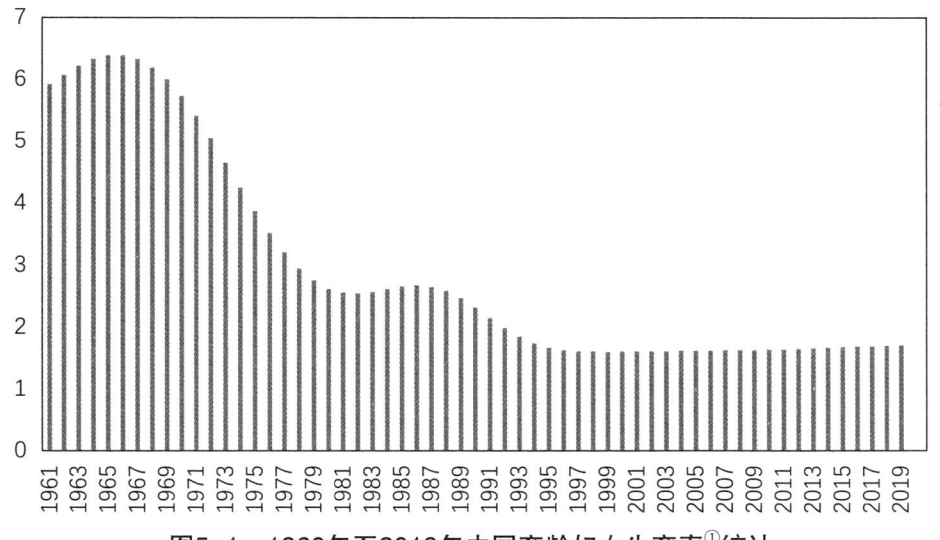

图5-1　1960年至2019年中国育龄妇女生育率[①]统计

资料来源：同花顺iFinD

计划生育的实施,虽然快速控制了人口的增长,但在长时间的计划生育政策下,中国少儿化和老龄化问题开始积累,尤其进入21世纪之后,生育高峰期20世纪50~60年代出生的人逐渐进入退休年龄,人口老龄化问题开始显现。从数据上看,2000年,中国人口老龄化程度已经超过世界平均水平,达到7%,进入老龄化社会。

实施多年的计划生育政策导致了过低的人口出生率和人口老龄化问题的日趋严重,引起了社会各界对未来中国人口结构与人口发展的担忧。因此,中国从2013年开始调整人口政策,逐步开始推行"多孩"政策。虽然国家为了提高生育率不断出台促进生育的政策,但已形成的优生优养观念以及较大的经济压力,使得生育率的提高幅度十分有限。从图5-1中可以看到,即使已实行"多孩"政策多年,中国的生育率一直保持在1.6和1.7之间,并没有明显变化。

[①] 生育率是指一定时期内（通常为一年）,出生活婴数与同期平均育龄妇女人数之比,通常用千分数表示。育龄妇女是指处于生育期的妇女。生育期的年龄界限,一般使用15岁–49岁的国际通用标准。

一、人口年龄结构变化与老龄化趋势

劳动年龄人口数量下降，老龄化趋势加剧，少儿化问题持续是中国未来较长一段时间需要面临的人口变化趋势。

劳动年龄人口是社会总人口中处于劳动年龄范围内的人口。国际上一般把15-64岁列为劳动年龄人口。虽然不同的国家根据不同的国情，对劳动年龄人口的定义有所差别，但这里按照国际惯例来分析中国的劳动年龄人口情况。

从中国的情况来看，劳动力最为充足的阶段是20世纪70年代到2013年。改革开放之后受婴儿潮的影响，中国人口从1978年的9.63亿增长到现在的14亿左右，在此过程中劳动年龄人口的数量也在快速增长。但到了2013年之后，中国人口劳动年龄人口增长迎来了拐点[1]。从图5-2中可以看到，2013年中国劳动年龄人口达到10.01亿之后逐渐开始下降，到2020年为9.68亿，而且这一下降趋势还在加速。

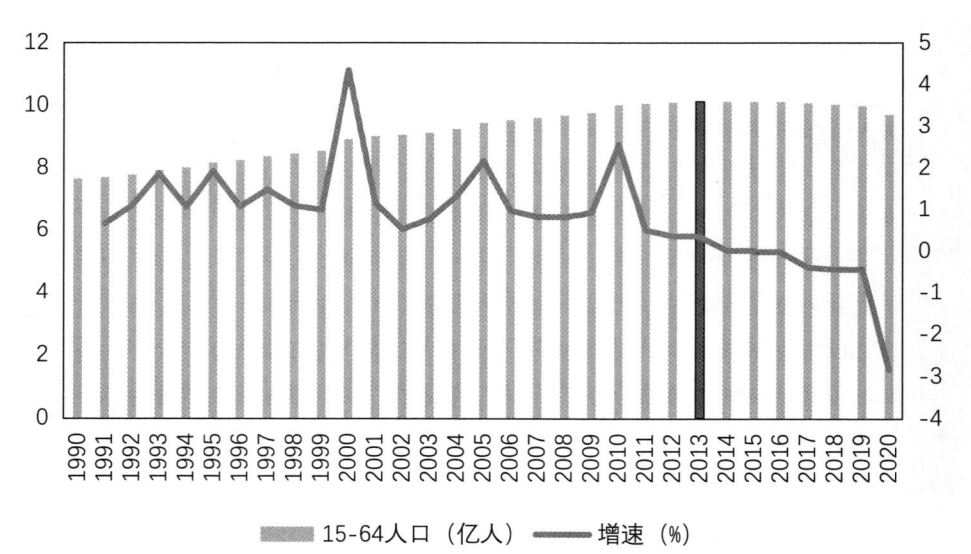

图5-2 中国历年劳动年龄人口情况及增速

资料来源：同花顺iFinD

人口老龄化是指老年人口数量占总人口数量的比重超过一定数值时的社会现象。按照联合国标准，一个地区60岁以上老人达到总人口的10%，或65岁老人占总人口的7%，即该地区视为进入老龄化社会；65岁及以上人口比例达到14%

---

[1] 如果劳动人口的年龄统计标准是15岁-59岁（国际通用标准）的人口，那么中国15岁-59岁劳动年龄人口于2011年达到峰值后开始持续下降。

即可称为老龄社会;65岁及以上人口比例超过20%,则可以称为过度老龄社会。

从中国情况来看,1961年,65岁及以上人口在总人口中比重只有3.89%,远低于同期世界平均5.07%的水平,但到了2000年,中国人口老龄化程度超过了世界平均水平,达到7%,进入了老龄化社会。根据第七次全国人口普查(2020年)数据来看,我国60岁及以上人口为2.64亿,占比达到18.70%,65岁及以上人口为1.91亿,占比为13.5%。按照这种速度,中国预计在2022年左右65岁及以上人口在总人口占比达到14%,进入老龄社会;而到了2030年左右该比例预计超过20%以上,开始进入过度老龄社会。

低生育率和平均寿命延长是中国老龄化加速的两大核心原因。

1995年左右中国生育率下降到1.6左右之后,其变化较小。虽然进入21世纪10年代之后,在多孩政策的推进下生育率有所提升,但是提升幅度十分有限。按照目前的情况来看,未来生育率大幅提高的可能性不大。即使按照《国家人口发展规划(2016年—2030年)》目标来看,2020年到2030年的生育率目标是1.8,比1.6仅提高0.2。

人均寿命的延长是老龄群体不断增加的另一个重要原因。受益于生活水平的提高,医疗环境的改善,中国人口平均寿命在不断提高。从表5-1中可以看到20世纪80、90年代中国人口平均寿命为68岁左右,现人口平均寿命已超过75岁,正向80岁迈进。

表5-1 中国人口平均寿命情况及预测

年份	1981	1990	2000	2010	2020	2030
平均寿命	67.77	68.55	71.40	74.88	77.30	79.00

资料来源:中国统计年鉴、世界人口展望

总体来看,中国的人口拐点已经到来,劳动年龄人口减少和老龄人口增加是未来较长一段时间内较难避免的事情,而且预计,从2030年前后开始,劳动年龄人口绝对数量减少速度将会进一步加快;从2025年前后开始,老龄化速度会进一步加速。

从图5-2中可以看到,中国劳动年龄人口在2013年出现峰值之后逐渐减少,而到2030年左右开始,其下降速度进一步加快。另一方面,中国老龄人口数量上升是长期的趋势,即使到2050年,老龄人口数量一直会呈现出上升趋势,中国老龄人口峰值预计在2055年到2065年之间产生。从老龄人口变化速度上看,2025年之前老龄人口增速并不快,中国老龄人口增速较快的时间是2025年到

2045年区间，尤其2025年左右到2035年左右是老龄人口增速最快时期。预测老龄人口增速的方法其实很简单。中国生育高峰期是20世纪60、70年代，因此2025年到2045年是60后和70后集中退休时期（以65岁退休来计算），也是劳动年龄人口快速减少和老龄人口快速增长时期。

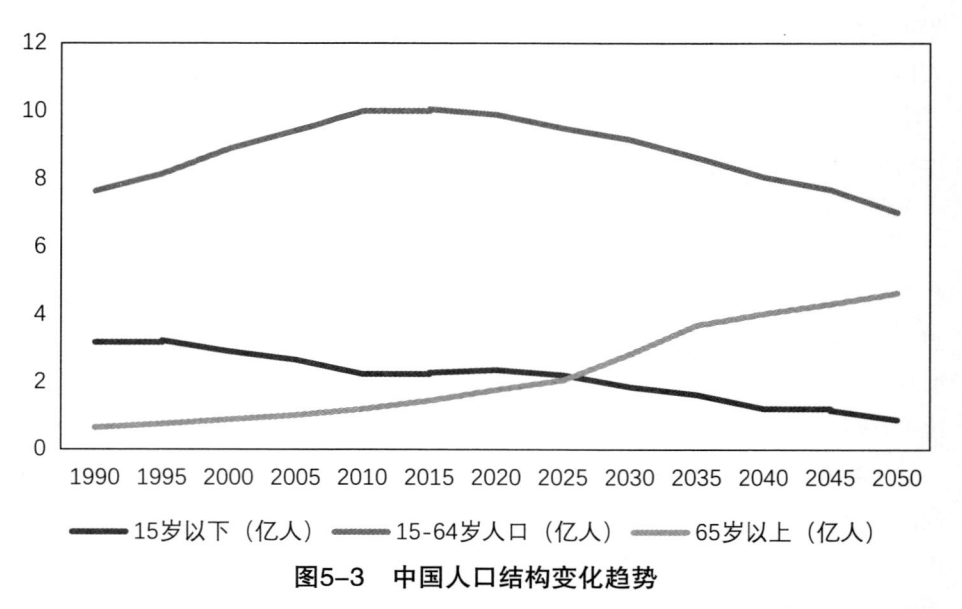

图5-3 中国人口结构变化趋势

资料来源：李建伟，周灵灵.中国人口政策与人口结构及其未来发展趋势[J].经济学动态，2018（12）：17-36. 同花顺iFinD

二、人口质量结构变化与中产阶级的崛起

人口质量结构也称人口素质结构。人口质量结构的变化主要反应在人的文化程度、健康水平[①]、劳动技能、道德水准和思想意识等方面。由于人的健康水平、劳动技能、道德水准等很难量化，因此目前衡量人口质量结构转变的主要指标为教育指标，如受教育程度、平均受教育年限等等。

从中国的情况来看，20世纪90年代中后期开始高等教育普及率快速提升，尤其1999年国务院批转教育部《面向21世纪教育振兴行动计划》以及同年中共中央、国务院出台《中共中央国务院关于深化教育改革，全面推进素质教育的决定》之后，高等教育普及力度进一步加大。如1990年中国高等教育毛入学率不到

---

① 世界卫生组织（WHO）对健康的定义为："健康乃是一种在身体上、精神上的完美状态，以及良好的适应力，而不仅仅是没有疾病和衰弱的状态。"也就是说，一个人在躯体健康、心理健康、社会适应良好和道德健康四方面都健全，才是一个健康的人。

3.5%，但到2020年已达到54.4%。

受益于高等教育的普及，人口文化程度也在快速提高。从表5-2中可以看到，1990年中国大学（大专以上）教育群体只有1600万人左右，但到了2020年该数字已超过2亿人。尤其，进入21世纪10年代之后，受大学及以上教育群体增速进一步加快，1990年到2000年，10年间大学及以上教育群体只增加了3000万人左右，但2010年到2020年，同样在10年间该数字却增加了近1亿人。按比例来看，2000年之前大学以上教育人口占15岁以上人口比例不到5.0%，但到了2020年该比例已接近20%。按照此速度，到2030年大学教育及以上人口占15岁以上人口比例预计能超过30%。

表5-2　中国人口文化程度变化　　（单位：亿人）

年份	15岁以上人口	大学（大专以上）	比例
1990	8.27	0.16	1.93%
2000	9.76	0.46	4.71%
2010	10.87	1.20	11.04%
2020	11.58	2.18	18.83%

资料来源：历年人口普查

按照年龄情况来看，第一批80后进入大学的时间为2000年左右，正好是中国大力推进高等教育时期，也就是说大致从80后开始普遍受过较好的教育。

一般情况下，体力劳动者随着年龄增加其劳动能力将会快速退化。假设体力劳动者能提供旺盛劳动力的截止年龄为55岁，那么最后一批70后，即1979年出生的人到55岁的时间在2035年。这也意味着大致从2035年开始，中国有可能进入脑力劳动和技术劳动为主的社会。

如果一个国家重视教育，除了学校教育，社会教育也会加速，这会导致那些以体力劳动为主的群体主动或被动接受社会教育，使其劳动属性含有更多的技术成分和脑力成分。这也意味着，主要靠技术劳动和脑力劳动为主的社会可能会提前到来。

教育普及最直接带动的是中产阶级群体的增加。在知识经济时代，一般通过教育水平、职业情况、收入水平来区分中产阶级，因此中产阶级很大程度上可以代表脑力劳动和技术劳动为主的群体。由于中产阶级没有明确的标准，不同研究人员对中产阶级的统计口径不大一样，但是对于中国当前中产阶级人口数量，不少人的计算结果集中在1.2亿到2亿之间。目前中国劳动年龄人口在10亿左右，以此计算，中产阶级占劳动年龄人口比重为12%~20%之间，其占比并不高，仍属于少数群体。但随着教育的普及，产业结构的转型升级，中产阶级所占人口比重会将快速增加。虽然不同机构预测的数据有一定的差别，但是不少人认为，2030年中国中产阶级及以上人群占劳动年龄人口比重将会超过40%。

三、人口结构变化与经济环境的变化

人口年龄结构的变化和人口质量结构的变化，不仅会影响需求结构的变化，也会影响供给方式的变化。

从需求端来看，随着时间的推移，老龄人口和中产阶级会逐渐成为社会的主流消费群体。根据图5-3，预计到2030年，中国65岁以上群体占总人口比例达20%，中产阶级占总人口比例达30%，而且这一数字即使到2050年也是只会增加，不会减少。

从老龄人口消费趋势来看，老龄人口由于活动能力和身体消耗下降，其对吃、穿、用、住和行动等物质产品和服务需求相应减少，而且由于健康和精神状况下降，对保健、餐饮、医疗、卫生以及养老护理等方面的需求增加。因此，养老领域、医疗机械、慢性病领域、骨科相关等针对中老年市场的企业会有较多的发展机会。

从中产阶级消费趋势来看，中产阶级多数从事脑力劳动或技术为基础的体力劳动，一般受过良好教育，追求生活品质，拥有一定的消费能力。相比一般劳动者，中产阶级不仅有较高的收入，有一定的闲暇，更是具备更强的改善生活品质的能力。因此，中产阶级的崛起不仅代表着消费能力的提高，更代表着消费理念的变化。

由于中产阶级普遍受过良好的教育，因此他们可以更快速地理解产品介绍中的专业术语，也可以通过比较等方式，快速理解该产品的优势和劣势。中产阶级较强的产品分辨能力，使得他们在消费时不会跟随和盲从，更多地从自己的真实需求出发，通过比较和筛选选择符合自己特性的产品。中产阶级的此类特征，将会加快产品的优胜劣汰，也会让更多的生产商不得不专注于某一个细分领域，提高产品附加值，以便更好地抓住特定的消费群体。

从生产端来看，人口年龄结构的变化和人口质量结构的变化，将会逐渐改变生产方式。

改革开放至今，廉价劳动力和人口红利一直是中国多数企业在国际市场上保持竞争优势的核心要素之一。但这种优势随着时间的流失将会慢慢削弱。一是，

中国劳动年龄人口数量已进入下行阶段。中国从2013年开始劳动年龄人口绝对数量已经进入了下行渠道,而且其下降速度在不断加快;二是,新生代体力劳动者择业观在变化。随着消费信用的扩张和泛娱乐时代的来临,能吃苦耐劳的劳动力将会越来越少。三是,中产阶级的崛起将进一步加快整体劳动成本的上升趋势。

基于以上情况,可以判断,无论是增量方面,还是结构方面,后续廉价劳动力的供给都将表现出减少趋势。这也意味着劳动密集型企业将会逐渐失去竞争力,只有成功转型成为具有较高技术含量的企业,才有可能承担得起不断上升的人力成本,继续保持市场竞争力。

但是,在人口结构和生产方式改变的过程中,劳动力成本并不一定呈现逐渐上升的趋势,更可能是达到某一个临界点之后,然后经历快速,甚至跳跃式上升的过程。这种现象在多个国家都发生过,如日本在20世纪60年代中后期到70年代前期,韩国在20世纪80年代中后期,人力成本都经历了跳跃式上升过程。以韩国为例,韩国在粗放式发展时期,即20世纪60年代到70年代,工资增速远低于经济增速,该时期多数年份经济增长率超过9%,但工资增长率却在3%到5%左右。但这种情况,到了20世纪80年代之后,发生了较大的改变。1980年到1992年韩国工资涨了4.67倍,年均增长达到了13.70%,远超过该时期8%左右的经济增速,尤其1987年之后,多数企业薪酬年均增长率超过20%。

当社会生产需要的劳动力以简单重复性劳动为主的时候,由于劳动者缺少谈判地位,劳动成本上升速度往往会低于经济增长速度。但是当社会生产逐步走向高端化,劳动力人口中技术劳动者和脑力劳动者占比达到一定程度时,在某一个时间点上劳动报酬上升速度就会陡然加快。究其原因可能在于:一是,脑力劳动者和技术劳动者已成为庞大的群体,在达到一定数量之后,其常常以某一个事件为基础,传播新的薪酬待遇理念。在这种薪酬待遇理念下,传统部门不得不大幅提高工资来防止劳动力的流失,以此保障生产环境的稳定。二是,不少企业已成功转型,机器替代简单重复劳动力的比例大幅提高,因此人力成本对生产成本的敏感性大幅下降。在这种情况下,那些没有成功转型的企业即使亏损也不得不提高员工工资,以便确保生产的稳定性和持续性。三是,上文讲到的政策偏向于保护那些掌握社会更多财富和资源的群体。当从某个时间点开始,中产阶级成为一般劳动者,并掌握社会财富的主流群体后,政府针对劳动者的保护力度就会进一步加速。

其实,人力成本的跳跃式上升,在中国的部分行业中已经发生过。互联网行业就是其中之一。在流量红利时期,大量资金的涌入和BAT的崛起,大幅提高了互联网从业者的薪酬待遇。以笔者调研的互联网企业为例，不少企业在抱怨，BAT大幅提高了互联网从业者的薪酬待遇，导致这些企业在短短几年间人力成本提高了2倍不止。不仅如此，BAT的高薪水还导致中小互联网企业内部员工军心不稳。因为这些员工的心态也跟以前大不相同，现在IT人员心态逐步变成把公司当成一个跳板，积累经验之后就想跳槽。在这种背景下，那些竞争力不足的企业盈利能力大幅下滑，甚至关门大吉。

当人力成本上升的临界点到来时，往往会在较短时间内，其成本呈现快速上升趋势。这也意味着，市场不会给予太多的时间让传统企业慢慢转型。对于多数传统企业来说，想在人力成本上升之际再想转型可能为时已晚，就像韩国在人力成本快速上升时期，有大量的无法承担不断上升的人力成本的企业被淘汰出局一样。

中国从改革开放至今，虽然人力成本一直在上升，但是大多数行业经历的是相对温和的人力成本上升过程。这得益于中国劳动年龄人口绝对数量的持续性增加和人口质量结构变化拐点尚未到来。但这种现象在不远的将来可能会发生改变。从中国的人口结构变化来看，2025年到2035年不仅是人口年龄结构变化较快的时期，也是人口质量结构变化较快的时期。在这10年间，一方面20世纪60、70年代出生的人逐步退出劳动力市场，另一方面则是80后、90后、00后等普遍受较好教育的群体逐渐成为劳动力市场的主力。这也意味着，那些以廉价劳动力为主的企业，可能只有不到15年的窗口期。或许在2035年之前，人口结构和生产结构的矛盾将会快速激化。当这些矛盾激化到一定程度时，就很有可能以某个事件为导火线，劳动力成本快速上升。

传统企业的转型与基因重组

这里的传统企业是指有一定的规模，有稳定上下游关系的企业。这些企业曾经在经济发展中起到中流砥柱的作用，但伴随着生产环境的变化，多数传统企业不得不转型，曾经以廉价劳动力优势、规模优势、行政资源优势来拓展市场的方式局限性不断显现。在新的市场发展趋势下，产品附加值的提高，甚至跨行业的融合变得越来越重要。

面对市场和经济形势的变化，不少传统企业会有一种危机感，无论主动还是被动都会面对转型的需求。然而，对于多数企业来说，转型代表的不仅仅是自我革命，更是一种基因重组，是一件艰辛且充满风险的事情。

不少传统企业若想转型，就必须拥抱新的经营方式，淘汰原有经营模式。但对于一家企业来说，淘汰原有经营模式和拥抱新的模式都是十分困难的事情。企业在发展壮大过程中会培养大量的既得利益群体，这些群体在管理岗位、销售渠道、采购渠道等无处不在，想让他们做出改变，必然会受到较大的阻力。

以笔者跟踪过的一家玩具企业为例，广东有一家玩具公司基于不错的产品设计和良好的品控，在区域市场和外贸市场上得到了一些客户的认可。但随着电子产品的普及以及移动互联网的崛起，越来越多的玩具生产商开始生产有电子属性的玩具。市场趋势的变化给这家传统玩具制造商带来不少压力，并不断弱化这家企业的原有优势。迫于压力和基于对未来市场的判断，企业决心拓展智能玩具业务，并通过招聘，引进了一批软硬件团队。

可是，业务开展没有多久，就产生了一系列问题。首先面对的是薪酬体系问题。由于传统企业普通员工的月薪在3000元到6000元，管理层和高管月薪也就在10000元左右，但IT人员的薪酬远不止这些，普通IT人员的薪酬就达到了8000元到15000元，核心技术人员的薪酬则高达30000元到50000元。

不同部门之间较大的薪酬差异，导致员工很快就产生了对立情绪。公司中不少员工是跟老板一起打过江山的人，任劳任怨干了这么多年，不讲功劳也有苦劳，较大差距的待遇给原有部门的技术人员和管理团队带来了不少的不满情绪。另一方面，由于新成立的IT部门自视清高，带着有色眼镜看待其他部门。在这种氛围下，从产品研发到生产的过程中，不同部门之间协调不到位和推卸责任就变成了常有的事情。从公司的角度来看，进一步提高原有部门员工薪酬是没有必要的事情。原有部门所从事的工作在行业内也就是这个价格。如果有员工离职，公司也可以同样的成本寻找替代人员，因此无论从客观上还是主观上都没有必要进一步提高薪酬。但不同的薪酬体系导致的矛盾升级和效率的下降却是实实在在存在的现象。如果对此放任不管，那么无论生产效率、业务协同还是新产品研发都会受到较大的影响。最终，这件事情通过股权激励的方式得到了较大的缓解。公司通过工龄、职位、曾经的表现以及未来的承诺等因素制定了一批股权激励人员名单，通过期权的方式来重新凝聚传统团队管理人员和核心员工的心。

除了薪酬体系产生的矛盾之外，技术人员内部也产生了不少矛盾。产品的研发和设计，需要硬件开发团队和软件开发团队的配合。由于公司搭建这些团队时通过不同渠道招聘了人才，其协同和合作存在不少问题。从研发到生产的过程中，经常会出现软件和硬件团队互相认为对方提出的要求不合理的情况。当样品出现问题时，双方往往会把责任推到对方身上，软件方认为硬件结构有问题，硬件方认为软件设计不合理。

由于公司尚未形成评估标准和管理体系，再加上实际控制人又不懂技术，因此每当出现这些问题的时候，公司都要花费不少精力才能使问题得到解决。再加上针对刚开展的业务，公司缺少管理经验，问责机制也不健全，自然导致了一些事情处理上的不公平，这也进一步加剧了团队之间的冲突。当然，在这一方面企业也通过物理隔离和流转岗等方式来使问题得到了缓解。

这家玩具公司的案例主要讲述了新型劳动力和传统劳动力之间的冲突。传统劳动力一般表现出对薪酬要求较低，对生活环境和福利制度不敏感，易于训练和培养，可替代性强等特性。而新兴劳动力的专业技能较难通过公司教育来培养，比如IT技术人员，必须接受过较多的专业课程训练才能从业。除此之外，传统劳动力管理简单，易于量化，可替代性强，离职风险较小，无需考虑太多因素，管理当中薪酬权重较大，容易量化和评估。但对于新型劳动力群体的管理要复杂的多，薪酬是最基本的，另外员工对娱乐、生活、工作环境、晋升条件、职业成长等方面也都很重视，而且这些群体中大部分人不太喜欢简单重复的工作，希望所从事的工作有一定的挑战性和成就感。除此之外，这些群体有较好的自我评估能力，可以评估社会中自己的价值，善于在工作中积累经验，并寻求更好的工作机会。

面对市场的变化，多数传统企业都会想到进行企业转型和升级，但实际情况是，在这些企业中，有不少企业连生产关系改变的门槛都无法成功跨越。仅仅是劳动力结构的变化，就足以让传统企业面对诸多问题。

传统企业想要适应新的环境需要面对的问题很多，这些问题包括生产方式的改变、生产关系的改变、研发团队的引入、营销方式的改变、新兴渠道的扩展等等。而上面讲到的人力资源管理仅仅是诸多问题之一。下面再举一个营销方式方面的例子。

互联网时代的到来，让市场竞争更加激烈，产品价格更加透明。这不仅对企业的成本管理方面提出更高的要求，也在压缩代理商的利润空间。在互联网普及之前，不少传统企业销售采取的是代理商模式，每一层代理都可以赚取丰厚的收益。当然，前提是产品的出厂价和零售价之间有较大的利润空间。但是，互联网的普及大幅压缩了出厂价和零售价之间的差离，不断挤压传统代理商的生存空间。比如，某个产品在电商普及之前，出厂价是3元，零售价是8元，但是在电商普及后，零售价5元才能保持良好的竞争力。在传统销售方式下，3元到8元之间可充分容纳2到3层代理商①（如一级代理和二级代理），但3元到5元之间，就很难容纳2层代理商。

面对这些变化，如果企业不降价，就要面对产品竞争力下降的问题。但是，如果想通过降价来拓展线上市场，就会影响代理商利益，甚至要革掉不少代理商的命。对于传统企业来说，让代理商失去信心，就意味着传统渠道的丢失。如果企业没有制定保护传统代理商利益的方案，就冒然开拓线上渠道，一旦拓展新兴渠道达不到预期，就可能给企业带来灭顶之灾。诸如此类的问题，都会导致企业在转型之路上进退两难，无从下手。

对于多数企业来说，转型是一个充满艰难的过程，在此过程中遇到的风险远比想象的还要多。笔者从事投资行业近10年，调研和跟踪过的企业少则也有上千家。这些企业面对市场和经济形势的变化，不少企业都提出过转型，但是3-5年过去后，顺利转型并成功提高盈利能力的企业少之又少，其中中小企业尤其明显。中小企业转型不仅缺少试错成本，更是缺少科学的评估，多数企业还处在仅依靠企业家眼光判断市场趋势的时代。企业家往往根据以往成功的经验，在缺少市场调研的情况下，仅凭自己的感觉就做出影响公司发展的重大决策，最终导致人财俱损，一夜回到解放前，甚至企业家因此被列入失信人名单。

投资者在寻找投资标的的过程中，常常会看到动人的商业计划书，实控人慷慨激昂的陈词以及无法动摇的转型决心（包括新业务的开拓）。但企业的转型和新业务的开拓远没有企业家下一个决心那么简单，更不是仅靠纸面上的逻辑推理和商业计划书就能实现。只有那些发展状态良好，现金流充足，同时具备前沿意识和提前准备的企业才有可能顺利转型，而那些业绩已经开始下滑，人员开始流失，感受到经济形势变化后迫于压力才开始转型的企业多半为时已晚，转型多数以失败告终。

产业政策与新兴产业的发展

传统企业代表的是过去的力量，在曾经的发展中起到了重要的作用，新兴企业代表的是未来的力量，逐渐会成为未来发展的主要动力。但新兴企业的发展并不是一帆风顺的事情。因为新兴企业在发展早期不仅本身的力量不够强大，而且

---

① 假设某个产品出厂价是3元，零售价是8元。那么3元到8元之间可以充分容纳2层代理。比如，一级代理可以3元拿货，二级代理可以5元拿货。每一层代理都能保障30%以上的毛利率，有充分的获利机会。如果企业运作模式较好，那么3元到8元之间可容纳3层代理。

还容易受到传统企业的阻挠和国际性公司的打压。由于传统企业在发展过程中，培养了大量的既得利益群体，也有更为畅通的政商渠道，因此它们有较多的方式来保护自己的利益，并且阻挠新兴力量的发展。除了传统企业之外，国际性公司也是阻碍新兴力量发展的重要因素。对于后发追赶国家来说，正在兴起的新兴产业可能是发达国家已成熟的产业，如果在完全相同的条件下竞争，后发追赶国家的企业可能在强大的竞争对手面前永无出头之日。因此，面对传统力量的阻挠和在跨国公司强悍的竞争力面前，想要加快新兴产业的发展，不仅要鼓励竞争，也要进行适当的保护和支持。

在适当保护和鼓励竞争方面，日本是做得非常好的国家。如日本在发展的不同时期，通过系统、复杂、多重标准等方式来保护特定的行业，让其得到快速发展。当国外商品进入日本市场时，不仅要符合国际标准，也要与日本的标准吻合。比如，日本要求进口化妆品与指定的化妆品成分标准、添加剂标准和药理标准一致，只要其中一项不符合要求，产品就无法进入日本市场。又比如，日本以环保的名义，通过立法手段，制定严格的绿色技术标准，对国外产品进入日本市场进行诸多限制。环保标志不仅要求产品质量达标，且产品的生产、销售、运输、消费全过程都要有利于环境，对人体健康无害。值得一提的是，日本对幼稚产业的保护是在GATT/WTO原则范围内进行保护。日本的产业保护高明之处在于，它的多数措施并不违背GATT/WTO的有关原则，而且看上去市场是开放的，可是其他国家的产品就是很难进入它的市场。[1]

日本在民族产业弱小时期，常常会给这些产业的发展给予隐性或显性的帮助。但是，日本跟多数后发追赶国家不同的是，对幼稚产业进行保护和支持，目的在于提高这些行业的竞争力，而非让受保护的行业享受垄断利润。因此，日本政府一向的做法是鼓励国内企业的竞争，使幼稚产业刚起步就进入一个有竞争的市场环境，而对于强大的国外竞争对手进入日本市场时会给一些适当的阻力，以此减少竞争对手对国内企业的摧残。值得注意的是，日本不会一直对海外竞争对手给予阻力。随着国内新型产业的不断成熟，当国内企业有能力跟国外企业竞争的时候，日本政府会逐步降低保护和支持力度，并为这些企业积极创造在全球市场竞争的环境。

以太阳能发电（光伏）行业为例，日本在早期发展光伏行业时，给这个行业给予了不少的帮助和较高的补贴。但随着光伏行业发电效率的提高和制作成本的

---

[1]（美）理查德·隆沃斯.全球经济自由化的危机[M].应小端，译.北京：生活·读书·新知三联书店，2002:24.

下降,日本政府对光伏行业的补贴力度逐渐下降,以便这些企业在更加公平的环境中进行竞争。再以汽车行业为例,日本在发展汽车工业早期,通过销售体制限制、技术限制等方式,尽可能地阻碍国际竞争对手的进入。如在销售体制限制方面,外国品牌想要进入日本市场,需要办理进口许可证,可是这个手续特别复杂,先要用4-5个月时间仔细研究汽车设计文件,在专门的科研中心对三辆样车进行安全和排放试验,对排气净化系统进行3万公里寿命试验,获得正式许可证后,还要每隔6个月对汽车制造工艺进行检查,发现与试验的样车不符合时立即退货等等。但从20世纪70年代开始,随着日本汽车产业竞争力的提高,日本政府逐渐开始取消或降低海外企业各方面的进入壁垒,让国外企业同日本企业在更加公平的环境下竞争。

二战之后,日本在快速崛起的过程中,对于诸多行业,如机械、汽车、电子、家电、办公自动化设备等等行业,都采取了适当的保护和鼓励竞争的策略。当这些行业具备跟国际性竞争对手竞争条件时,日本政府就会马上引导其国内企业参与国际竞争。[①]

在鼓励竞争的同时进行适当的保护,是多数后发追赶国家未能做好的地方。不少国家在这方面常常会走向两个极端。一种极端是过快地放开国内市场,导致民族企业在强大的竞争对手面前受到打压,让民族企业失去竞争力,使得这些国家的民族企业长期定型在中低端制造领域。另一种极端是过度保护国内企业,让这些企业免受跨国公司的冲击。最终,导致民族企业不思进取,垄断横行,失去了进一步发展的动力。前面讲到的拉美国家,如阿根廷、巴西,亚洲的菲律宾、泰国都是很好的例证。

中国是在鼓励竞争的同时进行适当保护做得较好的国家。对于一些重要的新兴行业的发展,中国常常会给予一定的保护和支持。当这些行业发展壮大,有一定的自我造血能力和国际竞争能力的时候,中国就会逐渐降低扶持力度,让其在更为公平和更为激烈的竞争环境中,不断地自我更新和自我发展。

下面通过简单分析影视行业和新能源汽车行业的案例来进一步了解中国部分新兴产业的发展逻辑。

一、影视行业的发展

随着人均收入的提高,消费者对文化娱乐的需求也在不断增加。影视行业的发展不仅能带动内需,提高消费群体的生活质量,同时也能输出一个国家的文

---

① 祁峰,杨宏.日本对幼稚产业的保护及启示[J].经济纵横,2001(1):48-51.

化，有利于国际交流和提高其他国家对中国的认知度。

美国是全球最大的影视国家，每年发行的电影数量虽然不到全球的10%，但是票房市占率却达到全球的50%。美国电影产业有较好的融资环境、完善的制片环节、成熟的发行环节和放映环节以及衍生品市场。比如，在融资环节中，美国有专门保险公司承保，有电影投资资金、政府资金、投资者参与。这些因素决定了美国影视产品质量的下限。

早期的中国影视行业不够成熟，缺乏竞争力。如果在没有进行一定的保护状态下就完全开放，那么弱小的影视产业不仅无法与国际性公司竞争，甚至可能被摧残。从国外案例来看，墨西哥在1992年与美国签订北美自由贸易协定之前，每年制作超过100部国产电影，但签订自由贸易协定，开放市场之后，墨西哥的电影市场自给率一落千丈，完全被外国电影占有。无独有偶，也有不少人把香港电视没落的主要原因归因于在香港电影尚不具备国际竞争力的情况下，过快地市场开放导致了好莱坞影片对香港电影的冲击。

中国影视行业刚加入世贸组织的时候，国内企业尚无能力与国外竞争对手进行竞争。为了提高国内影片的竞争力，2010年1月，《国务院办公厅关于促进电影产业繁荣发展的指导意见》将电影产业的发展提升到了国家战略的高度，并逐渐出台了一系列政策与法规，以扶持本土电影产业。这些支持包括，电影进口配额、放映时长限制、国产电影税收优惠、资金补贴等等。2014年，财政部、国家发展改革委、国家税务总局、新闻出版广电总局等多部门共同发布《关于支持电影发展若干经济政策的通知》。该文件规定，为推动中国电影事业的发展，国家将大力推行对电影产业实行税收优惠、金融支持等九项扶持和优惠政策。

除了显性鼓励和支持之外，中国影视行业还享受"国产电影保护月"和"黄金时段禁播境外动画片"待遇。该情况并非官方说法，但中国消费者可以感觉到，寒暑假和黄金周，国产片放映比例较多。中国虽然没有明文规定，但是这些时间段不鼓励全国各院线引进国外大片。黄金时间段主要播放国内动画片也是如此。如每晚17点到20点期间，主要播放的动画片是国产动漫。

鼓励竞争和适当保护，使得中国电影质量快速提高，近几年尤其明显，如近几年推出的《流浪地球》《哪吒之魔童降世》《湄公河行动》《战狼》《白蛇：缘起》等也能看出中国影视行业的成长。

目前，中国影视行业依然受到一定的保护和支持，但随着中国影视企业竞争力的增强，中国对这些行业的鼓励和支持力度将会进一步降低，让那些国内企业在更加激烈的竞争中优胜劣汰，以便培养出在国际上有竞争力的企业。

二、新能源汽车行业的发展

中国是石油资源禀赋较差的国家，无论从将来化石能源枯竭的角度还是缓冲国际环境影响的角度，都有必要大力发展新能源行业。中国于2000年初将新能源汽车产业提高到了国家战略高度。随后，政府通过补贴、税收优惠、专项资金支持、要求公共交通部门和政府部门扩大示范运营力度，削弱新能源汽车推广障碍等方式，为新能源汽车发展腾出了一片空间。

据有关统计数据显示，2015年—2018年四年里，中国新能源车补贴金额就达到2244亿元，加上充电配套设施、地方科研经费、购置税减免等费用，国家对新能源汽车产业的投资超过3900亿元。在政策的支持和鼓励下，中国新能源汽车市场快速扩大，成就了北汽、比亚迪、天赐材料、宁德时代、贝特瑞等多家公司。

在适当支持和鼓励竞争的环境下，国内新能源汽车行业快速崛起，技术快速进步，新能源汽车制作成本快速降低，使得中国新能源汽车市场逐渐进入到可独立发展的阶段。按照适当保护和鼓励竞争的逻辑来判断，未来新能源汽车补贴力度可能会逐步下降。

事实也是如此。在2019年召开的中国电动汽车百人会论坛上，工信部部长苗圩透露，总的原则是在确保2021年补贴全部退出后，产业不发生大的波动。

2008年金融危机之后，中国出口乏力，产能过剩的问题逐渐表现出其严重性。尤其是2012年前后经济呈现"三期叠加"的阶段特点，逐渐结束了长达20年的两位数增长，进入了经济增速换挡期、结构调整阵痛期、前期刺激政策消化期。

在新常态下，传统企业的转型升级和新兴产业的发展是这一时代的两大主题。如同了解传统行业的转型逻辑一样，了解新兴行业的发展逻辑，有益于提高投资者对新兴企业的识别能力。

当国家开始大力扶持特定行业的时候，该行业的投资就会普遍有较好的收益率。但是，值得注意的是，该时期企业的较高盈利能力，更倾向于财富转移受益，因此这种受益充满风险。其原因在于，该时期企业收入和利润增加不一定来自于自身能力，其中很大一部分可能是来自政策支持和转移支付。因此，在这段时间进入的投资者，要充分考虑政策支持和补贴下降时，企业竞争力下降的风险。在这个时期，老练的投资者相比投资回报率更会看重退出的可行性。

按照适当保护和鼓励竞争的逻辑，当行业跨出幼稚期，走向成熟期的时候，政府的支持力度和补贴力度就会下降。随之而来的是多数企业盈利能力将会快速下滑。这时候，真正有竞争力的少数企业将会浮出水面。当该行业得到进一步的发展，政府对企业的支持力度进一步下滑或不在进行补贴和各方面保护的时候，该行业的市场竞争就会进入白热化阶段。企业为了生存不惜通过恶性竞争来抢占市场。进入该阶段后，产品差、经营能力不好的企业就会快速淘汰，即使产品质量好、性价比高的企业盈利能力也会大幅下滑。

经过一段时间的厮杀后，不少企业就会被淘汰。这时候市场情况看起来可能非常糟糕。在你死我亡的激烈竞争下，整个行业收益率大幅下降，即使留下来的企业盈利能力也是大幅降低。但是，恰恰这段时间对于投资者来说是最好的进入期。一方面，市场在激烈的竞争后正处于萧条期，行业估值低下，留下来的企业也可能因在消耗战中过于透支的原因，急需资金注入。因此，这时候投资者在谈判上往往会有更大的优势和更大的空间。另一方面，一个行业之所以叫新兴行业原因在于，这个行业的发展符合未来趋势，有广阔的市场空间。这也意味着，该时期供给端虽然出现紊乱，但需求端依然旺盛。因此，留下来的企业如果有充足的资金，就可以快速恢复，并填补淘汰者留下来的市场空间。如果顺利，该时期的投资者可以享受毛利率上升、市场空间上升、行业估值修复等三重红利。而且，该时期初步的竞争格局已形成，留下来的企业被淘汰的风险将会大大减少。当然，一个企业市场地位的稳固，一般还要经历几轮的社会竞争周期。该方面的内容，本书后续还会进一步讲解。

经济波动与经济周期

由于供给与需求之间的信息不可能完全对称，无法避免超额供给和超额需求现象的发生。这种超额供给和超额需求将会导致经济波动，并且会进一步形成经济周期。

经济周期一般是指经济运行中周期性出现的经济扩张与经济紧缩交替更迭、循环往复的现象。经济周期主要因供需关系的错配而产生。这种错配主要表现在：一是，市场信息不可能做到完全透明。二是，企业决策存在时滞效应。时滞分为认知时滞、行动时滞和作用时滞。企业会根据现在情况来预判未来市场，并进行投资和扩大生产，但产能表现出来可能是几年之后，这必然会导致预计跟实际情况出现差异。三是，技术进步、自然灾害、国际关系变化等无法预测的因素让市场充满更多的不确定性。

基于以上种种原因，经济会产生大大小小的周期。在经济周期中，当总需求大于总供给时，经济则进入扩张周期；当总供给大于总需求时，经济则进入收缩周期。

一个经济周期一般包括复苏阶段、繁荣阶段、衰退阶段和萧条阶段。

在复苏阶段,生产开始恢复,需求逐渐上升。市场需求的复苏,使得积压的存货逐渐减少,产能利用率逐步提高。这一阶段伴随的常常是扩张性货币政策和财政政策。

经过一段时间的复苏之后,经济将会进入繁荣阶段。经济在繁荣阶段,需求端旺盛,现有产能无法满足当前需求。企业为了获取更高的盈利,开始招兵买马,扩大产能,以便满足旺盛的市场需求。经济在繁荣阶段常常会伴随明显的通货膨胀。这一阶段,政府为了防止经济过热,往往会出台紧缩性货币政策和财政政策。

经济在繁荣阶段进行的过度投资和过度扩产,为经济衰退埋下了一些隐患。当经济经过一段时间的繁荣之后,产能过剩问题就会逐渐显现,供需错配矛盾逐渐加剧。由于供给过剩,竞争加剧,物价开始下降,产品大量积压,市场竞争能力不足的企业被淘汰,失业率快速增加,经济开始进入衰退阶段。经济稳定和就业稳定是多数国家最为看重的宏观指标。因此,经济进入衰退阶段后,政府为了促进就业和保持经济活力,常常会出台扩张性财政政策和货币政策。

表 5-3 经济周期中市场环境和政策变化

经济所处阶段	经济表现	相应政策
复苏阶段	库存减少 产能利用率开始提高 就业率提高	扩张性货币政策和财政政策
繁荣阶段	供不应求 固定资产投资加大 通货膨胀	紧缩性货币政策和财政政策
衰退阶段	供给过剩 物价下降 失业率提高	扩张性货币政策和财政政策
萧条阶段	库存积压 大量企业破产 物价下降 就业市场低迷	扩张性货币政策和财政政策

经济周期根据其长短可分为多种,其中笔者比较关注的是基钦周期和朱格拉周期。

基钦周期也叫作库存周期，一般长度为3~5年。基钦周期主要被认为是企业存货投资变动而产生。厂商根据市场情况进行扩产或减产，其决策往往存在一定的滞后性，因此无法避免"多生产—存货积累—减少生产—存货不足……"的循环。当这些因素叠加之后，会产生3~5年为一个周期的经济波动。基钦周期主要反映的是短期市场供需关系的变化，因此市场震荡较小。

除了短期的供需变化以外，技术进步、资本开支以及设备更替等也会带来经济波动。这种周期相对较长，一般为7~10年，其中较为知名的有朱格拉周期。

朱格拉周期是19世纪60年代法国医生、经济学家克里门特·朱格拉在《论法国、英国和美国的商业危机以及发生周期》一书中首次提出。多数学者把朱格拉周期的存在归因于技术的进步和设备的更新方面。朱格拉周期普遍认为是7-10年，一般会伴随较大的经济波动。

多数企业购买生产设备之后，短期内也不会更换，大致经过7-10年的使用之后，当设备老化明显，跟新的生产设备效率差距较大，且遇到市场环境良好时会集中更换设备。新生产设备的集中更换，会大幅提高生产效率，自然也会加重供需关系的错配。因此，这种技术进步或设备更换，会带来较大的经济波动。

当然，还有比朱格拉周期更长的经济周期。比如，重大科学发现以及重大技术突破会带动工业革命。每一次工业革命都会带来很长时间的繁荣和衰退，这一周期一般长达60~100年。

经济周期是实实在在存在的东西，但经济周期并非一定按照基钦周期或朱格拉周期的规律发生。影响经济周期的因素有很多，如国际关系的变化，政权更替等也会影响经济周期。因此，在不同的国家，不同的政策环境下，经济周期会表现出不同的特性。

从中国的情况来看，自改革开放至今，中国大致经历了4个朱格拉周期。从图5-4中可以看出每一个较大的经济波动大约在10年左右，其中1981年—1990年为一个周期，1990年—1999年为一个周期，1999年—2009年为一个周期，2009年到至今为一个周期。

虽然中国过去的发展表现出较为明显的朱格拉周期特性，但这并不意味着以后的发展也会表现出类似特性。中国改革开放至今的发展，存在较为明显的投资拉动特性，或许这是中国发展表现出较为明显的朱格拉周期特性的原因。然而，现在中国正处在产业结构转型升级，要素驱动从廉价劳动力和资本驱动，逐渐改变成技术和创新驱动的阶段，而这种变化也有可能会引起中国经济周期特性的变化。

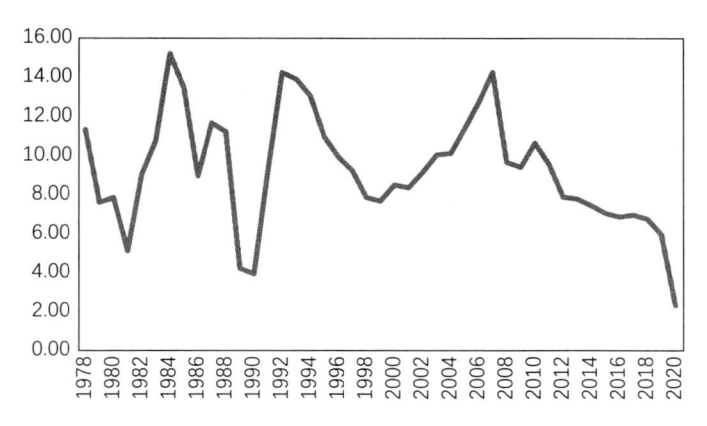

图5-4　中国历年GDP年度增长率（单位：%）

资料来源：同花顺iFinD

不仅宏观经济存在经济周期，行业也存在一定的周期。行业周期根据波动性强弱，可分为强周期行业和弱周期行业。一般情况下，重工业、资本密集型、技术密集型行业，常会表现出较强的周期性，如石化、钢铁、煤炭、装备制造业、汽车工业、半导体行业均是强周期行业。因为这些行业普遍属于重资产行业，扩大产能和技术改造投资金额大、建设周期长，因此竣工或购置完设备之后，很难在短时期内频繁调整。相对应的，轻工业和进入门槛较低的行业，更容易表现出较弱的周期性，因为这些行业有更强的能力快速适应市场的变化。

另外，周期也跟供给端和需求端的粘性有关系。比如，需求端使用频率高，可替代性小，属于刚性需求，那么一般抗周期能力较强，供需之间不会产生很大的缺口，如日常消费品、医药品、宠物食品等行业均为如此。相反，对于那些非刚需，需求表现出低频性的行业，一般会存在较为明显的周期特性，如电子产品、家装行业等等均为如此。以下是笔者根据自身研究和经验制作的行业周期特性表格，仅供参考。

表5-4　不同供需特性与行业周期表现

供给端	需求端	周期性特性
供给端较难快速调整	非刚需、周期性购买	会表现出强周期性
供给端较难快速调整	刚需、每年需求量稳定	行业无序发展时期会表现出一定的周期特性，竞争格局明朗之后，周期性会减弱
供给端可以快速调整	非刚需、周期性购买	会表现出一定的周期性
供给端可以快速调整	刚需、每年需求量稳定	该行业周期特性偏弱

周期并不会一成不变。一个行业的周期不仅会在不同的发展阶段表现出不同的特性，也会随着时代的变化而变化。比如，早期的半导体行业由于其需求领域并不多，从研发到生产周期较长，设备投入较大等原因，表现出较为明显的周期特性。但随着半导体产品研发和生产周期的缩短，在各个行业的渗透率的提高，其周期的坡度和长度都在表现出缓和的趋势。

对周期的理解，有益于投资者快速了解一个行业的竞争特性。多数行业经过一轮周期之后，行业集中度会进一步提升，那些技术更新慢、后备资金不足、上下游议价能力差、资金来源不稳定的企业，在行业低谷时很可能被淘汰或被收购。这种现象在强周期行业，如能源、矿产、机械制造、化工、汽车等行业会表现得更加明显。这也意味着，一般情况下强周期行业相比弱周期行业，行业集中度提升速度更快，头部公司有更强的能力快速脱颖而出。

对周期的理解也能让投资者做出更明智的投资策略。当经济处于低谷或萧条阶段时，国家会出台扩张性财政政策和货币政策。这也意味着，在这一阶段，需要大规模资金，需要高杠杆来撬动的行业会率先受益，如银行、券商、地产、基建等行业会迎来利好。当经济进入复苏阶段时，跟生产材料相关的行业开始受益，如石化、钢铁、有色金属、建筑施工、玻璃、水泥等行业会迎来利好。原材料利好之后，随之而来的是生产设备的利好。随着经济的复苏，企业招兵买马、扩大产能的需求就会增加。这段时期生产设备相关行业会有较好的表现，如工程机械、机床、重型卡车、装备制造等等。经过一段时间的复苏，经济将会进入繁荣阶段，各行各业都赚到了不少的钱，政策环境也相当宽松。这时候消费者的消费需求旺盛，伴随而来的是非必需消费品的需求增加，如轿车、高档服装、奢侈品、消费类电子产品和旅游等行业开始明显受益。

竞争格局与行业集中度

行业集中度一般用该行业前3到前10家企业所占市场份额来表示，如某行业前3家企业市占率为50%，前5家企业市占率为70%等等。

行业集中度可以反映一个行业的竞争和垄断程度。不同行业的不同竞争特性，会成为不同行业集中度的重要因素。了解不同行业的竞争特性，可以更好地预判未来竞争格局的变化，也可以大致判断某个企业未来的走势。

一、行业特性与竞争格局的变化

一般情况下，具有明显行政壁垒、资金密集型、技术密集型、规模效应明显、监管要求高（环保、安全等）、强周期、易于标准化和模块化等特点的行业，会表现出较高的行业集中度。比如，化工、电力、通信、汽车制造、高端装备制造等等行业，普遍具有较高的技术、资金、行政等方面的进入壁垒，且周期性较为明显。首先，这种行业的进入门槛较高，杜绝了多数资金实力不足、没有技术积累的外部进入者。其次，行业内的厂商，如果缺少资金优势、规模优势、技术优势，就有可能在循环往复的周期中不断地失去市场份额，逐渐被淘汰出局。因此，这些行业进入成熟期后，一般会表现出较高的行业集中度。

同样的道理，易于标准化和模块化的行业也容易形成较高的行业集中度。比如手机行业，电视、冰箱、洗衣机等家用电器行业，都是较为容易标准化和模块化的行业。由于这些产品易于标准化和模块化，无论是集成商还是单一模块制造商，只有少数成本控制能力强、技术优势明显的企业才会脱颖而出。因此，随着时间的流逝，市场份额逐渐会向少数厂商集中。

一般情况下，当一个市场从增量为主的阶段进入存量为主的阶段之后，行业集中度的提升速度就会加快。其原因在于，头部企业不仅有资金优势、规模优势，也有更强的上下游议价能力。当市场进入存量竞争时代之后，头部企业为了获得更多的市场份额或为了保证自己的产能利用率，就会不惜采取恶性竞争手段。多数非头部企业的，产品附加值不如头部企业高，毛利率也不高，一旦采取头部企业采取激进的竞争策略，那些弱势企业很可能会快速失去市场份额。

以汽车制造业为例，经济增长和可支配收入的增加，为中国汽车制造业打开了一片蓝天。进入21世纪之后，汽车的家庭普及率快速提高，这带动了我国汽车制造企业的发展，如奇瑞、吉利、长安、长城、比亚迪、江淮、传奇、力帆、夏利、荣威、华泰、众泰、红旗、东风、五菱等等。但进入2010年代之后，随着汽车普及率的提高，汽车行业也从增量市场逐渐进入存量市场，市场竞争也更加白热化。

汽车行业具有资金密集型、技术密集型、规模效应明显等特点，同时具有较强的周期性。这类行业往往容不下太多企业。这类行业中的少数头部企业常常以其强大的资金实力、较强的研发能力、较高的性价比，获得更多的市场份额。而那些资金实力不足、研发能力较弱的中小企业，随着增量空间的压缩、存量竞争的加剧，会逐渐失去市场份额。实际情况也是如此。进入21世纪10年代之后，伴随着市场竞争的加剧，不少民族企业盈利能力快速下滑，甚至出现了大幅亏损，正在面临或已面临破产危机。根据麦肯锡提供的数据，2016年，中国自主品牌中头部8个品牌，市场集中度为64%，2019年5月，市场集中度为79%，不到三年，行业集中度已经上升了15个百分点。

二、行业竞争格局与企业谈判能力

一个行业的行业特性和某个企业在该行业中所处位置，很大程度上影响着该企业未来的发展。如果一个企业所处行业容易形成市场高集中度的局面，那么该行业的头部企业不仅具备规模经济、较高的产品附加值、较强的上下游议价能力等显性优势，还会享受不少的隐性优势，如对行业规则的影响能力，一定的定价能力，更多的政府支持等等。相反，一个企业所处行业进入门槛较低，竞争较为充分，不易形成市场高集中度的局面，那么该行业的头部企业较难表现出明显的上下游议价能力，当企业出现问题的时候就较难得到有力的行政支持。

先从高集中度行业来看，高集中度行业的头部企业，不仅有较强的上下游议价能力，甚至可能会有一定的定价能力。这些行业的头部企业，当出现风险或者生产成本上升时，有更强的能力把成本和风险转嫁给供应商或客户，如这些企业可以通过延长应付账款账期、减少预付款项、提高产品价格等方式来缓解压力，而多数非头部企业缺少该方面的优势。除此之外，高集中度行业的头部企业，因其较高的市占率和较高的行业地位，很容易成为该行业的方向标，业内其他企业常会以头部企业的产品为参考，制定自己产品的定位和价格，如头部企业涨价时会跟随涨价，头部企业降价时也被迫降价等等。这意味着，当市场供需发生变化时，头部企业有更强的主动权，无需太多考虑中小企业的策略。相反，中小企业因为缺少市场谈判地位，往往会被他跟着头部企业的策略被动调整。

在不少情况下，高集中度行业的头部企业，不仅能影响游戏规则，甚至能制定游戏规则，使其更符合自身利益。通常情况下，高集中度行业的头部企业很大程度上可以代表整个行业，也能代表该行业的发展方向。因此，这些企业常常具备较强的市场影响能力，甚至具备制定行业游戏规则的能力。它们常常是行业协会的重要成员之一，也有可能是参与制定行业标准的核心成员。以牛奶行业为例，近几年牛奶品质问题受到不少人的关注。从目前情况来看，中国的牛奶在细菌、死细胞、蛋白含量等方面的标准，低于国际标准，甚至低于中国20世纪90年代的标准。出现这种现象的原因，当然跟中国农业资源欠佳、牛奶需求的快速增长等方面有很大的关系,但也跟中国牛奶行业寡头竞争格局和少数几家企业对行业标准制定方面的影响力也有着密切的关系。

此外,高集中度行业的头部企业更容易得到政府的重视。由于在高集中度行业中,少数头部企业在很大程度上可以代表整个行业。这也意味着,一旦这些企业出了问题,就有可能导致整个行业的大规模震荡。因此,政府往往会从经济、社会以及行业稳定的角度出发,帮助头部企业渡过难关。

当一个行业出现危机时,政府出面协调资源、提供援助、提供政策的事情,在任何国家都会发生。比如,在韩国前10大集团中,一旦某一家企业出现困境,韩国政府大概率会为其提供各方面的援助和政策支持,以便帮助企业顺利渡过危机。又比如,在2008年金融危机时期,一向主张不干预企业经营的美国,也迫于压力救济了多家金融公司。

一般情况下,如果行业前3~5家企业市占率超过70%以上,就说明这个行业的集中度较高。这个行业的头部企业不仅有较强的谈判能力,同时也更容易享受各方面优惠待遇。如果该行业中,行业第一名相比第二名有明显的优势,那么在发展过程中,第一名和第二名的差距就有可能不断拉大,最终形成单一龙头市场。

高集中度行业的头部企业,发展到一定程度之后,更容易走向多业务模式和集团化发展。由于高集中度行业的头部企业普遍具备较强的上下游议价能力、较为明显的管理优势,因此这些企业进入某个行业时,可以更好地发挥协同效应。

对于高集中度行业来说,如果非头部企业拥有自己特殊的优势,如技术优势、管理优势等,在行业中有一定的市场份额,但是想要进一步发展壮大,其过程并不会那么顺利。这些企业在发展过程中,常常会遇到各种压力和阻力,而这些压力和阻力可能来自于行业的周期性变化以及头部企业的降价竞争、排他性协议和渠道管控等等。因此,在高集中度行业中,不少非头部企业即使拥有明显的优势,常常也会以被并购或收购的方式收场。

一般情况下,如果行业前3~5家企业市占率不到30%,那么这个行业的集中度不高。这类行业的头部企业各方面优势都不会很明显。比如,这些行业的头部企业,面对行业利好和政策利好,也不会比其他企业获得更加明显的优势。同样,这些行业的头部企业,面对各类风险,也较难表现出与众不同的抗风险能力。可以想象,较难形成高市场集中度的行业,其行业的竞争格局容易发生变化,也容易出现黑马。

表 5-5　行业集中度和企业竞争力大致情况

	一超多强	多强	分散
竞争格局描述	头部 3~5 家企业市占率超过 70%，第一名市占率超过 30% 以上，第一名和第二名市占率有较大差距	头部 3~5 家企业市占率超过 70% 及以上，第一名和第二名差距不大	头部 3~5 家企业市占率不到 50%，或第一名市占率不到 20%
龙头企业	一定的定价权 较强的风险转嫁能力 较强的行业规则的制定能力 可以得到政府各方面支持	龙头企业相比头部企业有一定的优势，但其优势并不明显	龙头优势不明显
头部企业	一定的议价权 一定的风险转嫁能力 可以得到政府一定的支持	一定的议价权 一定的风险转嫁能力 一定程度上可以影响行业规则的制定 可以得到政府一定的支持	头部企业无明显优势
中小企业	夹缝中生存	夹缝中生存	有较多的机会

　　企业的经营和发展，不仅受本行业竞争格局的影响，也受客户所属行业和供应商所属行业竞争格局的影响。如果客户或供应商所属行业较为分散，那么有一定规模优势和品牌优势的企业，当行业出现危机或处在衰退期时，一般有较好的条件把成本和风险转嫁给客户或供应商。相反，如果客户或供应商所属行业较为集中，那么这个企业即使有明显的规模优势、技术优势、品牌优势，当行业出现风险时，也较难把自己的成本和风险转嫁给客户或供应商。这种现象从财务上看，如果一个企业的客户或供应商所属行业集中度较高，这个企业即使是某个行业的头部企业，也可能会因缺少上下游议价能力，而表现出较低的毛利率、较差的现金流、较高的负债率和较差的资产质量。

　　以电信行业为例，中国电信行业是三大运营商的天下，是行业集中度非常高的行业。因此，当某个企业主要客户为三大运营商时，在三大运营商较强的谈判地位面前，这个企业即使是该行业的龙头公司，也较难在三大运营商的谈判中获得优势。更可能的情况是，该企业不得不接受对自己不利的各种条件。当然，多数以做三大运营商业务为主的企业，普遍存在应收账款账期较长、现金流较差、毛利率较低、负债率较高等方面的问题。这些企业多数也不具备分红的能力，因此更多的发展动力可能在于资本运作和股价升值上。

再以芯片封装行业为例，芯片封装行业是市场集中度较高的行业，无论是国际市场还是国内市场，芯片封装都是少数几家企业的天下。虽然芯片封装行业市场集中度较高，但芯片封装行业头部企业盈利能力普遍欠佳，现金流普遍吃紧，资产质量也不是特别优质。如果分析其客户情况则不难发现，芯片封装行业的下游客户，芯片生产制造行业不仅有更高的技术壁垒，同时也有更高的行业集中度。不难想象，在强大的芯片生产制造商面前，某个芯片封装企业即使是该行业的头部公司，也缺乏跟芯片生产制造企业谈判的优势。

第二节 按摩器具行业分析

按摩器具行业分析

一、按摩器具产品及上下游

按摩器具是指能模拟人手按摩的机器，按摩器具可以起到舒适身体、减轻疲劳、保健强身的效果。按摩器具行业属于轻工业。按摩器具行业上游为电子、机电、注塑、化工、五金、纺织、包装印刷等行业，下游客户主要为家庭、养老院、商场、机场、酒店等。从按摩器具的上游供应商来看，除了电子、机电等行业有一定技术壁垒之外，其他化工、五金、纺织等行业竞争充分，行业集中度较低，因此按摩器具生产商想要购买原材料，不会出现过度依赖少数几个供应商的情况。从按摩器具下游来看，按摩器具行业品牌众多，主要购买群体，如家庭、养老院、商场、机场、酒店等均为行业集中度较低的行业。综合以上因素可以判断，按摩器具生产商生产的产品，只要具备一定的产品竞争力，且开展业务不是过于激进，那么就有能力保持较好的现金流。

按摩器具大致可分为按摩小电器和按摩椅。按摩小电器一般只具有局部按摩功能，存在单价低、生命周期短、易于携带、占空间小的特点。由于按摩小电器产品技术含量不高，因此进入门槛较低，这也导致市场竞争十分激烈。

按摩椅是按摩器具中市场份额最大、产品附加值最高的产品种类。按摩椅可以模拟推、压、揉、扣、捏等各种按摩手法，对身体器官、肌肉、穴位等部位产生按摩刺激作用，起到加强人体新陈代谢、消除疲劳、缓解肌肉酸痛的作用。按摩椅可实现几乎所有的按摩功能，是按摩家电中的集大成者，涉及按摩技法模拟技术、人体工程学技术、电子控制技术、信息通讯技术等多个领域，因此，按摩椅可以为用户提供更加完整和舒适的体验，具有小型按摩器不可比拟的优势。

按摩椅的人手仿真效果一直是该行业技术发展的核心。经过几十年的发展，当今的按摩椅在技术上已实现较大的突破。从现在的情况来看，中端按摩椅产品能实现震动、捶打、指压及揉捏等按摩手法，而高端产品还可以实现许多高级功能，如身体疲劳状态的扫描、疲劳部位的重点按摩、根据身体状态提供个性化方案、红外线加热等等。

目前，按摩椅技术仍处于稳步上升阶段。随着传感器技术的进一步应用，大数据的支持以及结合现代远程医疗诊断与控制技术的推进，按摩椅除了具有保健功能以外，还有望实现预防疾病和辅助治疗部分疾病的功能。

二、按摩器具历史沿革及竞争格局

20世纪60年代，日本企业研制出第一台全自动按摩椅。到20世纪80年代，松下、大东等部分传统电器制造厂商开始涉足按摩器具行业。随着按摩器具行业的发展，各类按摩器具产品开始慢慢地渗透到东亚、东南亚地区，随后又逐步渗透到北美、欧洲等地区。现在全球按摩器具市场增长相对稳定，已经形成北美、欧洲、东亚、东南亚等几个主要消费区域。

进入21世纪之后，随着中国制造的崛起，全球按摩器具产业链开始向中国转移，中国逐渐成为全球最大的按摩器具OEM、ODM代工国。从2000年左右开始，日本厂商逐步退出按摩小电器、中低端按摩椅等单价低、毛利率低产品的生产环节，开始专注于高性能全功能按摩椅等高端产品的研发与生产，其国内市场所需大部分中低端产品主要由中国企业代工。承接日本等发达国家的产业链，现在中国已经是按摩器具生产规模最大，产业链最完备的国家之一，其产业集群主要分布在广东、福建、江苏、浙江、山东、上海等地区。

表5-6 按摩器具行业发展历程

时间	发展情况	主要消费者
20世纪60年代	第一台全自动按摩椅在日本生产	洗浴中心
20世纪80年代	日本传统电器厂商开始涉足按摩器具行业	日本及其他东南亚国家富裕家庭

续表

时间	发展情况	主要消费者
20世纪90年代	部分产业链从日本迁移至中国台湾与东南亚地区 按摩器具产品线不断丰富，市场规模快速发展	日本及其他东南亚国家相对富裕家庭（按摩椅为主） 欧美市场（按摩小电器为主）
21世纪	产业链开始向中国转移 日本退出按摩小电器、中低端按摩椅的生产，开始专注高端按摩产品	北美、欧洲、东亚、南亚的相对富裕家庭

资料来源：荣泰健康招股说明书

从技术水平上看，中国多数按摩器具生产企业从早期的组装和代工起家，慢慢地进行技术积累，现在不少企业已具备一定的设计和研发能力，少数头部企业的技术水平已达到国际先进水平。

从竞争格局上看，经过几十年的发展，中国按摩器具产品竞争格局已初步形成。其中第一类是富士、松下、稻田等日资品牌。日资品牌尽管品牌知名度高，但其产品定价较贵，因此主要出口至日本市场，在中国市场占有率不高。第二类是奥佳华、荣泰健康、傲胜等三家企业。这三家企业成立时间较久，市场份额或品牌知名度均占据国内市场的领先地位。目前这三家企业按摩器具市场份额占到国内市场的40%左右。第三类是豪中豪、艾力斯特等国内第二梯队企业。这些品牌在市场上也有一定的知名度，占据一定的市场份额。第四类是中小企业。这些企业主要拥有在中低端市场，其产品附加值低，同质化严重，各家市占率和知名度较低。

表5-7　国内按摩椅行业市场竞争格局

企业名称	品牌知名度	市占率
富士、松下、稻田等	高	较低
奥佳华、荣泰健康、傲胜等	较高	高
豪中豪、艾力斯特等	较低	较低
其他中小企业	低	低

市占率最大的三家公司中，奥佳华和荣泰健康是国内上市公司，傲胜是新加坡公司。其中奥佳华不仅国内市占率最大，更是多年以来出口占比最大的企业。该企业按摩器具产品出口金额占中国按摩器具产品出口金额的10%左右，且多年来一直保持着业内第一名。荣泰健康在21世纪10年代早期，出口占比不大，但

近几年其比重在快速提高，尤其是2015年开始出口排名稳定在第二名。从现在的行业集中度和竞争格局来判断，无论面对国内市场还是面对国际市场，奥佳华和荣泰健康在行业内的龙头地位已形成，这两家公司在后续行业增长和行业集中度提高的过程中将会有较高的概率持续受益。

表5-8 奥佳华、荣泰健康年出口排名

公司名称	2013年	2014年	2015年	2020年
奥佳华	1	1	1	1
荣泰健康	8	3	2	2

资料来源：华经情报网

三、按摩器具行业规模及增速

根据中商情报网数据，2019年全球按摩器具市场规模总量已突破150亿美元（约1000亿元），按历年增速来看，按摩器具全球增速在8%-10%区间。从中国情况来看，中国目前按摩器具市场规模在140亿元左右，2013年之前多个年份行业增速在15%-20%区间，但到2014年之后其增速开始下滑，目前维持在10%左右。

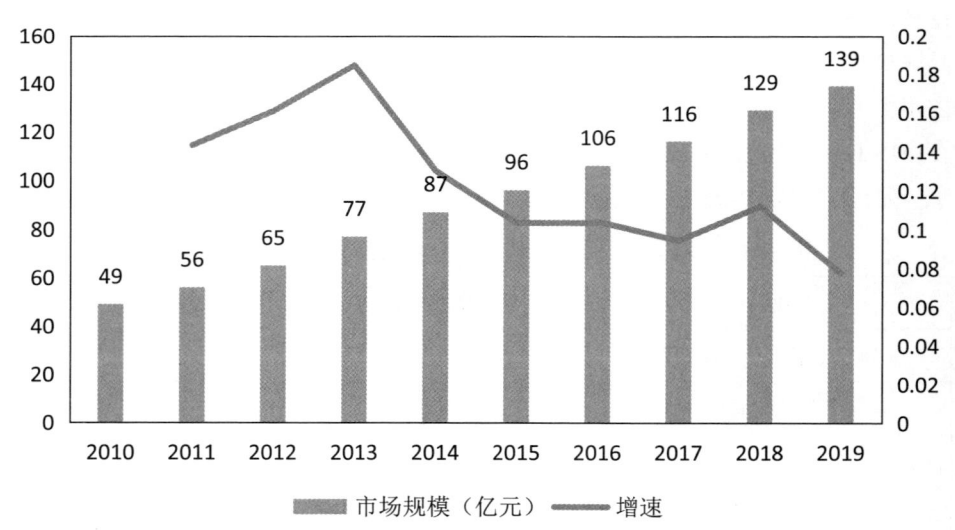

图5-5 2010年—2019年中国按摩器具市场情况

资料来源：华经情报网

按摩椅是按摩器具中占比最大的产品，其次市占率高的是脚部按摩器。从具体数字来看，按摩椅占按摩器具市场45%左右，脚部按摩器占30%左右，其他按摩器具产品占30%左右。

表 5-9　中国不同品类按摩器具产品市场份额情况　　（单位：%）

类型	按摩椅	脚步按摩器	肩部按摩器	按摩靠垫	按摩坐垫	其他	合计
占比	46	31	7	6	5	5	100

资料来源：华经情报网

目前按摩椅市场培育最成熟、渗透率最高的国家是日本，其渗透率已超过25%。由于日本是按摩椅发源地，且整体国民收入水平较高及人口老龄化问题严重，长期以来日本一直是按摩器具的最大消费国。

除日本之外，不少发达国家和发达地区按摩椅渗透率也超过了10%，比如韩国已达到12%，新加坡和中国香港达到10%左右。21世纪10年代是韩国按摩椅市场的黄金十年，按摩椅渗透率在这10年里，从1%快速提升至10%以上，其复合增长率超过30%。韩国于2012年人均可支配收入达到12万元（人民币），此时韩国按摩椅市场也开始进入快速增长期。跟日本一样，现在韩国企业大多只从事品牌运营和销售渠道维护，其产品一般由中国企业代工。

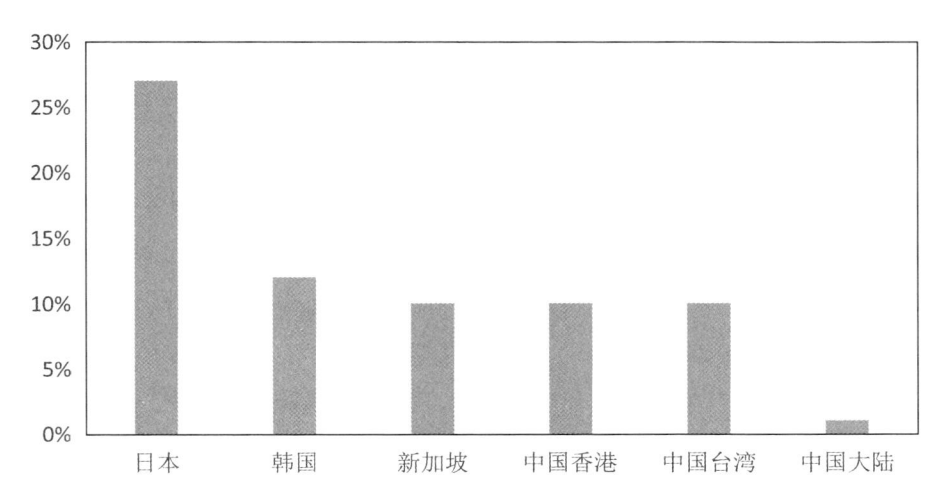

图5-6　不同国家和地区按摩椅市场渗透率

资料来源：中国产业信息网

中国近几年按摩椅市场快速增长，但其渗透率不到2%。中国是中医理论的发源国，也是理疗和按摩保健文化认可度较高的国家，在消费文化方面也跟日本、韩国、新加坡等国家有颇多类似之处。可以预判，随着人均可支配收入的提高，中产阶级数量的增加，老龄化趋势的加剧，国内按摩椅市场在未来很长一段时间内依然是增量市场。

四、按摩器具行业特性及竞争格局

上面大致分析了按摩器具行业的情况，文章中的定性描述和相关数据可以通过公开渠道获取。那么按摩器具行业在发展过程中会遇到什么问题呢？按摩器具行业会有什么机会和风险呢？以下是笔者的看法。

第一，按摩小电器行业会保持分散的竞争格局，按摩椅行业集中度或将进一步提高。

从供给端上看，按摩小电器行业投资、技术壁垒都不高，进入门槛低，不存在较长时间的建设周期，也不涉及太多的环保问题和生产安全问题。这也意味着，按摩小电器产能的扩张和收缩相对容易，因此一般不会出现产能严重过剩和严重不足的情况。相比按摩小电器行业，按摩椅行业在投资门槛、技术壁垒等方面要比按摩小电器行业高很多。

从需求端上看，无论按摩小电器还是按摩椅产品，对于多数消费者来说是非急需，也非刚需产品。按摩器具消费者购买动力更多地来自生活质量的提高，而非生活中不可替代，尤其按摩椅对于多数消费者来说是轻奢产品。因此，这些产品在经济上升期和繁荣期间会表现出较好的销量，而在经济下行期和萧条期，其需求下滑则可能较为明显。

根据按摩器具行业的以上特性可以判断，按摩器具行业会表现出一定的周期特性。其中，按摩小电器行业周期性较弱，而按摩椅行业周期性要比按摩小电器行业更加明显。同时考虑按摩椅行业无论资金壁垒还是技术壁垒，都比按摩小电器行业高等方面特性，在进入成熟期后，按摩椅行业的行业集中度会高于按摩小电器行业的行业集中度。

一般情况下，产品附加值低，进入门槛低，市场竞争激烈，而且周期性不强，产品个性化要求较高的行业，在进入成熟期之后，其集中度不会太高，头部3-5家企业市占率较难超过60%。按摩小电器行业预计也是如此。

相比按摩小电器行业，按摩椅行业有一定的技术门槛和进入壁垒，也存在更为明显的周期性。而且，按摩椅作为按摩器具的集大成者，结构复杂，涉及的专业领域知识较多，而且随着传感器技术和大数据等方面技术的应用，其产品壁垒还会不断提高。综合考虑以上因素，当市场进入成熟期后，按摩椅行业头部3-5家企业可能表现出较高的行业集中度，大概率能超过60%。目前情况下，按摩椅行业已进入成熟期的日本和韩国,前3家按摩椅企业市占率已超过80%。从中国的情况来看,空调行业的竞争格局或许能为按摩椅行业的发展提供一份参考。作为家用电器,空调跟按摩椅有不少类似之处。目前中国空调市场已进入了存量时代,前3家头部企业市占率已超过80%。

表5-10 部分国家按摩椅行业集中度情况

地区	头部三家市占率	第一大品牌	市占率	第二大品牌	市占率	第三大品牌	市占率
日本	85%	富士	35%	松下	30%	稻田	20%
韩国	80%	Body friend	65%	LG	9%	Hutech	6%
中国	43%	傲胜	22%	荣泰	11%	奥佳华	10%
中国(空调)	83%	格力	38%	美的	35%	海尔	10%

资料来源:华经情报网

第二,按摩器具行业是千亿级市场,或许能培养出多个数百亿市值的头部企业。了解了行业的市场规模,有益于判断该行业头部企业的成长瓶颈。

一个行业的市场规模可分为万亿级市场、千亿级市场、百亿级市场和十亿级市场。一般情况下,具有高行业集中度特性的行业,可以培养出多个同一个行业等量级和小一个行业规模等量级的企业。比如,高行业集中度的万亿级市场,可以培养出多个万亿级市值企业和千亿级市值企业;千亿级市场,可以培养出多个千亿级市值企业和百亿级市值企业;百亿级市场,可以培养出多个百亿级市值企业和十亿级市值企业等等。比如,汽车行业、牛奶行业、电信行业、白酒行业都是市场规模超过万亿的行业,所以我们可以看到,汽车行业的头部企业吉利、上汽,牛奶行业的头部企业伊利、蒙牛,电信行业的头部企业移动、联通、电信,白酒行业的头部企业贵州茅台、五粮液均为市值上千亿,甚至上万亿的公司。

从按摩器具行业来看,当前全球按摩器具行业市场规模在1000亿左右,国内市场不到150亿。从按摩器具发展趋势来看,按摩器具行业未来较长一段时间都是增量市场,而且中国是按摩器具的研发、生产制造中心。综合考虑全球市场规模和国内市场渗透率等因素,随着按摩器具市场的扩大,或许在10年之内,全球市场有望突破2000亿(假设CAGR为8%)、国内市场有望突破600亿(假设

CAGR为10%)[①]的规模。这也意味着,国内或许能孕育出2到3个市值300-500亿的企业,龙头企业的市值或能超过500亿[②]。

第三,国内按摩器具行业尚处于成长初期。

虽然中国是按摩器具行业的研发生产制造基地,但受限于可支配收入等方面的原因,中国按摩器具市场需求不足。以按摩椅为例,目前主流消费者购买按摩椅产品以2万元以内的中低端按摩椅为主,2万元以上的中高端按摩椅购买者依然是少数,而且主要消费群体也在一二线城市,尚未普及到中小城市。

老龄群体和中产阶级的增加为按摩器具行业带来持续性利好。前面已介绍,中国老龄人口数量上升是长期趋势,到2050年,老龄人口的绝对数量一直会呈现上升趋势,而且21世纪20年代和30年代是老龄人口增速较快时期。从中产阶级比重来看,预计到2030年之后,中产阶级占劳动年龄人口的比重有望超过50%。如果中国产业结构转型顺利,进入21世纪30年代后,中国有望成为中产阶级为主的社会,社会主流消费理念也可能在该时期快速变化。从这些因素来判断,国内按摩器具市场,尤其是按摩椅市场,还没有真正进入快速增长期,至少在未来15年之内依然会是一个不错的增量市场。

除此之外,随着时间的流逝,消费者对按摩器具产品的分辨能力也会更加专业化。虽然中国按摩器具市场近10年有较快的增长,但其增长更多地来自出口,国内消费市场依然处在成长初期,消费者还处在产品功能了解期、品牌认知期、舆论形成期。但这种现象在不久的未来可能会出现变化。随着消费能力的提高和消费频率的提高,消费者对不同品牌的定位和认知度会不断提高。当然,头部企业和品牌企业受益将会更加明显。

更为有趣的现象是,多数行业进入快速增长期后,其行业增速会快速提高。诸多消费品领域,如空调、电视、智能手机、调味品、酸奶等行业进入快速增长期后,行业5到8年的复合增长率能达到20%以上,而那些品牌认可度高,产品质量有保障,有较强售后服务能力的头部企业,能享受30%-40%甚至更高的复合增长率。这也意味着,国内按摩椅市场进入爆发期之后,也可能会出现同样的现象。

第四,按摩器具行业具备良好运营现金流条件。

---

① 该部分的复合增长率(CAGR)仅仅是个假设。一般情况下,一个行业从幼稚期到成熟期的过程中,其增长并不是平稳上升的过程,而是周期性增长的过程。在这个过程中有快速增长的时候,也有增长下滑,甚至负增长的时候。由于一个行业的增长常常呈现出螺旋式增长过程,因此将复合增长率放到长周期的时候,如8年以上,将会表现出更强的科学性。

② 该预测未考虑开展协同业务的部分。如果企业顺利开拓新的协同业务,其增长瓶颈会进一步打开。

现金流管理对于一个企业来说是十分重要的事情。不少情况下，一个企业经营陷入困境，并不一定是盈利能力出了问题，而是经营现金流出了问题。尤其在当前环境下，不少民营企业普遍存在融资难、融资成本高、融资环境不稳定等问题，因此一旦企业的经营性现金流出了问题，资产大幅贬值是小事，如果问题严重，甚至可能会影响企业的持续经营。

如上所述，一个企业的现金流好坏，不仅跟该企业的业务开展思路有关系，也跟所处行业有很大的关系。如果一个企业的上游供应商和下游客户所处行业较为分散，那么该企业就会有较为宽松的谈判环境，有条件保持较好的现金流。如果一个企业的上游供应商和下游客户所处行业较为集中，那么该企业就不得不面对苛刻的谈判环境，将会较难保持较好的现金流，运营资产也存在较多的风险。

从按摩器具行业的上游供应商为电子、机电、注塑、化工、五金、纺织、包装印刷等行业，下游终端客户主要为家庭、养老院、商场、机场、酒店等机构。

从按摩器具的上游供应商来看，大多数领域如化工、五金、纺织等行业竞争充分，行业集中度较低。这也意味着，按摩器具生产商购买生产材料，并不存在必须在有限几个供应商中购买的情况，因此有充分的讨价还价余地。

从按摩器具企业的客户来看，中国多数按摩器具企业的客户群体为品牌商和直接消费者。其中直接消费者，如家庭、养老院、商场、机场、酒店等客户均为行业集中度低、谈判能力弱的客户，按摩器具企业有较好的条件根据自己的风险偏好选择客户。

除了直接消费者之外，中国按摩器具生产企业中，有不少是为品牌商代工的企业。相比直接消费者，品牌企业具备较强的谈判地位，但整体来看，按摩器具品牌企业竞争格局较为分散，不同国家有自己的品牌，全球市场并未形成少数几家核心品牌瓜分大部分市场的情况。因此，以代工为主的按摩器具企业，只要其产品有较强的竞争力，也有较好的条件保持良好的谈判地位。

总体来看，按摩器具的上游和下游行业均较为分散，能为按摩器具企业提供较为宽松的谈判环境。所以在按摩器具行业中，有一定竞争优势的企业，只要业务开展不是过于激进，那么就有能力保持较好的经营现金流和资产质量。

第五，其他以廉价劳动力为主的国家，短期内较难替代中国中高端按摩椅市场。

中美贸易摩擦持续，劳动年龄人口总数不断减少，人力成本上升，是中国要长期面对的趋势。在这种趋势下，中国不少产业可能会向更低劳动力成本国家转移。现已有不少行业，如纺织、印染、印刷、皮革、电子产品组装等技术壁垒低的行业，已形成了向更低劳动力成本国家转移的趋势。

从按摩器具行业来看，多数按摩小电器和中低端按摩椅，技术壁垒和进入门槛较低，生产线有可能逐渐往劳动力成本更低的国家转移。这也意味着，未来那些缺少独立设计和研发能力，缺少品牌运营能力，以代工生产为主的企业，将会面对更大的市场竞争压力。

跟按摩小电器和中低端按摩椅市场不同，中高端按摩椅的制造，在很长一段时间内较难被其他国家替代。中高端按摩椅已不再是简单的机械产品，而是涉及人体工学技术、电子控制技术、信息通讯技术、大数据技术等多个技术领域较为复杂的集成产品。

不少发展中国家虽然有廉价劳动力，但是缺少电子、通信、机械、材料等理工科人才，更是缺少该方面的产业链和产业集群。如同上文所述，很多科技人才很难通过师徒方式来培养，更多的是需要在大学、研究院等专门的教育机构来培养。目前多数低劳动力成本的国家，不仅高等教育普及率不高，更是对理工科人才的培养不够重视。由此判断，这些国家在短期内较难承接有较高技术门槛的中高端产业。

更何况，信息技术领域是中国的强势领域，其竞争力不仅领先于全球市场，其实力也超过不少发达国家。如同多数电器产品一样，在高端按摩椅市场，电子控制技术、信息通讯技术、大数据技术、人工智能技术逐渐会成为其产品的核心竞争力。因此，即使某一天，中国劳动力成本大幅提高，多数生产线开始转移到更低劳动力成本的国家，中国高端按摩椅企业也有较大地可能通过"国内研发、品牌运营+海外制造"等方式，享受较高的盈利能力。当然，这是一个产业高端化的结果，更是中国不少企业未来的出路。未来那些有较强研发和设计能力的企业，逐渐会把品牌、研发和设计、渠道等最为重要的部分留在国内，一些不重要、可替代、风险较大的部分，逐渐会转移到谈判议价能力较弱的国家。

奥佳华、荣泰健康分析

目前国内按摩椅行业前三甲企业为傲胜、奥佳华、荣泰健康三家公司。傲胜是新加坡公司，无论在品牌知名度还是在市占率上均有一定的优势。奥佳华和荣泰健康是国内上市公司。其中奥佳华发展早期主打国际市场，近几年大力拓展国内市场，有较高的技术积累和品牌知名度。荣泰健康同步扩张国内市场和国外市场，近几年顺利进军韩国和日本市场。

一、奥佳华

1. 奥佳华概况

奥佳华全称奥佳华智能健康科技集团,其前身为1996年成立的蒙发利,是国内第一家按摩器具行业上市企业,现在是全球最大的按摩器具ODM企业。

奥佳华主要生产按摩椅和按摩小电器,其中按摩椅主营占比约为30%左右,按摩小电器主营占比约为50%左右,其余部分为家庭医疗(血压计、血糖仪等)、健康环境(空气净化器、新风净化机等)等产品。奥佳华产品遍布60多个国家与地区,旗下有"奥佳华OGAWA"、"呼博士BRI"、FUJI、COZZIA、MEDISANA等多个品牌。

表5-11 奥佳华不同地区品牌情况

品牌	发展地区	品牌发展情况
OGAWA	亚洲	在亚洲有800多家专柜网点,聚焦百货、核心商业区
呼博士BRI	中国大陆	覆盖新风净化器以及KN95口罩等健康环境与个护系列
FUJI	中国台湾	中国台湾演员林依晨代言
COZZIA	北美	主要以按摩小电器为主
FUJIMEDIC	日本	日本拥有300家专柜网点,布局量贩店、电视购物、家居中心
MEDISANA	欧洲	主打欧洲的品牌

资料来源:公司公告

受国际市场和国内市场利好,奥佳华前些年增长顺利。从收入上看,奥佳华2009年收入为13亿元左右,到2020年收入已超过70亿元,11年时间增长了不止5倍,复合增长率达到16%左右。从利润上看,奥佳华2009年净利润不到1亿元,现已增长到4亿元以上。

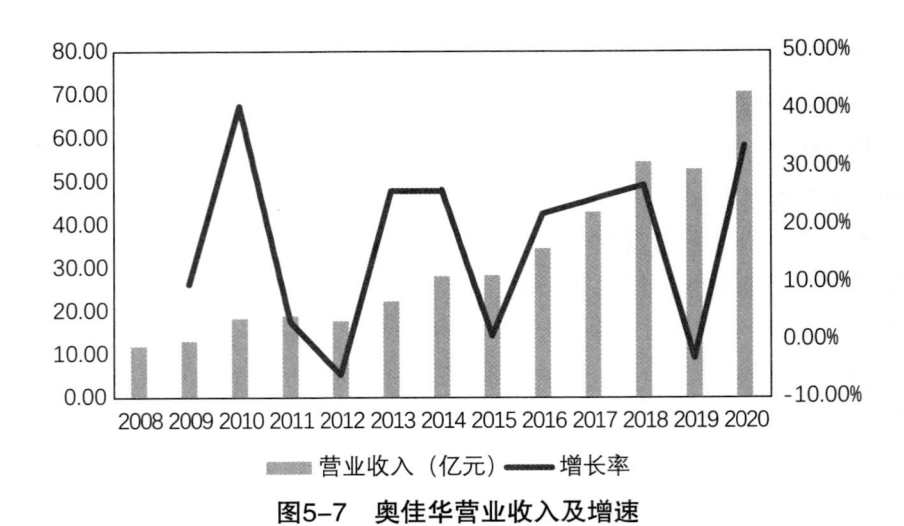

图5-7 奥佳华营业收入及增速

资料来源：同花顺iFinD、公司年报

奥佳华发展早期是代工海外品牌为主的企业。从图5-8中可以看到，2010年之前，奥佳华国内市场收入占总收入的比重约在5%左右，但从2012年前后开始，国内市场收入占比快速提升，现已超过20%以上。如果进一步分析其原因，国内市场占比提升得力于自主品牌的推广得到了市场的认可。

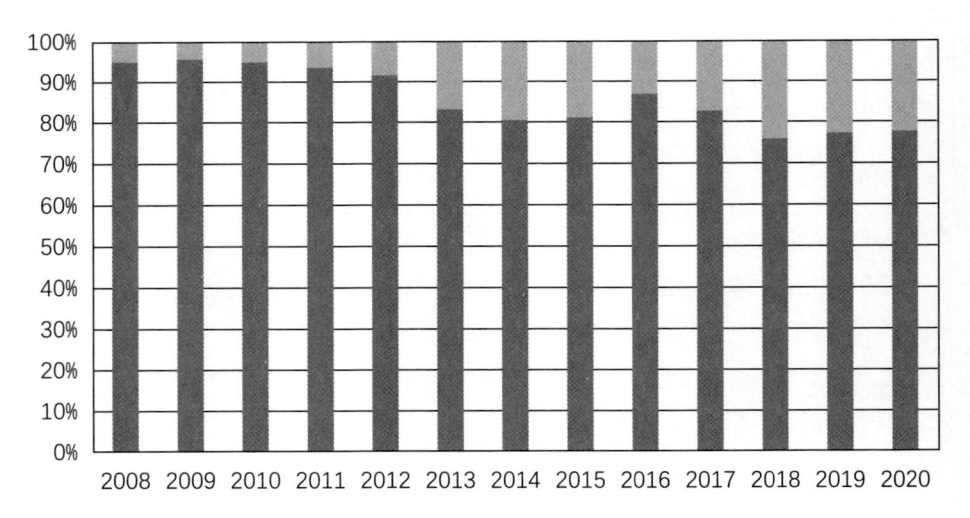

图5-8 奥佳华国内外销售占比

资料来源：同花顺iFinD、公司年报

2. 代工企业的自主品牌之路

不少中国企业发展早期主要为海外客户做贴牌生产，并在这一过程中慢慢积累经验，逐渐具备一定的设计能力和研发能力。随着企业设计和研发能力的提高，多数企业会产生拓展自主品牌的想法，消费品领域的企业更是如此。毕竟，代工生产不仅干活累、赚钱少，而且经济形势不好的时候，即使面对客户各方面苛刻的要求，也不得不妥协承担额转嫁过来的各类风险。

奥佳华大致从2012年开始，着力拓展自主品牌。销售费用变化是代工为主的企业走自主品牌之路的最直接反应。从图5-9中可以看到，2012年之前，公司销售费用主营收入占比不到4%，表现出典型的代工企业特征。但从2012年开始，不仅销售费用的绝对额快速增加，销售费用主营占比也在快速增加，2014年之后，销售费用主营占比已超过15%，表现出较为明显的自主品牌为主的企业特色。

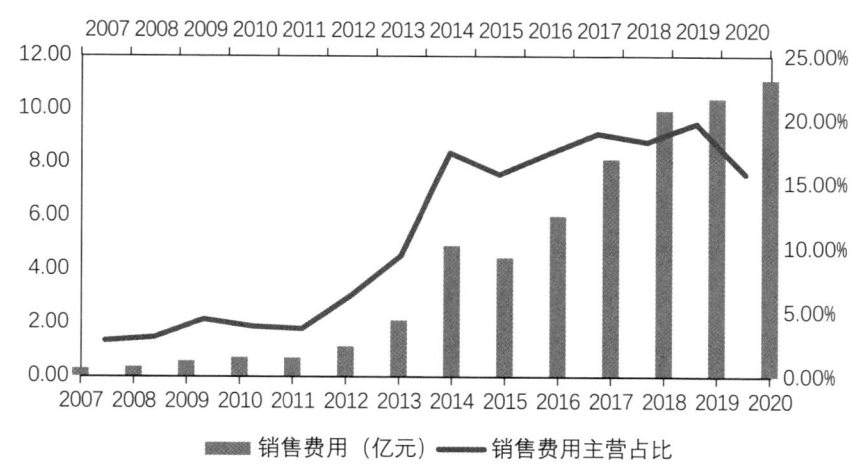

图5-9 奥佳华销售费用及销售费用主营占比

资料来源：同花顺iFinD、公司年报

如果进一步分析年报中的明细，2012年之前，公司销售费用主要由销售人员的工资、出口通关费、运输、差旅等方面的费用构成，广告及宣传等方面的支出很少。可以看出，该时期公司把主要费用放在维护客户关系等方面，并没有大力拓展新市场。但到了2020年，在销售费用占比中，广告及宣传费用、租赁及物业费等大幅增加。可以看出，这时候奥佳华已经是有较多的自主品牌运营和维护方面支出的企业。

247

表 5-12　奥佳华 2011 年及 2020 年销售费用明细对比　（单位：万元·%）

	2011 年销售费用明细	2011 年各项支出销售费用占比	2020 年销售费用明细	2020 年各项支出销售费用占比
销售费用	6985.68	100.00	111143.44	100.00
人工费用支出	1616.62	23.14	34054.05	30.64
广告及宣传费用	238.97	3.42	19494.71	17.54
运输费	838.80	12.01	9375.70	8.44
租赁及物业费	78.36	1.12	17569.69	15.81

资料来源：公司年报

一般情况下，多数代工起家的企业在发展早期客户的拓展主要靠实控人和少数核心人员，而销售部门中的销售人员较少会涉及跟客户直接谈判。该时期，销售部门定位更倾向于是中后台，而不是业务部门，所做工作更多的是支持性工作。这时候企业的销售费用主要是销售人员的固定工资和核心人员拓展客户的费用。当然，销售费用主营占比也会很少，通常在3%-6%之间。

多数企业在代工早期，其产品可复制性较强，不具备明显的竞争优势。这时候客户是企业的核心资产，一旦客户的信息流出，该企业有可能会出现失去客户的风险。因此，在这个阶段，员工对客户有较多的了解，对公司来说是一个不小的风险。基于诸如此类的原因，多数发展早期的企业，一般不会把客户信息告知员工，也较少让员工跟客户直接接触。

但是，这种现象会随着企业的发展壮大而逐渐改变。

随着企业的发展壮大，企业核心竞争力不再局限于客户渠道，而是逐渐会表现在管理能力、成本控制能力、研发和设计能力、品牌知名度等综合性因素上，企业也会从早期的代工厂家逐渐变成一个有综合性优势的平台。到了这时候，客户跟该企业合作，更加看重的是该企业的各方面优势，而不仅仅是低廉的价格或曾经建立的特殊关系。因此，当企业发展到一定程度，并且具备各方面优势之后，员工带走客户的风险也会大大减少。这也意味着，随着企业的发展壮大，企业也会有更大的动力，不断开放销售端，让更多的人为这个平台创造价值。

该时期，企业销售费用不仅绝对额会快速增加，其主营业务收入占比也会不断提高。通常情况下，企业具备较为成熟的销售团队之后，其销售费用主营占比会超过8%以上，如果该企业还有大量的宣传和广告支出，其数值还会进一步提高。

因此，在分析一家企业各种经营数据的过程中，从该企业的销售费用主营占比中大致也能看出，这家企业所处的阶段、商业模式等信息。

从奥佳华的情况来看，投放的大量广告和宣传，从市场上得到了良好的回报，自主品牌销售占比快速提升，逐渐从代工为主慢慢转型成为代工、自主品牌双模式的企业。从表5-13中可以看到，2012年公司自主品牌销售额仅为0.97亿元，销售占比为5.47%，但到了2016年开始自主品牌销售额突破10亿元，销售占比达到了40%。

表5-13 奥佳华自主品牌收入情况

年份	2012	2013	2014	2015	2016	2017	2018
自主品牌收入（亿元）	0.97	3.77	9.45	8.53	14.01	18.88	21.37
自主品牌销售占比（%）	5.47	16.91	33.62	30.13	40.60	43.97	39.23

资料来源：公司公告

一般情况下，随着企业自主品牌在市场上得到认可，其毛利率也会快速上升。从图5-10中可以看到，奥佳华2012年之前毛利率在20%以下，从2013年开始毛利率快速提升，并且突破30%，现已达到35%以上[①]。

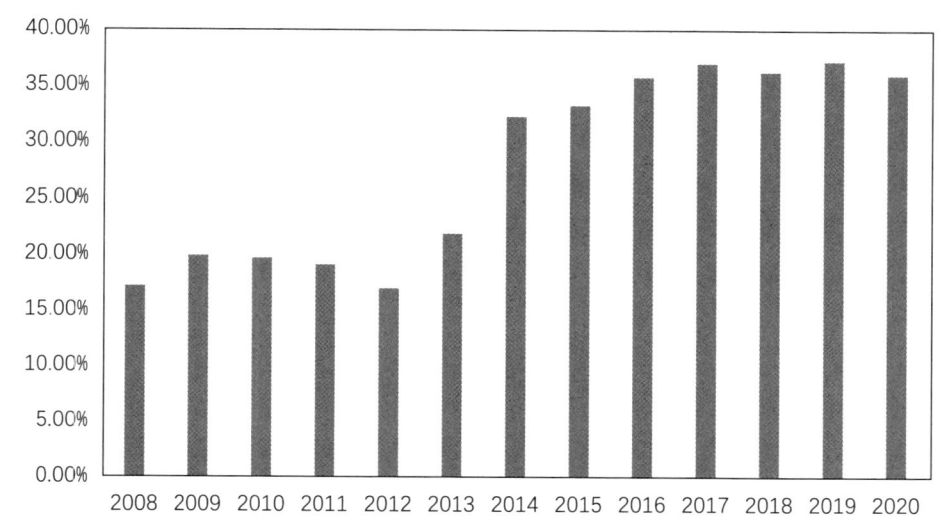

图5-10 奥佳华毛利率变化

资料来源：同花顺iFinD、公司年报

---

① 如果进一步分析不同地区毛利率和不同产品毛利率，基本也是2013年前后开始快速提升。按地区来看，东亚、东南亚和中国大陆毛利率的提升速度要快于欧洲和北美区域。

近几年，公司不断加大品牌营销投入，通过明星代言、高端会议合作、体育营销、娱乐营销等形式提高品牌影响力。如2017年公司成为浙江卫视《中国新歌声》官方合作伙伴，持续将品牌在大众视野中曝光；2018年公司在上海中心携手陈奕迅推出御手温感大师椅AI版；同年11月公司作为按摩椅行业唯一国际品牌代表，进驻首届中国国际进口博览会。此外，金砖国家峰会主会场、上海劳力士大师赛和知名综艺、热门电影中也都能看到奥佳华按摩椅的影子。

表5-14 奥佳华主要营销推广方式

营销方式	具体营销情况
明星代言	邀请周华健、张东健等知名艺人为产品代言 2018年陈奕迅代言御手温感大师按摩椅AI版
娱乐节目赞助	赞助浙江卫视综艺节目《中国好声音》，独家冠名其衍生节目《真声音》 电影《西红柿首富》中可以看到奥佳华按摩椅
高端会议合作	2017年9月，奥佳华进驻金砖国家峰会主会场 2018年11月，奥佳华参与首届中国国际进口博览会
体育营销	连续赞助上海劳力士大师赛十年

资料来源：公司公告

二、荣泰健康

荣泰健康于1997年在上海创立，公司于2002年正式成立，并于2017年1月A股上市。荣泰健康是继奥佳华之后的第二大国内按摩椅生产商。荣泰健康在国内市场主要通过自主品牌来实现销售，对国外市场主要采取ODM方式拓展。公司按摩器具主要出口韩国、日本、北美等国家和地区，其中韩国为第一大产品出口国。2013年至2015年，韩国市场销售额分别占外销收入的38.57%、57.56%、62.19%。受益于国际市场和国内市场利好，荣泰健康近几年发展迅猛。从财务报表来看，2012年公司营业收入仅为3.27亿元，到2020年已达到20.21亿元，8年增长了6倍之多，复合增增长率达到25.57%。

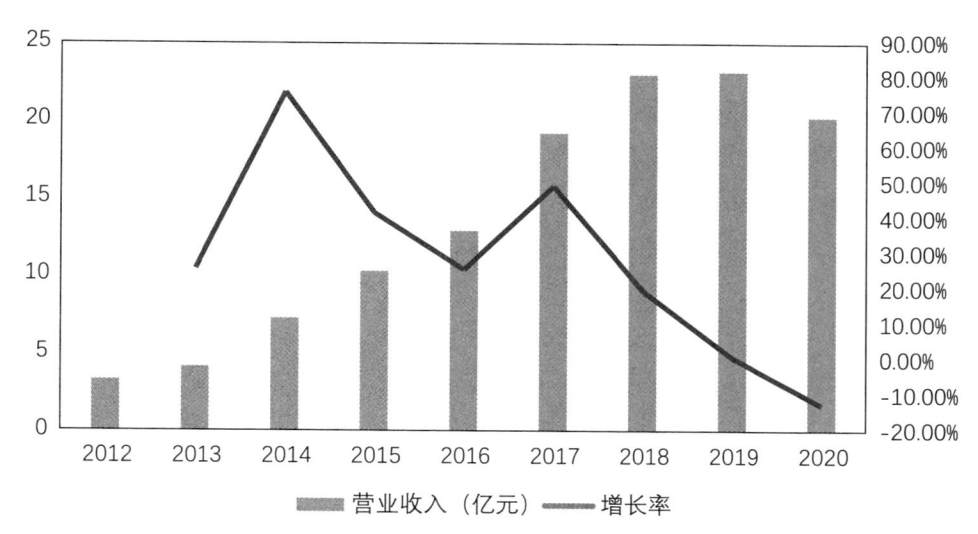

图5-11　荣泰健康营业务收入及增速

资料来源：同花顺iFinD、公司年报

荣泰健康主营业务较为单一，主要产品为按摩椅和按摩小电器，其中按摩椅营业收入占比约为80%，按摩小电器和其他产品营业收入占比约为20%。

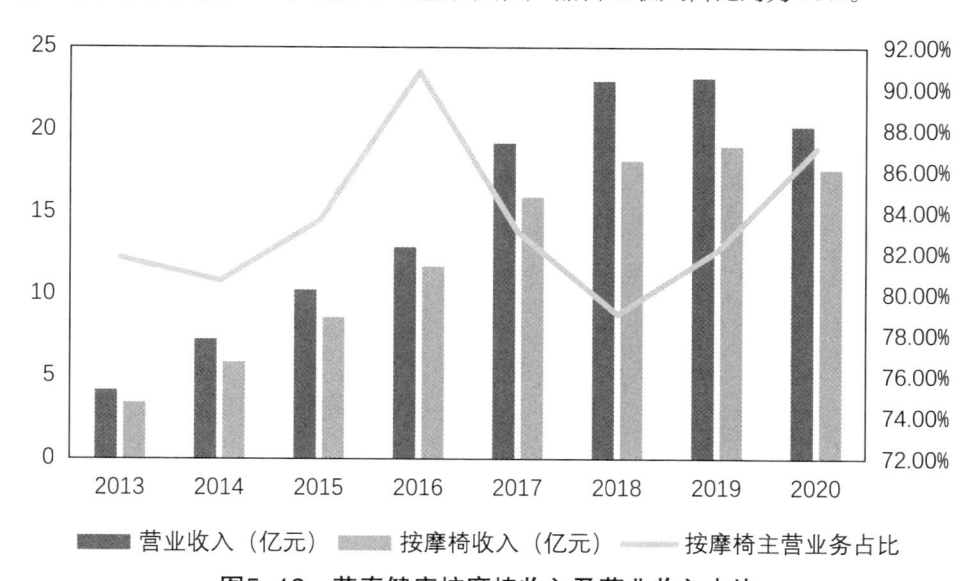

图5-12　荣泰健康按摩椅收入及营业收入占比

资料来源：同花顺iFinD、公司年报

从业务结构上看，公司在2016年之前更多的收入来自外销，2016年之后内销比例逐渐提高。

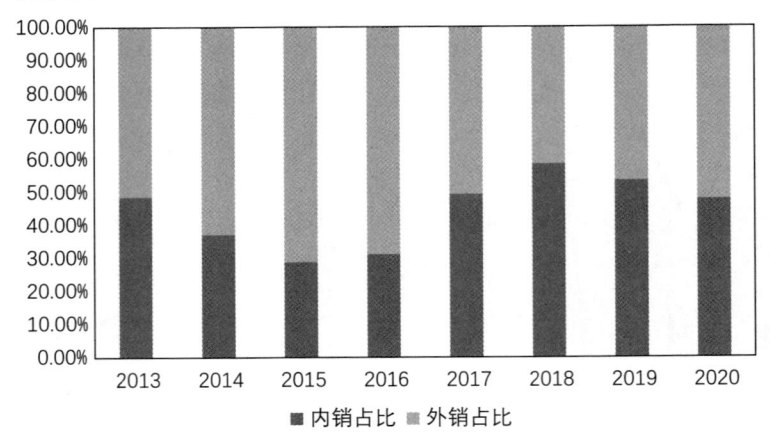

图5-13 荣泰健康国内外业务结构

资料来源：同花顺iFinD、公司年报

荣泰健康2012年销售费用主营占比已经超过10%[①]，后续销售费用增长十分稳健。虽然近10年来公司销售费用绝对额快速增长，但是主营业务比例相对平稳，这说明公司一直重视销售，有功能齐全的销售团队。

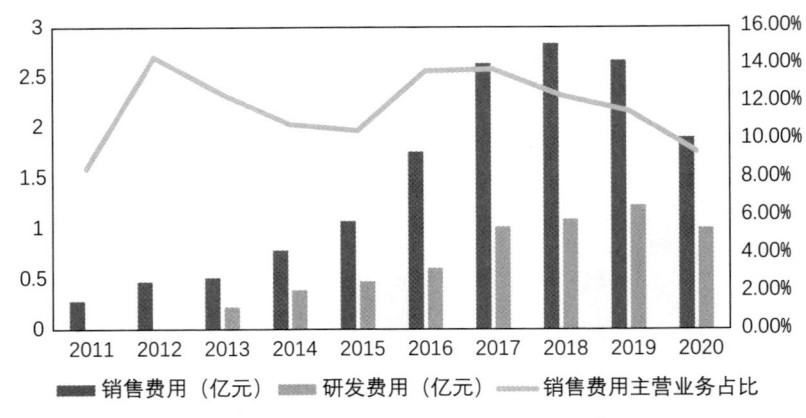

图5-14 荣泰健康销售费用和研发费用

资料来源：同花顺iFinD、公司年报

近几年荣泰健康不仅收入快速增加，企业盈利能力也在不断变好。从图5-15中可以看到，荣泰健康毛利率在2012年前后只有26%左右，现在已经上升到

---

① 如果进一步分析年报披露的销售费用明细，2015年渠道、广告及宣传费为4221万元，占总销售费用的39.45%，2019年渠道、广告及宣传费为9995万元，占总销售费用的37.53%。

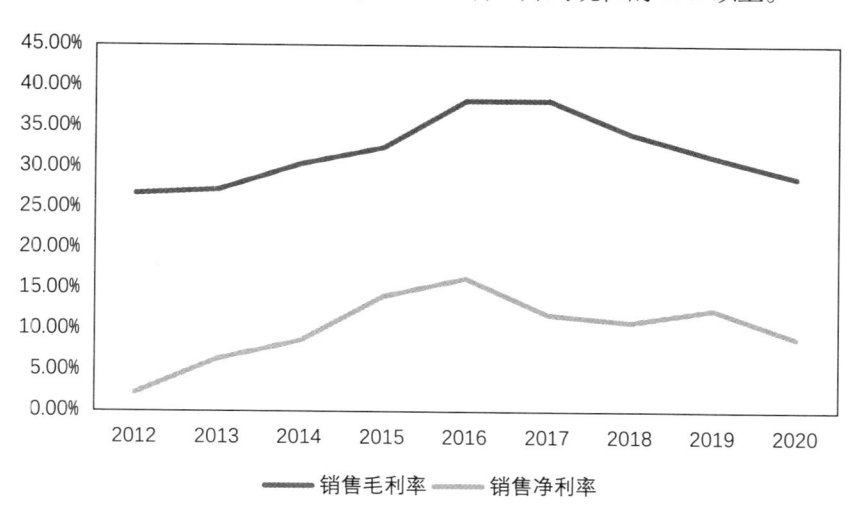

30%以上，销售净利率也从2012年的2%左右上升到现在的10%以上。

图5-15 荣泰健康销售净利率和销售毛利率

资料来源：同花顺iFinD、公司年报

三、奥佳华、荣泰健康比较

受益于行业利好，近几年奥佳华和荣泰健康都实现了良好的增长，但是如果仔细分析这两家公司，就会发现这两家公司在业务拓展方式和思路上有不少差别。

第一，两家公司主营业务布局不同。

奥佳华业务较为分散，涉及产品不仅有按摩小电器、按摩椅，还有健康环境等产品。相比奥佳华，荣泰健康表现出更强的业务聚焦性，其产品以按摩椅为主。

业务多样化从有利的一面来看，可以提高协同效率，当单一市场出问题时可以通过其他业务来缓冲风险，但从不利的一面来看，业务多样化也会牵扯较多的精力，可能会导致结构臃肿、管理分散、焦点不明确等问题。从奥佳华的情况来看，现公司主营业务跨界不大，预计在采购、生产、客户、渠道等方面有较好的协同性。

除了主营业务不同之外，奥佳华和荣泰健康市场布局也有所不同。奥佳华不仅在亚洲市场有布局，欧美市场的收入占比也不小。而荣泰健康主要布局国内市场和韩国市场。这也意味着，在整体市场形势良好，全球经济发展较好的时候，奥佳华触角更多，有更大的想象空间。但若国际关系变化，贸易保护主义抬头的时候，奥佳华也会受到更多的影响，承担更多的压力。

第二,两家公司按摩椅定位有所差别。

通过奥佳华和荣泰健康两家公司的研发投入、宣传方式、年报内容等来判断,奥佳华对按摩椅技术的理解更深,对前沿技术的敏感性更高,产品的焦点放在按摩椅的按摩功能上,而荣泰健康重视技术的同时也把不少精力放在产品的娱乐性和互动性等方面。

在研发投入上,奥佳华每年都有较高的研发支出,这自然也导致较高的累计研发支出。相比奥佳华,荣泰健康因其体量较小等方面原因,每年研发支出和累计研发支出较少。从图5-16中可以看到,2016年之前荣泰健康研发投入为奥佳华1/3左右,大致从2017年开始,荣泰健康的研发支出快速增加。

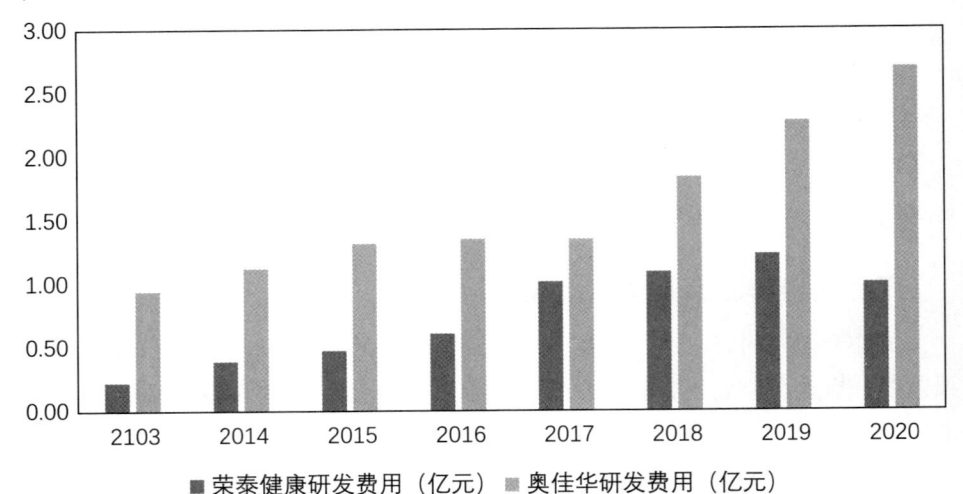

图5-16 奥佳华、荣泰健康研发投入比较

资料来源:同花顺iFinD、公司年报

除了研发投入之外,在技术的理解和应用上,奥佳华也有更强的敏感性。

企业官网是让客户和消费者快速了解公司及公司产品的最直接的渠道。如果读者登录两家公司的官网就不难发现,奥佳华官网把不少篇幅放在了研发和技术,如检测技术和芯片技术等方面,而荣泰健康官网关于研发和技术方面的介绍较少,却有不少篇幅放在IP、舒适、娱乐等方面。

通过分析公司披露的年报也可以看出,两家公司对按摩椅技术表现出不同的敏感性。从表5-15中可以看到,奥佳华在布局智能酸痛检测、疲感侦测、人机交互、云服务、人工智能等技术,其目的在于更好地提高摩椅的按摩、康复等方面的性能。而荣泰健康却把不少精力放在云网络、大数据、语音识别、VR等方面，其着力点在于提高按摩椅的娱乐性和互动性。

表 5-15 奥佳华、荣泰健康研发思路比较

年份	2017 年年报	2020 年年报
奥佳华	重点定位于中医理疗、按摩康复服务机器人方向的研究，持续强化自主创新能力建设，积极开展与外部科研机构、医学院校的产学研合作，重点布局智能健康管理、智能酸痛检测、智能人机交互、云服务、人工智能等关键技术上的研究和应用。	公司"按摩椅+AI"战略成功落地，搭载"疲感追踪科技"的 AI 按摩机器人实现服务功能与产品有机结合，运用人脸识别、疲感侦测、"千人千方"智能 AI 算法、云端个人健康数据库、新一代 4D 无刷变频温感机芯等新技术构建围绕用户健康的检测-分析-调理闭环服务系统，关注每一位用户的健康状态，为用户远程推送"量身定制"的专属按摩解决方案。
荣泰健康	通过产品功能、操控性、材料、外观设计等各方面的持续创新改善，创造消费需求、引领行业趋势，为消费者提供质量可靠、价格适宜、外观时尚、功能创新的产品。公司重视云网络、大数据、语音识别、VR 技术等前沿科技与传统按摩器具产品的融合，通过自主研发结合参股网络科技公司的模式增强技术实力，实践健康云管理理念。	开发新机芯，采用新的设计结构，增加按摩球的运动方向，提高按摩精度，有效解决目前按摩椅普遍存在的个别部位按摩不到位的问题；通过集成新技术和新科技，例如 VR、人机智能交互等改善使用按摩椅的便捷性和趣味性；设计新的导轨结构及机芯排布，开发创新按摩技术，实现按摩椅外观和使用上的革命性突破。

资料来源：公司年报

产品是验证公司定位和布局的重要方式。通过两家公司的天猫旗舰店可以发现，奥佳华（御手温感大师椅 OG-7598C）产品和荣泰健康（荣泰健康 RT8610S）产品均为定价 49800 元。分析其功能数据，奥佳华 OG-7598C 产品，除了常规按摩程序之外，更加强调的是 4D 温感机芯、热疗专利技术、智能提醒检测等，而荣泰健康 OG-7598C 产品除了常规按摩程序之外，不少着重点放在智能语音、内置音箱、蓝牙、VR 眼镜等娱乐性能上。

按摩椅是有一定技术壁垒的行业。随着技术的进步，按摩椅的功能不仅在于放松和保健，更有可能在康复和医疗等功能方面升级，按摩椅也从早期的自动化设备不断地演变为信息化、智能化设备。比如，按摩椅智能化程序的完善和大数据的应用，不仅能为特定人群的特定状态提供个性化和专业化的按摩，还有可能逐渐实现提前诊断疾病和辅助医疗等方面的功能。

目前中国按摩椅市场仍处在消费者教育和普及阶段，多数消费者对按摩椅功能的理解并不充分，其购买目的也更多在于放松和缓解疲劳。但随着按摩椅的普及以及消费者对按摩椅产品了解程度的加深，有深厚技术底蕴的企业将会更加受益，尤其从增量市场进入存量市场之后，细分化和专业化将会成为企业更为明显的护城河。

第三，奥佳华和荣泰健康经营风格上有所区别。

长期能给股东带来较高回报的企业，不仅收入和利润会快速增长，更是能保持良好的经营现金流。因为收入和利润变化代表了企业增长能力的变化，现金流的变化则代表了企业抗风险能力的变化。一个企业即使在过去表现出较好的增长能力，但是缺少较好的抗风险能力，那么当宏观环境变化和遭遇风险时也有可能一夜回到解放前，最终陷入困境，甚至关门大吉。

在财务报表中，企业净利润是权责发生制下算出来的数字，并非实际拿到的钱。一个企业净利润中可以包括大量本应该赚到，但存在各类风险的钱，如应收账款、应收票据等尚未收到的钱。这也意味着，有些企业看起来利润很高，利润增长速度也很快，但其利润很可能由充满风险的合同和较难收回的钱构成。

相比净利润，经营性现金流反映的是企业运营中实际的现金来往。一般情况下，经营性现金流好的企业，不仅活得更舒适，有更强的抗风险能力，也较少有造假动机。只有那些经营性现金流差，被上下游企业压得喘不过气，天天处在催钱、催债的企业才会有更强的动力去造假。

经营性现金流净额和净利润比例是笔者非常重视的比例。该比例表示的是一个企业实际拿到的钱和本年该挣的钱的比例。该比例大于1说明经营中实际拿到的钱高于净利润，小于1则代表企业虽然看起来赚了不少钱，但其中有不少钱没有到账，这些钱还在别人手中。由于中国多数企业在国际环境中处于产业链中低端，缺少谈判议价能力，因此经营性现金流净额和净利润比例普遍较低。多数制造业，该比例能达到0.7就说明已经很不错了。

一个企业现金流的好坏，跟所属行业、商业模式、产品附加值和可替代性、企业家性格均有关系。如上下游较为分散的行业中，产品附加值高、可替代性低的企业普遍有较好现金流条件，业务开展较为保守的企业现金流相对优质等等。

从按摩椅行业来看，涉及的上游和下游行业企业较为分散，因此在企业产品有一定竞争力的前提下，只要开展业务不是特别激进，那么就存在较好的现金流条件。

表 5-16　奥佳华、荣泰健康净利润和经营现金流净额情况　　（单位：亿元）

年份		2015	2016	2017	2018	2019	2020
奥佳华	经营活动产生的现金流净额（A）	1.42	1.19	3.03	4.76	2.76	7.15
	净利润（B）	1.82	2.66	3.55	4.43	2.88	4.34
	比例（A/B）	0.78	0.45	0.85	1.07	0.96	1.65
荣泰健康	经营活动产生的现金流净额（A）	2.15	1.76	2.81	2.61	4.46	2.76
	净利润（B）	1.44	2.09	2.27	2.50	2.88	1.81
	比例（A/B）	1.49	0.84	1.24	1.04	1.55	1.52

资料来源：同花顺 iFinD、公司年报

从表5-16中可以看到，奥佳华经营活动产生的现金流净额和净利润之比，近几年逐步上升，从早期的0.78上升到现在的1左右，是少有的不仅净利润增长，经营性现金流和净利润比例也在增长的企业。通过奥佳华经营性现金流和净利润比例的变化，大致可以得出以下几个结论：一是，随着企业产品技术含量的提高、体量的增加和品牌效应的显现，公司上下游谈判能力也在提高；二是，公司业务开展较为保守，并没有过于激进的开展业务；三是，公司尚处在轻松增长期，还没有进入透支现金流来带动业绩的阶段。

荣泰健康多个年份经营活动产生的现金流净额和净利润之比超过1，不少年份超过1.2以上，说明公司运营现金流非常好。从荣泰健康的经营性现金流净额和净利润的比例大致可以看出，公司具备良好的上下游议价能力，且业务开展较为保守，对那些账期长、付款风险大的业务十分谨慎。

通过分析经营性现金流情况，不仅可以判断企业的上下游议价能力和抗风险能力，也可以预测企业的业绩拓展空间。比如，两家企业有相同的净利润，但是有良好现金流的企业则有更多的业务拓展空间。由于经营现金流好的企业业务拓展保守，较少接账期长、风险大的业务，因此这些企业想增加收入，只要对合作对象的筛选标准稍微宽松一点，就可以很快拿到订单，提高其收入和利润。相反，经营性现金流差的企业已经承担了较多的风险，如果再以激进的方式来拓展业务，可能会快速加大运营风险。从这一角度来看，经营性现金流好的企业等于隐藏了利润，而经营性现金流差的企业则为了利润透支了资产质量。

在经营性现金流方面，奥佳华和荣泰健康均表现良好，其中荣泰健康经营策略更加稳健。

应收账款主营占比也可以很好地反映一个企业的业务拓展风格。一般情况下,上下游议价能力强,业务开展较为保守的企业,应收账款主营占比较低。多数中国企业应收账款和营业收入比例低于0.3已经很不错,这说明该企业的客户普遍较为优质,付款较为及时。从表5-17中可以看到,奥佳华近几年应收账款营业收入比例有所上升,表明公司多少放宽了信用,放宽了账期。在中美贸易关系变化、疫情爆发等环境下,企业放宽信用,放宽账期,也可能是来自于不得不妥协的压力。但整体上看,奥佳华应收账款主营占比低于0.2,说明资产质量依然良好。相比奥佳华,荣泰健康在应收账款管理能力上表现得更加优秀。多年来,荣泰健康应收账款营业收入占比不到0.1,说明公司在业务拓展上十分保守。

表 5-17　奥佳华、荣泰健康营业收入和应收账款情况　　（单位：亿元）

年份		2015	2016	2017	2018	2019	2020
奥佳华	应收账款（A）	3.14	6.34	5.95	9.21	9.37	13.00
	营业收入（B）	28.31	34.51	42.94	54.47	52.76	70.49
	比例（A/B）	0.11	0.18	0.14	0.17	0.18	0.18
荣泰健康	应收账款（A）	0.44	0.84	1.34	1.20	1.41	1.13
	营业收入（B）	10.24	12.85	19.18	22.96	23.14	20.21
	比例（A/B）	0.04	0.07	0.07	0.05	0.06	0.06

资料来源：同花顺 iFinD、公司年报

总体来看,奥佳华和荣泰健康目前运营情况都十分健康,无论经营性现金流还是应收账款都表明两家公司业务拓展都十分稳健。

当然,如果读者不具备财务基础知识,那么有一个更为简单的指标大致也可以看出一个企业的运营状态,那就是企业的分红。一般情况下,能长期分红,且其分红占净利润比例较高的企业,普遍有较好的上下游议价能力和较好的资产运营能力。

有人说,投资先是科学和哲学,后面慢慢会变成艺术。笔者颇为认同这种观点。投资者在从事投资业务的过程中,首先会产生诸多问题,如这个企业有没有机会发展壮大?什么企业会发展壮大?企业发展过程中会遇到什么风险?如何避开这些风险?等等。在试图解决这些问题的过程中,投资者逐渐会学习到经济规律、行业特性、财务知识等充满科学特性的内容,并希望找到可重复、可验证的普遍规律。这个过程就是科学和哲学的互动过程。

然而，随着案例的积累，投资者不仅会积累更多普遍的规律，也会注意到企业经营中起到重要作用的诸多微观因素。比如，在一个企业发展壮大的过程中，高管团队，尤其企业家和实控人的思路和性格起到了十分重要的作用。企业家的思路以及性格，不仅会影响企业的商业模式，还会影响该企业的管理方式、市场拓展方式、产品定位等等。企业家和高管团队不同的思路和不同的性格，会让企业走上不同的道路。如有些企业家业务开展较为保守，有些企业家业务开展较为激进；有些企业家擅长资本运作，有些企业家擅长节约成本；有些企业家重视现金流，有些企业家注重市占率和市场地位；有些企业家重视技术，有些企业家擅长商业模式等等。正因为如此，投资者也会存在不同的偏好。如同这里讲到的奥佳华和荣泰健康一样，有些投资者可能更喜欢技术积累雄厚，业务布局更广的奥佳华；有些投资者可能更喜欢资产管理能力优秀，聚焦在特定领域的荣泰健康。这些选择没有对与错，也很难判断哪种选择会给投资者带来更高的回报率，有的只是不同投资者不同的风格和不同的审美。

优质企业的成长过程

不少投资者把营业收入和利润增长看作是企业发展壮大的一个最重要指标，只要收入和利润得到增长对于企业来说是好事，收入和利润出现下滑对于企业来说是坏事，并以此为依据采取投资策略。

一般情况下，一个企业的成长过程不会一帆风顺，很少企业能做到收入和利润长期都能保持增长，更多企业在成长过程中经历的是波浪式前进和螺旋式上升过程。

多数企业在市场环境好的时候会积极开展业务，此时收入和利润会快速上升。该时期，企业忙着开拓市场，无心考虑成本优化、管理优化等问题，因此公司在积极开展业务时期，普遍会存在管理混乱、资源浪费等问题。然而，这种现象并不会一直持续。当到了经济下行周期，市场环境不好，竞争加剧，收入和利润承压时，企业就会逐渐把目光转移到成本优化、费用优化、管理优化等方面。

企业进入收入和利润承压阶段之后，逐渐会关注各方面的成本和费用。如在生产方面，企业会通过优化采购系统，减少浪费，提高生产材料利用率，规范生产制造流程等方式来降低生产成本，提高生产效率；在销售费用和管理费用方面，企业会淘汰效率低下的销售人员，减少效果不明显的广告支出，简化臃肿的管理部门等方式优化销售费用和管理费用；在收入方面，企业会通过优化客户结构，加强应收账款管理，比如对客户进行分类管理，提高客户的回款质量，不再跟信用差、回款质量差的企业合作等方式来减少风险敞口，提高资产质量。

表 5-18　企业所属阶段与一般采取的策略

项目	顺周期或快速增长期	逆周期或优化调整期
营业收入	企业积极扩张业务，抢占市场	企业开展业务较为保守
营业收入	营业收入上升或营业收入增速上升	营业收入增速下滑或营业收入下滑
销售费用	加大销售费用，如大力引进销售人员，加大广告和宣传等方面的投入	企业优化销售费用，减少不必要的浪费，淘汰效率较低的人员
销售费用	销售费用绝对额上升或销售费用主营占比上升	销售费用下降或销售费用主营占比下降
管理费用	企业扩大管理团队，加大研发投入	企业优化管理费用，减少不必要的浪费，淘汰效率较低的人员
管理费用	管理费用绝对额上升或管理费用主营占比上升	管理费用下降或管理费用主营占比下降
财务费用	加大融资力度	减少融资力度
财务费用	财务费用上升	财务费用下降
净利润	净利润上升或净利润增速上升	净利润下降或净利润增速下降

一般情况下，一个企业若能顺利度过一轮的上升阶段和下降阶段，那么该企业进入下一个增长阶段时，其产品定位会更加明确，战略布局会更加清晰，资产运营能力也会得到提高。当然，该企业在行业内的竞争力和行业地位也会进一步提高。

为了更好地理解以上规律，我们不妨分析预测一下奥佳华未来可能出现的情况。

受益于行业利好和产品优势，奥佳华上市以来实现了较好的增长。这段时间不仅公司营业收入和净利润快速增长，公司销售费用、管理费用（包括研发费用）、应收账款等指标也在快速增长，而且其增长速度还快于营业收入的增长速度。

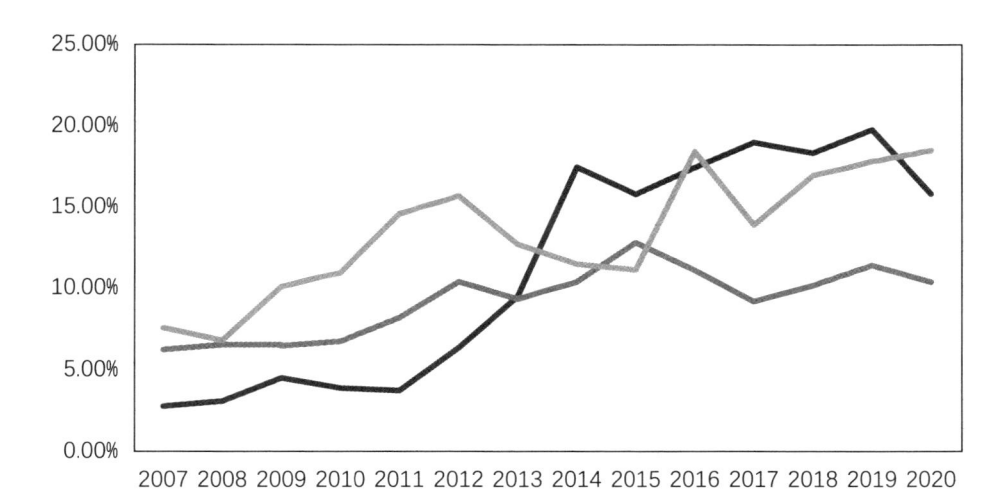

图5-17 奥佳华部分指标主营占比

资料来源：同花顺iFinD、公司年报

然而，从2017年前后开始，受中美贸易关系、疫情等方面影响，奥佳华增长开始减速，营业收入和利润增速开始下滑，2019年甚至出现了负增长。

从目前情况来看，贸易保护主义趋势和疫情等问题在短期内较难得到明显的改善。奥佳华预计未来较长时间依然要面对国际市场承压，国内市场消费动力下降的环境。这也意味着，奥佳华在未来几年的发展中，节约成本和提高资产运营效率的重要性将会不断显现。

第一，在销售费用方面，奥佳华近几年销售费用主营占比在不断提高，但这种现象可能不会持续太久。

或许不久之后，奥佳华销售费用主营占比可能会进入下降渠道。其原因可能在于，销售费用使用效率的提高和公司开始从品牌拓展期进入品牌维护期。

在提高销售费用使用效率方面，公司经过近几年的发展，预计在营销、宣传等方面积累了不少经验，可以更好地判断哪种费用支出会带来较好的效益，哪种费用支出效果不佳。在业务增长顺利的时候，这些都无足轻重，但是当增长出现较大压力的时候，公司就会不断优化营销、宣传等费用，缩减那些不必要或效率不佳的支出。除此之外，公司业务增长受压时，销售人员效率也会得到优化。企业在快速增长阶段，不会太在意销售人员的效率，但进入收缩阶段之后，销售人员的成本和效率问题就会不断浮出台面。那些无法适应公司环境，人均效率低下，投机取巧的员工逐渐会被淘汰。

另外，奥佳华目前仍处于自主品牌推广期。通常情况下，品牌推广期不会持续太长时间。当品牌知名度达到一定程度之后，公司逐步会从品牌拓展阶段进入品牌维护阶段。到那时，企业宣传和营销费用主营占比也会下降。

根据同类公司对比和笔者的经验，以自主品牌为主的企业进入品牌成熟期后，销售费用主营占比能降到15%以下。如果企业管理能力卓越和规模效益明显，则有可能下降到12%以内。这也意味着，随着奥佳华品牌的成熟以及销售费用的优化，销售费用主营占比可能会有5%左右，甚至更多的下降空间。

第二，在管理费用方面，奥佳华已经进入了管理费用优化阶段。

一个企业在发展壮大过程中，其管理方式大致会经历两个阶段，第一个阶段是亲情化管理阶段，第二个阶段是制度化管理阶段。

企业的亲情化管理可以简单地理解为，企业管理主要通过类似亲情和友情等方式来实现[1]。管理者和被管理者之间的关系更倾向于亲人和兄长的关系。在企业发展早期，这种方式可以调动工作人员的积极性，减少管理成本，也可以提高协同效率。但随着企业的发展壮大，亲情化管理模式会遇到较多问题。如亲情化管理缺少明确的赏罚体系和问责机制，处理事情较难做到公平公正。亲情化管理需要耗费大量精力，随着人员的增多，管理者精力有限问题会较为突出。在亲情化管理下，由于缺少明确的规章制度，因此容易拉帮结派，增加内耗等等。

随着企业的发展壮大，随着人员和业务部门的增多，亲情化管理的局限性逐渐呈现，公司需要搭建完善的管理制度来规范员工行为、明确赏罚体系，以便让企业运转更加透明有序。

企业从亲情化管理过度到规范化管理阶段，不仅要完善规章制度、细化分工，更要引进各个领域的业务人员和管理人才，以便完善各个职能部门的功能。可想而知，这段时间企业的管理成本将会快速上升，管理费用的增速也常常快于收入的增速。

随着规章制度的完善和职能部门分化明确，公司管理费用会进入稳定增长期。该时期管理费用增长速度往往会低于收入的增长速度。

当职能部门建立完整，相应人员到齐之后，公司还会时不时地优化一下管理制度，精简人员，减少不必要的支出。这种现象在市场环境不好或业务承压时尤为明显。进入成熟期后，公司管理费用较为稳定，不会跟着收入的变动而大幅变

---

[1] 这种亲情和友情可能是原本存在的亲情和友情，如家族企业的亲情，同窗之间的友情，但也有可能是新员工成为公司一员之后培养出来的感情。

动，而且随着管理的完善和优化，甚至还会出现公司收入增加但管理费用绝对额反而在下降的情况。

从图5-17中可以看到，奥佳华从2007年开始管理费用主营占比快速上升，但到了2015年前后，管理费用上升速度减缓，管理费用主营占比也比较平稳。根据奥佳华管理费用历年变动情况，大致可以判断，奥佳华大概率已结束了管理费用主营占比快速上升阶段。

通过销售费用主营占比，大致能看出，一家企业所处的阶段。同样，通过管理费用主营占比，也可以大致判断出一家企业所处的阶段。达到一定规模的制造业（如收入20亿元以上），管理费用主营占比多数在7%~13%区间，如果不考虑研发费用，其比例在3%~8%之间。从奥佳华的情况来看，奥佳华管理费用主营占比已达到10%左右，若不考虑研发费用其比例也达到6%左右。该比例在制造业已经不低。因此大致可以判断，公司未来管理费用主营占比不大可能大幅上升，反而随着管理制度的完善和优化，其比例存在一定的下降空间。

第三，随着收入和利润的承压，企业生产成本也有可能得到进一步的优化。

当企业竞争加剧，收入和利润承压时，企业不仅会优化费用，也会优化生产成本。在生产成本方面，企业会通过优化采购系统，规范生产制造流程，提高原材料的使用效率，提高员工的工作效率等方式来提高生产效率，降低生产成本。

不少企业的生产成本有不小的下降空间，对于还处在快速增长阶段的企业来说更是如此。那些还没有经历过行业寒冬的企业中，多数企业原材料使用效率并不高。当因为行业竞争加剧，市场需求减少，原材料成本上升等原因，企业面临严重的成本压力时，企业会通过各种方法，如减少浪费，提高边角料的使用效率，提高重复性耗材的利用率等等方式来降低生产成本。笔者调研和跟踪过的不少企业，仅靠提高生产材料的使用效率就能降低5%~10%的生产成本。

总体来看，面对未来市场环境的变化，奥佳华成本和费用多多少少将会得到优化。如果顺利，经过一系列优化和调整之后，公司利润的下降幅度很可能慢于收入下降幅度。当市场环境变好，公司再次进入增长阶段后，可能会出现，不仅企业产品的竞争力提高，盈利能力也有所改善的情况。如奥佳华历年销售净利率在6%-8%之间，承压时期通过各个领域的调整和优化后，再次进入上升周期时，企业的销售净利率或许能提高到10%以上。公司若能做到这些，那么意味着，相比之前，奥佳华每10亿元的收入，可以多挤出2000万以上净利润。

以上是奥佳华收入和利润承压期间，可能会出现情况的分析和预测。希望奥佳华案例的分析，能帮助读者更好地理解企业的增长逻辑，更好地预判企业的未来。

企业在发展壮大的过程中，难免会遇到行业周期、政策环境变化、原材料价格上升、国际环境变化等诸多问题。这也意味着，一家企业的发展壮大不可能一帆风顺，无法避免"增长—承压—增长—承压"的循环过程。

其实，相比营业收入和利润增长，更能表明一个企业正在发展壮大的因素，是该企业市占率的提高，行业地位的上升，以及资产管理能力的加强。即使一个企业收入和利润有明显下滑，但如果其行业地位和产品竞争力没有下降，那么这类企业在市场复苏时早晚都会赚取更多的利润。更为有趣的现象是，有明显的护城河（行业门槛、技术壁垒），有较高的行业地位，有良好的资产质量的企业，在经历承压阶段时，触底反弹的速度也会比较快，常常会出现收入还处在下降阶段，但利润已经开始触底反弹的情况。

潜在竞争对手进入威胁探讨

一个行业的竞争格局不仅受现有企业的影响，也会受潜在竞争对手进入的影响。

潜在竞争对手是指暂时对市场竞争格局没有产生影响，但其进入之后就会影响市场的企业。从这一点上看，潜在竞争对手进入威胁分析的是那些有充分实力的企业进入该行业后可能产生的威胁，而不是创业企业和中小企业进入该行业后对该行业的影响。因为中小企业和创业企业进入某个行业后，单个企业一般不具备影响该行业的能力。

潜在竞争对手在进入某个行业后，有可能影响该行业发展的诸多因素，如该行业的竞争格局、毛利率、头部企业的竞争策略等等。那么潜在竞争对手的进入，一般会产生多大的影响，以及会产生什么影响呢？这个问题可以从行业特性、规模、潜在竞争对手进入目的等角度来进行分析。

一是，在一般情况下，市场规模越大的行业，行业竞争格局已形成或行业集中度较高的行业，潜在竞争对手进入之后，影响该行业竞争格局的难度越大。

比如，一个行业是百亿级市场，那么销售规模达到百亿级、千亿级的企业进入该行业，都有可能影响该行业的竞争格局，也较容易对该行业的头部企业产生威胁。但一个行业是万亿级市场，如果新进入者想影响这个行业的竞争格局，那么这个企业的销售规模少则也要达到数千亿，甚至要上万亿。毕竟，市场上销售规模能达数千亿的企业属于少数,达到数万亿的企业更是凤毛麟角。

潜在竞争对手进入某个行业的时候,对该行业的影响也要看现有的竞争格局和行业集中度。当一个行业处于快速发展期,行业集中度较低,如头部2-3家企业市占率不到20%的时候,潜在竞争对手进入该行业一般不会受到太多的阻力,新进入者也会有更多的机会快速发展壮大。但如果潜在竞争对手进入时,竞争格局已形成,如头部2-3家企业市占率超过50%,那么新进入者可能会遇到更多被动的局面,自然对该行业竞争格局的影响也会更加有限。

除了以上因素之外,潜在竞争对手进入威胁也跟该行业的规模效应、技术壁垒、品牌忠诚度、特许经营权等也有较大的关系。如资本密集型、劳动密集型行业,潜在竞争对手进入威胁较大,因为这些行业的进入壁垒主要是资金壁垒,如果潜在竞争对手有充足的资金,那么就很容易影响该行业的竞争格局。相反,资本密集型、技术密集型行业,潜在竞争对手进入威胁较小,因为这类行业除了资本以外,还有明显的技术壁垒,这将会成为阻碍新进入者企业发展的重要因素。同理,品牌忠诚度高,行业有明显的准入限制,监管要求高的行业,新企业进入后影响原有行业竞争格局的难度较大。像危化行业、生物制造行业都是典型的例子。由于这些行业普遍有较高的技术壁垒和资金壁垒,且有明显的规模效益,不仅杜绝了大量中小企业的进入,即使大型企业进入该行业后,也往往会因缺少技术优势、规模优势、行业经验等方面的原因,短期内也较难具备跟行业头部企业抗衡的能力。

二是,在多数情况下,潜在竞争对手进入较难影响该行业头部企业的行业地位,尤其较难撼动该行业龙头企业的地位。

一个行业的头部企业往往具有明显的规模效益、品牌优势、技术和研发优势等各方面优势,而且这些企业在这个行业摸爬滚打多年,对行业特性、周期变化、政策变动、业内人脉等方面有充分的了解和积累。这些都是企业在漫长的经营过程中逐渐积累下来的隐形财富。隔行如隔山,新进入者在缺少行业相关积累的情况下,想要超越头部企业可能要付出头部企业数倍甚至数十倍的投入。

以上种种原因导致大多数潜在竞争对手进入一个行业的时候,其目的更倾向于是发挥协同效率,享受新行业的利好,而不是为了成为行业头部企业或龙头企业,享受行业的超额利润。

如果一个企业进入一个行业的目的是发挥协同效率,享受新行业的利好,那么这个企业进入这个行业时,就不会注入太多的资源,企业实控人也不一定亲自指挥业务的开展。在实控人不直接负责业务开展的情况下,一般会采取业务单元形式、事业部形式、子公司形式等方式来开展业务。

业务单元形式就按字面意思，开展业务的是企业的一个业务部门。以业务单元形式开展业务，不仅要受企业对该业务定位和预算的影响，还要受其他职能部门，如企业采购、财务、研发、技术、售后等部门的影响。因此，在业务单元形势下，项目负责人一般较难拥有独立的决策权。

事业部形式开展业务是指以某个产品、地区或顾客为依据，将相关的研究开发、采购、生产、销售等部门结合成一个相对独立单位的组织结构形式。可以看到，事业部形式相比业务单元形式有更多的自主权。但是，事业部形式也要按照企业的策略来开展业务，大概率也要接受一年一度的考核。

子公司形式开展业务一般是指新进入者设立子公司或收购相关业务企业之后让其发展。子公司形式开展业务是独立性最强的开展业务的方式。但这种方式也避免不了母公司对子公司人事、研发、技术、财务等方面的干涉。如果一个企业以直接设立子公司的形式开展新业务，那么子公司的业务负责人常常是母公司委派的人。在这种情况下，子公司较难保持业务开展的独立性，子公司负责人也很难具备完整的企业家心态。如果一家企业通过并购方式拓展新业务，那么被并购公司的实控人就会失去重大决策上的独立性，而且其股份占比也会大幅变少。在这种环境下，原有企业的实控人很容易产生职业经理人心态。

虽然以上三种形式开展业务都有各自的特色，但上面的任何一种方式都缺少完全的独立性。这也导致在采取上述方式时，业务负责人很难具备企业家心态，更多的会表现出职业经理人心态。而职业经理人心态和企业家心态的区别，常常会成为新进入者进入某个行业后，无法超越行业头部企业的重要原因。

马云曾经讲过一个故事："一群人上山打野猪，一枪打出去，野猪没死，冲了过来。把枪一扔，往山上跑的是职业经理人。子弹打完了，把枪一扔，从腰上拔出柴刀和野猪拼命的是企业家和创业者。企业家、创业者逃无可逃，只能血拼。"

笔者在多年的投资生涯中刻骨铭心地感受到了职业经理人和企业家的区别，其中最为明显的是企业家和职业经理人抗压能力上的不同。

投资往往不是一帆风顺的事情，很多时候投资者不得不跟企业一起共渡各种难关。企业在遇到种种问题和渡过种种难关的过程中，不要说一般的职业经理人，不少企业总经理的抗压能力跟董事长相比，那也是相差甚远。毕竟，面对问题的时候，总经理可以逃避，可以跳槽，也可以不要那些不多的股份，但是董事长，作为举旗之人，也作为企业最大股东和最终担保人，却无处可逃，再慌再乱也要稳住自己，更要稳定军心，不断寻找新的方法和出路。也就是这种环境培养出了多数企业家面对问题时，更多的是寻找解决问题的方法，而不是逃避问题的心态。而职业经理人的利益驱动和所承担的风险跟企业家不同导致，职业经理人开展业务时更倾向于是以短期利益为主，一般也不愿意冒较大的风险去拓展有可能带来较大收益的事情。

职业经理人和企业家的区别主要表现在两个方面：一是来自于企业的考核制度。多数中国企业一般会对职业经理人采取年度考核，并且主要考核其创收指标，这导致职业经理人在考虑问题的时候，会更加注重短期利益。二是来自于所有权结构。职业经理人毕竟是工薪族，即使业务开展得再好，让企业资产大幅升值，资产最终归属权也不属于自己，自然也就不愿意承担较大的风险来开展业务，也不会考虑该业务的长期价值。

职业经理人的以上特性，会导致他们在开展业务的时候，更倾向于选择跟随性策略。比如，行业头部企业推出某个产品，他们就会马上推出跟这个产品类似的产品。又比如，行业头部企业在某些技术上有了突破，他们就会通过挖人等方式布局该项技术，而不是独立思考和布局未来可能起到重要作用的技术。有趣的是，他们采取这种策略，往往也能顺利地开拓市场。由于不少新进入者有完善的供应链，有较好的研发资源、质控体系和售后服务等原因，这种跟随性策略推出的产品，往往也会有较高的性价比，也能产生不错的收益。但是，这种策略很难给消费者留下知名品牌和行业第一品牌的印象，自然也就很难超越业内头部企业。

基于以上原因，新进入者进入一个行业之后，较难超越该行业头部企业。然而，新进入者的加入，却能给该行业中小企业带来沉重打击。如同上面所说，新进入者可能因具备较多的协同资源，很容易推出较高性价比的产品。相比而言，行业内中小企业多半会存在品牌优势不明显，研发能力欠缺，良品率无保证，售后服务较难跟上等问题。因此，当行业的竞争格局基本稳定之后，可能会形成原有行业的第一梯队企业以其品牌优势、技术优势、规模效益等优势，主要赚取高端产品和中高端产品的钱；行业内的中大型企业和协同行业进入者主要赚取中高端产品和中端产品的钱；而那些以生产中低端产品和低端产品为主的中小企业，虽然企业还在经营，但多半赚不了什么钱，而且持续经营还存在较多风险。

根据以上逻辑，我们不妨预判一下，按摩椅行业潜在竞争对手进入威胁。

目前，按摩椅行业市场空间较小，有一定技术壁垒，行业竞争格局已初步形成。从市场空间来看，国内按摩器具市场不到200亿，其中按摩椅市场不到100亿。可以看到，按摩椅行业是一个体量不大的行业，因此但凡有一定的协同优势，且销售规模达数百亿元的企业进入该行业，都有可能影响该行业的竞争格局。

由于按摩椅行业国内市场并不大的原因，新进入者进入之后，影响该行业竞争格局的可能性较大。但新进入者预计较难动摇奥佳华、荣泰健康等头部公司的行业地位。其推理逻辑如下：

首先，按摩椅行业竞争格局已初步形成，头部企业行业集中度也较高。比如目前按摩椅行业头部3家企业行业集中度已超过30%，正在接近50%。而且，按摩椅行业是有一定技术壁垒的行业，头部企业不仅有一定的技术积累，也有一定的品牌知名度。在这种环境下，新进入者想要替代头部企业的位置，那么就可能需要大量的投入，甚至要做好长时间亏损的准备。这对于多数企业来说是得不偿失的事情。

其次，多数新进入者，短期内不具备海外订单基础，也不大可能做代工，而国内按摩椅行业头部企业，如奥佳华、荣泰健康等公司，不仅在国内占据较高的市场份额，在海外也有较多的订单。这也意味着，新进入者在按摩椅器具业务上，仅靠国内市场达到奥佳华、荣泰健康等公司的体量是十分困难的事情。不难想象，在销售体量较难达到奥佳华、荣泰健康等公司体量的情况下，新进入者不大可能投入跟奥佳华、荣泰健康等公司同样多资金用于研发、宣传，因为这会让他们产生较大的亏损。当然，在投入不足的情况下，他们产品的竞争力也较难超越头部企业。

再次，对于大体量企业来说，即使成为按摩椅行业头部公司，可获得的收益也较少。

如上所述，新进入者在缺少行业积累的情况下，想要超越头部企业，可能要付出头部企业数倍，甚至数十倍的投入。如果一个企业能对新开展的业务投入这么多的资源，那么这个企业的销售规模至少也要达到奥佳华、荣泰健康等企业的数倍，甚至数十倍，才有可能吃得消这么多的支出。

按摩椅行业是市场空间较小的行业，目前国内按摩椅和按摩小电器市场总和不到200亿元。新进入者在短期内不具备拓展海外市场的背景下，即使通过大量投入，承受战略性亏损，拿到了20%以上的市场份额，其销售规模（按摩小电器+按摩椅）也不到50亿元。而50亿元的市场份额，对于销售规模达数百亿，甚至达到上千亿的企业来说，都不到这些企业的零头。对于大体量企业来说，为了这么点市场，做这么多事情，还要承担各方面风险，并不是一件很划算的生意。

综合以上因素来判断，体量不大的企业并不具备影响按摩椅行业头部企业竞争地位的能力，大体量企业则大概率不会战略性地下注按摩椅行业。因此，按摩椅行业的新进入者，较难动摇头部企业的行业地位。

虽然新进入者较难影响头部企业的行业地位，但是很有可能实实在在地的对这些企业产生冲击，并影响这些企业的竞争策略。

按摩椅行业在未来较长一段时间内仍是增量市场。这也意味着，这个行业不断会有新的进入者。在这些企业的进入及竞争压力下，按摩椅行业的头部企业较难享受较高的超额利润。以笔者的研究和经验来看，多数进入壁垒不高的制造业，头部企业较难长期保持45%以上的毛利率。

不仅是现在，即使未来按摩椅行业形成较高的行业集中度，其头部企业也较难享受丰厚的超额利润。因为一旦头部企业想要通过市场地位和市场权力享受较高的利润，那么这种竞争较为充分，潜在竞争对手进入威胁较大的行业，其他企业很快就会通过高性价比产品抢占头部企业的市场份额。从这一点上看，判断一个行业是否是竞争充分的行业，不仅要看行业集中度，也要看潜在竞争对手进入壁垒。即使一个行业表现出较高的行业集中度，但若潜竞争对手进入壁垒较低，那么依然可看作是竞争充分的行业。当然，这些行业的头部企业即便有较高的市占率，对行业游戏规则的影响也十分有限。

第三节　酵母行业分析

酵母行业情况分析

一、酵母产品及其上下游

酵母是人类最早使用的微生物之一，也是一种家喻户晓的产品。早在4000年前，古埃及人用发酵的面包作为主食。酵母是一种单细胞微生物，属于真菌类。17世纪列文虎克通过显微镜发现了酵母，开启了近代酵母工业化发展的历程。中国酵母工业起步较晚，20世纪80年代中后期才逐步走上工业化发展道路。

现在酵母生产技术十分成熟，其活性干酵母是多数企业主要生产的产品。活性干酵母是以固体形式存在而不失去活性的酵母产品。活性干酵母具有性能稳定、易于运输等优点，被广泛应用于发酵面食加工和酿酒领域。酵母除了发酵以外还有不少其他用途。将酵母细胞破壁后提取的核酸制成的酵母味素是一种天然调味剂，被广泛用于替代传统味精产品，而酵母合成产品益生素作为饲料添加剂具有抗生病、加快生长速度的优点，受到家畜饲养企业的青睐。

生产酵母所需要的主要原材料为蜜糖。蜜糖是甘蔗和甜菜制糖后的副产品，其价格和供给跟甜菜和甘蔗的供给直接相关。中国有丰富的甘蔗和甜菜资源，产地主要集中在广西、广东、海南、云南、四川、江西、湖南、湖北、新疆、黑龙江、内蒙古等地区。

酵母行业下游应用领域广泛，可用于烘焙、发酵面食、酿酒、医疗保健品等领域。除此之外，酵母抽提物可用于酱油、食醋、方便面、肉制品、休闲食品等领域。

根据酵母行业上下游情况大致可以判断，酵母行业的上游和下游，如甘蔗、甜菜、蜜糖、烘焙、酿酒、保健品等领域均是技术壁垒不高，行业较为分散，竞争较为激烈的行业。因此，酵母行业存在较为宽松的上下游谈判环境，业务开展无需太多考虑上下游企业的脸色。

二、酵母行业规模和增速

酵母虽然用途广泛，但酵母行业却是一个市场规模较小的行业。目前全球干酵母市场规模大约250亿元，近几年复合增长率在6%左右。从分布地区来看，全球合计65%的酵母产能集中在欧洲和美洲地区，分别占39%和26%，而人口数量较多的亚洲、非洲等地产能分布相对较少。从行业增速来看，目前欧洲和美洲酵母市场已成熟，增速约在2%左右，而亚洲和非洲正处于快速增长阶段，随着亚非地区居民生活水平提升和生活方式的多元化，亚非地区近几年增速达8%以上。

从中国情况来看，进入21世纪之后，中国酵母行业进入了快马加鞭发展时期，并经过十几年的发展之后，现已经步入了缓慢增长期。根据中国生物发酵协会提供的数据，2004年—2013年间，中国酵母行业的复合增长率约为12.5%，但到了2013年之后，酵母行业体量已初具规模，同时受经济环境的影响，其增速开始换档。2013年—2020年，中国酵母行业的增速整体放缓至个位数增长，年复合增长率不到5%。

中国酵母市场的几大下游行业中，中式面点在总需求中占比最高，超过40%；其次为烘焙食品，占比在25%以上；其他部分占30%以上。从分布结构来看，目前国内市场中，中式面点市场较为成熟，其增长速度较为缓慢，烘焙市场由西方传入，仍处于快速发展时期。除此之外，受消费升级影响，酵母在医疗保健、酵母提取物等方面正处于快速增长阶段。

三、酵母行业行业特性及竞争格局

酵母行业是一个有一定的资金门槛，存在较为明显的规模经济效益的行业。根据多方提供的研究报告来看，3万吨产能是酵母行业比较经济化的产能，在该产能下酵母的单位生产成本较低。投建3万吨左右的产能需要4~5个亿的资金，建设期需要1~2年。

酵母生产会产生一定的环境污染。每生产1吨干酵母会产生150吨废水，废水中富含残糖、蛋白质、纤维素等营养物质，极易腐化，对环境构成污染，因此想要达到国家环保标准，就要投入不少资金。

酵母生产需要较高的生产管理规范。目前酵母种类多达1500多种，因此菌种选择和培育以及菌种的稳定性是决定企业产品优劣的核心因素。想要生产品质优质且性能稳定的产品，不仅需要购买较好的设备，更要建立严格的生产规范和管理制度。其实，多数生物质行业和化工行业普遍都要求有严格的生产管理制度，因为这类行业除了产品稳定性之外，多半会存在泄漏、爆炸等安全方面的风险。

根据酵母行业以上特性大致可以判断，酵母行业会存在一定的周期特性，而且随着行业的成熟，酵母行业会表现出较高的行业集中度。

首先，在行业周期性方面，酵母行业发展早期会表现出一定的周期特性，但随着行业的成熟、竞争格局的明朗，其周期性会不断减弱。

酵母行业属于重资产行业，扩展产能和技术改造所需投入较大，且存在一定的建设时间，因此，生产线投产后很难在短时期内频繁调整。酵母行业的这种特性导致行业供给端表现出一定的波动性，很难快速匹配需求端的变化。除此之外，酵母行业上游是农产品行业。农产品行业普遍存在一定的周期性，这也会给酵母行业生产端带来一定的波动。

虽然酵母行业供给端会表现出一定的波动性，但是需求端却表现出较强的稳定性。酵母属于刚需产品，其需求不会因经济波动、宏观环境变化、政策变化等因素大幅变动，需求表现出较强的稳定性。

一般情况下，生产端有较强的波动性，需求端存在较强的稳定性的行业，在行业竞争格局尚未形成，行业处在无序发展阶段时，会表现出较强的周期特性。因为这类行业在发展早期行业信息不透明，供需关系由业内较多厂商共同决定，难免会存在过度投资、过度扩产的情况。但这种现象随着行业竞争格局明朗，行业集中度提高可以得到缓解。因为当一个行业只有少数企业的时候，行业信息才会变得更加透明，厂商可以更好地预判该行业供需关系的变化。

其次，在行业集中度方面，酵母行业容易形成寡头竞争的格局。

上文已分析，具有资金密集型、技术密集型、严监管、强周期等特点的行业普遍会表现出较高的行业集中度，容易形成寡头竞争格局。酵母行业有较高的资金门槛，有明显的规模效益，有严格的环保要求和生产规范要求，存在形成寡头市场必要的多个要素。酵母行业较高的门槛，使得中小企业很难参与到该行业的竞争当中。而且有条件参与竞争的企业，如果规模效益不明显，生产管理不严格，环保要求不达标，资产管理能力出问题，也会慢慢地被淘汰出局。因此，该市场慢慢会向少数企业集中。

现在的酵母行业无论全球市场还是国内市场都已形成了寡头竞争的格局。

目前全球酵母行业最大三家企业为乐斯福、英联马利、安琪酵母，这三家企业全球市占率已超过60%以上，其中乐斯福为全球第一大酵母企业，市占率超过30%，英联马利和安琪酵母各占15%左右的市场，位列二、三位。

表5-19 酵母行业三大巨头情况

公司名称	安琪酵母	乐斯福	英联马利
成立时间	1986年	1853年	1935年
全球总部	中国	法国	英国
中国总部	湖北宜昌	上海	上海
优势区域	中国、非洲、东南亚	欧洲、美洲、非洲	美国、澳洲、欧洲、南美
主要产品	干酵母	鲜酵母、干酵母	鲜酵母、干酵母

资料来源：公司官网

经过十几年的发展，中国酵母市场也已形成了寡头竞争格局。当今国内酵母市场主要参与者也是安琪酵母、乐斯福、英联马利这三家企业。现在这三家在中国市场的市占率已超过70%。其中安琪酵母是国内市场的绝对龙头，2020年安琪酵母国内市场市占率约为55%。乐斯福和英联马利国内市占率在20%左右。

安琪酵母分析

一、安琪酵母介绍

安琪酵母股份有限公司成立于1986年，其前身是国家活性干酵母工业（宜昌）试验基地。安琪酵母是国有企业，最终控制人为宜昌市国有资产管理委员。安琪酵母经过十几年的发展，已成为研究天然酵母并进行规模化制造的专业化公司，酵母产业化水平处于国内领先水平，也是酵母行业唯一的高科技上市公司。从主营业务上看，安琪酵母主要生产酵母、酵母抽提物、生物饲料添加剂、营养保健产品，其产品广泛应用于烘焙与发酵面食、食品调味、微生物发酵、动物营养、人类营养健康、酿造及酒精工业等领域。

表5-20　安琪酵母主营产品及下游应用领域

主营业务	下游应用领域
酵母	中式面点发酵 西式烘焙发酵 酒精发酵
酵母提取物	调味品（酱油、肉制品、方便面等）
其他酵母衍生品	人类营养健康 动物营养 植物营养

资料来源：公司官网

二、安琪酵母部分财务指标

酵母行业具备、高行业集中度、寡头竞争格局的特性。这类行业随着行业的成熟，头部企业的市占率会逐步提高。实际情况也是如此。安琪酵母作为国内龙头，其成长伴随的不仅仅是营业收入的增加，更是市占率的提高。从营业收入增长来看，公司在上市初期营业收入不到2亿元，但现在营业收入已超过80亿元大关，20年时间翻了40多倍；从市占率上看，2005年之前，安琪酵母在国内市占率不到30%，而如今市占率已超过55%以上。

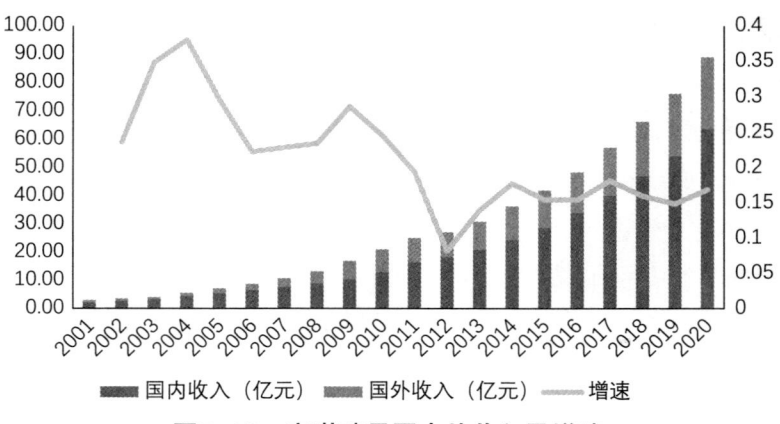

图5-18 安琪酵母国内外收入及增速

资料来源：同花顺iFinD、公司年报

上文已讲述了酵母行业上游和下游行业的特性。总体来看，酵母行业的上游和下游行业集中度不高，竞争充足，因此生产酵母的企业具备较为宽松的谈判环境，只要企业不以过于激进的方式开展业务，则有条件保持良好的现金流和优质的资产质量。安琪酵母作为业内龙头，其成长伴随的不仅是收入和利润增加，更是资产质量的变好。从经营活动产生的现金流净额和净利润比例变化来看，历年经营活动产生的现金流净额和净利润比例基本超过1，且表现出逐渐上升的趋势。这说明公司资产质量管控能力、上下游溢价能力在不断提高。这一点从公司的应收账款主营占比中也可以看出。如果进一步分析公司营业收入和应收账款变化情况，会发现公司2000年前后至今，应收账款主营占比一直保持在0.08到0.15之间，公司十分健康。

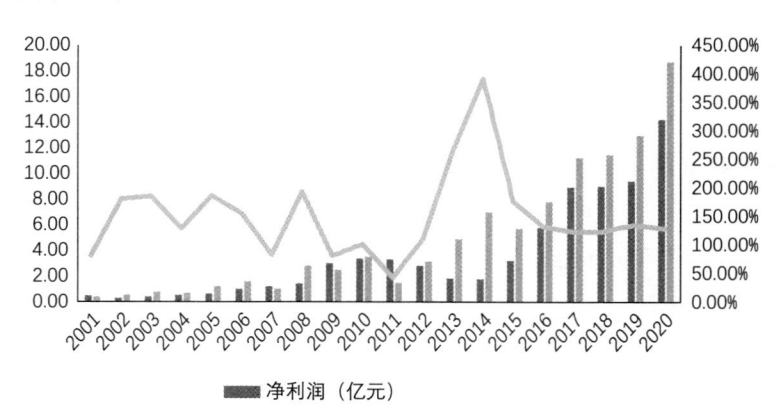

图5-19 安琪酵母净利润及经营现金流净额情况

资料来源：同花顺iFinD、公司年报

除了有良好的运营现金流和资产质量之外,安琪酵母是少有的分红十分慷慨的公司。公司上市至今,每年分红占净利润比重普遍超过20%,不少年份甚至超过30%。这是大多数中国上市公司无法做到的事情。

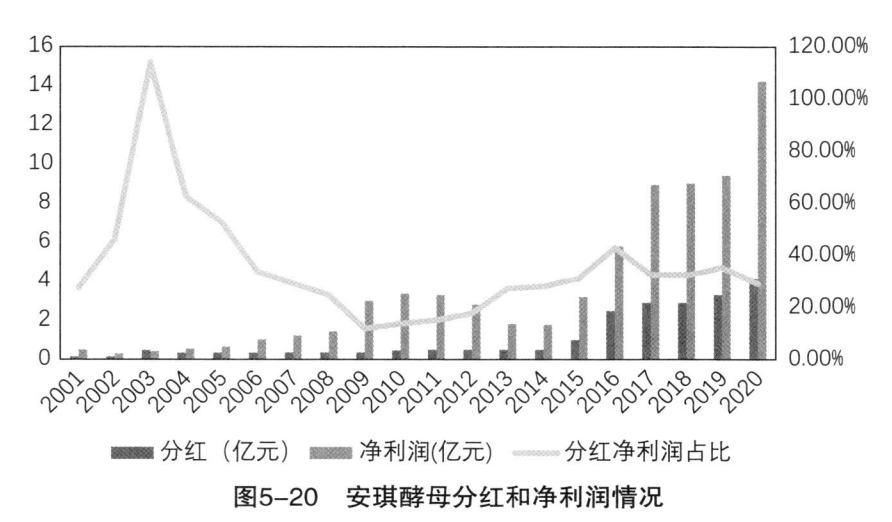

图5-20 安琪酵母分红和净利润情况

资料来源:同花顺iFinD、公司年报

三、安琪酵母成长护城河

2000年,安琪酵母还是一家营业收入不到2亿元,国内市占率不到30%,国际市占率不到1%的企业。但经过十几年的发展,现已变成营收规模超过80亿元,国内市占率超过55%,国际市占率超过15%的企业。在这一过程中,安琪酵母不仅收入和利润有大幅增加,行业地位显著提升,资产质量也进一步变好。那么是什么因素导致安琪酵母能不断地淘汰竞争对手,提高其市占率和市场地位呢?笔者认为,除了公司本身的努力之外,先发优势、良好的融资环境、良好的品控能力、环保趋严等因素在公司发展壮大中起到了重要的作用。

第一,先发优势。

安琪酵母是中国最早成立的酵母生产基地之一,其前身是国家活性干酵母工业(宜昌)试验基地。该基地是由中国科学院、湖北省科委、湖北省计委三家联合申报立项,湖北宜昌生物技术开发中心承担建设,是国家计委布点的全国唯一一家酵母科研基地,为独立核算的国有企业。1997年9月,经湖北省转换企业经营机制建立现代企业领导小组批准,宜昌食用酵母基地整体改制成国有独资公司。

"安琪酵母"于1997年被国家技术监督局列为全国20个重点保护名优产品之

一；1998年，"安琪"牌被湖北省政府确认为省精品名牌；1999年，公司实现销售收入1.5亿元，利税5005万元，被评为"湖北省先进纳税大户"。

基于以上数据可以判断，早在20世纪90年代，也是中国酵母行业工业化早期，安琪酵母已经是行业内的头部企业，不仅具备明显的技术优势，而且作为国有企业，得到了较多的行政资源支持。

第二，良好的融资环境。

畅通的融资渠道、低廉的融资成本、稳定的融资环境，在企业发展中起到了十分重要的作用。畅通的融资渠道，能为企业提供加速度；低廉的融资成本，可以为企业减成本；稳定的融资环境，可以缓解公司资产错配压力，提高公司抗周期能力。

每个国家发展都存在路径依赖的特性。中国由于风险管理制度存在路径依赖的原因，不仅是过去，就是在未来较长一段时间，国有企业都有条件享受更好的融资渠道，更低的融资成本，更稳定的融资环境。安琪酵母作为一家国有企业，在这方面有较大的优势。

第三，良好的品控能力。

品控能力对于企业的长期发展来说是一个十分重要的因素，尤其对于食品行业、高性能零部件、精密仪器、危化物品等行业来说更是如此。稳定的品质、较高的良品率、较低的安全事故是这些企业长期生存，并发展壮大的关键因素。

"风险在先，收益在后"是多数国有企业经营的风格，与之相反，"收益在先，风险在后"是多数民营企业开展业务的特性。一般情况下，国有企业因缺少灵敏性和机动性，对于那些供需变化较快、产品迭代较快、产品个性化要求较高、产品标准化难度较大等领域存在劣势，但对于那些生产需求稳定、产品变化较少、产品品质性能要求较高、产品易于标准化的行业且有较大的优势。

酵母行业是产品易于标准化、产品稳定性要求较高、产品迭代较慢的行业。可想而知，安琪酵母作为国有企业具备以上方面的优势。

第四，危机公关能力。

危机公关能力是不少投资者容易忽略的地方。企业在长期经营过程中不可能一帆风顺，不可能不出现任何意外事件，这时候企业的危机公关能力就会起到非常重要的作用。较强的危机公关能力能为企业的长期发展起到保驾护航的作用。

安琪酵母作为社会荣誉企业和国有企业，预计在该方面有较强的优势。至少笔者跟踪安琪酵母多年，并没有看到对该企业影响过大的负面报道。

第五，环保趋严。

环保趋严是一个经济体从粗放式发展模式转向集约式发展模式，从一个温饱时代转向提高生活质量为主的时代的必然趋势。随着产业结构的优化，随着市民对生活品质要求的提高，对良好生活环境的追求也会不断提高。中国已经历过几轮的环保升级，未来也会阶段性地提高对企业环境保护和生产安全方面的要求。

酵母行业是水污染比较严重的行业，想要达到国家环保标准，不仅要投入不少设备，还要承担持续性的运营费用。

从2017年前后开始，中国又迎来了更为猛烈的环保风暴，严厉打击各类环境违法行为。根据安琪酵母公司年报，2018年净利润为9亿元，其中环保运行费用就达3.8亿元，环保运行费用占净利润比例达42%。

想要达到环保要求，不仅需要较高的环保运行费用，还要投入大量的固定资产。以2020年公布的《安琪酵母股份有限公司关于普洱公司实施年产2.5万吨酵母制品绿色制造项目的公告》为例，该项目总投资7.47亿元，其中仅环保投资就达1.50亿元，其目的在于能达到废水、固废、废气、噪音等方面的环保要求。

较高的环保要求不仅大幅提高了行业门槛，还会不断地淘汰那些规模效益不明显、现金流稳定性差、想要投机取巧的企业，市场逐渐向有规模优势、良好现金流、良好规范的企业集中。

四、安琪酵母成长瓶颈

随着安琪酵母市占率的提高和增长速度的下滑，不少投资者开始担心安琪酵母的成长瓶颈问题。那么安琪酵母是否正在面临成长瓶颈呢？关于该问题，笔者大致持有如下看法：

第一，国内市场增速已进入减速换挡期，市占率进一步提高也存在较大的不确定性。

从国内市场上看，中国酵母行业已进入成熟阶段，现在行业增速较为缓慢。虽然消费升级、快餐文化的兴起、烘焙产品消费比例的提高等趋势也能为酵母行业打开增量空间，但不大可能让该行业再次进入快速增长渠道。

从市占率来看，安琪酵母国内市占率已超过50%，前三家头部企业市占率也超过了70%。一般情况下，对于那些有高行业集中度特性的行业，龙头企业市占率从20%增长到50%左右是较为容易的事情，也是一种普遍存在的情况。但这些企业市占率能否顺利超过50%，达到70%，甚至超过80%，则是存在较大不确定的事情。不少情况下，一个行业的龙头企业市占率达到一定程度之后，就会遇到多方面的压力和阻力，而这些压力和阻力不仅会来自于竞争对手，也会来自于监管和舆论。

第二，全球市场是增量市场，安琪酵母或能顺利提高全球市占率。

从全球市场来看，目前欧洲和美洲酵母市场已经成熟，增速约在2%左右，而亚洲和非洲正处于快速增长阶段，亚非地区近几年增速达8%以上。安琪酵母作为亚洲酵母行业龙头，有望享受亚非市场的增量红利。

从市占率来看，现在安琪酵母全球市占率刚超过15%，还不算很高，而且跟第一名也有不少的差距，因此安琪酵母若能在增量市场上拓展顺利，其全球市占率或许有进一步的提升空间。

更为有趣的是，近几年安琪酵母在国际市场的盈利能力也在提高。从表5-21中可以看到，早些时候安琪酵母国外市场毛利率普遍低于20%，但这一数字从2015年之后逐步开始上升，现已接近30%，这说明随着安琪酵母在海外市场市占率的提高和行业地位的稳固，其产品知名度也在上升。

表5-21　安琪酵母国内外市场毛利率　　　　　（单位：%）

年份	2007	2009	2011	2013	2015	2017	2019	2020
国内毛利率	35.28	44.25	37.28	37.51	35.92	41.86	37.63	36.17
国外毛利率	18.67	25.33	14.67	12.82	17.06	28.30	28.84	28.71

资料来源：同花顺iFinD、公司年报

第三，安琪酵母协同业务的拓展或能打开增量空间。

一般情况下，一个企业随着体量的增加，逐渐会拓展协同业务。由于这些企业在发展过程中积累了大量的客户资源，具备良好的采购渠道，外加有成熟的管理模式，因此开展协同业务，多多少少能拓展一些新的增长空间。如果拓展顺利，还有可能成为另一个主营业务。比如，不少家用电器企业，刚开始出售的品类十分有限，但随着业务的增长，不断涉足新的品类。又比如，房地产企业早期以房地产开发为主，后面陆续布局物业、养老、旅游等业务。

从安琪酵母情况来看，安琪酵母早期以生产酵母和酵母提取物为主，但随着规模的扩大也在不断涉足新的业务领域，如拓展跟酵母相关的保健品、动物营养、包装[①]、化妆品等等领域。虽然这些业务尚未给公司创造可观的收入和利润，但在不断地尝试当中公司或能培养出新的盈利增长点。

第四，安琪酵母中尚未看到明显的资本运作。

除了通过建厂房、购买设备等方式拓展协同业务之外，企业也常常会通过资

[①] 包装材料是酵母产品成本占比较高的耗材。随着业务发展，安琪酵母通过设立子公司，使包装材料业务得以独立发展。这样不仅能协同母公司，还能更好地拓展新业务，拓展新的增长空间。

本运作，如并购资产，成立子公司等方式拓展新的业务。

以阿里和腾讯为例，随着业务的扩大和流量红利的枯竭，阿里开始关注协同资产，资本运作也逐渐更加频繁，不断入股或收购新资产，如新浪微博、UC浏览器、美团、穷游网、优酷土豆、菜鸟物流等各类资产板块。在这方面，腾讯也是如此。随着流量红利的消失，腾讯也在加大资本运作，不断入股大众点评、京东、58同城、滴滴打车等等企业，扩大商业版图。

当然，多数制造业无法像互联网公司一样有如此频繁的资本运作。互联网公司资本运作频繁来自其"网络效应"。该方面内容我们在下一个案例中会有所介绍。

从安琪酵母的情况来看，公司不仅有良好的资产质量，更是作为上市公司和国有企业有较好的融资环境，具备资本运作的各方面条件。虽然安琪酵母也在以设立子公司等方式拓展业务板块，如设立湖北新型包材股份有限公司、安琪纽特股份有限公司等，但根据公司发布的公告来看，公司的投资行为十分保守，没有出现较为频繁的资本运作。

投资者或许会在宏观环境的变化、行业的增长逻辑和企业的成长规律等方面有较强的理解，但是在市场的敏感性方面往往无法跟企业相比。市场是否遇到瓶颈，市场的增量空间是否在收缩，这一方面最为敏感的肯定是在战场上血拼的企业。安琪酵母虽然也有一些资本运作，但其运作并不频繁，因此这也可能在释放一种企业仍忙于拓展现有业务，在主营业务拓展方面尚未遇到明显瓶颈的信号。

综上所述，笔者尚未感觉到安琪酵母在主营业务瓶颈上的焦虑。一是，公司还在积极布局主营业务产能；二是，公司没有大力拓展协同业务或出现频繁的资本运作；三是，公司财务报表和公告中也没有看到公司有大幅缩减成本、大量裁员等方面的动作。这些都在说明公司现有业务拓展顺利，没有把太多的心思放在新业务拓展和缩减成本上。

表5-22 规模企业突破成长瓶颈主要方式

突破方式	主要采取的手段
拓展协同业务	建设厂房、购买设备
资本运作布局多个资产板块	股权投资、购买资产、交叉持股等
缩减成本	加长劳动时间、大量裁员、缩减管理团队、减少广告支出等

其实，对于有规模、有规范、有较好资产质量、有良好内部现金流的企业来说，即使主营业务遇到瓶颈，往往也能得到顺利增长。因为这类企业已具备一定

的规模优势、有完善的供应链和完整的客户体系，外加部门齐全，管理也较规范，因此拓展新业务的时候，往往具有较多的协同优势。更为重要的是，良好的内部现金流能为企业提供较多的试错机会，一般经过几次尝试和调整后，这些企业多半能找到新的增长点。这也是这类企业从早期单一主营业务慢慢转型多主营业务公司以及成为集团公司的过程。然而，需要注意的是，协同业务的拓展可以提高公司收入，也有可能打开新的增长空间，但也有可能会带来一系列问题。如多数协同业务可能会涉及跨行业和跨领域，公司想要适应新的游戏规则，不仅要付出不少试错成本，公司原有的品牌优势、上下游议价能力等也会大打折扣。这也导致，不少公司开展协同业务常常会出现收入增加，但利润不增加，而且出现资产质量下滑的情况。

从安琪酵母现情况和所释放的信号来看，公司现在还没有到把主要心思放在新业务增长方面的阶段。即使有一天，安琪酵母感受到了原有业务上的增长瓶颈，预计公司也有较大的概率能顺利拓展新的协同业务，打开新的增长空间。因为安琪酵母良好的资产质量和优秀的内部现金流能给新业务的拓展提供充足的试错机会。如果这类公司真正出现增长瓶颈，那么大概率也是多次操作失败之后，资产质量和经营现金流明显走下坡路的时候。

国有企业和民营企业探讨

国有企业和民营企业都是中国经济的重要组成部分，但这两类企业由于不同的股东特性、发展过程中存在路径依赖等原因，其发展环境和发展特色存在较多的不同。在这里我们主要探讨一下国有企业和民营企业不同的经营风格和不同的融资环境。

一、国有企业和民营企业经营风格

在中国，国有企业和民营企业，由于不同的股东性质和不同的资产特性，其经营风格存在较大差别。面对同样的市场机会和市场风险，国有企业开展业务会更加关注防范风险，而民营企业开展业务则会更多地关注经营收益。

从资产性质上看，国有企业经营的是国有资产，而非个人资产，因此国有企业不仅有盈利性需求，更有较强的保值性要求。国有企业的这种特性，决定了国有企业在开展业务的时候不会以激进的方式开展业务，而是会采取更加稳健的经营策略。如多数国有企业开展某个新业务的时候，只有在有法可依、有章可循、有例可援的情况下才会有动力去开展新业务。对于国有企业来说，能够创造收益是好事情，但为了利润，贸然开展业务，其决策缺少充分的依据或不符合规范流程，那么一旦产生亏损，就可能涉及国有资产流失，相关负责人要承担较大的责任。

从股东性质上看，国有企业控股股东为国家和政府，而非个人，即使企业赚了很多钱，资产大幅增值，也不属于个人资产的增值，分配到个人的利益也相对有限，因此国有企业开展业务多半会采取循序渐进的策略，而不是以小博大的策略。

从管理架构上看，国有企业控股股东作为国家和政府，无法直接参与经营，只能通过委派人员和雇佣职业经理人的方式来开展业务。因此，不得不建立完善的规章制度和明确的工作细则，以便更好地避免因规则不透明、职责不清晰导致的纠纷和可能出现的道德风险。当然，想要推行完善的规章制度、明确的工作细则需要较多的人员配备，这也导致国有企业常常会存在人员冗余的情况。

如果说稳健性和规范性是国有企业的优势，那么机动性和灵敏性便是民营企业的优势。通常情况下，民营企业的最终控制人是个人。这也意味着，民营企业开展业务会有更为明显的盈利性导向。相比制度规范和流程合规，民营企业开展业务会更加关注效率和成本，因为节省下来的成本就是股东的收益。在这种经营理念下，民营企业的决策体系会更加灵敏。面对机会时，民营企业可以快速决策，快速调整，遇到紧急问题时，也可以不按照公司规章制度执行，而这种情况在国有企业一般不会发生。

由于国有企业和民营企业有不同的经营风格，这两类企业可以在不同的领域中发挥不同的优势。如国有企业在生产需求稳定、产品良品率要求较高、产品易于标准化、产品迭代速度较慢、监管要求较严的领域会表现出较大的优势，而民营企业在供需变化较快、产品迭代较快、产品个性化要求较高、监管要求较宽松的领域会表现出较强的竞争力。当然，在目前的情况下，不少国有企业由于行政干预较多，决策机制较为僵化，激励机制不够完善，同时还要承担较多社会责任等方面的原因，较难发挥出自身优势。这也意味着，后续的国企改革充满了机会和看点。

其实，从日本和韩国的不同发展方式中，或许可以看到中国的国有企业和民营企业的区别以及未来的出路。

二战后，日本不少大企业在特殊背景下企业股权结构形成了主银行为中心的交叉持股模式。这跟中国的国有企业有颇多类似之处。

一是，在股东特性上有较多类似之处。上文已有讲述，多数日本企业在交叉持股模式下，股权结构表现出法人化、社会化的特征。因此，日本企业大股东不会直接参与经营，一般会通过委派人员和聘请职业经理人的方式来开展业务。

二是，企业经营目的有较多类似之处。在主银行制度下，日本企业的最终控制人或大股东都不是个人，所以开展业务并不完全是利润导向，资产的增值性和协同性也是开展业务的重要考虑因素。中国国有企业经营的目的也不完全是利润导向，资产的保值和增值以及社会责任均为国有企业的重要目标之一。

三是，管理方式有较多类似之处。由于这两类企业的股东都不参与经营，因此需要建立完善的规章制度和明确的工作细则，以便更好地避免规则不透明、职责不清晰而导致的纠纷和可能出现的道德风险。

四是，分配方式和劳工制度有较多类似之处。主银行制度下的日本企业和中国国有企业，股东不会直接参与分配，其经营主要以职业经理人为主。由于职业经理人本身就是劳动者，因此这种工作环境有更好的条件保障劳工者的福利待遇，可以搭建更为稳健的劳工环境。在这方面，中国的国有企业和民营企业的区别十分明显。国有企业无论在员工福利待遇，还是在员工稳定性方面，普遍要好于民营企业。

五是，融资环境有颇多类似之处。首先，在主银行为中心的交叉持股模式下，银行不仅是企业的债权人，同时也是企业的股东，因此这种模式下的日本企业，普遍具备较为畅通的融资渠道，也能较好地保障融资的稳定性。在这方面，中国的国有企业普遍也能享受畅通的融资渠道和稳定的融资环境。其次，日本企业在财务状况恶化、陷入经营危急时，只要主银行判断企业的困难是暂时的，企业本身是有发展潜力和发展前景的，那么就可能会通过延缓债务偿还期限、提供新的融资、派遣得力人员、更换经营班子、调整经营方针和经营方向等方式来帮助企业渡过难关。在这方面，中国的国有企业出现问题时，普遍也能享受类似的救援措施。

我们在分析日本企业时讲到，日本特殊的股权结构和在这种股权结构下形成的稳定的劳工环境，使得日本企业在高质量、高精度、高稳定性、高性能的领域表现出很强的竞争优势。在这一方面，中国的国有企业，无论是在股东的特性、资产的经营理念方面还是在劳动者的工作环境方面，都跟日本终身雇佣制下的企业有颇多类似之处。

相比日本的发展，韩国的发展则是另一番景象。韩国大多数大型企业集团控股股东是个人或家族。以个人和家族利益为导向的企业，自然会表现出更强的机动性和市场灵敏性。因此，跟日本企业不同，在国际竞争当中，相比高性能、高精度、高稳定性优势，韩国企业在短周期、市场环境变化较快、易于模块化领域表现出更强的竞争力。

当今的中国正处在产业结构转型升级的关键时期。随着高等教育的进一步普及，法治化的推进，社会福利制度的完善，日本企业的竞争优势或许会成为不少中国国有企业改革的方向，韩国企业的竞争优势或许是不少中国民营企业未来的出路。

二、国有企业和民营企业面对的融资环境

在改革开放之后，中国很长一段时间走的是以国有企业为主导的发展模式。该阶段中国推进的是渐进式市场化，大量的市场要素依然由政府分配，因此国有企业是市场的主要参与者，民营企业享受更多的是增量改革的红利。这种现象在中国进入世贸组织之后快速得到改善，尤其党的十八届三中全会通过《中共中央关于全面深化改革若干重大问题的决定》，将市场在资源配置中的"基础性"作用转化为"决定性"作用之后，市场分配要素的能力大幅提高。

虽然现在的中国市场在要素分配中起到重要的作用，而且也在不断创造权利平等、机会平等、规则平等的经济环境，但由于一个经济体的发展存在路径依赖等原因，中国的民营企业依然在不少方面较难享受跟国有企业相同的待遇，尤其在企业发展中起到重要作用的融资环境方面，民营企业和国有企业存在较大的差别。

在当前环境下，金融机构跟国有企业合作所承担的风险更小，导致中国的国有企业普遍有较好的融资环境，而不少民营企业要面对融资渠道少、融资成本高、融资环境不稳定的问题。

从投资角度来看，在融资渠道少、融资成本高、融资环境不稳定等问题中，对于企业影响较大的是融资环境不稳定的问题。融资渠道少、融资成本高，对企业的影响更多表现在企业发展资金不足，企业财务成本较高，企业发展速度不达预期方面。这对于那些有优质资产，有良好的盈利能力的企业来说，即使是较少的融资渠道、较高的融资成本，依然可以得到顺利发展。然而，融资环境不稳定却不一样。不稳定的融资环境，可能给原本经营正常的企业带来无法持续经营的风险。

融资环境不稳定是中国民营企业普遍遇到的问题。以融资中起到核心作用，占最大比重的银行贷款为例，企业获得贷款后，其资金用在建厂房、购买设备、招聘人才、研发投入等方面。在这个过程中，现金要么变成了不易变现、流动性较差的资产，要么以费用的形式已产生支出，而这些支出只能在后续发展中慢慢发挥作用。若在这时候出现断贷或抽贷等情况，企业为了保障运营，就不得不通过民间借贷、贱卖资产等方式来缓解运营资金压力。更可怕的是，企业被断贷、

抽贷之后，还会产生一系列连锁反应。比如，某个企业被断贷或抽贷之后，很快就会向市场释放该企业风险加大、资产贬值等信号。该企业的合作者为了保证自己的利益，就会不得不做出对自己更有利的决策，如一个银行的断贷或抽贷很可能导致其他银行也陆续断贷或抽贷；供应商考虑到风险，会要求缩短账期甚至要求现款现结；由于资金紧张，一些合同无法按期履约，企业要承担大量的赔偿；如果是上市公司，因股价下跌等原因还会触发对赌或赔偿条款。这些问题都有可能会导致原本经营正常的企业，经营出现紊乱，资产大幅贬值，甚至是破产倒闭。

如果投资者看好的是国有企业，那么无需过多考虑融资环境不稳定带来的风险，但是如果投资者看好的是民营企业，而且想要长期持有该资产，那么就不得不考虑融资环境不稳定可能给企业带来的风险。尤其，经济进入逆周期，银根收紧的时候，民营企业融资环境不稳定的风险会加倍放大。一般情况下，短期借款较少、上下游议价能力较强的企业，抗风险能力也比较强。当然，有良好的经营性现金流、有较强的上下游议价能力的企业，突然被断贷和抽贷的风险也要小很多。

机械化、自动化、信息化、智能化

进入工业文明之后，经济的发展大致会经历机械化、自动化、信息化、智能化等几个生产阶段。以上每进入一个新阶段，都能大幅提高一个经济体的生产力。

一、机械化、自动化、信息化、智能化区别

蒸汽机的发明改变了人类以人力、畜力、水力作为主要动力的历史，使各种机器有了新的强大动力，从根本上改变了生产的面貌，极大地解放了生产力。随着蒸汽机的发明，英国、法国、德国、荷兰、瑞典等国家开始普及机械化设备，先后实现了从手工作坊到机械化大生产的变革。

第二次工业革命之后，电能的应用以及内燃机的出现，拉开了自动化生产的序幕。在能源效率的提高、技术的进步、生产部件的标准化趋势下，各类生产车间的生产设备也从早期单一的机械化或半机械化生产设备，逐渐蜕变为自动化、半自动化生产线，并且从此开始大量普及组合机床、各类集成车间等自动化生产

线。但这段时间自动化的特色是刚性自动化①，不涉及信息技术，缺少反馈系统和矫正系统。

第三次科技革命之后，计算机的普及、微电子的应用和数字技术的进步，把生产方式推向了数字化时代。各类数控设备，如数控机床、机械手臂、机器人等应用，不仅大幅提高了生产效率，提高了加工精度，更使多品种、小批量生产和复杂零部件生产成为可能。该时期的自动化生产线，可以在没有人或较少人的情况下，按照人的要求，经过自动检测、信息处理、分析判断、操纵控制，实现预期的目标。

第三次科技革命之后随之而来的是互联网浪潮。互联网的普及开启了信息化生产的时代。数控设备的应用和互联网的普及，大幅拉近了机器和加工材料、机器和机器、机器和市场、机器和管理者之间的距离，使数字化生产升级到信息化生产成为可能。

从原理上看，自动化和数字化是信息化的基础，自动化生产经过数字化之后，才有条件走向信息化。数字化是把生产过程中所产生的动作变成可量化的数字。信息化是提炼和筛选已产生的数字信息，抽取其有价值的部分。

狭义的信息化指的是生产线的信息化，广义的信息化指的是整个生产的信息化。互联网的普及打开的是广义的信息化时代。该时期的信息化不仅涉及生产线数据的提取和加工，还会涉及原材料的购买、仓储和物流等方面信息的提取和加工，更是包括工厂与工厂、企业与企业之间的数据以及消费者信息的提取和加工，以便通过提炼和分析这些数据之后，能为企业管理决策提供更为有用的信息。

智能化是信息化的下一个阶段，也是智能制造的最后一个阶段。数字化、信息化趋势下，会产生大量的数据，进而逐渐进入智能化生产时代。智能化的前提是对数据的全面感知。高频度、高精度、多维度的数据才能对其历史规律进行数学建模，通过计算预测和监测对比，反向指导或控制事物运行②。在信息时代，每一个消费者的动作、每一个生产的细节都可以数字化，并且可以在网上共享。在这种背景下，有条件的企业会通过互联网、物联网等渠道获取大量的有用数据，并以此为基础，经过云计算、人工智能等方式，逐步具备自适应、自学习、自诊断、自校正、自协调等能力的生产方式。由于智能化的生产具备自适应、自学习、

---

① 刚性自动化是在机械化基础上形成的自动化。刚性自动化主要靠凸轮、挡块、分配轴、弹簧等机构来实现。它包括各种自动化机床、自动化生产线（刚性制造系统）等。刚性自动化的过程控制主要靠硬件，因此不能轻易变更，只能用于固定产品的大量生产，较难完成小批量、多品种的生产任务。
② 数学建模，无论使用简单的回归分析，还是机器学习甚至神经网络（AI），都先要学习足够多历史数据。

自诊断、自校正等方面的能力，不仅可以大幅优化生产线和供应链的反应速度，更是能摆脱单一品种的大批量生产方式，实现大规模定制，而且还能保证生产质量、良品率和生产安全性，让生产变得更加人性化，更加符合市场需求。

表 5-23　不同工业阶段的生产方式特征

时代特点	主要标志	生产模式	制造技术特点	应用设备及系统举例	应用技术举例
蒸汽时代（工业1.0）	蒸汽机动力应用	小批量生产	机械化	机床	力学技术
电气时代（工业2.0）	电能和电力驱动	大批量生产	标准化、刚性自动化	组合机床、完整生产线等	电力技术、集成技术、嵌入式技术等
数字化、信息化时代（工业3.0）	微电子技术的应用、互联网的普及	柔性化生产（多品种、小批量）	柔性自动化、数字化、网络化	数控机床、复合机床、FMS、CIMS等	嵌入式技术、传感器、大数据、云计算等
智能化时代（工业4.0）	人工智能等新一代信息技术	大规模个性化生产	人机物联网、自感知、自分析、自决策	3D打印、混合制造、云制造等	边缘计算、人工智能、虚拟现实等

进入21世纪10年代后，以信息化为基础，不少发达国家都在积极布局智能制造，以便占据产业链制高点，在国际分工中占据更加有利的地位。德国在2013年正式提出"工业4.0战略"；美国在2011年提出先进制造战略[①]，其后进一步提出工业互联网战略[②]；日本提出"科技工业联盟"；英国提出"工业2050战略"……

从中国的情况来看，新中国成立之前，生产主要以人力劳动为主，很少有机械化和自动化生产。新中国成立之后，开始推进现代化，部分工业初步完成了机械化和半机械化、自动化和半自动化生产。改革开放以后，中国的机械化和自动化水平得到了较快的提高，特别是从20世纪90年代开始，不少工业企业已实现了自动化和半自动化生产。进入21世纪之后，大量IT人才的培养、数字技术的

---

① 2011年—2012年，美国先后提出下一代机器人、关键材料、节能制造工艺、纳米制造、生物制造等十二个技术方向，并开展多项研发与产业化工作。2013年后，美国重点关注领域逐渐聚焦在三大领域，分别是先进传感、控制和平台（ASCPM），可视化、信息化、数字化制造技术（VIDM），以及先进材料制造（AMM）。

② 工业互联网是以GE为代表的美国产业界于2012年提出的智能制造理念，其内涵是在工业互联网络的支撑下，通过软件应用对机器设备进行远程监测、远程控制和远程维护，促进机器之间、机器与控制系统之间、企业之间的广泛互联，优化生产流程，提高生产效率，并由制造商向方案商转型。

应用和互联网的普及，使中国逐渐具备了信息化、智能化生产条件。从德国的标准来看，中国大部分企业目前仍处在工业2.0和工业3.0之间，即处在自动化生产和信息化生产区间，当然也有少部分企业正向工业4.0迈进，正在逐步蜕变为智能化生产企业。

二、自动化、信息化、智能化趋势下的中国企业

从机械化、自动化生产到信息化和智能化生产是产业结构转型升级中必然的趋势。但本书讲解机械化、自动化、信息化及智能化的主要目的不在于辨析其概念，而是在这个趋势下，分析行业竞争格局的变化，探讨信息化、智能化趋势下企业的机会和风险。

首先，生产的信息化和智能化，将会进一步提高行业集中度。

对于多数企业来说，自动化生产升级为信息化、智能化生产，代表的不仅是产品质量和良品率的提高，更代表着从大批量生产转变为多品种、小批量生产，甚至是大批量定制化生产。而且，信息化、智能化时代多品种、小批量方式的生产成本，可能比自动化时代大批量方式的生产成本还要低。可以想象，一个行业的头部企业若率先完成信息化、智能化生产，能为消费者提供大批量的定制化产品，不仅会大幅提高行业的进入门槛，也会进一步挤压那些缺少资金、技术、规模等方面优势的中小企业生存空间。

以安琪酵母为例，安琪酵母在2020年4月23日发布的《关于建立工业大数据平台》公告中写到，安琪酵母每条生产线在生产产品的同时会产出海量工业数据，这些数据包括跟生产直接相关的数据和跟经营管理相关的间接二次衍生数据，如生产过程控制数据、质谱仪过程数据、设备运行数据、质量检测数据、能源计量数据、环保监测数据、人事数据、管理数据等等。基于以上数据，安琪酵母认为，只要拥有较好的信息化和自动化基础，就具备了实施工业大数据平台的基础。

通过安琪酵母的公告可以看出，公司正在迈向信息化生产模式。安琪酵母作为酵母行业龙头企业，其生产方式的信息化就意味着拥有了更强的生产管理能力和更强的市场把控能力。不难想象，这将会进一步挤压中小企业的生存空间。

在这方面，奥佳华也是很好的例子。通过奥佳华发布的年报我们可以发现，奥佳华从2017年前后开始布局信息化、智能化生产线。如果奥佳华能顺利地搭建信息化、智能化生产线，那么该公司就不仅可以更好地实现按需生产，还能为不同的消费者制定专有的按摩程序。可以想象，这种生产方式对那些只能生产相对

固定按摩程序的按摩器具，较难实现柔性化生产企业的冲击。

其次，生产的信息化和智能化存在一定的门槛，并不是每个企业都能实现。

这里先澄清一下其中可能产生的认识误区。从技术上看，从自动化生产到信息化、智能化生产是技术升级的迭代过程，而不是发明和创造过程。也就是说，一个企业从自动化生产迈向信息化和智能化生产是均可实现的事情，其过程不会像发明和创造一样充满了不确定性。对于多数企业来说，信息化和智能化生产所需要的大部分技术，如人机交互技术、接口与通信技术、传感器技术、大数据技术、云计算技术等等均是较为成熟的技术，企业只要具备充足的资金，能够引进靠谱的团队，大概率都能实现从自动化生产到信息化乃至智能化生产的转变。

那么什么企业可以从自动化生产方式顺利转型升级为信息化、智能化生产方式呢？

笔者进入投资行业不久，便赶上了"互联网+"时代，也深深地体会了互联网泡沫积累和破裂的过程。互联网红利时期，资本和企业都十分疯狂，只要企业敢做"互联网+"业务，就会有投资者愿意提供资金。企业为了抢占先机，为了获得融资，使用浑身解数，想出各种"互联网+"的概念，如互联网+维保，互联网+车，互联网+鲜花，互联网+蛋糕等等，并画出让人心动的未来。

理想很丰满，现实却很骨感。诸多"互联网+"的项目，2-3年下来，大部分以失败告终。不少企业融到资之后，连最基本的"互联网+"应用平台都未能顺利建立。分析其缘由，大部分原因可归结于预算不足、管理理念脱节和管理能力欠缺等方面。在预算不足方面，不少企业大大低估了搭建"互联网+"平台所产生的费用。一般情况下，中大型软件想要有良好的用户体验，至少要有5到8次的版本迭代，少则也需要2-3年的时间，在资金上即使不走弯路也可能需要数千万到上亿元不等的资金。而不少企业费用预算都没有1000万元，却想开发出有良好的用户体验，并能推广全国的"互联网+"平台。在管理理念脱节和管理能力欠缺方面，由于多数企业属于制造业，其管理思路仍处在零件化管理思路上，而这种思路在IT人员管理上并不适用。外加管理人员和高管团队缺少技术方面的知识，导致无法搭建适合的管理制度，这也导致不少企业在拓展"互联网+"业务过程中，出现了大量的道德风险，浪费了不少冤枉钱。

传统企业的自动化生产转型为信息化、智能化生产预计也是如此。虽然信息化和智能化是趋势，但传统企业若没有足够的体量，不具备充足的试错资金和良好的内部现金流[①]，不转变管理理念，不能搭建相应的管理制度，那么其转型过程也将会充满风险。那么什么企业可以从自动化生产方式顺利转型为信息化生产方式和智能化生产方式呢？非要说一个大致数据的话，仅以笔者的经验来看，有良好的资产质量和良好的内部现金流为前提，有5000万元以上利润，最好是有1亿元以上利润的企业，在信息化、智能化路上才会表现出更多的游刃有余。

总体来看，信息化和智能化是一个必然的趋势，也是中国从制造大国转向制造强国的必经之路。现在中国已经普及了教育，更是培养了大量的IT人员，从PCT国际专利等指标来看，中国的信息技术在国际上也处于领先地位。这也意味着，中国从现在自动化和信息化为主的生产方式，进一步升级为信息化和智能化为主的生产方式是大概率的事情。在这种大趋势下，那些有体量、有规模、有良好现金流、有良好融资渠道的企业，将会率先享受信息化、智能化的红利。

第四节　付费图片行业分析

付费图片行业情况分析

一、付费图片行业介绍

知识产权主要包括版权、商标权、专利权等领域，其中付费图片行业属于版权领域。

关于知识产权方面的话题我们前面已经介绍过。知识产权保护制度的建设，是一个经济体从粗放式发展到集约式发展，迈入知识经济文明过程中不可缺少的一环。良好的知识产权保护制度不仅可以大大激励民事主体的创新创造动力，更能够持续不断地为整个社会的发明和创造注入能量。

从中国的情况来看，自改革开放到21世纪初中国都处在弱知识产权保护阶段。直到2008年，国务院发布《国家知识产权战略纲要》之后，中国知识产权

[①] 在企业转型升级过程中，相比外部现金流，内部现金流起到更为重要的作用。多数企业仅仅想靠外部融资来实现转型和升级，但这种方式往往会无法达到预期，甚至会严重恶化原有资产的盈利能力。其原因在于，转型和升级不仅要交学费，而且往往是一个漫长的过程。因此，企业只有具有充足的内部现金流才能经得起多次试错，经得起漫长的调整，也能更为顺利地完成该任务。

保护才进入顶层性、系统性、前瞻性和自觉性设计的新阶段。2008年以来，全国人大修订了专利法、商标法、著作权法等知识产权领域专门法律，国务院相应地修订了专利法、商标法、著作权法的实施细则。中国以此为起点逐渐建立起了符合国际通行规则、门类较为齐全的知识产权法律制度，知识产权司法保护、行政保护快速得到强化，"严保护、大保护、快保护、同保护"的知识产权保护格局逐渐形成。

付费图片行业是在知识产权保护力度加强，正版化趋势明确的环境下快速发展起来的行业。在未来较长时间，其将持续受益于中国知识产权"严保护、大保护、快保护、同保护"的趋势。

二、付费图片行业上下游

付费图片行业的交易主要由三类主体来完成，这三类主体分别为内容创造者、图片平台、图片素材使用者。内容创造者，主要创造图片内容。这些群体包括专业摄影师、摄影爱好者、记者以及其他图片创作工作室等。图片资源平台，主要工作是搜集大量的版权图片，并对接到需要图片素材的客户。图片平台赚取的是内容供应商和图片素材购买者之间的价差。图片素材使用者来自各行各业，主要包括商业企业、广告公司、媒体、出版社等机构。当然，也有不少人和机构会通过自行拍摄或者直接向内容创作者购买，但对于那些图片需求量大，图片内容要求多样化的企业来说，跟图片平台合作是十分省时省力的事情。

通过付费图片行业主要参与者的情况可以判断，付费图片平台上游主要为个体摄影者以及创意人士，行业十分分散，因此这些机构和群体的谈判优势不强。付费图片平台下游是图片素材使用者，如广告公司、媒体、出版社等等。可看到，图片素材需求方也是十分分散的行业。这也意味着，图片平台只要业务开展不是过于激进，那就有较好的条件保持良好的现金流和优质的资产质量。

三、付费图片行业的市场规模及市场空间

图片素材交易与广告业联动性较强。从全球情况来看，全球商用图片占全球广告支出的2%左右，其中多数国家图片素材交易市场规模占广告产值的1%-2%区间。以美国为例，美国是知识产权保护十分到位，且广告行业十分发达的国家。因此，在美国，付费图片行业市场规模占广告市场规模比例达2.5%左右。从中国的情况来看，由于中国的中小企业和个人对版权意识不高，以及监管难度较大等原因，目前中国正版图片市场规模占广告市场规模的比例较小，其比例约在

0.3%左右。当前情况下,对图片付费的群体主要是中大型企业,而那些中小企业、小型媒体、个人等使用盗版图片的情况依然十分普遍。

2020年中国广告市场规模达9100亿元左右,按照全球商用图片广告支出占比2%来计算,版权保护到位之后,中国付费图片行业规模或能达到180亿元左右,即使按照较低标准1%来计算,其规模也有90亿元左右。然而,目前中国付费图片实际交易规模不到30亿元,即正版图片市场规模占广告市场规模的比例为0.3%。这也意味着,在不考虑增量市场的情况下,如果中国付费图片行业能够规范到位,少则有3~4倍发展空间,多则有5~6倍的发展空间。

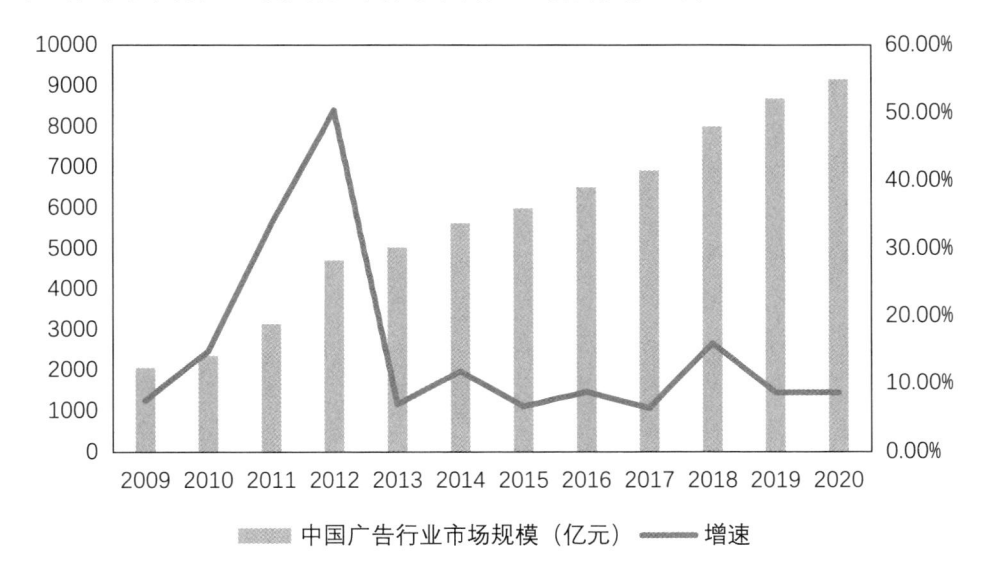

图5-21 中国历年广告行业市场规模及增速

资料来源:市场监管总局

四、付费图片行业特性及竞争格局

从行业集中度来看,付费图片行业进入成熟期后,将会表现出较高的行业集中度。

付费图片行业是网络效应较为明显的行业。在网络效应下,内容供应商会选择拥有更多下游消费者的平台。同样,消费者也会选择拥有更多上游供应商的平台。随着两边群体的不断增加,平台价值也会不断提高,从而吸引更多的供应商和客户。由于付费图片行业的这类特性,市场很容易形成寡头竞争的格局。当市场进入成熟期后,头部2-3家企业市占率或能超过70%。

从行业周期的特性来看，付费图片行业有一定的周期性，且跟宏观经济联动性较强。

付费图片行业跟广告行业关联性较大，而广告行业跟整个经济环境关系较为密切。当经济环境处于复苏和繁荣阶段时，广告预算相对会充足，因此，付费图片行业也会受益较为明显，但是当经济进入衰退和萧条阶段时，广告预算会削减，付费图片行业也会承受较大的压力。

从行业规范趋势来看，付费图片行业正处于市场规范阶段。

同样作为版权行业，中国的视频行业、音乐行业都已经历过从盗版向正版演变的阶段。这也导致爱奇艺、中文在线、腾讯视频、腾讯音乐、阅文集团等一批知识产权相关企业的崛起。付费图片行业虽然也受益于知识产权保护趋严的趋势，但付费图片行业由于其碎片化的特点，相较于视频、音乐等其他文化版权产品，其保护难度较大。但从趋势上看，随着图像版权追踪技术的发展，版权意识的提高，以及国家版权保护力度的进一步加强，图片正版化正在加速推进。

图像素材市场分编辑类和创意类两大领域。其中编辑类素材主要偏向报社、杂志等客户，而创意类素材更偏向广告公司、互联网公司等商业客户。

从竞争格局来看，编辑类素材头部机构是新华社和视觉中国；商业图片库主要竞争者为视觉中国、东方IC、全景视觉等公司。由表5-24中可知，现在中国图片市场集中度已较高，行业前5家企业市场份额已超过70%。视觉中国在商业创意类图片及编辑类图片两大领域的市占率分别高达50%和30%，综合市场占有率达到40%。

表5-24 付费图片领域头部企业市占率情况

商业创意类市场		编辑类市场	
公司	市占率	公司	市占率
视觉中国	大于50%	新华社	50%
全景视觉	20%	视觉中国	大于30%
Corbis	5%~10%	东方IC	5%~10%
东方IC	5%	全景视觉	5%
其他	15%	其他	5%~15%

资料来源：赛迪顾问

视觉中国分析

一、视觉中国介绍

视觉中国成立于2000年6月，主营业务为视觉内容与服务。视觉中国是国内最早将互联网技术应用于版权视觉内容服务的平台型技术企业，并于2014年借壳远东股份登陆资本市场，成为国内第一个图片行业的上市公司。

视觉中国上游是专业摄影师、摄影爱好者以及其他图片提供机构，下游是商业企业、广告公司、媒体、出版社等机构。公司主要通过内容供应商和素材需求者之间的价差来获取收益，如公司收入来源于视觉素材使用者的付费，成本主要是上游视觉素材的版权成本。比如，视觉中国与图片供应商（摄影师等）签订协议，确定分成比例后，把图片交由公司整理上线，存入图片库代售，图片库机构获得销售收入后，再与摄影师或图片供应商按协议进行利益分成。当然，公司业务也涉及定制服务，如提供商业特约拍摄、事件拍摄、专访、视觉化营销、媒体推广等等。

表5-25 视觉中国部分客户

类型	客户名称
报纸	人民日报、中国青年报、中国日报、广州日报、南方日报、新华日报等
电视台	中央电视台、北京电视台、湖南卫视、江苏电视台等
国有新闻网站	新华社、人民网、中国网、东方网等
商业门户网站	新浪、腾讯、搜狐、网易、凤凰等
视频网站	优酷、爱奇艺、腾讯视频、PPTV、芒果TV等
杂志	中国国家地理、时尚、赫斯特、现代传播等

资料来源：公司公告

二、视觉中国部分财务指标

视觉中国在2014年借壳上市后，增长较为快速。公司在2014年收入不到4亿元，几年后，现在收入已超过7亿元。

表 5-26　视觉中国营业收入和净利润情况

年份	2014	2015	2016	2017	2018	2019	2020
营业收入（亿元）	3.91	5.43	7.35	8.15	9.88	7.22	5.70
净利润（亿元）	1.43	1.71	2.31	3.13	3.35	2.17	1.42
营收增速（%）	—	38.87	35.36	10.88	21.23	-26.92	-20.83

资料来源：同花顺iFinD、公司年报

经过几年的快速增长，视觉中国受网站整改[①]、新冠疫情等因素影响，2019年业绩开始下滑，2020年营收回落到6亿元左右。

从视觉中国的客户和供应商可以看出，公司上下游均为十分分散的行业，因此公司具备较强的上下游议价能力和良好现金流的条件。从经营活动产生的现金流净额和净利润比例来看，虽然有所波动，但经营活动产生的现金流净额和净利润比例表现出逐渐上升的趋势，且其比例基本能超过0.8，其现金流较好，这说明公司在开展业务中并没有什么过于激进的行为。

表 5-27　视觉中国净利润、经营性现金流净额情况　　（单位：亿元）

年份	2014	2015	2016	2017	2018	2019	2020
经营活动产生的现金流净额（A）	0.67	1.2	2.34	2.5	2.91	0.93	1.12
净利润（B）	1.43	1.71	2.31	3.13	3.35	2.17	1.42
比例（A/B）	0.47	0.70	1.01	0.80	0.87	0.43	0.79

资料来源：同花顺iFinD、公司年报

应收账款主营占比也可以很好地反映公司上下游议价能力和业务开展思路。从表5-28中可以看到，公司上市后，应收账款主营占比表现出不断下降的趋势，一是说明随着业务的扩大，公司上下游议价能力在加强；二是说明公司业务开展较为保守，并没有运用大幅地扩大信用等激进方式来拓展业务。

---

① 2019年4月，人类首次通过图像直观地看到黑洞。该照片由全球8部事件视界望远镜共同观测而成，是由200多位科研人员组成的团队完成的科研成果。照片刚发布不久，"黑洞照片版权归视觉中国"的消息就在网上刷屏。随后更是有网友扒出视觉中国国旗国徽的版权图片，引来共青团中央官方微博指责。该事件发酵后，引起监管部门重视，要求视觉中国立即停止违法违规行为，全面彻底整改。

表 5-28　视觉中国营业收入、应收账款情况　　（单位：亿元）

年份	2014	2015	2016	2017	2018	2019	2020
应收账款（A）	1.51	2.9	3.45	3.52	1.87	1.71	1.81
营业收入（B）	3.91	5.43	7.35	8.15	9.88	7.22	5.70
比例（A/B）	0.39	0.53	0.47	0.43	0.19	0.24	0.32

资料来源：同花顺iFinD、公司年报

预付款项和预收款项比例，是另一个可以反映上下游议价能力的重要指标。预付款项可以简单理解为预先支付给供应商的钱，预收款项可以简单理解为预先收取客户的钱。一个企业有较多的预付款项，说明该企业购买原材料和购买服务之前，必须要支付较多的资金，如定金、保证金等。这说明该企业的供应商强势。相反，一个企业有较多的预收款项，说明该企业在销售产品或提供服务之前，一般可以先收取较多的资金。这说明该企业对客户有较强的议价能力。

从表5-29中可以看到，视觉中国预收款项是预付款项的数倍以上，说明公司向供应商购买产品或服务之前，可以较少地支付定金或保证金等预先支付的资金，但向客户出售产品和服务之前，可以先收取不少的定金或保证金。由此可以看出，公司对供应商和客户都较为强势，有较好的上下游议价能力和风险转嫁能力。

表 5-29　视觉中国预付款项、预收款项情况　　（单位：亿元）

年份	2014	2015	2016	2017	2018	2019	2020
预收款项（A）	0.45	0.59	1.03	1.04	1.36	0.91	0.86
预付款项（B）	0.22	0.17	0.04	0.07	0.30	0.12	0.11
比例（A/B）	2.05	3.47	25.75	14.86	4.53	7.58	7.82

资料来源：同花顺iFinD、公司年报

三、视觉中国成长护城河

第一，付费图片行业属于网络效应明显的行业。

网络效应一词是由以色列经济学家奥兹·夏伊在《网络产业经济学》中提出的。网络效应的特性表现在，其产品或者服务随着用户人数的增加，自己本身的价值也会增加，即存在网络效应的行业，会表现出"用的人越多，每个用户承担的产品成本越低，产品也越好用"的特征。比如，一个电商平台，用户很少的时候，电商平台分摊到每个用户上的运营成本会很高，但是随着用户数的增加，分摊到每一个人的成本会不断降低。而且，电商平台用户数的增加，不仅会吸引更多的商家和产品入住该电商平台，用户还会不断地完善对商家和产品的评价。这有益于更多的用户使用该平台。比如，搜索引擎和社交媒体平台，当用户人数少的时候，其平台内容较少，用户体验较差。但随着用户人数的不断增加，平台内容就会不断地完善和优化，用户体验也会越来越好，进而可以吸引更多的用户使用这个平台。当然，平台价值也会随着用户人数的增加而增值。又比如，一个操作系统，当用户人数少的时候，里面的应用软件会较少，其用户体验也不会很好。但随着用户人数的增加，会有更多的商家在该操作系统上开发软件。这会吸引更多的用户。更多的用户也会进一步吸引更多的商家。比如，操作系统作为网络效应明显的行业，随着其用户人数的增加，不仅每个用户承担的成本会不断降低，其用户体验也会不断变好。

当然，网络效应并不局限于互联网行业。诸多跟内容和用户数量相关的行业，如DVD行业、电话电信行业、游戏行业等行业，都存在一定的网络效应。

上文我们已讲过规模效应。乍看之下，网络效应和规模效应有不少相似的地方。确实，网络效应和规模效应有一定的类似之处，但也有不少差异。网络效应和规模效应不同之处在于：一是，在规模效应下，随着产量的增加，其单位生产成本会不断降低。但规模效应往往会有一个极限，当生产规模达到一定程度后，如果再进一步扩大规模，其单位生产成本反而会加大。而网络效应则有所不同。在网络效应下，用户数量的增加只会不断地降低边际成本。二是，在网络效应中，用户本身作为一个内容生产者，可以不断地完善平台。这也意味着，存在网络效应的业务，随着人数的增加，其业务会得到不断的完善，其价值也会不断提高。而存在规模效应的业务，并不具备以上特性。

由于有明显网络效应的行业，表现出"用的人越多，单位产品成本越低，产品也越好用"的特性，这类行业相比有明显规模效应的行业，更容易形成寡头竞争格局，更容易出现赢家通吃的情况。如电脑操作系统领域，微软"窗口"系统独占天下；手机操作系统领域，基本就是"IOS"和"安卓"的天下；国内电商领域，阿里、京东等少数几家独大；国内数字地图领域，基本就是百度地图和高德地图的天下。

付费图片行业是网络效应明显的行业。不难想象，内容创作者会选择拥有更多消费者的平台，因为消费者越多的平台更容易给内容创造者带来收益。同样，图片消费者也会选择拥有更多内容提供商的平台，因为消费者可以在这个平台上有机会找到更多、更便宜的图片素材。随着两边群体的不断增加，平台价值会不断提高，从而吸引更多的供给方和需求方。这也意味着，随着行业的成熟，付费图片领域将会形成少数几家为主的市场，市场集中度有可能进一步提高。视觉中国目前作为业内最大的视觉素材供应平台，其市场的地位和竞争力有望得到进一步加强。

第二，视觉中国技术领先。

目前视觉中国在付费图片领域，不仅规模最大，而且具有明显的技术优势。通过公司年报可以发现，公司每年有不少的研发支出来进行技术迭代。视觉中国的研发投入主要放在两个方面：一是，对现有互联网版权交易平台和后台管理系统进行改版升级，包括优化搜索、交互等产品体验方面。二是，图像追踪系统的开发方面，包括运用人工智能、图像对比、爬虫技术等科技手段，提高追溯版权的能力。

现在视觉中国已建立了较好的图像版权管理体系和流程，并基于图像大数据与人工智能技术自行研发了图像版权网络追踪系统，能够追踪到公司拥有图片在网络上的使用情况。视觉中国的这些技术有益于进一步提高确权、追溯、交易、传播、保护等方面的工作效率，同时能为版权内容的生产者、使用者提供平台型的高附加值服务，从而能进一步降低版权保护成本和获客成本。

以"鹰眼"系统为例，根据视觉中国公司公告，"鹰眼"系统是2016年初自行开发的图像版权网络追踪系统。"鹰眼"系统具备自动全网爬虫、自动图像对比、授权比对自动生成报告等多项功能，可以自动处理约200万/天以上的数据，能够追踪到公司拥有图片在网络上的使用情况，并提供授权管理分析、在线侵权证据保全等一站式的版权保护服务，大幅降低了版权保护成本，有效地保护了版权人的利益。公司除了自身运用"鹰眼"系统外，也为第三方免费开放，以便让更多使用该系统的机构能以更低的成本维护自己的权利。

第三，知识产权保护力度加大及监管更加规范。

中国从2008年国务院发布《国家知识产权战略纲要》开始，将知识产权工作上升到国家战略层面，逐渐形成了知识产权"严保护、大保护、快保护、同保护"趋势。2019年11月底，中共中央办公厅、国务院办公厅印发了《关于强化知识产权保护的意见》。该《意见》指出：力争到2022年，侵权易发多发现象得到有效遏制，权利人维权"举证难、周期长、成本高、赔偿低"的局面明显改观。到2025年，知识产权保护社会满意度达到并保持较高水平，保护能力有效提升，保护体系更加完善，尊重知识价值的营商环境更加优化，知识产权制度激励创新的基本保障作用能够得到更好的发挥。通过《关于强化知识产权保护的意见》可以看出，该《意见》由中共中央办公厅、国务院办公厅联合发布，不仅级别高，更是有明确的目标和时限。不难想象，国家对知识产权保护将会越来越严格。

虽然付费图片行业由于其产品的特性，相比音乐、书籍等保护难度大，但其加强保护趋势已形成。视觉中国作为付费图片领域的头部企业，有望成为其中的重要受益者。

付费图片行业竞争威胁探讨

付费图片行业是潜在竞争对手进入威胁较大的行业。其原因不仅在于，付费图片行业较小的市场规模，更在于付费图片行业有明显的网络效应。在网络效应下，其他互联网巨头进入该行业，如阿里、腾讯、百度等进入，足以影响现在的竞争格局，也足以撼动头部企业的行业地位。付费视频行业就经历了类似的过程。付费视频行业的竞争格局开始明朗，是在BAT为代表的互联网巨头进入之后。2010年，百度投资组建爱奇艺，致力于打造中国第一影视门户。腾讯布局腾讯视频，于2011年4月开始正式上线运营。2015年前后，阿里巴巴收购优酷土豆。2013年苏宁云商入主PPTV……现在付费视频领域也是几家头部企业的天下。

虽然视觉中国在付费图片领域，有较长时间的积累，拥有一些珍贵历史图片的版权，但是，互联网行业巨头想要积累这一方面的资源，以他们庞大的用户群体和平台效应，也并不一定是很难的事情。

视觉中国在正版图片领域积累的各方面技术优势也是如此。虽然视觉中国在图片追溯和大数据应用等方面，在业内有明显的领先性，但是互联网巨头一旦进入，以他们雄厚的技术积累和技术力量，预计也能很快研发出不弱于视觉中国各方面的技术工具。从这些角度来看，尽管视觉中国是付费图片领域的龙头，也已具备较高的市占率，但其竞争地位的保持依然存在较大的不确定性。

然而，这种现象从2017年开始有了明显的转机。

有趣的是，多个互联网巨头并没有直接进入付费图片市场，而是2017年前后开始，陆续与视觉中国产生合作。如腾讯、百度、微博、搜狗、阿里等企业，均与视觉中国签订了一系列《战略合作协议》。从此，视觉中国不仅跟这些互联网巨头产生了合作，也逐渐进入了这些互联网巨头背后海量的自媒体市场。

表 5-30　视觉中国与互联网巨头合作情况梳理

合作对象	签署协议时间	协议要点
凤凰网	2017年2月18日	向新媒体资讯平台"凤凰号&一点号"开放正版图片、素材、音乐以及视频，其建自媒体生态圈。
腾讯	2017年2月27日	向腾讯网媒开放全部正版图片、视频、音乐，共建自媒体共赢生态圈。
百度	2017年4月12日	向百度全面开放PGC版权资源库，并且通过百度系列产品为C端客户提供正版内容资源。
搜狗	2017年1月12日	向搜狗及其用户开放全平台图片版权资源库，搜狗为视觉中国图片资源在其搜索引擎平台基于用户使用的场景提供优先展示机会。双方在优质内容素材正版授权方面达成战略合作。
北京亿幕（微博）	2017年1月12日	向旗下运营"微博云剪"开放全部正版图片、视频、音乐素材，并通过API方式提供一站式交付服务，供平台用户购买使用。
阿里巴巴	2017年2月2日	向阿里巴巴文娱集团大鱼号媒体平台、汇川广告平台开放正版图片等全部自有内容或获得合法授权的内容，双方共建"大鱼号媒体平台内容资源库""汇川广告平台素材资源库"。

资料来源：公司公告

那么为什么多个互联网巨头并没有直接进入付费图片领域，而是更倾向于跟视觉中国合作呢？

当然，互联网巨头没有进入付费图片行业，或许跟付费图片行业的竞争格局有一定的关系。如上所述，付费图片行业是竞争格局已初步形成，头部2-3家企业市占率较高的行业。在这种环境下，新进入者想要影响行业的竞争格局，可能要付出较高的成本。

然而，在笔者看来，多数互联网巨头没有重金杀入付费图片领域，跟付费图片领域较小的市场规模也有不少关系。

付费图片行业是市场规模较小的行业。目前渗透率情况下，市场规模约在20亿元到30亿元区间，即使市场得到较好的规范，其市场规模也较难达到200亿元。这跟现已达到千亿规模，有望能达到数千亿的网络视频行业的市场空间相比，也就是个零头市场。

较小的市场空间决定了这些互联网巨头即使重金砸入，也很难在该行业中赚的盆满钵满，外加付费图片行业竞争格局已形成，打破平衡也要付出不小的代价。或许种种此类原因导致各个互联网巨头目前为止还是观望和合作为先，并没有直接杀入付费图片领域。

但从视觉中国的角度来看，各大互联网巨头跟视觉中国合作，不仅加强了视觉中国在业内的地位，更是明朗了行业的竞争格局。而且，跟多个互联网巨头合作，有望让视觉中国在行业竞争格局的变化中，能更好地站在获利的一方。未来即使行业引来并购潮，视觉中国也有更好的条件掌握主动权，而不是迫于无奈和压力，接受各方面苛刻的条件。

新兴行业的监管与规范

2019年上半年"黑洞门"事件后，视觉中国处在风口浪尖，利空信息层出不穷，各路媒体借题炒作，各类达人借题发挥。

该时期不少群体对视觉中国的未来十分悲观，认为视觉中国大势已去，从此可能走向没落。也有一些群体大胆预测，认为付费图片行业或将纳入国有资产板块等等。可以想象，在这段时间，对于那些已持有视觉中国股票的投资者来说，无疑是至暗时刻。

当然，如果考虑当时的状况，上述悲观预测并非空穴来风。然而，若能更好地了解中国经济发展的特性，就可能得出另一种答案。那就是，对于新兴行业，对于有利于促进生产力发展的行业，中国政府可能会表现出更多的包容和支持。

在新的行业、新的生产力发展过程中，必然会存在一些不规范的现象，自然也会产生各式各样的问题。由于法律和监管存在滞后性特点，很难提前预防新兴行业发展过程中可能会出现的种种问题。一般情况下，一个行业的法律和监管，往往是该行业进入成熟期后，才能得到完善。

改革开放后，中国从一个生产力落后、法律制度不健全的国家发展到现在，在其发展过程中遇到过各式各样的问题。但无论是在商品经济初探时期、市场经济体制建立时期还是进入世贸组织之后，只要有利于发展生产力，有利于增量改革，中国政府都会给予更多的支持和包容的态度。

1978年，安徽、四川等地，被贫困和饥饿逼到没有退路的村民们偷偷冒险搞起了"大包干"。但当时整个环境对"大包干"这种"私有"方式存在较多的争论,甚至引来了一些人的质疑和问罪。虽然在当时环境下"包产责任制"饱受争议,但因其有利于提高生产力的特性,还是得到了政府的支持和推广。

在温州的发展中,人们对"温州模式"的认可也经历过类似阶段。"温州模式"兴起之初,提倡"市场经济"还是"违禁"的事情。当时主流观念是必须坚持计划经济,而且计划经济必须"为主",市场只能"为辅"。在这种主流意识形态下"温州模式"阻力重重,其发展过程一波三折,但也因其有利于生产力发展的特性,最终还是得到了认可。

当然,中国的早期发展还处于摸着石头过河阶段,生产力落后,人才储备不足,自然也缺少科学发展观和对经济发展规律的科学认识。但是可以看出,解放生产力和改善生产关系,一直是中国经济发展的主导思路。

经过一系列实践,中国解放生产力和经济发展的主导思路更加明确,更加科学化。进入21世纪后,中国政府对新兴行业普遍采取的措施是在行业发展早期给予更多的包容和支持,尽量避免该行业因力量过小,或者本身存在的问题和风险,让其胎死腹中。但这种包容和支持并不会一直持续下去,当行业进入快速发展期或成熟期后,其规范力度和调整力度就会迅速加大。中国新兴行业的发展特性,在诸多企业案例中也能看到。

2004年,阿里巴巴推出支付宝,使用了第三方担保的交易模式,并以此为中介,通过创建商户与消费者各自的虚拟账户进行交易活动。阿里巴巴推出支付宝后,这种第三方支付模式逐渐开始得到消费者和商户的认可,消费者和商户可以享受第三方支付带来的安全与便捷。2008年到2010年之间,第三方支付行业进入高速增长期,其交易规模连续三年保持在100%以上的增长率。

但与第三方支付快速发展并不相符的,是国家相关政策和法规的欠缺。该时期第三方支付行业实际处于网络业务经营与传统金融业务相交叉的灰色地带,主体地位并不明确,行业界限不确定以及相关法律不完善。在这种背景下,逐渐引发了第三方支付企业之间的恶性竞争以及各种非法活动。虽然第三方支付行业出现了一定的乱象,但是监管机构并没有关闭该新兴市场,而是通过完善监管体系和加强社会规范的方式,来引导第三方支付行业的规范发展。2010年6月,央行颁布并实施《非金融机构支付服务管理办法》,从此逐渐将第三方支付行业从政策、市场准入以及经营范围等多方面纳入行政监管体系之中。

不仅是第三方支付,以余额宝为代表互联网金融的发展也是如此。互联网金融业务发展早期,其业务存在较多的监管真空地带。如互联网金融机构开展类信贷业务,但其资本金不受管制,因此也无需遵守《巴塞尔协议》等资本监管制度。而且，互联网金融机构普遍还存在混业经营、跨界经营等问题。

金融是涉及社会稳定的行业。金融机构由于其高杠杆特性，一旦风控不到位，监管跟不上，很容易出现风险事件。金融机构若出现风险会波及不少群体。比如，大型金融机构出现风险时，其成本很可能需要全社会来承担。因此，该时期非金融机构涉足金融业务，业内自然有不少反对的声音。

虽然在当时的背景下，开展互联网金融业务存在一定的风险，确实也产生了一些问题，但其发展也带来了不少积极的影响。从有利的一面来看，互联网金融以其低门槛、小品种、个性化金融服务，在一定程度上可以弥补传统金融服务的不足和解决中小企业融资渠道问题。而且，从时代背景来看，互联网金融业务快速发展时期，正是中国存贷款利率市场化的重要时期。在特定的时代背景下，并且结合以上种种原因，互联网金融最终还是得到了政府认可，并得到了鼓励和发展。

"黑洞门"引发的事件也有颇多类似之处。从时代背景来看，2008年之后，知识产权保护工作已经上升到了国家战略层面。在新常态背景下，加强知识产权保护，逐渐成为提高社会创新动力，让中国产业结构转型升级的重要因素。在这种时代背景下，对"黑洞门"事件的处理，更多的在于规范和促进行业发展，而不仅仅在于处罚和威慑，甚至取消市场和替代市场。在一个行业尚处于弱小，还没有成熟的情况下，想要促进该行业的发展，不仅要有政策的支持，监管的发力，更需要千千万万参与者的推动。在这个过程中，各个细分领域的头部企业是带动该行业发展的核心力量。因此，从这个角度来看"黑洞门"事件，在视觉中国把问题处理得当的情况下，此次事件也有可能成为提高企业知名度和提高市场占有率的良好契机。

参考文献

[1] 王凤阳.中日韩粮食安全及合作研究[J].亚太经济，2016（2）:91-99.

[2] 宋丙洛.韩国经济的崛起[M].张胜纪，吴壮，译.北京：商务印书馆，1994.

[3] 周承焕.韩国经济的理解[M].首尔：贸易经营社，2005.

[4] 崔志鹰、朴昌根.当代韩国经济[M].上海：同济大学出版社，2010.

[5] 黄义珏.朝韩经济启示录[M].郭荣星，等译.北京：中国发展出版社，1996.

[6] 尹保云.韩国为什么成功[M].北京：文津出版社，1993.

[7] 申东镇.韩国外向型经济研究[M].上海：上海世界图书出版公司，2013.

[8] 刘淼.朴正熙政权的特征、绩效与局限性分析[D].北京：中共中央党校，2001.

[9] 郑德龟.超越增长与分配：韩国经济的未来设计[M].金华林，朴承宪，李天国，译.北京：中国人民大学出版社，2008.

[10] 赵淳.韩国经济的发展[M].李桐连，译.北京：中国发展出版社，1997.

[11] 康灿雄.裙带资本主义：韩国和菲律宾的腐败与发展[M].李巍，石岩，王寅，译.上海：上海人民出版社，2017.

[12] 具海根.韩国工人：阶级形成的文化与政治[M].梁光严，译.北京：社会科学文献出版社，2004.

[13] 金麟洙.从模仿到创新：韩国技术学习的动力[M].刘小梅，刘鸿基，译.北京：新华出版社，1999.

[14] 张振华.劳工阶级与韩国民主化[J].当代韩国，2005（4）:13-20.

[15] 闵京基、潜伟.1960年以来韩国科学技术政策的发展历程[J].科学学研究.2003，21（6）:603-610.

[16] 王晓玲.韩国劳资关系：从对抗走向协商[J].当代亚太，2009（4）:138-

160.

[17] 曲凤杰.韩国金融开放的经验和教训[J].新金融，2006（8）:24-27.

[18] 孙贞兰，陈晨.韩国大宇集团解体的深层原因[J].环渤海经济瞭望，2003（1）:51-53.

[19] 赵瑛.亚洲金融危机前后的韩国金融改革[J].生产力研究，2010（3）:34-37.

[20] 王艳霞.韩国金融改革及对中国的启示[J].黑龙江对外经贸，2006（6）:27-28.

[21] 李秀峰.韩国金大中政府行政改革的成效及特点分析[J].太平洋学报.2006（8）:38-47.

[22] 张宝仁，韩笑.金融危机后韩国经济政策调整[J].东北亚论坛，2000（4）:53-56.

[23] 苑全玺.IMF援助效果的国际经济政治学分析[D].北京：中共中央党校，2014:126-127.

[24] 宋卫刚.货币区问题研究[M].北京：中国财政经济出版社，2009.

[25] 沈安.阿根廷的危机回顾与思考[M].北京：世界知识出版社，2009.

[26] 杨斌.阿根廷的金融开放与金融危机[J].财经问题研究，2003（2）:16-21.

[27] 沈安.阿根廷经济发展模式的演变与分析[J].中国会议，2007:57.

[28] 李丹.韩国科技创新体制机制的发展与启示[J].世界科技研究与发展，2018，40（4）:399-413.

[29] 崔松虎，金福子.韩国经济与科技政策[J].生产力研究，2008（6）:98-100.

[30] 罗梓超，吕志坚，张兴隆.韩国科技与产业创新政策浅析[J].全球科技经济瞭望，2015（4）:28-35.

[31] 黎运智、孟奇勋.经验与启示：韩国知识产权政策的运行绩效[J].中国科技论坛，2008，24（8）:140-144.

[32] 佟家栋.贸易自由化、贸易保护与经济利益[M].北京：经济科学出版社，2002.

[33] 程爱洁.韩国高等教育的发展历程及特点[J],上海理工大学学报：社会科学版，2005（3）:72-75.

[34] 石柱鲜.外债对韩国金融危机的影响及中国的外债偿还能力[J].世界经济，

2002，25（8）：46-52.

[35] 朴正熙.我们国家的道路[M].北京：华夏出版社，1988.

[36] 张振华.中产阶级的兴起与韩国民主化[J].当代韩国，2007（2）：50-57.

[37] 李天国.韩国经济转型的逻辑[M].北京：经济管理出版社，2017.

[38] 张东明.韩国产业政策研究[M].北京：经济日报出版社，2002.

[39] 周永生.21世纪日本对外能源战略[J].外交评论，2007（6）：84-92.

[40] 庞德良.论战后日本大企业股权结构的变化及对企业经营的影响[J].现代日本经济，1996（2）：42-46.

[41] 道格拉斯·C·诺斯.制度、制度变迁与经济绩效[M].杭行，译.上海：上海三联书店，1994.

[42] 肯尼斯·韩歇尔.日本小史：从石器时代到超级强权的崛起[M].北京：北京联合出版公司，2016.

[43] 三桥规宏，内田茂男，池田吉纪.透视日本经济[M].北京：清华大学出版社，2018.

[44] 保罗·克鲁格曼.流行的国际主义[M].北京：中国人民大学出版社，2000.

[45] 阚治东.日本公司企业分配制度简介[J].外国经济与管理，1989（4）：23-24.

[46] 霍斯特·西伯特.德国公司治理中的共同决策[J].国外理论动态，2006（6）：33-35，51.

[47] 孙执中.荣衰论：战后日本经济史（1945-2004）[M].北京：人民出版社，2006.

[48] 潘晨光.日本企业人研究[D].北京：中国社会科学院研究生院，2002.

[49] 王婉郦、王厚双.分配制度、收入差距与中等收入陷阱的跨越[J].日本问题研究，2017（2）：10-19.

[50] 冯昭奎，张可喜.技术立国之路：科学技术与日本社会[M].西安：陕西人民教育出版社，1997.

[51] 吉川弘之.日本制造：日本制造业变革的方针[M].王慧炯，等译.上海：上海远东出版社，1998.

[52] 陈杰.日本经济增长过程中的技术创新体系研究[D].上海：复旦大学，2004.

[53] 藤本隆宏.能力构筑竞争：日本汽车产业为何强盛[M].许经明，李兆华，

译. 北京：中信出版社，2007.

[54] V·K·纳雷安安. 技术战略与创新：竞争优势的源泉[M]. 程源，高建，杨湘玉，译. 北京：电子工业出版社，2002.

[55] 伊藤正则. 日本的企业经营管理[M]. 王建宁，译. 北京：中国经济出版社，1986.

[56] 汤之上隆. 失去的制造业：日本制造业的败北[M]. 林曌，译. 北京：机械工业出版社，2005.

[57] 刘昌黎. 现代日本经济概论[M]. 大连：东北财经大学出版社，2008.

[58] 邢雪艳. 变化中的日本雇佣体系[J]. 日本学刊，2007（2）：109-122.

[59] 宋德玲. 世纪之交的日本大企业人力资源管理制度变革研究[M]. 长春：东北师范大学出版社，2009.

[60] 王思慧. 日本劳动市场雇佣形态的多样化及其存在的问题[J]. 现代日本经济，2008（1）：60-64.

[61] 车维汉. 从组织控制理论视角看战后日本的公司治理[J]. 日本学刊，2008（6）：40-51，158.

[62] 白钦光，高霞. 日本产业结构变迁与金融支持政策分析[J]. 现代日本经济，2015（2）：5.

[63] 刘容. 日本企业劳工关系的变迁研究[D]. 沈阳：东北大学，2018.

[64] 吉村典久，孔丹凤. 日本公司治理改革的动向[J]. 产业经济评论（山东），2008（4）：138-148.

[65] 祁峰，杨宏. 日本对幼稚产业的保护及启示[J]. 经济纵横，2001（12）：48-51.

[66] 池田信夫. 失去的制造业[M]. 北京：机械工业出版社，2018.

[67] 王承云. 日本企业的技术创新模式及在华研发活动研究[M]. 上海：上海人民出版社，2009.

[68] 北原勇. 现代资本主义所有与决定[M]. 东京：岩波书店，1984.

[69] 津田真澄. 终身雇佣制度的基本性格[J]. 季刊现代经济，1977.

[70] 陈其荣. 诺贝尔自然科学奖与基础研究[J]. 上海大学学报：社会科学版，2013（6）：80-104.

[71] 张桐俊. 刍议日本企业人事考核制度[M]. 日本研究，2001.

[72] 张捷. 奇迹与危机：东亚工业化的结构转型与制度变迁[M]. 广州：广东教育出版社，1999.

[73] 熊泽诚.日本企业管理的变革与发展[M].黄咏岚,译.北京:商务印书馆,2003.

[74] 倪洪兴、叶安平.美国农业国际竞争力与贸易政策分析[J].中国党政干部论坛,2018(1):91-94.

[75] 许成钢.论中国经济.长江商学院[OL]

[76] 和震.美国大学自治制度的形成与发展[M].北京:北京师范大学出版社,2008.

[77] 德里克·博克.美国高等教育[M].乔佳义,编译.北京师范学院出版社,1991.

[78] 别敦荣.美国大学治理理念、结构和功能[J].高等教育研究,2019(6):93-101.

[79] 钱颖一.大学治理:美国、欧洲、中国[J].高教文摘,2016(1):51-55.

[80] 索丰.韩国大学治理研究[D].长春:东北师范大学,2011.

[81] 庄解忧.世界上第一次工业革命的经济社会影响[J].厦门大学学报:哲学社会科学出版,1985(4):56-60,68.

[82] 曾一昕,邱力生,刘华,任艳.知识产权保护制度的经济学分析[M].北京:中国社会科学出版社,2008.

[83] 彼得·科利尔、戴维·赫罗维兹.洛克菲勒家族传[M].周越,叶晓玲,肖凤艳,王永生,等译.北京:中国时代经济出版社,2004.

[84] 刘兵勇.试论美国反托拉斯法价值目标的变化[N].南京师大学报:社会科学版,2003(1):34-40.

[85] 李成刚.从AT&T到微软:美国反垄断透析[M].北京:经济日报出版社,2004.

[86] 马歇尔·C·霍华德.美国反托拉斯法与贸易法规[M].孙南中,译.北京:中国社会科学出版社,1991.

[87] 资中筠.20世纪的美国[M].北京:商务印书馆,2018.

[88] 李明传.美国技术创新的历史考察[M].武汉:武汉大学出版社,2013.

[89] 赫伯特·斯坦.美国的财政革命[M].苟燕楠,译.上海:上海财经大学出版社,2010.

[90] 吕宁.工业革命的科技奇迹[M].北京:北京工业大学出版社.2014.

[91] 爱德华·L.格莱泽,克劳迪娅·戈尔丁.腐败与改革——美国历史上的经验教训[M].胡家勇,王兆斌,译.北京:商务印书馆,2012.

[92] 艾达·塔贝尔.美孚石油公司史[M].肖华锋，方芳，等译.桂林：广西师范大学出版社，2019.

[93] 米尔顿·弗里德曼，安娜·J.施瓦茨.美国货币史（1867-1960）[M].巴曙松，王劲松，等译.北京：北京大学出版社，2009.

[94] 徐弃郁.帝国定型：美国的1890-1900[M].桂林：广西师范大学出版社，2017.

[95] 湖北省政府赴首钢考察团、首钢承包制考察报告[J].冶金管理，1991（6）：7-11.

[96] 瓦茨拉夫·斯米尔.石油简史：从科技进步到改变世界[M].李文远，译.北京：石油工业出版社，2020.

[97] 于歌.美国的本质：基督新教支配的国家和外交[M].北京：当代中国出版社，2015.

[98] 吴敬琏.中国经济改革进程[M].北京：中国大百科全书出版社，2018.

[99] 劳伦·勃兰特，托马斯·罗斯基.伟大的中国经济转型[M].方颖，译.北京：商务印书馆，2018.

[100] 国家发展改革委宏观经济研究院经济研究所.改革：如何推动中国经济腾飞[M].北京：人民出版社，2019.

[101] 吴敬琏.中国增长模式抉择[M].上海：上海远东出版社，2008.

[102] 吴敬琏，马国川.重启改革议程——中国经济改革二十讲[M].北京：生活·读书·新知三联书店，2016.

[103] 李鸿谷.普京政治[M].北京：生活·读书·新知三联书店，2012.

[104] 郭庆旺、赵志耘.中国经济增长"三驾马车"失衡悖论[J].财经问题研究，2014（9）：3-18.

[105] 王春法.国家创新体系与东亚经济增长前景[M].北京：中国社会科学出版社，2002.

[106] 易棉阳，汤知勇.中国银行业市场结构集中度的演进与改革[J].石家庄经济学院学报，2012（4）：10-13.

[107] 邹蕴涵.当前我国消费市场供给端矛盾分析[J].中国物价，2016（4）：7-9.

[108] 丁兆庆.关于经济增长过度投资依赖的影响及对策思考[J].辽宁行政学院学报，2012（4）：86-87.

[109] 沈红芳.21世纪的菲律宾经济转型：困难与挑战[J].学术前沿，2017（1）：6-13.

[110] 张占力.第二轮养老金改革的兴起与个人账户制度渐行渐远——拉美养老金私有化改革30年之反思[J].社会保障研究,2012(4):30-38.

[111] 樊纲,张晓晶."福利赶超"与"增长陷阱":拉美的教训[J].管理世界,2008(9):12-24,187.

[112] 赵旭梅.日本知识产权制度的适应性演进与创新共生性分析[J].现代日本经济,2012(6):10-16.

[113] 孔祥俊.中国知识产权保护的新态势——40年来中国知识产权保护的回顾与展望[J].中国市场监管研究,2018(12):11-15.

[114] 田力普.深入实施知识产权战略,有效支撑创新驱动发展——写在《国家知识产权战略纲要》颁布5周年之际[J].科技与法律,2013(3):72-74.

[115] 丁邡,逄金辉,乔靖媛.我国"放管服"改革成效评估与展望[J].改革追踪,2019(6):25-29.

[116] 程雁雷,廖伟伟.高等教育发展中的政府角色与教育立法[J].法学杂志,2012(7):108-113.

[117] 刘媛媛,刘斌.劳动保护、成本粘性与企业应对[J].经济研究,2014(5):63-76.

[118] 郑功成.中国社会保障40年变迁(1978-2018)—制度转型、路径选择、中国经验[J].教学与研究,2018(11):5-15.

[119] 李建伟,周灵灵.中国人口政策与人口结构及其未来发展趋势[J].经济学动态,2018(12):17-36.

[120] 彭佩云.中国计划生育全书[M].北京:中国人口出版社,1997.

[121] 理查德·隆沃斯.全球经济自由化的危机[M].应小端,译.北京:生活·读书·新知三联书店,2002.

[122] 祁峰,杨宏.日本对幼稚产业的保护及启示[J].经济纵横,2001(1):49-50.